シベリア抑留関係基本書誌

西来路秀彦 編

日外アソシエーツ

Bibliography of Japanese prisoners of war in Soviet and Mongolia

Compiled by
©Hidehiko SAIRAIJI

Nichigai Associates, Inc.
Printed in Japan

●編集担当● 山下 浩
装 丁：赤田 麻衣子

序　本書作成の狙いと必要性

　「シベリア抑留」とは、日本国がアジアと太平洋にまたがって闘った第二次世界大戦が日本の敗北によって終結した後の、戦後処理の問題の一つである。そこには戦時捕虜の扱い、戦争被害受忍の問題の一分肢として、今も日本の戦後処理のあり方を問い続けている視点がある。それは例えば米軍の都市爆撃の民間被害は国民がみな等しく受忍して我慢すべきだと言う「一億総懺悔」的なくくりの視点を解体し、戦時の各問題への評価と対応を修正・適正化していくべき問題がなお多く存在しているということでもある。

　なかでも世に言う「シベリア抑留」は、特に「大日本帝国」が敗戦のシミュレーションを全くしていなかったこと、事態の発生が戦後であるなどの理由で一層複雑深刻な問題となり、現代になお濃く影を落としている。また反面に日本が実施し多くのBC級戦犯を生んだ捕虜処遇があり、両面があいまって今後の国際的な捕虜処遇規定にも考える素材を提供していくであろう。本目録は「シベリア」で苦しんだ人々の抑留を調べ、この角度から第二次世界大戦の惨禍を反省し経過と結果に対する日本社会の対応を研究し考えていこうとする人々のためコーナーストーンとすべく編集作成された。また同時にこの書誌の所収資料は多くのメディア関係者、脚本家、執筆者等にも豊かな素材を提供してくれるであろう。

　戦後70年を経過したことは、こうした書誌の編纂の必要性をさらに高めている。抑留の証言者が急速に少なくなっていることは、この問題においてもその記憶・記録の保全が重要な課題になっていることを意味している。ところで編纂については、情報化時代の観点から冊子体の書誌刊行の意義に疑問が出されるかも知れない。しかし、1）刊行期間が長くその間に流行の単語（異国の丘、暁に祈る、凍土、マローズ等）が変わり書名のたて方が変化してきた。2）地名の所在地の知識が不足してきたり（カウラ、カラカンダ、モン

テンルパ等国が異なる)、用語(マローズ:寒波、タポール:斧等)への共通理解が消失してきた。3)図書整理のデータベース化前の時代には整理のバラツキや件名の未付与が多く、現代人の想定する諸条件での検索だけでは、大量の資料を一律に検索しきれるものではない。4)雑誌掲載記事についても集約掲載は初めてと言うべきで、その利便性について特筆してよいであろう。

　こうした諸点の結果として、これまで総覧できる書誌が殆ど刊行されていなかったが、時代がむしろ集約を求めるようになってきたと言える。まだ漏れの多いことを懼れるが一括した書誌の刊行は、この分野での共同作業の土台となるであろうと期待する。

　なお「シベリア抑留」の表記は、その気象や問題の異なる全土と隣国モンゴルへの配置を考えるなら正確には「ソ連モンゴル抑留」とか「ユーラシア抑留」とすべきであろう。以下本文では「シベリア抑留(ソ連・モンゴル抑留)」または「抑留問題」と表記を行うので、共通理解の構築への一つの試みとしてご了解いただきたい。

　末筆になったが、納本図書館である国立国会図書館はもとより、各公立図書館、防衛研究所職員各位の日々の継続された営みなしにはこの作業は実現できなかったことを特記しておきたい。また関連資料の御提供をいただいた奈良県立図書情報館職員各位、あらたに受け入れ整理準備中の貴重な抑留体験自費出版群の調査採録を許してくださった札幌市中央図書館。いろいろなレファレンスに応えていただいた長崎県立・大分県立等各図書館をはじめとする多くの館の皆様にも深く謝意をささげたい。最後にこうした作業に応え支えてくださった日外アソシエーツ社の各位がおられてこそ本書を世に送り出せたことに深く感謝を捧げたい。

2016年1月

西来路 秀彦

目　次

　　凡　例·· (6)
　　「シベリア抑留（ソ連モンゴル抑留）」の概況と現代的課題···· (9)

シベリア抑留関係基本書誌
　　第1部　図　書（体験記・回想録）··························· 1
　　第2部　図　書（資料・研究書）···························· 217
　　第3部　雑　誌·· 241

　　書名索引（図書）·· 287

凡　　例

1．本書の内容

　本書誌は戦後から 2015 年までに日本語で発表されたソ連・モンゴル等への日本人強制抑留についての回想・体験記、小説、詩句歌集、絵画・画文集、ビデオ等視聴覚資料（レコード等を除く）、研究書、調査書（墓参記録を含む）、史資料集、報道記事等を採録したものである。

　単行書は冊子形態のものを採録し、手稿・複数紙葉（枚数不明のもの）等は、資料の普及性・安定性の点から多くを割愛した。雑誌は連載、特集に注目しつつも商業誌、学術雑誌、機関広報・報告誌等全国の刊行雑誌を広く採録した。

2．本書の編成

　回想・体験記を主とした第１部、研究・調査書（墓参記録を含む）、史資料集を主とした第２部、連載・特集記事、大記事等を主とした雑誌の第３部とした。

　採録総件数は図書 2,142 件、雑誌 241 誌（タイトル）608 件である。

3．見出し・文献

（1）図書：著者等の見出しは体験者本人を主とした。したがって家族・縁者と判断できる編者・監修者、同名を冠した編集団体等の関係表記等は多く複出を避けた。文献は書名の五十音順に排列した。

（2）雑誌：雑誌名を見出しとした。文献は発行年月日順に排列した。

4．所蔵機関について

（1）図書の利用参考のための所蔵機関は国立国会図書館（所蔵：〔国会図〕と略記）、奈良県立の図書館を東西の利用拠点館として表記した。両館のどちらにも所蔵がない場合は、都道府県立指定都市立図書館、

防衛研究所、大学図書館等の所蔵館を適宜に表記した。採録図書を所蔵しているのに本書に所蔵館として表記されていない図書館も多い点にはご注意いただきたい。奈良県立図書情報館は戦争体験を後世につたえるため、約6万冊の戦争体験文庫（所蔵：〔奈良戦体〕と略記）を編成しており、この問題で西日本における利用効率の高いコレクションとなっている。

(2) 所収資料の利用にあたっては、事前にインターネット等で資料所在調査を十分実施することを推奨する。国立国会図書館の納本制度は戦後まだ周知されていなかった。また最近でも私家版著者からは「国の図書館にまで寄贈はなあ…」と言う声を時々聞く。探索資料が私家版では著者の身近な公立図書館に、また市販本では県立図書館等に所蔵されている場合が高い率であり得る。雑誌のうち研究会、公民館等機関雑誌は所蔵館が限定されているのでご注意いただきたい。

(3) 札幌市中央図書館（所蔵：〔札幌中央〕と略記）の蔵書のうち約200件が〔札幌中央　＊＊〕と表記されている。〔札幌市中央図書館　整理準備中〕の略である。札幌市は2014年度に市民から私家版を多く含む関係蔵書を寄贈された。調査によると未知の私家版が多く、今回の様な全国的調査の刊行に際してタイトルだけでも紹介しておきたいとの国民的周知の配慮により、その書誌を提供していただいた。ただし資料群の整理は緒についたばかりで、利用希望時にはその可否を含め同館の指示に従っていただきたい。

5．書名索引（図書）

　図書（第1部・第2部）を対象とした。書名の五十音順に排列し、本文の文献番号を示した。

興味ある books（一部）

《医療関係者》
◇稲田竜一『医師として人間として―軍医・抑留体験を経て』新日本出版社　1988
◇小畑邦雄『満州とシベリア抑留千五百日―真実を訴える一衛生兵の回想録』小畑邦雄　1985
◇木元正二『ひげの寒暖計―シベリヤ虜囚の若き軍医の手記』巧羊書林　1979
◇小林重次郎『奇跡のシベリア収容所―病死者の出なかったソ連抑留部隊の実録』大阪創作出版会　1984
◇土屋正彦『へそまがりの人生―ヨーチン軍医の青春とシベリア収容所こぼれ話』土屋正彦　1994
◇天牛将富『衛生兵物語』関西図書出版　1986
◇多田久男『シベリア最後の軍医』江口タイプ社　2000
◇富沢一夫『医者の解剖するソ連―抑留軍医の手記』鈴木真理子　2008
◇縄田千郎『戦後ソ連で珪肺にかかった日本人俘虜たち』日本図書刊行会　1997
◇平出節雄「シベリアにうずめたカルテ」文芸社　2000
◇松山文生『軍医が診た日本軍―ハイラルからシベリアへ』松山文生　1991
◇村上徳治『捕われた命』南江堂　1969　(軍医中将、新京病院長)
◇山川速水『ラーゲルの軍医―シベリア捕虜記』北風書房　1984
◇渡部智倶人『ある医学徒の青春』海鳥社　1994

《女性と特異な抑留兵》
◇赤羽文子『ダスビダーニヤ　さようなら―シベリヤ女囚の手記』自由アジア社　1955
◇加倉井文子『男装の捕虜』国書刊行会　1982
◇益田泉『わたしの杯―クリスチャン　シベリア女囚の手記』いのちのことば社　1966

◇佐野巌『シベリア抑留1000日―ある日系二世の体験記』彩流社　1999
◇ジャスパー井上『蒼い目の日本兵』新風舎　2006
◇宇野宗佑『ダモイ・トウキョウ』葛城書房　1949　(のちの第75代総理大臣)

《雑誌掲載　有名人(スポーツ選手、歌手)》
○『オール読物』対談：水原茂、獅子文六「水原選手抑留記―インテリの見たソ連とベースボールへの郷愁」1949年10月号　4(10)（文芸春秋）
○『アミューズ』三波春夫「わが戦後50年―シベリア抑留を含め語り尽くす」1995年1月号　48(2)（毎日新聞社）
○『月刊asahi』三波春夫「あの4年はまさに『道場』だった」1991年7月号　3(8)（朝日新聞社）

「シベリア抑留（ソ連モンゴル抑留）」の概況と現代的課題

西来路　秀彦

ソ連モンゴル抑留の概要

　ソ連モンゴル抑留の概要は以下の様なものである。1945年8月以降旧満州を制圧したスターリン指導下のソ連は、ソ連の再建と開発の労働力確保のために、旧満州・朝鮮北部・樺太千島列島等にいた60万人超（一部に植民地兵を含み、その手記が本書にも採録がある）の日本兵を、ソ連の勢力圏内に移送し強制労働に従事させた。その地域はシベリアのみならず西南は中央アジア諸地域、西はアルタイ山脈を越えてモスクワ近郊からグルジアなどソ連の広い地域と樺太・千島の諸島での残置使役、また隣国モンゴルであった。

　収容所に抑留され各種労働力として使役された主要な対象は編成されたままの軍であったが、それ以外にも「満州国」官吏、満鉄・満州重工業開発など官業や建国大学、民間会社や開拓団団員等、さらには軍属である看護婦、電話交換手また学校教職員等の女性も相当数（100人単位で大小の複数説があり、はっきりしない）含まれていた。

　抑留の開始については、モスクワからのそれまでの送還方針が「送還からシベリア経由の抑留とする方針」に変更された突然の下命が到着した1945年8月23日以降、関東軍第107師団が戦闘を終結させ全満州がソ連の制圧下に入ってからの8月27日以降、または米戦艦ミズリー号での降伏調印後とするなら9月2日以降（しかしソ連による千島列島占領の戦闘行動は何と9月5日まで続く）と複数ありうる。補償期間が問われれば問題となるが、しかし実態として移送そのものは9月から半年ほどをピークに1年近く続いた。

　アジア各地域からの帰還の将兵・居留民の対応に追われていた厚生省は当初シベリア送致を把握できなかったようである。抑留は主に1956年ま

で続き、ソ連は最後の帰還兵は1956年の舞鶴港へ帰国した1025人で終了したとしている（ソ連で戦犯・病人等で残置された約2500人、中国移送の約1000人を除く）。最も短期で1・2年だが長い者は11年間に及んだ。そしてこの間に約60万人のうち約5万5千人（厚生労働省発表）が栄養失調と酷使による負傷・過労・チフス等で死亡している（死亡約9.5％となる）。しかし個別収容所では2割を超す死者がでたことを指摘する抑留者も多い。死亡のピークは厳寒の冬でその発生は特に開始第1年に特に多く、2年目の冬から暫減し後年は激減していったが、早い時期には冬季の死者が死亡者の7割を超すと指摘がある。

　抑留日本兵の死亡・栄養失調の原因は直接的にはソ連側の食の欠乏を中心とする劣悪な衣（配給が渡らず冬の備えのない兵も多かった）、住（材料不足で厳寒に備えられない構造、照明機材もない建物もあった）、医療提供の遅れなど補給総量不足と支給体制にある。三重苦と言われた「飢え・寒さ・重労働」は実感として死亡の原因でもあった。

　スターリンの国家防衛委員会決定第9898号（8月23日シベリアへ発信）の命令を受けて、捕虜の配置場所と作業内容はすでに詳細に時間をかけて計画決定されていたと判断できる。しかし収容所そのものの準備はもちろんできていない。結局、多くの場所で日本兵自身が収容所と鉄条網等の囲いを造らされた。さらに1945年冬から翌年いっぱいは戦後ソ連の国内混乱もあり食糧の供給兵站が十分機能していなかった。こうした条件下に抑留兵士の栄養失調・不良を黙殺して最小の物資補給で最大の労働成果を引き出そうとしたソ連の労働強制の方針は、モンゴルやソ連全土で抑留日本兵に必然的に大きな犠牲を生みだして行ったのである。

　これらの事情は現ロシア及び独立各共和国の旧ソ連時代の公文書が公開されていく中で、今後共徐々に明らかにされていくだろう。抑留の決定タイミングなどもその一つである。しかしそれらの文書の所在調査と収集、都合の悪いものも含めての公開は、実に兵士を旧満州に派遣した「大日本帝国」の承継者である日本政府にこそその積極的また組織的な実施の責務がある。遺骨収集とともにこの資料による解明の重要な責任が政府にある

事は特に指摘しておきたい。願わくは、他国の公文書公開で判った事実が、日本政府では例えば関東軍の判断の誤りを示すものだったり、基本とした事実が間違っていたなどの理由で秘匿され続けるなどのことが無いよう願う。国民の税負担によって、入手また作成された資料は最終的には国民の共有知識となるべきものである。

　なおロシア・ソ連研究における状況は、(ロシア史研究会『ロシア研究案内』彩流社　2012)等での紹介など、いろいろな形で続いている。ロシア側の資料はまだ出始めであり、調査を継続して進めることが大切な時代となったと思っている。

ソ連の再建における日独両国捕虜兵の使役

　抑留問題を考えるにあたってここで日本人が注意するべき点がある。ソ連は西部戦線で捕虜としたドイツ兵約239万人もまた、自国の再建・開発の労働力として抑留使役していることである。ソ連は独ソ戦で一説3000万といわれる犠牲者を出し、再建のための労働力を必要としていたのだ。したがってドイツ兵はともかく日本兵の抑留は基本的には「シベリア出兵の意趣返し」「北海道占領を阻止された"そろばん勘定"」等の二国間バランスのエピソードが理由ではないという点が大切である。むしろ対ソ戦被害の賠償の労働による一方的清算と考えた方が一貫する。

　最もソ連側が建国初期のシベリアにおける日本の干渉戦争をシッカリ覚えているのは当然の一面である。さらに「露日」戦争の再戦、そして失った樺太・千島、満州の鉄道権益の奪還などが、スターリンや指導者の発言や資料に時々現れる。また日本政府側が戦後の混乱の中で中国大陸・朝鮮半島の日本人居留民を植民地に残留定住させようと発案し同年8月14日「できる限り(現地に)定着させる」訓令を発したり、関東軍参謀が日本兵の(満州内における)ソ連軍の使役への協力を申し出たりしたと言った出来事のために、基本的過程が見えにくくなっているが、それらはソ連モンゴル抑留の本質的原因ではないと評価することが順当であろう。戦争終結直前には帰還させる方針であったことがソ連公文書の表層では見てとれるの

で、やはりソ連の日本将兵抑留の方針はヤルタ協定での現物賠償(c)項のドイツ労働力＝兵の扱いに牽引・刺激されつつ、大日本帝国側の働きかけとは異なる次元で、ソ連によって独自に決定されたものと言える。

ソ連のハーグ条約無視、ポツダム宣言の拡大解釈

　捕虜の強制労働についてはソ連の違法性が広く言われている。捕虜の待遇についての現行の基本条約としてはジュネーブ条約があるがこれはまさに強制労働執行中の1949年に成立した条約であり、日本の批准は1953年であり、この条約は適用できない。実はこの条約は1929年の「俘虜の待遇に関するジュネーブ条約」の改正条約であるが、この29年の条約を日本政府は承認したが軍部の反対にあって批准できなかった。そこで当時これに代わる日ソ両国を規制する基本的な規定と言えば、1907年のハーグ（オランダ）で結ばれたハーグ条約である。条約では「平和克服ノ後ハ、成ルベク速ヤカニ俘虜ヲソノ本国ニ帰還セシムベシ」と定めており、帝政ロシアが批准しソ連も承継すべきものである。日本はこれを批准している。これが1945年時の国際的な捕虜取り扱いの基本原則で日ソ間での取扱原則規定だとすることができる。この一般原則的に諮るとソ連の捕虜処遇（抑留と将兵の強制労働）はこれに違反している。

　しかも対日捕虜取り扱いについては、より直接的なものとして日本への降伏を呼び掛けたポツダム宣言がある。この宣言には捕虜の帰還については、「9　日本国の軍隊は完全に武装を解除された後、各自の家庭に復帰し平和的かつ生産的な生活を営む機会を得させるべきだ。」と規定されている。この規定はハーグ条約が一般的規定とすれば、個別この戦争における捕虜の扱いを規定した、いわば特約とも言うべきものである。ポツダム宣言を追認したソ連は、ここにヤルタ協定で米英に認めさせたドイツ現物賠償の(c)項、ドイツ労働力の利用を拡大適用したものであろうが、ソ連も追認したポツダム宣言下でのドイツ捕虜使役事例の対日適用はこの第9項によって否定されており、ソ連の不当な行為となる。

　ソ連における日本兵の労働力化の意思決定の過程はまだ不明な点が多

い。しかしいずれにせよどちらの規定の立場に立ってもその強制労働の不法不当であることは逃れられない。したがって日本兵の抑留と使役は、ドイツ兵の抑留と並んで、戦後の世界秩序編成に際して、ソ連が自己の勢力圏をいかに再建し拡大していくかという方針にその理由と動機があることを理解の根底に置いておかなければならない。その多数の抑留者(捕虜)の存在は戦後のリアルな国際政治上の取引のカードの一枚でもあった。

抑留収容所、抑留者、死者の数

抑留者は全満、朝鮮北部などの30余の中間集合場所へまず集結され、1000人を一大隊として編成されて列車でシベリアに、またさらに内陸部へと送られた。千島・樺太からの抑留者はごく一部を除き船で大陸へ送られた。多くの兵は「スコーラ・ダモイ(もうすぐ帰れる)」「トウキョウ(東京)」の掛け声に騙されまたすがって貨車に乗り込み、北へそして西へと曲がって止まらぬ列車に青ざめたという。

その抑留された場所は厚生省(当時)の把握でもシベリア・モンゴルだけではなく、中央アジア・ヨーロッパロシア等で5285カ所におよび、その名称も『ソ連収容所地名索引簿 昭和26年7月1日』留守業務部(国立国会図書館請求記号：GB531-G87)に見ることができる。収容所の数は分所支所の数え方で2000カ所の数もあるが生活労働現場数はこの5千付近であろう。それは抑留作業の区域が拡がっており、州ごとに管理され作業圏として運営されていた事からもうかがえる。

日本政府は抑留者数を戦後1946年6月にGHQの指示で46万9千人、そして昭和51年度末には53万5578人と発表した。現在厚生労働省は57万5千人(うち死者5万5千人：厚生労働省ホームページに「ソ連邦モンゴル死亡者名簿 平成2年～」が掲載されている。死亡率を概算すると9.5％となる。)と推計。遺骨の収集は19302柱(2014年3月末まで)なので約34000柱もが残っていることになる。

一方プラウダは1945年9月12日に抑留者を59万4千人と発表、後1948年11月に60万9176人(内将官148人)と再発表する。ロシア研究

者に65万人(死者9万2千人)等の異説はあるが、当面これがロシアの発表人数である。

　上述の政府推計の死者5万5千人(死亡率9.5%)には三合里(病院)等シベリア外での関連死亡者、さらに千島・樺太等での死者は計算されていないようだ(栗原俊雄『シベリア抑留　未完の悲劇』岩波書店　2010)(三合里戦友会『三合里収容所小史』三合里戦友会　1995)。なお三合里は興南とともに朝鮮北部の中間集合場所で病院があったが、労働に耐え得ぬ体力とか重病などでシベリアから送り返され、死亡したものも多数にのぼっている。これらを正確に把握計算すれば死亡率はさらに上がると想定できる。

　死亡の原因は病気(栄養失調及びそれに起因する諸疾患、赤痢、各種チフス等伝染病、結核、肺炎等)、事故死等多様である。というわけで死者数はいまでも複数説ある。しかし日本政府の5万5千人の死者および抑留者数は上のように過少推計の可能性が高い。旧ソ連時の発表ではなく、軍事記録等での実数調査が待たれる。ただし統計・記録には限界があり得る。それは当時の収容所がソ連社会の軍産複合的な生産体制として社会構成の一要素になっており(アン・アプリボーム著　川上洸訳『グラーグ』白水社　2006)、全ソ的なラーゲリ管理の中にあるからである。収容所情報と管理記録が一般的にも秘匿されていたため、客観性の高い正確な記録か否か常に疑義があり得る。

兵士の生活、作業(「労務」)、病気・事故死等

　抑留兵士の生活や従事した作業は、その目的を反映して広範なものであった。いくつかの分野の手記書名を紹介しながら、抑留者の姿を描いてみよう。なおソ連モンゴル抑留においては、帰国時に徹底した所持品検査があり、メモ等は徹底的にとりあげられ、ソ連側が配布した資料さえも回収された。したがって多くの手記は記憶によって書かれており、このため時に記憶違い、他の発表された手記等からの記憶の混入があり得る点は要注意である。また体験の大きさ、深刻さが記録として書ききれず、小説の形、俳句詩歌の形で吐き出されて記録されている場合も多い。しかし記述の独自性や前

後からの成り立ちの不自然さのない資料を紹介するように努めた。

1. 抑留における生活の基本条件

◆ソ連モンゴル抑留で常に語られる「三重苦」がある「飢え・重労働・寒さ(寒気)」である。広い抑留全域の多くで真っ先にさせられた作業が、宿舎づくりであった。耐寒用に丸太の隙間に土やコケを充填した収容舎屋だけではなく、冬の厳しい寒さを過ごすため掘り下ろした半地下の小屋を建て、土をかぶせるなどの建設例(「ゼムリャンカ」と呼ばれている)もあった。また資材不十分で幕舎に収容された場合は臨時のもので冬季には耐えられるものではない。さらに電灯・ランプが無い場合は松明様のものを燃やすが、空気は汚れ居住環境は悪化の一方であった。小屋だけではなく収容所の周囲に柵を建て鉄条網を巻く作業をさせられてもいる。この作業は機関銃をもったロシア兵の監視下に進められている。このため双方が緊張しており、場合によっては脱走や反乱と誤認されて撃たれるなどの事故も多く発生している(市川茂夫『声なき声に応えよう』文芸社　2001)。できあがった収容所の周囲には見張りの塔が建てられ監視兵が常時警備についていたが、実際に少数ながら脱出もあった。

　敗戦は8月の夏である。兵の着用の軍服は夏用であった。食糧も少なく、耐寒服の配給がない場合には、将兵にとっては特段に厳しい厳冬であった。1、2年目の死者が特に多かった理由でもある。またその時に初年兵、補充兵の死者が多かったのも軍隊特有の負担の下部への押しつけが理由となって加速された結果であろうことは想像に難くない。

◆経験者が特に真っ先に言うのは食事量と飢餓であった。栄養失調死は空腹と言うべき問題ではない。当初の1年余は1日に300グラム(日本の食パンで言えば4枚前後)の黒パンと米と規定された。しかし米を食べたとの手記の記述は、持参の糧秣の場合以外めったに見ることができない。スープは高粱、豆などのわずかな具のスープが飯盒の蓋(大小あるが味噌汁椀で1.5杯位)やボール椀(味噌汁椀で2杯位)等で配給された(田中さんじゅ『シベリアの残火』下田出版　2004

等)。飯盒がないと空き缶等を持って歩いた。味が変でも下に落としても拾ってでも食べる。ソ連側の備品が整う3年目頃から食料・食器等も改善が始まり、厚労省カウントでも死亡も減ってきた。しかし空腹は続き、凍ったジャガイモが落ちていると気づいて拾うと凍った馬糞であった、などは手記にも俳句等にもよくある。慢性的空腹が決して解消したわけではない事を示している。

　夏は監視の隙に樹の下皮や野草を取り煮たり生で食べる(滝田隆『命の野草』叢文社　1981)。食べなければ衰弱死するほどのギリギリの(不足した)配給であった。そのため死亡者の7・8割近くが配給の改善される前の2年間の冬の死亡だと観察されている。

　風呂は時期・場所にもよるが月1回あれば幸い。寝ればシラミ・蚤(ノミ)に食われ放題が数年続いた。一部では熱蒸式の消毒も行われたが、全体に実施されるには不十分だった。

◆少ない食糧のため配分は常にもめた。分配は不足したギリギリの量のため、「このぐらい」とか目分量では収まらない。基準の柄杓や目盛棒も作られ、相互監視の中で配給された。軍隊構成のままの抑留だったので、将校が真っ先に自分達の分を十分取り兵が残りを分けた場合も多かった。これはガダルカナル等あちこちであったが、民主化運動の一因ともなった。

◆抑留者同士での盗み合いはいつもあった。少しでも暖かそうな服や手ぬぐい、より良い靴、何に使うのか時にはメガネまで盗まれる。自分が使うためだけでなく物々交換に出す場合もあったようだ。結局、防寒のためにも全て身につけて眠ることになる。「盗まれる方が悪い」とまで言われた。後に紹介するが遺体の例もその対象をまぬがれない。

◆医療体制については収容先による運不運は天と地の差だった。医療施設が併置されていた大収容所と、末端の収容所の条件は大きく異なった。入院の施設や薬品の備えまで全てが異なり、備品のないところでは偽薬の投与や気休めの治療など、動員された日本軍の医療関係者の証言には悲惨なものがある。また男性が戦闘部隊に投入された結果もあって、ソ連軍には女医も多く、日本兵の目には珍しい

ものに映った。

　基本条件が低位にあることは、労働の適正度の区分検査法にも見られる。女医らの医師が行列して進んでくる日本兵の尻の肉を摘み、摘まめれば労働可、摘まめぬほど痩せていれば戸外労働は不可で軽作業か労働免除かになる。こんな方法は現代では冗談としか思えないだろうが、これが一事が万事と言うべきであった。感染症対策や食料供給など多数の通達が発せられたが、徹底度や実施の実態も逆にその数の多さから想定できよう。

2. 強制労働の各種作業

◆隣り合わせの死。作業や移動のための雪道行進にも恐ろしいリスクがあったという。特に収容所への移動で何キロも行進するのは普通のことであったが、雪のため足元が悪くよろけて列を離れる。フラフラっともどれず三四歩も出ると脱走とみなされて、殴られるならともかく直ちに撃たれる時さえあった。より元気な者は五列行進の最中に列の乱れる際に、ふらついてもより安全な中央三列に入り込もうとする。列の内側でふらついても列の外側でふらついて外へでてしまうより安全なのだ。結局体力が弱い者は危険の高い列の外側へおしやられ、遅れ残されて行く。抑留者どうしが加害者と被害者の候補となって肩を並べて行進していたのだ。ソ連が設置運営した抑留地区は「人をおしのけなければ生きて行けない世界」であった。

◆立木の伐採（図参照）。死者負傷者が盛んに出たことで有名な立木伐採と木材運搬作業は、抑留経験で「三重苦」の一つの代表に挙げられた重労働である。伐採木の搬出のため土壌が凍結した冬季にも盛んに行われた。約1000人を1大隊として管理された日本兵は集団作業をさせやすかった。この作業で事故死者が多く出た理由として、食糧不足による栄養不良や寒さによる寝不足で起こされた注意力や行動力の低下のため、切り倒した木が倒れ、はねて転がる時や思わぬ方向に倒れた時などに素早く避けることができない者を生んでいたことがある。これが死亡・負傷事故を多くした基本条件となった。上官が指揮に廻るなど少しでも楽をしようとする場合もあった（班長は一緒に作

(17)

業するが、将校・現場統括者に作業義務はなかった)。夏は作業中アブ・蚊に襲われてとても軽快に働ける作業条件や環境ではない。

　　　立木伐採　　　　　　　　　　　雪中の丸太搬出

　　左右共：出典（山下静夫『シベリヤの物語』山下静夫画集刊行委員会　デジプ
　　ロ刊　2006　東京堂出版販売）

◆工場等公共建築、住宅建設。水道等地下施設の埋設。港湾・桟橋・橋梁の建設・架設などの建設作業。屋内外の木工作業、レンガ作りなどの部材作成や開発用のインフラ建設作業が全土に見られた。資材の運搬や駅での貨物・資材の積載や下しにも動員されている（図参照）。

◆交通・エネルギー系統では第2シベリア鉄道と言われたバム鉄道の路盤構築、レール敷設。大勢で一本ずつレールを抱え運び置いていく重労働である。平均して小柄な当時の日本兵が55キロの体重を40キロに落としてしまっても働かされている場合も例外ではなかったので、「枕木1本死者1人」とまで言われた場所もあったのも当然であろう（図参照）。

　一般道路整備は全域で行われ、奥地では丸太を敷いて道路面を作った場合もある（松崎吉信『白い牙』叢文社　1979）。また先の住宅を

含めこれらの施設へ向けての電柱立てと電線の架線作業等もあった。首都整備建設を行ったモンゴルにおける道路や劇場建設は長期間にわたり評価が高かったという。

鉄道敷設作業　　　　　　　　　　　　煉瓦工作場

左：出典（佐藤清「鉄道建設」『シベリア虜囚記』未来社　1979）
右：出典（堀場襄『捕虜の記念品』蒼天社　2004）

◆鉱山労働も事故や健康被害が恐れられたようである。鉱山や炭鉱での採掘と搬出。クラスノヤルスク等が有名な鉱山地区であるが、崩落、機械事故など鉱山独特の事故も多い。また石の切り出しや砕石は各地で行われた。これらの作業はじん肺の疾患を生み、病気が知られていなかった帰国後の発病では結核と誤診され、正しい治療が受けられぬままに珪肺病死者を多く出している（縄田千郎『シベリア珪肺症』〔本人〕1993）。

◆生活物資作成のカテゴリーでは、食糧生産としての農作業、机・卓、椅子等の耐久品・消耗品の作成や縫製業などをまとめて挙げられよう。
　農作業・雑用などの作業ではソ連国民とのいろいろな交流が生ずるが、コルホーズ等で収穫時のジャガイモを懐に隠す余得以外にも思わぬすれ違いも生じたようだ。例えばモンゴルで将校宿舎周辺掃除を命ぜられて「雑草」を徹底抜去したため、「この乾いた国でせっかく芽生えた緑を抜いてしまって、反ソ行為だ!!」と激しく叱責されたなどの風土の食い違いによるエピソードもあった（「モンゴル草毟り事件」『沈黙の時効』　成星出版1995）。また作業が近隣の時には、

ジャガイモや人参を作業中に埋め隠して、あとで掘り出すなどの策を図ったときもあった。食料の入手に必死の苦労・工夫を重ねたのである。

◆これらの作業には「ノルマ」が課された。個人や班を対象として、作業の仕上げ量が目標の規定に達しないと「目標未達」でペナルティがかけられた。罰は通常は食糧の支給量削減だった！ 少ない支給が減らされるのは生死を分ける問題だ。到達すると加給があった。ソ連自体がノルマ社会だったから、作業は電話帳のような厚さの算定マニュアルにより細かい規定が定められていた。しかしどのような作業かでノルマの達成困難度が異なり、悲喜劇が多く繰り返された。抑留日本人の管理や記帳記録事務等の補助が日本側に命じられるようになった収容所では運営について体調などでより適切な場合もあったが、将校も兵も一緒なので一定のひずみや不公平は避けられなかったようだ。

◆抑留作業中にドイツ人との接触も見られた。特にドイツ人捕虜は「死して虜囚の辱めを受けず」（戦陣訓）などを信奉した日本兵の様に国際的な目を塞がれていないので、ソ連側に諾々とするばかりではなく折衝する姿や、食事分配の合理性に驚いている（今川順夫『負けてたまるか』2007）。またソ連側のノルマについても「一日３百と言われたら３百だけやれば良いのだ。お前たちはなぜ早く仕上げたりするのか？？」などと言われたりしている。これに対して捕虜の立場から要求できるものがあるなど露知らぬ日本将兵は、無理なノルマも課されるままチームとして労働を続けた例が多いようだ。またソ連におけるウクライナの大凶作のための食糧窃盗犯の女性達の矯正労働対象者達やコルホーズ職員などとの接触もみられる、中には炭坑（チェレンホフ）での出会いもあった（佃則純『本音と建前』本人1980）。

◆全土でただ黙って働いていただけではない。１年２年と経過すると、動ける範囲で工夫しまた交渉して資材や食糧を調達したりの局面もあった（高樋作一『私の青春と戦争』近代文芸社　1995）。各収容所でも演芸会や句会が開催されたケースも多くある。のちに歌手「三波春夫」

として有名になる国民的歌手もこの演芸会で知られるようになった。

◆捕虜が収容所を移動して回った場合も少なくない。作業によって部隊毎に動いたようだが、個人として動いたとしか思われない記述もある。こうした配置転換のルールは州レベルの決定なのか、それともどの様な計画に拠ったのだろうか。この点もソ連の軍事関係公文書館、国家公文書館において運営システムや概数が見いだされてくることを期待したい(園田重雄『激動の中の青春』文芸社　2001：では著者は京城→興南→ポセット→スラビヤンスク→カーミンカリエル→ドニエプロペトロフスク→ナホトカを移動している)。

◆落ち着いて1年もすると「民主化運動」が始まった。労働の下部への押しつけ、食糧の分配前取り分けなどを理由の一つに、将校、暴力的上官、非協力的な者等を吊るしあげ批判するという反軍国主義運動の側面もないではないが、将兵の帰国を見越し共産主義思想を刷りこんだりソ連支持者を増やそうとするソ連の官製運動でもあった。「熱心だと早く帰れる」との噂も出て、アクティブと呼ばれる積極分子も生まれた(落合東朗『ハルローハ、イキテイル』論創社 1982)。ソ連側は広報と宣伝用の『日本新聞』を早々1945年9月15日に創刊し各収容所に配布しはじめた(落合東朗『シベリアの「日本新聞」』論創社　1995)。ソ連の広報誌である『日本新聞』は、当初は反発されつつも編集スタッフに日本人を増やし、ラーゲリ収容者へのソ連側の意思広報紙として、また日本を含め外部情勢のソ連視点での紹介紙となり、徐々に影響力を拡げていく。

◆民主化運動がピークとなりつつある1949年におこなわれた「スターリン大元帥への感謝決議文」も注目であろう。「軍国主義下の我々を開放し、混乱期に厚遇し、民主主義の経験を得させてくれた事に感謝する」という趣旨の決議文で、66434人が署名した。ソ連型大衆組織化運動の手法と、日本人捕虜の追い詰められた集団追随心理の複合した産物(成果？)であった。全体状況の見えてきた今日では批判は簡単だが「自分だったら・・」と当時を考えるには歴史と社会への想像力とシミュレーション能力が必要だ。

　1949年に中華人民共和国が成立し翌年朝鮮戦争が始まると日本で

はレッドパージがはじまった。こうした結果、帰国後に「シベリア帰り」は「アカ」として就職を断られたり、逆にソ連批判をすると「反動」と言われるなど、左右から叩かれ結局沈黙を強いられた者も多かった。また抑留時期の自分を考え、生きのびた必然を考え、平和な日本で精神的にはラーゲリ以上に苦しんだ人々も多かった。

◆密告があった。民主化運動が進むなかでも反動とされた者や一般的な収容者への取り調べ以外にも、抑留された元将兵からアクティブ（日本人の民主化積極分子）やロシア側管理者官憲に対して密告が奨励された。軍関係者だったらしいとかの前歴についてや、収容所での労働や隠し持った持ち物について、本人の思想について、窃盗や反ソ言動についてなど密告が受理される限り続いた。それに伴いソ連の取り調べと独房入り、場合によっては立ちも座りもできない大きさの木の箱に閉じ込めての放置拷問等が行われた。しかも調書は多くはすでに殆どできてサインを待つばかりの例も多かったという。帰国が開始される中でソ連が相当数の日本人をさらに留置し、何らかの取引のカードに利用しようと図ったとも言われている。それらの結果、帰国の船の中ではアクティブが逆に吊るしあげられリンチを受けた。日本海での溺死者の噂も絶えなかった。

◆死者の埋葬は戦後の発掘に見られるように各収容所で穴を掘り、遺体を落とし埋める直葬方式がほとんどであった。厳寒の冬季にはツルハシやシャベルでは凍土を掘るのは不可能なので遺体は小屋や空き地などに集結され霜をかぶって積み上げられており、手記にもその様子が散見される。冬の前に穴を掘り、橇で死体を運び落とした所もあったようだが、2年目以降だろうか、それだけの死者が予測されたのでもあろう。

　全域では土葬が殆どであった。作業を楽にするため背中合わせに二・三体を一緒の穴に埋める場合も多かった（図参照）。抑留中の死者の埋葬については土饅頭が崩れて判らない場合や地面の僅かな窪みが埋葬場所を示しているのみの場合が多く、墓参団も発掘に苦労している。

　場合によって近くの河に死者を落として流した収容所（ノリリス

ク)もあった(『魚と風とそしてサーシャ』渡辺祥子：約千体の死者のうち800体をエニセイ河支流に投棄したと父の消息を尋ねた著者が聴取)。なお埋葬の作業に従事した捕虜が、死者が最後に身に着けていた遺品(残っていれば)や衣類を受け継ぐ暗黙の了解が多くの収容所にあったようだ。

またナホトカへ帰国のため集結した後に死亡した抑留者はショーウインドウの陳列のように棺で埋葬された事例があるが全体では僅少である(『読売新聞』2015年1月4日朝刊)。

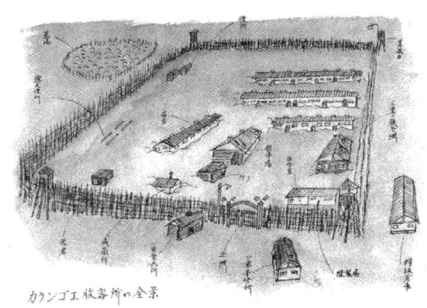

収容所スケッチ

背中合わせの埋葬遺骨二体の発掘

左：出典（堀場襄『捕虜の記念品』蒼天社　2004）
右：出典（『ソ連抑留中死亡者チタ州カダラ第11分所付近埋葬地第2次調査報告書』〔広島〕元231連隊シベリア遺骨収集推進委員会　2004）

◆収容者に国際郵便を出すことが許され、故郷への手紙を発信できるようになると、互いに消息がわかる者も出始めた。全国に115万通の手紙の来信があったという。しかし収容所ではメモや書類を時々の検査で没収される内に警戒心が発達した。兵士達は日記や収容者

名簿を小さな紙に細字で書き、帰国時の所持品検査をすり抜けて記録を持ち帰った（図参照）。

細字の収容者リスト
出典（平坂謙二『捕虜の遺跡』平坂謙二　1979　p188）

◆ナホトカ港。ナホトカ港は京都府舞鶴港への送還の主要拠点港であった。集中時には多くの収容所があったがそれでも溢れると幕舎（テント）を使用した時もある。一般的には一週間前後が待機期間だったようだが、乗船直前の待機収容所では選別が行われていると不安が煽られた。待機なので労働はなく病気などで比較的長い休養をした者もいる。ここまで来て死亡した者は棺で埋葬された場合もあったのは紹介の通りである。

　これらを写真で見ることができるものとして朝日新聞社編『アルバム・シベリアの日本人捕虜収容所』1990がある。1948年以降、凄惨であった年より後の撮影で、複数の収容所でソ連によって撮影がされた写真集だが、きわめて清潔健康に撮られていることを注意すれば、イメージ構成には参考となる。

3. 樺太・千島列島からのシベリア移送と残置労働の評価

　ここで樺太・千島の諸島における労役について指摘しておきたい。ソ連は樺太・北方四島を含む千島の諸島を永続領土化する予定であったから、この地域ではシベリア等大陸における使役の仕方と異なる強制労働をさせた。多くの軍兵はシベリアへ移送され沿海州などで使役されたが、一定人員が残されている。残置の人々は道路建設、薪作りなど大陸と類似の作業もあった。また全くの民間人で工場や交通、生産会社など既存施設の継続運営にかかわる関係労働者の継続使役もあった。施設を略奪送付せずに残したのは永続領土化の意図があったからと言えるし、このための違いがシベリア抑留と異なる扱いとなっている。

　しかし日本北方領域でのソ連による日本人軍民の使役はシベリアでの強制労働と形は異なるが本質は同一である。ソ連の戦後建設・経営での広域・全体的な観点でみるなら、やはり支配下軍人・民間人への強制労働の一分肢として位置づけ扱っていくことが必要であろう。北方領域での使役は北方地域の特異な問題ではなく、ソ連の強制労働政策の一環として明確に位置づけ、扱っていくことが必要である。

開戦直前の「満州国」情勢

　ソ連軍は西部戦線の対ドイツの戦闘が終結したことにより主敵がなくなったが、連合国軍の一員としては米英ソ中のカイロ宣言（1943年11月）以来の基本方針により、なお戦争継続中と言える。しかしソ連が対日戦争の開始を米英から要請されたヤルタ会談（1945年2月）において、ソ連の対日戦参加と戦後の利権処理を合意したヤルタ秘密協定を締結した後で情勢は急変をした。つまり核兵器の開発が成功し、ポツダム会議（1945年7月）の後の日本への降伏要求であるポツダム宣言（7月26日）を日本が「黙殺」したという理由で米国は広島・長崎へ原爆を投下した。米英はむしろソ連の参戦を望まない姿勢に転じつつあった。

　一方スターリンは日本の降伏が迫っていると判断し、日本の戦後処理への発言権を担保するためドイツ降伏の3ヶ月後頃とされていた対日参戦の

準備を前倒しするように急いだ。とくにソ連にとっては樺太・千島列島・満州鉄道権益の再獲得は大切である。その重要性の評価はドイツ戦線にいたソ連軍将兵を、途中で休暇を与えることもなくシベリアへ再配置を進めたことによく示されている。この間、全満州を放棄してでも中立であったソ連に対米英和平の仲介を依頼する心積もりで近衛文麿のモスクワ派遣を要請していた日本の政軍中枢の停戦への企図は、開戦を決意しているソ連との電信のやり取りにひき伸ばされて見果てぬ夢に終わった。

かくして外務委員モロトフは8月8日夕刻、モスクワで佐藤尚武大使に宣戦布告を通告し「満州国」国境において160万の兵で越境侵入を開始した。時に翌日の8月9日であった。1945年8月15日、大日本帝国はポツダム宣言の受諾の大方針を玉音放送で臣民に表明した。当然降伏条件の細部は定まっていない。降伏を想定していない主戦派の日本軍在外部隊や国内組織にとっては、事態は流動的に思えた。降伏条約はまだ締結されていないので、連合国から見ても、「降伏」宣言通知や事務連絡は、帝国の最終決戦のための時間稼ぎ謀略かも知れなかった。現に国内では近衛師団中等には降伏反対の蜂起があり、成功していれば混乱のうちの戦闘継続はあり得ない事ではなかった。

敗戦に先立つソ連軍の侵攻は、もちろん関東軍にとって「全く突然の出来事・卑怯な不意打ち」でも何でもない。本当に「不意打ち」なら関東軍の調査・諜報は無能という評になってしまう。ドイツ降伏以前の西部戦線の圧縮が始まった2・3月ごろからシベリア鉄道での輸送は増え始め、5月以降急増した。こうしたシベリアでのソ連軍の増強はすぐに察知され、列車本数から「満州国」への侵攻のために必要な部隊数や兵器、兵站物資が急速に準備されていると推計できていた。侵攻は冬を避けた1945年秋または翌年春かとの予測もあった。しかし察知しても関東軍としては抜本的対策をとることは不可能だった。なぜなら「無い袖は振れぬ」状態だったのだ。関東軍としてはここでソ連軍の侵攻を受けたら関東軍壊滅、「満州国」崩壊、ついで隣接する植民地朝鮮（現在の北朝鮮と韓国）の崩壊につながることが見えるだけに、ただただ絶対に起こっては欲しくない事態であった。

弱体化する関東軍の根こそぎ動員の社会的ひずみ

　関東軍の「無い袖」とは関東軍基幹部隊を南方戦線に抽出配置転換するようになって久しいからだ。例えば黒竜江沿いに配置されていた第一師団（片岡薫中将）は隷下の部隊がフィリピンのレイテ島西岸に転進し、米軍上陸に対峙して壊滅した（1944年10月20日に米軍上陸）。関東軍の兵員数は1941年に70万（全日本軍210万のうち33％）だったが、44年には太平洋戦線に抽出されて46万に減少した。敗戦直前の45年には再動員で78万となり41年当時の70万人を追い越した。しかし全日本軍が640万に増員されたので、指揮下兵員の全軍が78万人になってもその比率は44年と同じ11％だ。本土決戦用の278万、中国に120万、南方戦線に160万と兵力が大増加したからである（大江志乃夫編『支那事変大東亜戦争間動員概史』不二出版　2007）。急激に兵員を増加させたため、兵の質は低下、加給する兵器さえも不足した。

　関東軍は南方への抽出部隊の後の穴を埋めるべく満州国内でも急遽徴兵を行った。しかしもはや18や40歳以上が主で20・30代の精兵を除く弱卒老兵が主であった。しかも徴兵時に家から出刃包丁（槍の穂先とする）とビール瓶2本（火炎瓶とする）を持参する指示を出す地域もあった。かくて給付する備品は水筒に竹筒まで使われたり（斎藤邦夫『花と兵隊よもやま話』光人社　1989）、支給の武器は三八銃どころか竹槍！、はては黄色火薬約10キロの戦車地雷（匍匐〔ホフク〕かタコ壺塹壕から飛び出して突込む肉弾攻撃用）が配られるなど、生還を予定しない、つまりもはや交戦する近代的軍隊の装備と思想を持てない補給状況だったことが多くの手記から判る。それでも兵士は荷車を戦車に見立てて突撃訓練を繰り返したが、その戦車が車高3m、幅3mはある「T34」という76mm砲を備えドイツのタイガー戦車を撃破してきた小山の様な鉄の塊とは知らなかった。

荷車を使った対戦車攻撃訓練

T34戦車

左上：出典（佐藤清『シベリア虜囚記』未来社　1979）
　　下：出典（朝鮮戦争記念展示。於ソウル市）

　当時の参謀林三郎は、不足兵器類は野砲400、擲弾（筒）砲4900、歩兵銃10万丁等多種で大量だったと述べている。こうした新編成の数だけ揃えた新師団の戦闘力レベルは精鋭師団の4割に満たないと評価された（林三郎『関東軍と極東ソ連軍』芙蓉書房）。
　またあえて説明を加えるならば、それらの弱年老年の兵士を徴兵した先は「満州国」内の開拓団、青少年義勇軍、官庁・会社が対象であった。在満の在郷軍人会を併せ25万の根こそぎ動員をおこなっている。この結果、数少なくなった男手を徴兵された満州域内の各種の日本人集団は、避難にあたって深刻な困難にさらされた。全村移民の場合には動けない老人病人を入植部落に残して、背に荷物と乳飲み子、両手に子をつないで断腸の思

(28)

いで出発した婦人たちが多くみられたであろう。佐藤清は移動中に入った農家で見つけた老人は、中風で置いて行かれたらしく排泄物にまみれていた事を描いている。そして入植者達は自分たちの逃避行においても辛酸を舐めることになる（図参照）。

放置された老人

出典（佐藤清『シベリア虜囚記』未来社 1979）

戦争終末期における関東軍・参謀本部による対ソ戦略の再構築

　以上のような何ともしがたい対ソ全体状況に対して、関東軍はどのような対応をしたのだろうか。参謀本部と関東軍は、なんと満州全土を放棄して、朝鮮防衛を焦眉の作戦課題とする新方針を組み立てたのである。参謀本部『満鮮方面対ソ作戦計画要領』（昭和20年5月30日）である。この戦略変更決定はソ連軍侵攻の三カ月前1945年5月の事であった。

　それは迫っていると評価できるソ連軍の満州侵攻に対して、「満州国」と朝鮮との国境線（それは現在の北朝鮮とソ連・中国国境線とほぼ重なる）の間に防衛ゾーンを構築することであった。具体的には「満州国」東南に接する朝鮮国境を対ソ防衛の最終防衛線と位置付けて、その南端近くの大連から北部の図們を底辺として新京（首都）を頂点とする西に向いた三角形を防衛圏（主に東辺道一帯）として、そこへ関東軍を集結させるものだった。「後退守勢」の秘密戦略である。これにより「満州国」崩壊の波とソ連軍の侵攻を朝鮮国境の外で食い止めようと企図したのである。すなわち関東軍総体としては虎頭要塞などの長いソ満国境最前線の対ソ拠点と、チチハル、新京など主要都市を除けば、全満州的には、近代戦を継続的に戦える部隊の連携したネットを持たない「張り子の虎」になってしまった。

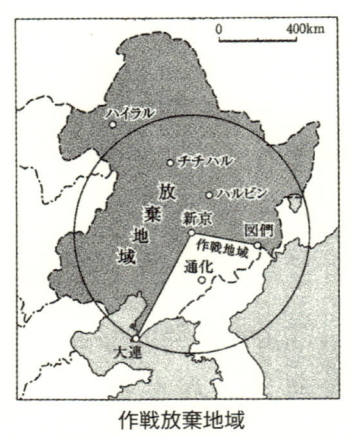

作戦放棄地域

出典（島田俊彦『関東軍』中公新書 1965）

関東軍はここに設置の主務である満鉄と満州の防衛をついに放棄したことになる。新しい方針は大日本帝国の大陸植民地朝鮮を防衛することで、そのため満州全土防衛を放棄したのである。しかし新たに司令本部を置く通化の街は施設整備もまだ十分でないままに、朝鮮の前面に防衛線を引き直すこととなった。総司令官山田乙三大将もソ連侵攻後8月13日に通化へ移動してしまった。したがって部隊移動後に残された満州の当該地域は軍事的には弱体化し、希薄な地域が広く発生した。

ヤルタ秘密協定による戦後占領体制と米・英・ソ連

しかし満ソ国境地帯の入植者、全満の日本臣民（居留者）は、もはや幻想となってしまった関東軍への変わらぬ信頼を胸に、情報もなく（むしろ入植者・都市居留民の動揺とあわただしい撤退をさせないため、情報を与えられることなく）放置された。これが避難民遭難と残留孤児の基本的原因だ。当時の日本軍＝皇軍の本質は国家を守るものではあっても、臣民＝国民を守る目的の軍隊ではなかったことがはっきりと示されている。

またこうした体制からさらにこぼれたのが植民地朝鮮、台湾からの動員兵士である。言語教育を筆頭とする皇民化により育てられ、若者の中から色々な経緯で応募してきた（末期には徴兵された）植民地出身兵がロシア・モンゴルへの抑留に組み込まれ強制労働に従事させられた。彼らは日本人として従軍し、捕虜とされながらその戦後処理においては日本から切り離され母国からも見捨てられた存在として日本人捕虜以上の苦難にさらされる。

以上の諸条件のために、「満州国」は日本の戦後引揚げの二要素（現地駐留軍と居留民引揚げ）において、他の占領地・植民地と異なった惨状を呈した。ソ連・モンゴルへの兵員の大量抑留および居留民遭難・満州残留孤

児の二つの問題は、労働力確保を図ったソ連軍と、移住民保護を放棄した関東軍（そして参謀本部）が裏表となって刻んだメダルとも言えよう。中立条約を侵しての侵攻は、日本側にとっては日ソ関係にソ連側が種をまき育てて生え刺さった棘であり、日本人の対ソ観の基底となる警戒心や悪感情の原因をなしている。

　ところが国民感情のあり方としては「ソ連憎し」の批判の背後に隠れて対日戦を要請した英米はあまり追求されていない。ソ連としてもいずれ対応を要する対日問題である。しかしソ連の一刻も早い参戦を要請したのは米英である。この結果、三者はソ連の参戦報酬として樺太・千島占有と満鉄権益の条件付き占有を認め（ヤルタ秘密協定で締結）、また東北アジア占領地区のソ連担当も了承された（朝鮮北部もソ連占領担当地域となった）。満州・北朝鮮における工業関係機械その他施設備品の運び去りもこの占領管理区分の下で実施された。なお戦後ぎりぎりに要求されたソ連による北海道北半分の占領はトルーマンによって拒否された。こうした開戦の代償として認められた権益と、黒幕の米英の戦略的謀略交渉があって、ソ連は日ソ中立条約を侵して「満州国」への侵攻を行ったのだ。この秘密条約のことは歴史教育でも詳しい扱いはなく、市民にも広く知られていない。それとも戦後の日本の改革による解放感や、今日に至る日米関係に目を覆われて英米は許されているのだろうか？　単純な反米英という事ではなく、国際関係における誤り少ない方針決定を行うには、こうした重層的な関係を見逃すことなく知っていく事も、国民の学ぶべき条件であろう。

帰国抑留者そして英霊への弔いとは

　舞鶴港への帰国は1946年12月8日入港の大久丸の2555人に始まり、途中3年ほどの中断をはさみ1956年12月26日の興安丸での1025人の引き揚げにより一応終了した。

　本目録は、誰が「誤ったか」とか誰が「悪いか」などを個別に論断することを第一目的としたものではない。目的は、シベリア等各地への抑留に関する記録図書を少しでも多く収集し一覧できるようにすることで、抑留

兵士たちの経験した「シベリア抑留（ソ連モンゴル抑留）」とそれに対応した戦後日本という歴史的全体像をつかみ直す一助とすることにある。

　日本が今だかって経験したことのない大規模な抑留について、①どのような事態が生じていたのか。旧日本軍・政府はいかなる戦争指導と敗戦への対応をすれば、こうした事態を避け、又は軽減できたのか。②日本政府は旧軍兵士の戦後の扱いをいかに行うのが正当であったのか（例えば南方の米英軍下での日本兵の労働は対価が支払われているが、ソ連に対しては請求権を放棄して支払いが認められていない）。③日本社会は帰国捕虜（帰還の将兵ではなく）をいかに受け入れすべきであったのか（1955年ソ連と国交回復した西ドイツはアデナウアー首相がソ連へ入りブルガーニン首相と抑留者帰還の直接交渉をし、帰還後補償金を支給した）。④そしてアジア・太平洋をまたぐ大日本帝国の戦争とはそもそも何であったのか。この諸点を究明する基礎的作業の大切な一環として、この書目の編集を志した。

　これらの諸点を明らかにし、第二次世界大戦へ突入したドイツを他山の石として、現代日本を運営し支える諸機構と社会が戦争の悲劇を再度引き起こすことのないようにする事が大切である。そのための反省こそがシベリアの荒野に中国大陸に、また南のジャングルや島々と海に死した全ての人々への、現代人たる私達の弔意となると考える。この作業の途中で日本の弱点を公表するのは「非愛国的」だとか、あれこれ分析などとは「英霊」の純粋な気持ちを汚すものだなどと金鵄旗を振って事実究明を押し止めてはいけない。それではシベリアだけでなくアジア諸国と太平洋にいまなお眠る兵士達と家族、生還した兵士達の「我々は何のために闘い、死ななければならなかったのか」の深い問いに答えきることはできない。国民は何度でもまた踊らされるだけの認識と分析力にとどまるだろう。

戦争：全戦線にわたる日本兵の餓死・病死

　問題を考えるための一例をあげれば、大日本帝国は兵士を「一銭五厘」のはがき代で徴兵してきた。その兵達は教育の成果として優秀な兵であった。しかし旧日本軍はその集兵の軽さのためか兵站の計画と実施の失敗に

よって多くの兵を餓死・病死させている。残念な事は、実は同じその失敗を全ての戦場に有している事だ。問題の原因が、理由は多様だが決して部分的失敗ではなく、体質となっている事を示している。

軍中央が物資供給できないために掲げた「戦をもって戦を養う」として現地調達しろという責任逃れのスローガンのために、食糧収奪できる住民の多い中国大陸ではともかく、長い補給線の先にあるガダルカナル、インパール、ニューギニア、フィリピン・インドネシア諸島となると餓死・病死例はきりがない。

しかも「植民地解放」だとしても植民地を支配した本国に攻め込むことができずに、その出先の派遣部隊を叩くためにアジア諸国へ侵攻した。欧米の支配機構を痛打したから、それを高く評価する声も現地の一部には現われた。しかし結局はその戦争そのものを続けるためにおこなった資源調達（収奪）と戦闘の過程でアジア諸国民の多くを殺傷してしまったその戦略・戦術の稚拙さとは何としたことか。

戦争：捕虜・抑留強制労働の加害と被害の二重性

抑留問題に関係して捕虜の収容・抑留の問題でも見逃せない視点がある。厚生労働省の資料でソ連モンゴル抑留者の死亡率を計算すると、概算平均9.5％と計算が出る（収容所によっては死亡率30％を超えた証言も多いが）。しかし反対に降伏を想定していない旧日本軍自身は捕虜の扱いについて日露・日独の戦争の時の様な国際法を配慮した教育はもちろん準備をしていなかった。まして食糧供給などの兵站が不十分であった南方戦線で、ヨーロッパ諸国間の戦闘に慣れた英蘭豪（イギリス・オランダ・オーストラリアの意味）各国の将兵が大量に降伏してくると、収容所の食糧供給を始め運営・維持に困難が発生してきた。

幾つかの例として、まずボルネオの例をあげる。戦争初期にシンガポール等現在のマレーシア地域で降伏した豪州兵の一部は、約2500人がボルネオ島西岸のサンダカンに収容された。戦局の悪化とともに1945年1月29日内陸のラナウまで捕虜に物資を持たせて260キロの移動を行い、殆

どの捕虜が敗戦までに死亡した。結局生きのびたのはD.リチャード（オーストラリア兵）始め6名のみだったと報道されている。死亡者の写真はキャンベラの戦争記念館に掲示されているが、この収容所の死亡率はなんと99.7%となる。なおオーストラリア全体では、日本軍に捕らわれた捕虜は22000人、死亡者は約8000人で死亡率32%となると言い、戦後岸信介総理がオーストラリアでお詫びと弔意を述べている。（なおロシアのエリツィン大統領は1993年10月来日に際して「非人間的行為を謝罪する」と謝罪の意を表明し、多くの死亡者の名簿を持参してきたことは特記しておかなければならない。）

　また映画「戦場にかける橋」で話題となった「泰緬（タイービルマ）鉄道建設」では、1942年7月から一年余の間、捕虜6万5千人とアジア人労働者約30万人をもって敷設に取りくんだ。薬もないマラリヤ、不足する食糧、重労働、感染症等により欧米人捕虜は9500人が死亡（死亡率約14.3%）して工事は未完で終わった。（以上「生還6人死の行進」『東京新聞』2015年1月15日朝刊）

　なお日本本国には約3万人の捕虜が送られ、国内約130ヶ所の収容所で各種労働に従事させられ、一部は原爆に被爆するなどもあったが結局約3千人が死亡した。その死亡率は日本本国に来てようやく約10%まで下がり、ソ連モンゴル抑留の厚生労働省HPの数字から算出できる死亡率約9.5%（幅を広くとれば12%の数字も）に近似してきた事になる。一方ドイツの戦争捕虜収容所の死亡率は戦争終末期をはずすと約5%（アウシュビッツ等の特別収容所は除く）だったと言うがどうであろうか。

　旧日本軍幹部には「日本兵は投降しないのに、降伏してきた敵兵だけは人道的に扱うのは不公平」との考えがぬぐえず、こうした姿勢が状況を一層悪化させ多くのBC級刑死者を生んだ。こうした限られた視点で1929年条約も批准されなかった。この発想ではバンザイ突撃して全滅してしまうより多量の捕虜が出た方が、飛び石攻撃をしていた米軍は地域ごとに捕虜のため兵員と船、食糧を残して行かねばならず、全滅するより負担が大きいのでは？とは思いつかない。

戦争：反省と批判による相互理解のみが共生への道

　私は「だからお互い様」とか、「ソ連は中立条約を破っての捕虜・抑留だから前提が違う」「日本は偉そうに言えない」と言うためにこれらのデータを紹介したわけではない。国際法違反の死に至る食事と重労働、暴行虐待の事実は国籍を問わず均しく重い。どうにもならない失政と傲慢の錯誤をその身命をもって贖おうとした日本兵のためには、賛美ではなく点検こそが必要である。戦後捕虜虐待で起訴された日本将兵BC級戦犯達の本質的責任も、捕虜と敗北とを想定せずに戦略・戦術指導を行った日本軍の軍隊運営、捕虜管理の方法に、そして守るべき事項を教えるべきだと判断しなかった上級者達にこそある。その兵軽視の思考法が無数の玉砕突撃を命じ、近接信管などの兵器対策をたてられて戦果の上がらなくなった神風特攻のやめられない継続へとつながっていく。

　社会と軍の運営で人間に対する扱いの同じ体質がソ連にも日本にもあったようである。少なくとも日本にはあったと言える。現代の日本人である私達はこうした事実と体質を分析するため、大日本帝国政府と陸海軍がアジアへ作用し、そしてまた日本軍将兵自身と銃後国民に反作用としてもたらした被害の徹底した分析と反省を行う必要がある。その深みからの反省と批判をもってこそヨーロッパロシア・中央アジア・シベリア・モンゴル・樺太・千島における日本将兵の死の責任をソ連に徹底告発できるというものであろう。

　おなじことは原爆投下についても言える。日本の侵略の反省と交戦各国への批判はメダルの裏表である。つまり日本の戦争の反省というメダルの表があってこそ、メダルの裏としてアメリカの原爆投下・ソ連の不法抑留等の戦争犯罪への批判を、被害国の泣きごとや政治的取引のカードとして軽視されたり、棚上げされてしまうのではなく、人類の文化文明史的な批判として行えるのだ。アジアとそして世界との真の発展する平和と友好はこの道の先にしかあり得ない。

日本人兵士の記号としての「戦死」からの解放を

　時に敗戦の70周年の年が過ぎた。靖国への参拝が賛否両論の話題となっている。私は毎夏に靖国と千鳥ヶ淵「無名戦士の墓」の両方を訪れるが、靖国を言挙げする人々の姿を無名戦士の墓で見た覚えはなかった。私はそれを彼ら彼女らが兵士の死を頭の中だけで清潔に抽象的に考え、戦死体の硬直したあるいはウジの湧いた姿を、次々と掘り出される遺骨の姿を写真でさえその目で見たことがないのも一つの理由だからではないかと疑っている。

　だから戦争で闘っての死者にお参りしたいと素朴にまっすぐに考えた人々にとって一番簡単に弔いに行ける戦死者群（グループ）のいる場所は、マスコミによる露出が高く、知られている「行くなら靖国神社でしょうか」となる。

　またアジア太平洋での戦争が「正当な」またはそこまでは言わないが「やむを得ざる」戦争だったと考える人々にとっては、靖国神社こそ本来参詣すべき場所となる。靖国参拝の確信的な論者には、むしろそれ以外の場所に行って欲しくはないと無意識に考えてはいまいか？　その場合は死者への賛美尊敬は美しく、しかしその拡がりは限られている。同じ戦場で肩を並べて死んだ多くの無名の戦死者の姿はその目に、想像力に入りづらいのだろうと思う。抽象的できれいな記号の様な「特攻」の言葉では捉えきれない血にまみれちぎれ飛ぶ肉体の膨大な数の「バンザイ突撃」の「死」がある。その両方が「戦死」の実態の姿だ。

　じつは戦死者は靖国に横たわっているわけではない。アジア太平洋戦争での日本の死者の存在は、大きく四群に分かれている。第一に戦闘のなかで戦死し靖国に祭られた人々（本人の実際のお墓は全国にある）。第二が同じ戦闘の中で死亡し遺骨が回収されたものの誰が誰かが判らないなどの理由で千鳥が淵の無名戦士の墓に葬られている人々約36万柱。第三がアジア太平洋の戦場の戦闘で死亡し場所も特定できず埋まっている、また戦後抑留中に戦場でもないソ連・モンゴル内で死亡し捨て置かれ放置されたままの遺骨。この三項目全体で240万人とされる。そして最後の第四が、総

力戦戦争の必然的な結果として都市爆撃等により死亡した市民である。この全てがあの戦争での死者である。ぜひ、自分が貴く思い評価する死者だけではなく、全ての死者に向き合って考えて欲しいと思うが、ここでは将兵の死についての考えを進めたい。

アジア・太平洋・ソ連モンゴルに残る百万柱余の遺骨収集を急ごう

　靖国を言挙げする人々の中のごく一部に、自分から遺骨収集に取り組んでいる人がおられるようにも漏れ聞いている。私はしかし多くの靖国参拝を言い立てる人々と、純真に参拝に訪れる人々に「戦死者は靖国に祭られた人々だけではないよ！」と呼びかけたい。父の、息子の戦死が激戦の中や玉砕のため、銃後の家族に届けられた遺骨箱に切り取った指の骨どころか石一つ、証明書一枚またはそれさえ入らぬ空箱に泣いた家族がいることを知っていただきたい。参拝の人々が足下に踏む白い砂利の音に、「英霊」「尊い死」と言われながらなぜか遺骨のままアジア太平洋各地に70年も打ち捨てられている何万、何十万柱の無念の白骨がきしむ音があることを聞き取って欲しいと心から願っている。

　先に述べた軍事行動関係の戦没者は総数で240万人とされるが、送還収集遺骨は125万柱。残り115万柱（海没が30万柱とされる）が、日本の全ての戦場と抑留先のソ連モンゴルに残されている。

　戦後しばらく日本政府は多くの課題を抱え、財政事情もあり、また「ハガキ一枚」の徴兵の軽さもあったのか、一人一人を大切にせず「象徴収骨」とでも言うべき、遺骨のいくつかを代表的にだけ収骨し祭礼をすませたあとは、地域全体の収骨の明確な方針は出されなかった。しかし日本の急速な国際化により旅行者や出張の日本人に遺骨の散乱放置が目撃され、ドイツやアメリカの徹底した遺体・遺骨収集方針が知られてくるにつれ、収骨方針が強化・拡大されてくる。だが、熱帯に、海に、時間の経過が作業の遅れに罰を与えて、困難を極めた状況が続いている。

　現代に暮らし将来を考える日本人として、自分の見たい過去の一点や高く評価する部分だけを見るのではなく、歴史の全体を見ながら論じあっ

てほしいと心から願い、呼びかけるものである。ここに集められた資料の数々、国民の記憶の記録集成は、そのための肉親・縁者・先達・先輩達から残され託された、貴重な贈り物であり遺産である。

第 1 部

図 書（体験記・回想録）

図書(体験記・回想録)

【あ】

相川 春喜(1909生)　あいかわ・はるき
◇相川春喜小伝　東京　矢浪さだ　1979.4　299p　22cm〈製作:中央公論事業出版　相川春喜の肖像あり〉
　《所蔵》国会図 GK32-8　　　　　　　　　　　　　　　　　　　　　　〔0001〕

相沢 秀秋　あいざわ・ひであき
◇シベリア捕虜の記—永遠の平和を願って　相沢秀秋著　[一宮町(山梨県)]　[相沢秀秋]　1987.10　184p　19cm〈奥付の書名:シベリヤ捕虜の記〉
　《所蔵》国会図 GB554-E220　　　　　　　　　　　　　　　　　　　　〔0002〕

相沢 英之(1919生)　あいざわ・ひでゆき
◇一日生涯—角さんと酌み交わした男の真実　相沢英之著　東京　ぶんか社　2000.11　183p　20cm　1400円
　《所蔵》国会図 GK32-G11　　　　　　　　　　　　　　　　　　　　　〔0003〕
◇タタァルの森から　相沢英之著　米子　米子今井書店　1992.6　243p　20cm　1400円
　《所蔵》国会図 KH42-E160　　　　　　　　　　　　　　　〔文芸・画集　0004〕
◇ボルガは遠く　相沢英之著　東京　ぶんか社　2010.3　329p　22cm　2000円
　《所蔵》国会図 GB554-J481, 奈良県立図書情報館 916-アイサ　　　　　　〔0005〕

愛洲 武夫　あいす・たけお
◇バイカル湖の水は旨かった—シベリア抑留記　愛洲武夫著　[中辺路町(和歌山県)]　[愛洲武夫]　[1992]　118p　26cm
　《所蔵》国会図 GB554-E1258　　　　　　　　　　　　　　　　　　　　〔0006〕

相見 利嗣(1915生)　あいみ・としつぐ
◇捕虜の見たシベリヤ　相見利嗣著　大阪　ワーク・プロ出版局　1973　147p　20cm〈付(p.109-145):満州のロシア人 3話〉　1000円
　《所蔵》国会図 GB554-240　　　　　　　　　　　　　　　　　　　　　〔0007〕

葵 貴隆　あおい・きりゅう
◇慟哭の大地—もうひとつの「暁に祈る」　葵貴隆著　東京　文芸社　2001.3　266p　19cm　1200円

あおいけ　　　　　　　図書（体験記・回想録）

　　《所蔵》国会図 KH53-G235　　　　　　　　　　　　　　〔文芸・画集　0008〕

青池　寛一　　あおいけ・かんいち
　◇シベリア抑留記　［青池寛一画］　［出版地不明］　青池寛一　［2003］　1冊
　　27cm（ケース 28cm）
　　《所蔵》広島県立図書館 H72/アオカ103　　　　　　　〔文芸・画集　0009〕

青木　三郎　（1920生）　あおき・さぶろう
　◇ヤブロノイ一五十三地区　厳冬シベリア抑留　青木三郎［著］　千葉　青木三郎
　　1991.12　90p　19cm〈折り込図2枚〉
　　《所蔵》国会図 GB554-E1358，奈良戦体 369.37-1646　　　　　〔0010〕

青木　信夫　（1927生）　あおき・のぶお
　◇生かされて―満州・シベリア　今、少年とともに　青木信夫著　八幡　法政出版
　　1996.7　109p　19cm（Space A books 6）　900円
　　《所蔵》国会図 GB554-G467，奈良戦体 916-1600　　　　　　〔0011〕

青木　泰裕　　あおき・やすひろ
　◇炎・青木泰三の生涯―シベリア抑留批判・国利民福を貫く　青木泰裕編　東京
　　興仁舎　2004.12　228p　21cm〈肖像あり〉　1143円
　　《所蔵》国会図 GK35-H21　　　　　　　　　　　　　　　　〔0012〕

青森県アルシャン戦友会　　あおもりけんあるしゃんせんゆうかい
　◇戦後五十年の回想―アルシャン駐屯部隊　野辺地町（青森県）　青森県アルシャン
　　戦友会　1996.3　206p　26cm〈付（図1枚）〉
　　《所蔵》国会図 GB544-G17，奈良戦体 369.37-1911　　　　　〔0013〕

青柳　忠良　　あおやぎ・ただよし
　◇聞き書き「地域の"戦争の時代"」　続続々　青柳忠良記録・編集　［出版地不明］
　　［青柳忠良］　2009.6　112p　26cm
　　《所蔵》国会図 GB554-J329　　　　　　　　　　　　　　　〔0014〕

青柳　ひろ江　（1939生）　あおやぎ・ひろえ
　◇ビュンスクの歌声　青柳ひろ江作，近藤文夫絵，銀の鈴社編集・製作　東京　教
　　育出版センター　1988.12　139p　22cm（ジュニア・ノンフィクション）　1000円
　　《所蔵》国会図 Y8-6048　　　　　　　　　　　　　　　　　〔0015〕

青山　源治　（1918生）　あおやま・げんじ
　◇シベリア抑留初期の述懐　青山源治著　［八尾町（富山県）］　［青山源治］
　　1992.4　54p　21cm〈参考文献：p47～48〉　非売品
　　《所蔵》国会図 GB554-E1126，奈良戦体 916-1646　　　　　　〔0016〕

赤井　良平　（1922生）　あかい・りょうへい
　◇人間の限界―地球最後の生存民族、それはソ連の民族か？　赤井良平著　山形

図書（体験記・回想録）　　　　　　　　　　　あきほ

赤井良平　1984.9　143p　22cm〈著者の肖像あり〉　1500円
《所蔵》国会図 GB554-1847, 奈良戦体 369.37-1646　　　　〔0017〕

赤羽　忠二（1920生）　あかはね・ちゅうじ
◇いまだ還らぬ戦友（とも）よいずこ　赤羽忠二著　長野　ほおずき書籍（製作）
1992.8　251p　19cm　1500円
《所蔵》国会図 GB554-J451, 奈良戦体 916-1646　　　　〔0018〕

赤羽　文子（1909生）　あかばね・ふみこ
◇ダスビダーニヤ さようなら―シベリヤ女囚の手記　赤羽文子著　東京　自由アジア社　1955　230p 図版　19cm　180円
《所蔵》国会図 915.9-A267d　　　　〔0019〕

赤間　武史　あかま・たけし
◇マガダン強制収容所―悲惨北千島守備隊　赤間武史著　札幌　文芸道場　1973.9
231p　17cm　1000円
《所蔵》札幌中央 KR916/ア　　　　〔0020〕

上利　正臣　あがり・まさおみ
◇遙かなる日本―ソ連抑留記1945〜1950　上利正臣著　秋芳町（山口県）　上利正臣
1990.4　428p　19cm〈折り込図4枚〉　1800円
《所蔵》国会図 GB554-E604, 奈良戦体 916-1746　　　　〔0021〕

安芸　順　あぎ・じゅん
◇女囚の谷間　安芸順著　東京　小壺天書房　1959.9　262p　19cm　280円
《所蔵》札幌中央 ＊＊　　　　〔0022〕

安芸　基雄（1919生）　あき・もとお
◇花の幻―続・平和を作る人たち　安芸基雄著　東京　みすず書房　1985.8　380,
6p　20cm　1900円
《所蔵》国会図 HP9-153, 奈良県立図書情報館 190.4-64　　　　〔0023〕
◇平和を作る人たち　安芸基雄［著］　東京　みすず書房　1984.1　321, 4p　20cm
1900円
《所蔵》国会図 GK33-30, 奈良戦体 319.8-1611　　　　〔0024〕

秋田魁新報社　あきたさきがけしんぽうしゃ
◇伝えたい記憶―戦後60年に思う・シベリア抑留凍土の記憶・戦禍の残像　秋田魁新報社編集局社会部読者センター編著　秋田　秋田魁新報社　2006.3　380p
22cm　1500円
《所蔵》国会図 GB554-J324　　　　〔0025〕

秋保　正人　あきほ・まさと
◇北の憂鬱―秋保正人作品集　秋保正人著　釧路　「わかくさ」刊行会　1989.7

232p　19cm　1800円
　内容 北の憂鬱　北の虚空　西能登呂岬　じやこしか列伝　白髪奇譚　Q君の青春　アツツ桜　帰国（ダモイ）
《所蔵》国会図 KH47-E317　　　　　　　　　　　　　　〔文芸・画集　0026〕

秋元　清一　　あきもと・せいいち
◇錨（いかり）と星とモンペの青春　秋元清一著　東京　日経グループ企画室，編集：いろは巧芸社　1980.8　373p　19cm
《所蔵》奈良戦体 916-1620　　　　　　　　　　　　　　　　　　〔0027〕

秋元　正俊　（1919生）　あきもと・まさとし
◇北支から満州へそして地獄のシベリア抑留　秋元正俊著　日光　秋悠社　2013.1　111p　19cm　730円
《所蔵》国会図 GB554-L150　　　　　　　　　　　　　　　　　　〔0028〕

安子島　貞治　　あこじま・ていじ
◇ハイラル・シベリヤ戦友会だより　安子島貞治編，ハイラル・シベリヤ戦友会監修　浜松　昭文堂　1996.12　198p　26cm
《所蔵》国会図 GB554-G1010　　　　　　　　　　　　　　　　　〔0029〕
◇ハイラル・シベリヤ戦友会だより　安子島貞治編，ハイラル・シベリヤ戦友会監修　浜松　昭文堂　1997.12　200p　26cm〈皆川会長追悼号〉
《所蔵》国会図 GB554-G1011　　　　　　　　　　　　　　　　　〔0030〕

浅井　住夫　（1912生）　あさい・すみお
◇赤い凍土―シベリア抑留記　浅井住夫［著］　共和町（北海道）　浅井住夫　1991.10　196p　19cm
《所蔵》国会図 GB554-E1176　　　　　　　　　　　　　　　　　〔0031〕

朝井　博一　（1923生）　あさい・ひろかず
◇黙すだけですむか―見聞しても　朝井博一，河本美知夫著　［美原町（大阪府）］　［朝井博一］　2003.5　190p　21cm
《所蔵》国会図 GB531-H39，奈良戦体 329.6-0046　　　　　　　　〔0032〕

浅海　弥一郎　　あさうみ・やいちろう
◇第一装甲列車隊―旧満州第四三七〇部隊隊員の手記　浅海弥一郎［ほか編］　［川越］　［砲友会］　1987.7　315p　22cm　非売品
《所蔵》国会図 GB554-E849，奈良戦体 369.37-1646　　　　　　　〔0033〕

朝枝　繁春　　あさえだ・しげはる
◇追憶―52年以前　朝枝繁春著　川崎　［朝枝繁春］，［製作地不明］文京出版　1997.6　47p　19cm
《所蔵》奈良戦体 916-1646　　　　　　　　　　　　　　　　　　〔0034〕

朝岡 武男　あさおか・たけお
◇傷痕は癒えず—シベリヤ抑留手記　朝岡武男著　東京　創栄出版　1992.1　173p　19cm
　《所蔵》国会図 GB554-E1107　　　　　　　　　　　　　　　　　〔0035〕

朝倉 喜祐（1920生）　あさくら・きゆう
◇知られざる抑留8年の記　第1集　新京篇・安東篇　朝倉喜祐著　加賀　八千代印刷　1992.7　149p　21cm〈共同刊行：朝倉文庫〉
　《所蔵》国会図 GB554-E1222，奈良戦体 369.37-2646　　　　　　〔0036〕
◇知られざる抑留8年の記　続篇　東辺道篇・安東瀋陽篇・鶏西炭坑篇・鞍山篇・帰国篇等　朝倉喜祐著　東京　タイムラインプランニング　1994.7　148p　21cm〈共同刊行：朝倉文庫〉
　《所蔵》国会図 GB554-E1222，奈良戦体 369.37-2646　　　　　　〔0037〕

浅島 希一　あさじま・きいち
◇ソ聯参戦より引揚完了まで四百日の記録—日記　浅島希一［著］　［彦根］　［浅島希一］　1992.2　230p　26cm〈リキッド式複写〉
　《所蔵》国会図 GB554-E1787　　　　　　　　　　　　　　　　　〔0038〕

浅原 正基（1916生）　あさはら・まさき
◇苦悩のなかをゆく—私のシベリア抑留記断章　浅原正基著　東京　朝日新聞社　1991.12　290p　20cm〈著者の肖像あり〉　2000円
　《所蔵》国会図 GB554-E1016　　　　　　　　　　　　　　　　　〔0039〕

朝日 勉（1917生）　あさひ・つとむ
◇虜囚の詩—一万名の捕虜の叫び　朝日勉編・著　東京　文芸社　2000.8　246p　20cm　1300円
　《所蔵》国会図 KH8-G17，奈良戦体 911-1746　　　　　〔文芸・画集　0040〕

朝日新聞社　あさひしんぶんしゃ
◇戦場体験—「声」が語り継ぐ歴史　朝日新聞社編　東京　朝日新聞社　2003.8　206p　19cm〈『朝日新聞』「声」欄「読者がつくる記憶の歴史シリーズ」(2002年9月-2003年8月)〉　1000円
　《所蔵》国会図 GB554-H203，奈良戦体 210.75-3900　　　　　　〔0041〕
◇戦場体験—「声」が語り継ぐ歴史　朝日新聞社編　東京　朝日新聞社　2005.7　225p　15cm（朝日文庫）　500円
　《所蔵》国会図 GB554-H645　　　　　　　　　　　　　　　　　〔0042〕

朝比奈 仙一（1918生）　あさひな・せんいち
◇千島からシベリアへ—捕虜の日々に春遠く　朝比奈仙一著　茅ケ崎　朝比奈仙一　1992.2　293p　20cm〈編集・製作：朝日新聞東京本社朝日出版サービス〉　1500円
　《所蔵》国会図 GB554-E1093　　　　　　　　　　　　　　　　　〔0043〕

浅見 淑子　あさみ・よしこ
◇凍土からの声―外地引揚者の実体験記　東京　謙光社　1976.9　310p　20cm〈浅見淑子，田沢志な子，山村文子編〉　1000円
《所蔵》国会図 GB554-454，奈良戦体 916-2947　　〔0044〕

阿爾山陸軍病院の夕映え編集委員会　あじさんりくぐんびょういんのゆうばえへんしゅういいんかい
◇阿爾山陸軍病院の夕映―断末魔の叫び 戦友記　水沢　阿爾山陸軍病院の夕映え編集委員会　1998.2　272p　26cm
《所蔵》国会図 GB554-G942　　〔0045〕

東 勇　あずま・いさむ
◇東勇集―広野の夕焼 シベリヤ抑留の回想　東京　近代文芸社　1989.10　98p　19cm（日本全国歌人叢書 第38集）〈著者の肖像あり 年譜：p93〉　1800円
《所蔵》国会図 KH73-E97，奈良戦体 911.1-0046　　〔文芸・画集　0046〕

東 二三雄　あずま・ふみお
◇白樺の歌―シベリア抑留中の歌集　東二三雄著　徳島　教育出版センター　1983.3　184p　19cm〈著者の肖像あり 付：著者略歴〉　1200円
《所蔵》国会図 KH73-174　　〔文芸・画集　0047〕

東 義人　(1936生)　あずま・よしと
◇わたしの香月泰男ノート　東義人著　福岡　海鳥社　1996.7　260p　20cm　1800円
《所蔵》国会図 KC229-G60　　〔0048〕

阿曽 浩史　(1912生)　あそ・ひろし
◇馬と私の軌跡　阿曽浩史著　［小樽］　［阿曽浩史］　1993.8　368p 図版10枚　21cm〈著者の肖像あり 略年譜：p361～365〉
《所蔵》国会図 GK38-E40　　〔0049〕

麻生 国雄　あそう・くにお
◇一四四九ロシア陸軍病院　麻生国雄著　［四日市］　麻生国雄　1990.3　4, 265p　19cm（麻生国雄作品集 2）〈製作：アサヒプリントセンター（名古屋）〉　非売品
《所蔵》国会図 GB554-E737　　〔0050〕

阿曽沼 秀　(1917生)　あそぬま・ひいず
◇赤い医務室―シベリア抑留回顧録　阿曽沼秀著　前沢町（岩手県）　阿曽沼秀　1966　226p 図版　19cm　非売
《所蔵》国会図 915.9-A953a　　〔0051〕

安達 隆夫　あだち・たかお
◇シベリア抑留の思い出　第1集　安達隆夫編　小高町（福島県）　小高町シベリア会　1997.10　67p　21cm

《所蔵》福島県立図書館 LA916/A12/1-1 〔0052〕
◇シベリア抑留の思い出―第51回終戦記念文集 第2集 安達隆夫編 小高町（福島県） 小高町シベリア会 1999.7 108p 21cm
《所蔵》福島県立図書館 LA916/A12/1-2 〔0053〕

足立 道誠　あだち・みちはる
◇にわとりになった特攻隊要員―ある学徒兵の回想 足立道誠著，足立正次監修 名古屋 ブイツーソリューション 2008.7 151p 19cm〈発売：星雲社（東京）〉900円
《所蔵》国会図 GB554-J136，奈良戦体 916-1646 〔0054〕

阿藤 広　あとう・ひろし
◇私の戦後―ソ連捕虜生活の点描 阿藤広著 東京 創栄出版 1999.1 120p 22cm 非売品
《所蔵》国会図 GB554-G1169 〔0055〕

阿部 一男　（1918生）　あべ・かずお
◇樺太の道は忘れじ 阿部一男著 小樽 ［阿部一男］ 1989.8 295p 22cm 1500円
《所蔵》札幌中央 ＊＊ 〔0056〕
◇混沌の日々―嗚呼、樺太庁警察官練習所 阿部一男著 札幌 北海道出版企画センター 1991.4 241p 19cm 1500円
《所蔵》国会図 GB554-E1281 〔0057〕

阿部 清美　あべ・きよみ
◇シベリア抑留記―捕虜の全貌 阿部清美［編］ 郡山 阿部清美 1983 22p 21cm
《所蔵》福島県立図書館 LA916/A2/1 〔0058〕
◇シベリア抑留捕虜の戦い 阿部清美［編著］ 郡山 阿部清美 1992 88p 22cm
《所蔵》福島県立図書館 LA916/A2/2 〔0059〕
◇捕虜の戦い―シベリア抑留 阿部清美編 ［郡山］ 阿部清美 1983.5 88p 22cm〈付「シベリア抑留記」（永島千代喜）〉
《所蔵》奈良戦体 369.37-1646 〔0060〕

阿部 九二三郎　あべ・くにさぶろう
◇わが捕虜記―人間性の極限 阿部九二三郎著 宇都宮 増淵俊一 1970.3 164p 21cm 350円
《所蔵》札幌中央 ＊＊ 〔0061〕

阿部 軍治　（1939生）　あべ・ぐんじ
◇慟哭のシベリア抑留―抑留者たちの無念を想う 阿部軍治著 東京 彩流社 2010.9 256p 19cm（歴史から学ぶ 2） 1900円
《所蔵》国会図 GB531-J150 〔0062〕

図書（体験記・回想録）

阿部 真之助　あべ・しんのすけ
◇一問一答　第9輯（暁に祈る）　阿部真之助，吉村隊長［述］　東京　問答社　1949.5　32p　21cm
《所蔵》国会図 Y994-J5989
〔0063〕

阿部 誠文（1943生）　あべ・せいぶん
◇ソ連抑留俳句―人と作品　阿部誠文著　福岡　花書院　2001.3　496p　19cm〈参考文献目録：p483-492〉　2858円
《所蔵》国会図 KG748-G237，奈良県立図書情報館 911.36-アヘセ
〔文芸・画集　0064〕

阿部 達男（1921生）　あべ・たつお
◇シベリア抑留の一兵卒の手記　阿部達男著　［今治］　［阿部忍］　1999.11　174p　19cm〈肖像あり〉
《所蔵》国会図 GB554-G1330
〔0065〕

阿部 友治郎　あべ・ともじろう
◇国破れて山河在り―シベリア抑留回顧記　阿部友治郎著　伊達町（福島県）　阿部友治郎　1988.4　67p 図版6枚　18cm〈折込図1枚〉
《所蔵》奈良戦体 369.37-1746
〔0066〕

阿部 又右衛門（1915生）　あべ・またえもん
◇ピーカリ物語―わたしのシベリヤ捕虜日誌より　阿部又右衛門著　［豊富町（北海道）］　［阿部又右衛門］　1992.5　182p　19cm
《所蔵》国会図 GB554-G836，奈良戦体 916-1746
〔0067〕

阿部 宥蔵　あべ・ゆうぞう
◇モンゴルの果てに生きて　阿部宥蔵著　［紫波町（岩手）］　阿部宥蔵　1986.10　103p 図版4枚　19cm
《所蔵》奈良戦体 916-1646
〔0068〕

天路 のぼる　あまじ・のぼる
◇しべりやノスタルジア　天路のぼる著　清水　天路のぼる　1987.8　74p　21cm〈絵：瀬崎九皐〉
《所蔵》国会図 KH48-E239
〔文芸・画集　0069〕

天野 春吉　あまの・はるよし
◇鶴の天罰―開拓青少年のシベリア抑留記　天野春吉著　［名古屋］　［天野春吉］　2003.5　228p　19cm　2000円
《所蔵》国会図 GB554-H207
〔0070〕

天野 節　あまの・みさお
◇シベリア抑留絵日記　天野節画　徳島　原田印刷出版　1990.1　207p　22×30cm

10000円
《所蔵》国会図 YQ11-807 〔文芸・画集 0071〕

天谷 小之吉 あまや・このきち
◇戦時下の惜春—私のシベリア抑留記　天谷小之吉著　国分寺　新風舎　1996.2　300p　19cm　1500円
《所蔵》国会図 GB554-G395 〔0072〕

アメリカ合衆国文化交換局（東京）　あめりかがっしゅうこくぶんかこうかんきょく
◇ソ連における強制労働　在東京USIS訳［編］　東京　在東京USIS　1953.8　198p　図版　19cm
《所蔵》国会図 366.19-A461s，奈良戦体 326.93-0046 〔0073〕

荒井 勝蔵（1914生）　あらい・かつぞう
◇あかがみ　荒井勝蔵著　［志木］　荒井勝蔵　1996.1　151p　22cm〈製作：山川出版社（東京）著者の肖像あり〉
《所蔵》国会図 GB554-G441，奈良戦体 916-1631 〔0074〕

新井 喜美夫（1927生）　あらい・きみお
◇転進 瀬島龍三の「遺言」　新井喜美夫著　東京　講談社　2008.8　302p　20cm　1600円
《所蔵》国会図 GK127-J8，奈良県立図書情報館 289.1-セシマ 〔0075〕

荒木 忠三郎（1911生）　あらき・ちゅうざぶろう
◇北本一等兵に春はこない—シベリヤの記　荒木忠三郎著　東京　光人社　1982.9　233p　20cm　1200円
《所蔵》国会図 GB554-1325，奈良戦体 391.4-1746 〔0076〕

アラナープ会　あらなーぷかい
◇アラナープの思い出—シベリア205収容所　「アラナープの思い出」編集委員会［編］　［東京］　アラナープ会　1986.6　68p　26cm
《所蔵》国会図 GB554-2384 〔0077〕

新正 卓（1935生）　あらまさ・たく
◇沈黙の大地/シベリア—写真集　新正卓著　東京　筑摩書房　1995.11　167p　31×31cm　5800円
《所蔵》国会図 YQ5-439，奈良戦体 292.91-0046 〔文芸・画集 0078〕

有賀 千代吉　ありが・ちよきち
◇思い出乃形見　有賀千代吉，有賀信江著　東京　有賀千代吉　1966.11　341p　19cm
《所蔵》国会図 GB554-G789 〔0079〕

有賀 藤市　ありが・とういち
◇暁に祈る　有賀藤市著　東京　大空社　1999.12　167p　22cm（叢書俘虜・抑留

| あるか | 図書（体験記・回想録） |

の真実 第10巻）〈シリーズ責任表示：山下武/監修 蒼生社昭和24年刊の複製〉 4000円
《所蔵》国会図 GB554-G1214　　　　　　　　　　　　　　〔0080〕

有賀 万之助（1926生）　あるが・まんのすけ
◇凍土の墓標―亡き父に捧げる　有賀万之助著　諏訪　風塔舎　2006.8　206p　22cm〈肖像あり〉　1905円
《所蔵》国会図 GB531-H281　　　　　　　　　　　　　　　〔0081〕

阿波根 朝宏（1911生）　あわね・あさひろ
◇わが来た道―本当の自分を探る　阿波根朝宏著　東京　近代文芸社　2006.9　186p　20cm　1500円
《所蔵》国会図 GK39-H14　　　　　　　　　　　　　　　　〔0082〕

アンガラ会　あんがらかい
◇凍土に萌えて―文集　イルクーツク地区第五収容所帰還者有志［著］，アンガラ会編　［松戸］　アンガラ会　1991.4　218p　26cm　非売品
《所蔵》国会図 GB554-E899　　　　　　　　　　　　　　　〔0083〕

安斎 政江　あんざい・まさえ
◇心のかけはし―真心は国境をこえて　安斎政江［著］　山形　安斎政江　1993.3　174p　22cm〈付・生と死のはざまで 特別寄稿 アレクセイ・キリチェンコ著 著者の肖像あり〉
《所蔵》国会図 GG881-E3　　　　　　　　　　　　　　　　〔0084〕

鞍山会　あんざんかい
◇忘れ得ぬ鞍山・満洲―鞍山会文集　流山　鞍山会　1985.8　276p　27cm〈終戦40周年記念刊行 折り込図3枚〉　非売品
《所蔵》国会図 GB521-411，奈良戦体 916-3931　　　　　　〔0085〕

安食 精一　あんじき・せいいち
◇帰国の日まで―ソ連抑留記　安食精一著　前橋　群馬県同胞援護会　1949　220p　19cm
《所蔵》国会図 a914-283　　　　　　　　　　　　　　　　〔0086〕

アンゼルスカヤ会　あんぜるすかやかい
◇二重の窓―ホロンバイル・シベリア苦闘の誌　苦闘の誌出版部編集委員会編　伊勢原　アンゼルスカヤ会苦闘の誌出版部　1986.5　747p　22cm　3800円
《所蔵》国会図 GB554-2228　　　　　　　　　　　　　　　〔0087〕

安蔵 忠（1924生）　あんぞう・ただし
◇シベリア抑留の想い出―二〇二同志会二十年の歩み　安蔵忠企画・編集　［水戸］　安蔵忠　1990.5　138p　31cm　非売品

《所蔵》国会図 GB554-E616 〔0088〕

安藤 治　あんどう・おさむ
◇スターリンの給食　安藤治［著］　［出版地不明］　［安藤治］　［201-］　53p　26cm
《所蔵》国会図 Y94-L2480 〔0089〕

安藤 嘉久男　あんどう・きくお
◇ダモイ―わが青春報告記　安藤嘉久男著　多治見　安藤嘉久男　1980　222p　19cm
《所蔵》岐阜県図書館 G/289/ア 〔0090〕

安藤 覚　あんどう・さとる
◇東満の防人　安藤覚著　富沢町（山梨県）　安藤覚　2002.6　136p 図版[3]p　19cm
《所蔵》奈良戦体 916-1211 〔0091〕

安藤 秀一（1919生）　あんどう・ひでかず
◇落日の門―画集　安藤秀一著　京都　文理閣　1983.11　99p　22×31cm〈私の行動履歴：p95～97〉　3500円
《所蔵》国会図 YQ11-479，奈良戦体 723.1-3746 〔文芸・画集　0092〕

【い】

飯岡 仁二（1923生）　いいおか・じんじ
◇モクのない川―満州・シベリア・ふるさと小貝川　飯岡仁二著　流山　崙書房出版　2004.7　195p　20cm〈年譜あり〉　1500円
《所蔵》国会図 GK57-H28 〔0093〕

飯里 珪次郎　いいざと・けいじろう
◇砂に描く　飯里珪次郎　武蔵野市　飯里珪次郎　1954.6　26枚　31cm
《所蔵》札幌中央　＊＊ 〔文芸・画集　0094〕

飯塚 清太郎　いいずか・せいたろう
◇ダモイ列車の仲間への哀歌―シベリア抑留の日々　飯塚清太郎著，飯塚和正編　［出版地不明］　［飯塚清太郎］　2008.9　82p　21cm
《所蔵》国会図 GB554-J198 〔0095〕

飯田 彦三郎　いいだ・ひこさぶろう
◇戦陣夜話　飯田彦三郎著　東京　飯田彦三郎　1967.8　280p　18cm
《所蔵》札幌中央　＊＊ 〔0096〕

家村 隆治　いえむら・たかはる
◇ソ連抑留記　家村隆治著　［伊集院町（鹿児島県）］　［家村隆治］　1983.5　101p　19cm〈著者の肖像あり　折り込図1枚〉
《所蔵》国会図 GB554-1560 〔0097〕

生田 清　いくた・きよし
◇オーロラの下で―北緯50度　前編, 後編　生田清著　東京　生田清　1993-1997　2冊　22cm（自分史 その2）
　《所蔵》奈良戦体 916-1614　　　　　　　　　　　　　　　　〔0098〕

井口 朝生　いぐち・あさお
◇抑留幹部候補生の手記―ある青春の回想　井口朝生著　東京　光風社出版　1995.10　310p　16cm（光風社文庫）〈『抑留記』（青樹社1968年刊）の増訂〉　520円
　《所蔵》国会図 GB554-G359, 奈良戦体 916-1746　　　　　　〔0099〕
◇抑留記―ある青春の回想　井口朝生著　東京　青樹社　1968　286p　20cm　380円
　《所蔵》国会図 915.9-I148y　　　　　　　　　　　　　　　　〔0100〕

池 徳一　いけ・とくいち
◇過ぎし青春千五百日　池徳一著　飯山　[池徳一]　1995　50p　26cm
　《所蔵》札幌中央＊＊　　　　　　　　　　　　　　　　　　　〔0101〕
◇人間教育と戦場　池徳一著　新潟　池徳一　1975　73p　26cm　非売品
　《所蔵》札幌中央＊＊　　　　　　　　　　　　　　　　　　　〔0102〕

池内 昭一　(1921生)　いけうち・しょういち
◇野眩しく戦声なし―関東軍部隊の終戦始末記　池内昭一著　東京　村田書店　1991.10　202p　20cm〈付：池内昭一略歴〉　1500円
　《所蔵》国会図 GB554-E1014, 奈良戦体 916-3647　　　　　　〔0103〕

池浦 忠太郎　いけうら・ちゅうたろう
◇戦争とダモイと青春と―第百五十八聯隊佐竹隊誌　寺泊町（新潟県）　池浦忠太郎　1994.2　70p　22cm〈製作：コーエイ出版（新潟）〉　非売品
　《所蔵》国会図 GB554-E1811　　　　　　　　　　　　　　　〔0104〕

池上 弘　(1927生)　いけがみ・ひろし
◇シベリヤ鎮魂の記―はるばる千里　池上弘編　西宮　ヤゴダ会　1992.9　254p　31cm　非売品
　《所蔵》国会図 GB554-E1391, 奈良戦体 369.37-2748　　[文芸・画集　0105〕
◇ヤゴダの祈り―シベリヤ戦没者に捧ぐ　池上弘編　西宮　ヤゴダ会　1982.10　424p　22cm〈折り込図1枚〉　非売品
　《所蔵》国会図 GB554-E1392, 奈良戦体 916-1746　　　　　　〔0106〕

池田 幸一　(1921生)　いけだ・こういち
◇アングレン虜囚劇団―ソビエト捕虜収容所の青春　池田幸一著　東京　サンケイ出版　1981.9　263p　20cm　1500円
　《所蔵》国会図 GB554-1093, 奈良戦体 369.37-1746　　　　　〔0107〕

池田　重善（1915生）　　いけだ・しげよし
◇活字の私刑台—暁に祈る事件の真相　池田重善著，柳田邦夫解説　東京　青峰社　1986.9　318p　20cm〈発売：星雲社〉　1500円
　《所蔵》国会図 UC87-21　　　　　　　　　　　　　　　　　　　　　　　　　　〔0108〕

池田　毅　　いけだ・つよし
◇雁が南へ飛んでゆく　池田毅著　葉山町（神奈川）　池田毅　1997.8　64p　21cm〈著者の肖像あり〉
　《所蔵》奈良戦体 369.37-1646　　　　　　　　　　　　　　　　　　　　　　　〔0109〕
◇なぜわれわれはソ連に抑留されたか　池田毅　葉山町（神奈川）　池田毅　1994.10　37p 図版2枚　21cm
　《所蔵》奈良戦体 369.37-0046　　　　　　　　　　　　　　　　　　　　　　　〔0110〕

池田　満正　　いけだ・みつまさ
◇シベリア四年の回想—ラーゲリの仲間たちとその友情　池田満正著　東京　耕人社（印刷）　1997.5　56p　22cm
　《所蔵》国会図 GB554-G978　　　　　　　　　　　　　　　　　　　　　　　　〔0111〕

池谷　兼吉　　いけたに・かねよし
◇ダモイ—私の戦争と捕虜体験　池谷兼吉著，静岡新聞社編集　藤枝　池谷兼吉　2003.9　211p　19cm
　《所蔵》静岡県立中央図書館 SO88/ジヒ4　　　　　　　　　　　　　　　　　　〔0112〕

池谷　半二郎（1900生）　　いけたに・はんじろう
◇ある作戦参謀の回想手記　池谷半二郎著　神戸　岩井依理子　1978.5　220p　19cm〈共同刊行：池谷重徳（下松）池谷弘（札幌）著者の肖像あり〉　非売品
　《所蔵》国会図 GB554-667，奈良戦体 916-1912　　　　　　　　　　　　　　　〔0113〕

池戸　進　　いけど・すすむ
◇万年二等兵—孫達に贈るおじいちゃんの作文　池戸進著　国立　生涯学習研究社　1995.12　203p　21cm〈著者の肖像あり〉
　《所蔵》国会図 GB554-G422，奈良戦体 916-1611　　　　　　　　　　　　　　〔0114〕

池長　弘（1921生）　　いけなが・ひろむ
◇シベリア—俘虜の記　池長弘著　[池田]　[池長弘]　1981.10　267p　19cm〈著者の肖像あり　著者略歴：p266〜267〉
　《所蔵》国会図 GB554-1230　　　　　　　　　　　　　　　　　　　　　　　　〔0115〕

池辺　晴登　　いけべ・はるのぶ
◇シベリヤ抑留生活の想い出　池辺晴登著　[和泉]　[池辺晴登]　1985.8　36p　22cm〈袋綴じ〉
　《所蔵》奈良戦体 916-1646　　　　　　　　　　　　　　　　　　　　　　　　〔0116〕

いこくの　　　　　　　　　　図書（体験記・回想録）

異国の丘友の会　　いこくのおかとものかい
◇寄せ書きタヴリチャンカの記録　第1集　坂戸　異国の丘友の会　［1993］　172p　26cm
　《所蔵》国会図 GB554-E1930　　　　　　　　　　　　　　　　　　　　〔0117〕

諫早北高地区留守家族同盟　　いさはやきたたかちくるすかぞくどうめい
◇火焔樹　諫早　諫早青年同盟［ほか］　1975　280p　19cm〈共同刊行：長崎県在外同胞帰還促進同盟，諫早北高地区留守家族同盟〉　非売品
　《所蔵》国会図 GB554-315，奈良戦体 369.37-3747　　　　　　　　　　　〔0118〕

諫早青年同盟　　いさはやせいねんどうめい
◇火焔樹　諫早　諫早青年同盟［ほか］　1975　280p　19cm〈共同刊行：長崎県在外同胞帰還促進同盟，諫早北高地区留守家族同盟〉　非売品
　《所蔵》国会図 GB554-315，奈良戦体 369.37-3747　　　　　　　　　　　〔0119〕

伊沢 博　　いざわ・ひろし
◇すぱしいば　伊沢博著　米子　［伊沢博］　1997.5　312p　19cm
　《所蔵》札幌中央 ＊＊　　　　　　　　　　　　　　　　　　　　　　　〔0120〕

石井 昭（1933生）　いしい・あきら
◇シベリアの豆の木―香月泰男ものがたり　古川薫文，石井昭影絵　東京　新日本教育図書　1996.4　1冊　25cm（影絵ものがたりシリーズ 1）　1200円
　《所蔵》国会図 Y18-11495　　　　　　　　　　　　　　　〔文芸・画集 0121〕

石井 栄次　　いしい・えいじ
◇ウランバートル吉村隊―外蒙の幽囚　山浦重三，石井栄次，蒲原正二郎共著　長野　明日香書房　1949　194p　19cm
　内容 吉村隊生還記（蒲原正二郎）　ウランバートルの四季（石井栄次）　外蒙の幽囚（山浦重三）
　《所蔵》国会図 YD5-H-a914-172　　　　　　　　　　　　　　　　　　　〔0122〕

石井 正（1922生）　いしい・ただし
◇松花江を曳かれて―わが抑留の記　石井正著　［青谷町（鳥取県）］　［石井正］　1981.3　81p　22cm〈著者の肖像あり　付：著者略歴〉　非売品
　《所蔵》国会図 GB554-1183　　　　　　　　　　　　　　　　　　　　　〔0123〕

石井 豊喜（1922生）　いしい・とよき
◇新たにシベリア抑留と大テロルを問う―バイカル湖の丘に立ちて恒久平和を祈る　石井豊喜著　東京　日本文学館　2004.2　184p　20cm〈文献あり〉　1200円
　《所蔵》国会図 GB531-H59　　　　　　　　　　　　　　　　　　　　　〔0124〕
◇新たにシベリア抑留と大テロルを問う―バイカル湖の丘に立ちて恒久平和を祈る　石井豊喜著　新版　東京　日本文学館　2008.10　184p　19cm〈文献あり〉　1100円
　《所蔵》国会図 GB531-J42　　　　　　　　　　　　　　　　　　　　　〔0125〕

石井 良明　いしい・よしあき
◇ある戦中派の記録―シベリアにて　石井良明〔等〕編　東京　第一書店　1976
203p 図　22cm〈発売：バルハシ会（川崎）〉　2000円
《所蔵》国会図 GB554-466　　〔0126〕

石川 誠一郎　いしかわ・せいいちろう
◇シベリヤ俘虜記　石川誠一郎　〔出版地不明〕　〔石川誠一郎〕　1979.8　67p　19cm
《所蔵》札幌中央 ＊＊　　〔0127〕

石川 徳郎　いしかわ・とくろう
◇荒野にて―シベリヤ抄 歌集　石川徳郎著　〔櫛形町（山梨県）〕　石川徳郎
1980.6　122p　19cm
《所蔵》国会図 KH215-258　　〔文芸・画集　0128〕
◇凍れる河―抑留ノート　石川徳郎著　〔櫛形町（山梨県）〕　石川徳郎　1984.2
301p　20cm　非売品
《所蔵》国会図 GB554-1740　　〔0129〕

石川 寿　いしかわ・ひさし
◇老兵のシベリア抑留記―日本軍壊滅からシベリア収容所往来まで　石川寿著　東京　四季工房　1993.11　286p　20cm　2000円
《所蔵》国会図 GB554-E1662，奈良県立図書情報館 915.9-458　　〔0130〕

石川 正雄　いしかわ・まさお
◇闘ふ捕虜―ソヴエット帰還者の手記　石川正雄著　東京　ナウカ社　1948　240p　19cm
《所蔵》国会図 YD5-H-915.9-I76ウ　　〔0131〕

石黒 達之助　いしぐろ・たつのすけ
◇山河ありき　石黒達之助著　東京　文化建設社　1949.8　222p　19cm　150円
《所蔵》国会図 YD5-H-a914-260（マイクロフィッシュ）　　〔0132〕

石坂 英夫（1929生）　いしざか・ひでお
◇オホーツク海を越えて―海軍・シベリア回想記 自家版　石坂英夫著　名古屋　栄印刷（印刷）　1998.1　232p　21cm
《所蔵》国会図 GB554-G945，奈良戦体 916-1610　　〔0133〕

石田 明（1923生）　いしだ・あきら
◇無念・屈辱・憤怒のシベリア　石田明著　浦河町（北海道）　石田明　1995.12
412p　21cm〈著者の肖像あり　参考文献：p411～412〉　非売品
《所蔵》国会図 GB554-G424，奈良戦体 369.37-1646　　〔0134〕

石田 三郎　いしだ・さぶろう
◇無抵抗の抵抗―ハバロフスク事件の真相　石田三郎著　東京　日刊労働通信社

いした　　　　　　図書（体験記・回想録）

　　1958　363p　19cm（シベリヤ叢書　第2）
　　《所蔵》国会図 915.9-I544m，奈良県立図書情報館 913.6-2476　　　　〔0135〕
◇無抵抗の抵抗―ハバロフスク事件の真相　石田三郎著　川崎　石田三郎　1976.3
　　343p　19cm　1200円
　　《所蔵》国会図 GB554-537，奈良県立図書情報館 396-9　　　　　　〔0136〕

石田　真（1921生）　いしだ・まこと
◇二十世紀に生を享けて　石田真著　東京　文芸社　2013.8　223p　20cm　1500円
　　《所蔵》国会図 GB554-L105　　　　　　　　　　　　　　　　　　〔0137〕

石橋　信夫（1921生）　いしばし・のぶお
◇運命の舞台―起伏七十七年　石橋信夫著　東京　ダイヤモンド社　1997.9　338p
　　22cm〈肖像あり　文献あり　年譜あり〉　2800円
　　《所蔵》国会図 GK62-G22，奈良戦体 289-3911　　　　　　　　　〔0138〕

石原　繁美（1922生）　いしはら・しげみ
◇生と死 シベリア　石原繁美著　［三次］　［石原繁美］　［1994.12〕　68p　21cm
　　《所蔵》奈良戦体 916-1646　　　　　　　　　　　　　　　　　　〔0139〕

石原　繁　いしはら・しげる
◇シベリアの星の下で―私の抑留記　石原繁著　和寒町（北海道）　文義堂印刷・出
　　版　1990.7　175p　19cm
　　《所蔵》奈良戦体 369.37-1746　　　　　　　　　　　　　　　　〔0140〕

石本　登也（1920生）　いしもと・たかや
◇虜囚―句文集　石本登也著　大阪　天満書房　1992.5　281p　20cm　2500円
　　《所蔵》国会図 KH215-E187　　　　　　　　　　　〔文芸・画集　0141〕
◇虜囚　石本登也著　東京　文芸社　2003.2　272p　20cm　1200円
　　《所蔵》国会図 KH215-H13　　　　　　　　　　　　〔文芸・画集　0142〕

石森　武男（1925生）　いしもり・たけお
◇さいはての流れ星―凍土に眠るわが友よ　石森武男著　東京　近代文芸社
　　1996.8　189p　20cm　1500円
　　《所蔵》国会図 GB554-G433，奈良戦体 916-1746　　　　　　　　〔0143〕
◇シベリア虜囚の真実　石森武男著　東京　日本文学館　2012.12　222p　19cm
　　1000円
　　《所蔵》国会図 GB554-J978　　　　　　　　　　　　　　　　　〔0144〕

石山　進　いしやま・すすむ
◇満洲からソ連抑留連行7,500キロ　石山進著　［尾花沢］　宮沢地区歴史保存会
　　2006.3　30p　21cm
　　《所蔵》国会図 GB554-H986　　　　　　　　　　　　　　　　　〔0145〕

図書（体験記・回想録）　　　　　　　　　　　　　　　　　　いちかわ

石原 吉郎（1915生）　いしわら・よしろう
◇一期一会の海　石原吉郎著　東京　日本基督教団出版局　1978.8　238p　20cm　1400円
　《所蔵》国会図 KH215-121，奈良戦体 914.6-1669　　　　　　　　　〔0146〕
◇断念の海から　石原吉郎著　東京　日本基督教団出版局　1976.4　232p　20cm　1400円
　《所蔵》国会図 KH196-51　　　　　　　　　　　　　　　　　　　　〔0147〕
◇望郷と海　石原吉郎著　東京　筑摩書房　1972　282p　20cm
　《所蔵》国会図 KH215-32，奈良戦体 914.6-3646　　　　　　　　　　〔0148〕

泉 忍（1923生）　いずみ・しのぶ
◇ダモイトーキョー——回顧大東亜戦争と北辺の一角　泉忍著　東京　中央公論事業出版（製作）　1973　131p　18cm　300円
　《所蔵》国会図 GB554-203　　　　　　　　　　　　　　　　　　　　〔0149〕

泉 博之　いずみ・ひろゆき
◇外蒙抑留の思い出　泉博之［著］　［出版地不明］　［泉博之］　1990.10あとがき　31p　26cm〈別書名「外蒙抑留回顧録：春を求めて」〉
　《所蔵》奈良戦体 369.37-1746　　　　　　　　　　　　　　　　　〔0150〕

磯部 太郎右エ門（1908生）　いそべ・たろうえもん
◇シベリヤ愁訴　磯部太郎右エ門著　東京　鵬和出版　1985.1　222p　19cm　1300円
　《所蔵》国会図 GB554-1819，奈良戦体 916-1746　　　　　　　　　〔0151〕

板垣 正　いたがき・ただし
◇この叫び父の胸にとどけ　板垣正著　東京　文化日本社　1950.6　220p　19cm〈別書名：わが叫び父の胸にとどけ〉　60円
　《所蔵》奈良県立図書情報館 914.6-イ-10　　　　　　　　　　　　　〔0152〕

板倉 久勝（1917生）　いたくら・ひさかつ
◇シベリア抑留記　板倉久勝著　東京　開発社　1981.8　228p　19cm　1200円
　《所蔵》国会図 GB554-1076　　　　　　　　　　　　　　　　　　　〔0153〕

井谷 弘　いたに・ひろし
◇サラリーマン社長人間学——シベリアでの体験を活かして　井谷弘著　大阪　出版文化社　1991.9　271p　19cm〈発売：星雲社〉　1200円
　《所蔵》国会図 US41-E1856　　　　　　　　　　　　　　　　　　　〔0154〕
◇シベリア物語　井谷弘著　［芦屋］　［井谷弘］　1989.12　235p　22cm〈著者の肖像あり　付：筆者略歴〉　1500円
　《所蔵》国会図 GK64-E15　　　　　　　　　　　　　　　　　　　　〔0155〕

市川 茂夫（1920生）　いちかわ・しげお
◇声なき声に応えよう　市川茂夫著　東京　文芸社　2001.6　186p　20cm　800円

《所蔵》国会図 GB554-G1560　　　　　　　　　　　　　　〔0156〕

一川 多仏　　いちかわ・たぶつ
◇天皇島上陸―シベリヤにおける日本人捕虜の始末記　一川多仏著　逗子　一川多仏の戦争を回避する運動後援会　1988.2　236p　21cm
　《所蔵》国会図 GB554-E439，奈良戦体 916-1746　　　　〔0157〕

市川 正良　　いちかわ・まさよし
◇嗚呼シベリヤ―抑留生活　市川正良著　札幌　東洋印刷社　1980.5　173p 図版1枚　18cm
　《所蔵》奈良戦体 369.37-1946　　　　　　　　　　　　　〔0158〕

市瀬 見　（1918生）　いちのせ・けん
◇彫刻家佐藤忠良　市瀬見著　東京　一光社　1985.5　202p　20cm（ライフ・ワーク・シリーズ　1）〈佐藤忠良の肖像あり　佐藤忠良年譜：p187～199　参考文献：p202〉　1200円
　《所蔵》国会図 KB91-35　　　　　　　　　　　　　　　〔0159〕

市原 麟一郎　（1921生）　いちはら・りんいちろう
◇いのち羽ばたく空　市原麟一郎著　高知　リーブル出版　2005.10　257p　19cm（子どもに語る戦争たいけん物語　第2集）　952円
　内容 シベリア地獄の旅　さらば死神よ　夜空の南十字星　むねに秘めた子守歌　目ざせコロ島
　《所蔵》国会図 Y8-N06-H124　　　　　　　　〔文芸・画集　0160〕
◇遙かなり故国よ―高知県シベリア、南方各地抑留の記録　市原麟一郎編　高知　土佐民話の会　1982.9　328p　19cm　1000円
　《所蔵》国会図 GB554-1394，奈良戦体 916-3646　　　　〔0161〕

市村 彦二　　いちむら・ひこじ
◇俘虜六〇年の追憶　市村彦二著　東京　新生出版　2006.4　270p　20cm〈発売：ディーディーエヌ（東京）〉　1200円
　《所蔵》国会図 GB554-H835　　　　　　　　　　　　　〔0162〕

一色 恒唯　　いっしき・つねお
◇シベリア 極寒を生き抜いて―抑留生活回想記　一色恒唯著　愛媛　［一色恒唯］　2003.5　95p　22cm
　《所蔵》札幌中央＊＊　　　　　　　　　　　　　　　　〔0163〕

伊藤 きよし　　いとう・きよし
◇シベリア抑留記―森川平八郎歌集「北に祈る」によせて　伊藤きよし著　下関　伊藤きよし　1991.6　28p　26cm
　《所蔵》山口県立山口図書館 Y911.1/M1　　　〔文芸・画集　0164〕

伊藤　孝治（1919生）　　いとう・こうじ
◇村からの出征兵士——常滑市矢田地区の記録　伊藤孝治著　常滑　伊藤孝治　1993.4　280p　22cm　2000円
　《所蔵》国会図 GB611-G20，奈良戦体 215.5-1910　　　　　　　　〔0165〕

伊藤　秋市　　いとう・しゅういち
◇思い出・体験記ダモイ　伊藤秋市著　［明石］　伊藤秋市　1986.8　221p　19cm〈製作：神文書院（神戸）〉
　《所蔵》国会図 GB554-E191，奈良戦体 369.37-1611　　　　　　　〔0166〕

伊藤　四郎左衛門　　いとう・しろうざえもん
◇シベリア抑留記——回想　伊藤四郎左衛門著　南外村　伊藤四郎左衛門　2003.12　62p　22cm
　《所蔵》秋田県立図書館 A916/359　　　　　　　　　　　　　　　〔0167〕
◇東満における戦塵録と抑留体験——回想‥満州シベリアに眠る戦友に捧ぐ　伊藤四郎左衛門編　［南外村（秋田県）］　［伊藤四郎左衛門］　2003.8　86p　21cm
　《所蔵》国会図 GB554-H231　　　　　　　　　　　　　　　　　　〔0168〕

伊藤　千次　　いとう・せんじ
◇シベリア抑留と吾が人生——路傍の雑草の様に　伊藤千次著　［出版地不明］　［伊藤千次］　2014.1　49p　26cm
　《所蔵》国会図 GB554-L216　　　　　　　　　　　　　　　　　　〔0169〕

伊藤　登志夫（1923生）　　いとう・としお
◇白きアンガラ河——イルクーツク第一捕虜収容所の記録　伊藤登志夫著　東京　思想の科学社　1979.8　255p　19cm〈主な参考文献：p250〜251〉　1200円
　《所蔵》国会図 GB554-803，奈良戦体 369.37-1646　　　　　　　　〔0170〕
◇白きアンガラ河——あるシベリア捕虜収容所の記録　伊藤登志夫［著］　東京　講談社　1985.1　323p　15cm（講談社学術文庫）〈主な参考文献：p318〜319〉　800円
　《所蔵》国会図 GB554-1829，奈良戦体 916-1746　　　　　　　　　〔0171〕

伊藤　久雄　　いとう・ひさお
◇わが人生の思い出　伊藤久雄著　舞鶴（京都府）　［伊藤久雄］　1993.10　191p　19cm
　《所蔵》札幌中央 ＊＊　　　　　　　　　　　　　　　　　　　　〔0172〕

伊藤　政夫（1915生）　　いとう・まさお
◇マホルカ——シベリア抑留記　伊藤政夫著　東京　文芸社　2002.6　265p　19cm　1000円
　《所蔵》国会図 GB554-G1712　　　　　　　　　　　　　　　　　〔0173〕

伊東　六十次郎　　いとう・むそじろう
◇シベリヤより祖国への書——日本民族建設の具体策要綱　伊東六十次郎著　東京

みつわ書房　1957　423p　22cm
　　《所蔵》国会図 GB29-59　　　　　　　　　　　　　　　　　　〔0174〕
◇民族のいのち―シベリア床下運動の記録　伊東六十次郎著　東京　民族建設運動研究所　1968.7　252p　18cm　350円
　　《所蔵》札幌中央＊＊　　　　　　　　　　　　　　　　　　　〔0175〕

井戸辺 正則　　いどべ・まさのり
◇シベリヤヤポンスキーサルダート　井戸辺正則著　東京　文芸社　2007.9　76p　20cm　1000円
　　《所蔵》国会図 GB554-H1121　　　　　　　　　　　　　　　　〔0176〕

稲生 武義　　いなお・たけよし
◇雑草の如く―二等兵の記：シベリア抑留体験記　稲生武義　福岡　オリジナル出版委員会　1991.3　186p　22cm
　　《所蔵》奈良戦体 916-1646　　　　　　　　　　　　　　　　　〔0177〕

稲垣 康　　いながき・やすし
◇困憊の日々　稲垣康著　東京　近代文芸社　1995.7　97p　20cm　1200円
　　《所蔵》国会図 GB554-E2081　　　　　　　　　　　　　　　　〔0178〕

稲田 宰功　　いなだ・さいこう
◇虜囚となって―私の体験　稲田宰功著，吉田啓堂編　［上富田町（和歌山県）］　吉田啓堂　1989.12　51p　26cm〈付：遺句・外 著者の肖像あり〉　非売品
　　《所蔵》国会図 GB554-E827，奈良戦体 916-1646　　　　　　　〔0179〕

稲田 竜一　　いなだ・りょういち
◇医師として人間として―軍医・抑留体験を経て　稲田竜一著　東京　新日本出版社　1988.9　213p　18cm（新日本新書）　660円
　　《所蔵》国会図 GB554-E256　　　　　　　　　　　　　　　　　〔0180〕

稲葉 武男　　いなば・たけお
◇シベリア抑留回顧録　稲葉武男著　御坊　共和タイプ　1978　72p　22cm
　　《所蔵》札幌中央＊＊　　　　　　　　　　　　　　　　　　　〔0181〕

稲見 正（1917生）　　いなみ・ただし
◇シベリヤ虜行　稲見正編　［新居浜］　［稲見正］　1989.5　133p　19cm〈著者の肖像あり〉　非売品
　　《所蔵》国会図 GB554-E789，奈良戦体 916-1746　　　　　　　〔0182〕

稲本 光義　　いなもと・みつよし
◇私のシベリア抑留記　稲本光義著　東京　博栄出版　1986.7　303p　19cm〈発売：星雲社〉　1500円
　　《所蔵》国会図 GB554-2088，奈良戦体 916-1646　　　　　　　〔0183〕

図書（体験記・回想録） いのうえ

井上 勇（1923生）　いのうえ・いさむ
◇シベリヤからの生還―よくぞ生きた二万四千四百余日!! 真実を次代に遺すためのシベリヤ抑留体験記　井上勇著　東京　井上勇　1990.8　104p　18cm　非売品
　《所蔵》国会図 GB554-E770　〔0184〕
◇平和と繁栄の裏に涙あり　井上勇著　［東京］　［井上勇］　1993.5　181p　21cm　〈副書名：現在の長い平和と繁栄の裏に、絶対忘れてはならない悲話があり、風化させてはならない悲惨な事実がある。　編集：江戸川タイムス社出版部　製作：東京コミュニティーサービス〉　1300円
　《所蔵》国会図 GB554-E1540　〔0185〕

井上 郷（1915生）　いのうえ・ごう
◇シベリヤの記録　井上郷著　東京　近代文芸社　1992.10　223p　20cm　1800円
　《所蔵》国会図 GB554-E1259，奈良戦体 916-1746　〔0186〕

井上 光二　いのうえ・こうじ
◇しべりあ・ものがたり　一部　井上光二著　横浜　［井上光二］　1982　142p　26cm
　《所蔵》札幌中央 ＊＊　〔0187〕
◇しべりあ・ものがたり　二部　井上光二著　横浜　［井上光二］　1982　104p　26cm
　《所蔵》札幌中央 ＊＊　〔0188〕

井上 三次郎（1916生）　いのうえ・さんじろう
◇地獄のシベリア抑留記　井上三次郎著　東京　文芸社　2010.3　135p　20cm　1200円
　《所蔵》国会図 GB554-J478　〔0189〕

井上 隆晴（1926生）　いのうえ・たかはる
◇シベリア抑留抄―青春の涙凍りて　井上隆晴著　［広島］　［井上隆晴］　1993.7　279p　20cm　〈抑留史抄表：p276～279〉
　《所蔵》国会図 GB554-E1528　〔0190〕

井上 ひさし（1934生）　いのうえ・ひさし
◇一週間　井上ひさし著　東京　新潮社　2010.6　524p　20cm　〈文献あり〉　1900円
　《所蔵》国会図 KH191-J288，奈良県立図書情報館 913.6-イノウ
　〔文芸・画集　0191〕

井上 頼豊（1912生）　いのうえ・よりとよ
◇聞き書き井上頼豊―音楽・時代・ひと　井上頼豊著，外山雄三，林光編　東京　音楽之友社　1996.3　293p　22cm　〈著者の肖像あり　略年表：p275～291〉　2800円
　《所蔵》国会図 KD263-G5，奈良県立図書情報館 762.1-48　〔0192〕
◇シベリアの音楽生活　井上頼豊著　東京　ナウカ社　1949　179p　19cm　120円
　《所蔵》国会図 YD5-H-a760-93（マイクロフィッシュ）　〔0193〕

| いのくま | 図書（体験記・回想録） |

猪熊　得郎　いのくま・とくろう
◇人を殺して死ねよとは―元兵士たちが語りつぐ軍隊・戦争の真実　猪熊得郎監・著　東京　本の泉社　2011.8　239p　19cm　1429円
　内容（一部）：軍隊・敗戦・シベリア抑留（大江康治郎）
　《所蔵》国会図 GB554-J753　　　　　　　　　　　　　　　　　　〔0194〕

生命の環むすびの衆　いのちのわむすびのしゅう
◇丹沢を駆け抜けた戦争　生命の環・むすびの衆企画・編集　秦野　夢工房　2006.11　63p　21cm〈会期・会場：2002年12月23日　かながわ県民センター　折り込み1枚〉　600円
　内容（一部）：シベリア抑留の日々を支えた檜洞丸のブナ（奥野幸道述）　札掛のモミ原生林は何故守られたのか（加藤利秋述）
　《所蔵》国会図 GC74-H43　　　　　　　　　　　　　　　　　　　〔0195〕

井林　清長　いばやし・きよなが
◇追憶―消え去りし青春 ブカチャーチャー　第2部　富山　井林清長　[1975]　152p　26cm
　《所蔵》国会図 GB554-E1393　　　　　　　　　　　　　　　　　　〔0196〕

今井　員雄　いまい・かずお
◇朔北の声　今井員雄　[出版地不明]　[今井員雄]　[19--]　24p　19cm〈電子複写〉
　《所蔵》奈良戦体 916-1746　　　　　　　　　　　　　　　　　　　〔0197〕

いまい　げんじ（1912生）
◇生きて還って―私記　いまいげんじ著　大阪　新風書房　2003.12　182p　19cm　1200円
　《所蔵》国会図 GK59-H9　　　　　　　　　　　　　　　　　　　　〔0198〕
◇シベリヤの歌――一兵士の捕虜記　いまいげんじ著　東京　牧野出版社　1971　534p　19cm　850円
　《所蔵》国会図 GB554-83　　　　　　　　　　　　　　　　　　　　〔0199〕
◇シベリヤの歌――一兵士の捕虜記　いまいげんじ著　東京　双葉社　1974　301p　19cm　680円
　《所蔵》国会図 GB554-234，奈良戦体 391.4-1746　　　　　　　　　〔0200〕
◇シベリヤの歌――一兵士の捕虜記　いまいげんじ著　東京　三一書房　1980.4　534p　19cm　1600円
　《所蔵》国会図 GB554-905，奈良戦体 916-1746　　　　　　　　　　〔0201〕
◇月に祈る―シベリヤ引揚運動秘話　いまい・げんじ編著　大阪　[今井源治]　1977.2　184p　図　肖像　18cm〈発売：大阪屋（大阪）　製作：中央公論事業出版（東京）〉　600円
　《所蔵》国会図 GB554-541　　　　　　　　　　　　　　　　　　　〔0202〕

◇月に祈る—シベリヤ引揚運動秘話　いまい・げんじ編著　4版　舞鶴　引揚を記念する舞鶴全国友の会　1990.2　184p　19cm〈大木英一の肖像あり〉
　　《所蔵》国会図 EG71-E46，奈良戦体 369.37-3700　　　　　　　　〔0203〕

今井　茂　いまい・しげる
◇第八中隊思い出の記—歩兵第二百三十二連隊新編成　今井茂著　福山　今井茂　1983.5　641p　22cm　非売品
　　《所蔵》札幌中央＊＊　　　　　　　　　　　　　　　　　　　　　〔0204〕

今井　新吉　いまい・しんきち
◇飢えと寒さと望郷と—シベリヤ抑留記　今井新吉著　喜多方　今井新吉　1992　116p　21cm
　　《所蔵》福島県立図書館 LA916/17/1　　　　　　　　　　　　　　〔0205〕

今井　琢郎　（1923生）　いまい・たくろう
◇シベリヤ抑留生活の想い出　今井琢郎著　瑞浪　今井琢郎　1983.6　97p　21cm〈制作：丸善名古屋出版サービスセンター（名古屋）著者の肖像あり〉　非売品
　　《所蔵》国会図 GB554-1691　　　　　　　　　　　　　　　　　　〔0206〕

今井　宏明　いまい・ひろあき
◇人間の夢—回想録暗愚連　今井宏明著　熱海　今井洋子　1990.6　514p　22cm〈参考年表：p467〜472　参考文献：p503〜506〉　非売品
　　《所蔵》国会図 GB554-E629　　　　　　　　　　　　　　　　　　〔0207〕

今川　順夫　（1923生）　いまがわ・よりお
◇負けてたまるか—夢を追う男の人生　今川順夫著，岐阜新聞情報センター編　[岐阜]　岐阜新聞社　2007.12　301p　22cm　1524円
　　《所蔵》国会図 GK59-J3　　　　　　　　　　　　　　　　　　　〔0208〕
◇私のシベリア抑留地獄の記録—負けてたまるかの奮闘記　今川順夫著　[岐阜]　岐阜新聞社　2011.8　191p　19cm〈年譜あり　発売：岐阜新聞情報センター出版室（東京）〉　952円
　　《所蔵》国会図 GB554-J764　　　　　　　　　　　　　　　　　　〔0209〕

今崎　暁巳　（1930生）　いまざき・あけみ
◇いのちの証言—私は毒ガス弾を埋めました　今崎暁巳著　東京　ふきのとう書房　2006.6　222p　19cm〈[東京]：星雲社（発売）〉　1800円
　　《所蔵》国会図 GB554-H856　　　　　　　　　　　　　　　　　　〔0210〕

今立　鉄雄　いまだて・てつお
◇ラーゲリ（収容所列島）の中の日本人たち　今立鉄雄著　東京　二十一世紀書房　1974.6　290p　20cm
　　《所蔵》札幌中央＊＊　　　　　　　　　　　　　　　　　　　　　〔0211〕

いまむら　　　　　　図書（体験記・回想録）

今村　匡平　　いまむら・きょうへい
◇赤い星の下で―解放軍々医留用8年の記録　今村匡平著　長野　信毎書籍出版部
　　1967　230p（肖像共）　18cm　300円
　《所蔵》国会図 GB554-152　　　　　　　　　　　　　　　　　　　　〔0212〕

今村　清　　いまむら・きよし
◇捕虜のユーモレスク―ソ連ラーダ・エラブカ捕虜収容所の回想　今村清著　［出版
　地不明］　水曲柳会　1987.8　166p　19cm
　《所蔵》札幌中央＊＊　　　　　　　　　　　　　　　　　　　　　　〔0213〕

伊拉哈会　　いらはかい
◇遥かなり望郷の軌跡―伊拉哈義勇隊原中隊回顧録　伊拉哈会　伊那　伊拉哈会
　［出版年不明］　622p　27cm
　《所蔵》防衛研究所 392.9/D　　　　　　　　　　　　　　　　　　　〔0214〕

入江　好之　（1907生）　いりえ・よしゆき
◇ひとつの歴史―入江好之詩集　入江好之著　札幌　北書房　1976　95p　22cm
　1500円
　《所蔵》国会図 KH191-154　　　　　　　　　　　　　〔文芸・画集　0215〕

岩井　利夫　（1921生）　いわい・としお
◇西比利亜収容所列島抑留記　岩井利夫著　［府中（東京都）］　［岩井利夫］
　1983.3　84p　26cm　非売品
　《所蔵》国会図 GB554-1491　　　　　　　　　　　　　　　　　　　〔0216〕

岩佐　博　　いわさ・ひろし
◇厳しさに耐えて　岩佐博著　東京　岩佐貞子　1986.3　112p　20cm〈私家版 製
　作：白凰社 著者の肖像あり 付（2枚）〉
　《所蔵》国会図 GB554-2178　　　　　　　　　　　　　　　　　　　〔0217〕

岩下　幸一　　いわした・こういち
◇北千島の遥かなる日々―父が語る占守島の戦い　岩下幸一編著　喜多方　岩下幸
　一　2010.12　246p　27cm
　《所蔵》国会図 GB554-J730　　　　　　　　　　　　　　　　　　　〔0218〕

岩田　礼　（1921生）　いわた・れい
◇香月泰男　岩田礼著　東京　日動出版部　1977.4　346p　図　21cm（日動選書評伝
　シリーズ）　2300円
　《所蔵》国会図 KC229-77　　　　　　　　　　　　　　　　　　　　〔0219〕

岩本　士良　　いわもと・しろう
◇白樺記―シベリア地方タイセット地区第八収容所回顧録　岩本士良［ほか］編
　［出版地不明］　［出版者不明］　1976.2　132p 図版1枚　22cm

岩本　信伊　　いわもと・のぶい
◇シベリア日記「生きるがゆえに」―岩本信伊遺稿　岩本信伊［著］　北茨城　岩本高夫　2001.10　143p　22cm〈肖像あり〉
《所蔵》国会図 GB554-H223　　　　　　　　　　　　　　　　　　　　　〔0221〕

【う】

上口　信雄　（1926生）　うえぐち・のぶお
◇シベリア抑留記―凍てつく青春　上口信雄著　東京　新樹社　1998.8　133p　20cm　1500円
《所蔵》国会図 GB554-G901　　　　　　　　　　　　　　　　　　　　　〔0222〕

上田　秋男　（1920生）　うえだ・あきお
◇樺太は熱かった―原野の中の工場での日本人とロシア人の風変りな二年間　上田秋男著　東京　エム・ビー・シー21　1988.7　154p　19cm　1000円
《所蔵》国会図 GB554-E208，奈良県立図書情報館 916-238　　　　　　　　〔0223〕

植田　稔　　うえだ・みのる4
◇異国の丘で―シベリヤ抑留生活記録　植田稔著　福島　植田稔　1985　130p（図版共）　22×31cm
《所蔵》福島県立図書館 LA916/U1/1　　　　　　　　　　　　　　　　　〔0224〕

上津原　美夫　　うえつはら・よしお
◇シベリアいろは加留多　上津原美夫著　藤沢　バレイ戦友会　1991.10　36p　21cm
《所蔵》奈良戦体 916-3946　　　　　　　　　　　　　　　　〔文芸・画集　0225〕

上野　邦彦　（1920生）　うえの・くにひこ
◇凍える大地―シベリア抑留の日々　上野邦彦著　大阪　風詠社　2015.6　289p　19cm〈発売：星雲社〉　1200円
　内容　シベリア抑留記　朗読詩・詩・その他
《所蔵》国会図 GB554-L400　　　　　　　　　　　　　　　　　　　　　〔0226〕

上野　俊三　　うえの・としぞう
◇トウキョウダモイ（帰国）―シベリア抑留日本兵の覚書　上野俊三著　高崎　上野俊三　2011.3　104p　19cm〈背のタイトル：トウキョウダモイ（帰還）〉
《所蔵》国会図 GB554-J703　　　　　　　　　　　　　　　　　　　　　〔0227〕

上野　正夫　（1905生）　うえの・まさお
◇ソ連禁固刑二十五年　上野正夫著　八王子　ふだん記全国グループ　1985.8　134p　19cm（ふだん記新書 172）〈共同刊行：ふだん記町田グループ（町田）著

者の肖像あり　著者略歴：p124〉
　　《所蔵》国会図 GB554-2136，奈良戦体 369.37-1746　　　　　　　　　〔0228〕

上原　正一　　うえはら・しょういち
◇凍土の果てに―極寒地獄を生きる　シベリア抑留者の記録　上原正一［著］　［宮之
　城町（鹿児島県）　上原正一　［19--］　58p 図版1枚　26cm〈袋綴〉
　　《所蔵》奈良戦体 369.37-1646　　　　　　　　　　　　　　　　　　〔0229〕

上原　司　　うえはら・つかさ
◇シベリヤ雲の流れる様に　上原司著　福岡　［上原司］　1982.12　222p　19cm
　　《所蔵》札幌中央 ＊＊　　　　　　　　　　　　　　　　　　　　　　〔0230〕

植村　伸夫　　うえむら・のぶお
◇私の虜囚記　植村伸夫著　東京　文芸社ビジュアルアート　2007.3　266p　20cm
　〈年譜あり〉　1200円
　　《所蔵》国会図 GB554-H1025　　　　　　　　　　　　　　　　　　〔0231〕

魚沢　清太郎　　うおさわ・せいたろう
◇ソ連抑留手記　魚沢清太郎著　徳島　［魚沢清太郎］　1975　142p　19cm
　　《所蔵》札幌中央 ＊＊　　　　　　　　　　　　　　　　　　　　　　〔0232〕

鵜川　真　　うかわ・まこと
◇没有法子―Meiyou fazi 大陸に消えた青春 元満州鉄道員のシベリア抑留記　鵜川
　真著　会津若松　歴史春秋出版　2002.3　210p　20cm　1500円
　　《所蔵》国会図 GB554-G1695　　　　　　　　　　　　　　　　　　〔0233〕

潮書房　　うしおしょぼう
◇ハイラル国境守備隊顛末記―関東軍戦記　「丸」編集部編　東京　光人社　2012.3
　441p　16cm（光人社NF文庫　ま N-728）〈『あゝハイラル「第八国境守備隊」顛末
　記』（平成4年刊）の改題〉　895円
　　内容 ハイラル国境守備隊顛末記（志賀清茂）　シベリヤ「ラーゲリ群島」放浪記
　　　（志賀清茂）　大関東軍潰滅記（松島正治）　満州の雪原 "恐怖の化学戦"（一色
　　　明）　赤い夕日に関東軍の最後を見た（早蕨庸夫）　解説（高野弘）
　　《所蔵》国会図 GB541-J65　　　　　　　　　　　　　　　　　　　　〔0234〕

薄衣　菊三郎　　うすぎ・きくさぶろう
◇シベリアに生きた一老兵　薄衣菊三郎［著］　水沢　薄衣菊三郎　1984.7　132p
　21cm〈著者の肖像あり〉　非売品
　　《所蔵》国会図 GB554-1941　　　　　　　　　　　　　　　　　　　〔0235〕

宇田　義雄　（1920生）　うだ・よしお
◇苦斗回顧録―中国～シベリア三万キロ　宇田義雄著，宇田達雄編　［東京］　日本
　図書刊行会　2014.10　206p　20cm〈文献あり　発売：近代文芸社〉　1500円

《所蔵》国会図 GB554-L284　　　　　　　　　　　　　　　　〔0236〕

宇田川 哲（1920生）　うだがわ・さとる
◇タイガとマローズの中で―捕虜の見たシベリヤ　宇田川哲著　市川　宇田川哲　1987.8　186p　19cm〈著者の肖像あり〉　非売品
　《所蔵》国会図 GB554-E158，奈良戦体 916-1646　　〔0237〕

打田 昇　うちだ・のぼる
◇古代に生きる　打田昇著　東京　文化堂　1977.7　173p　図　18cm
　《所蔵》国会図 GB554-543　　　　　　　　　　　　〔0238〕

内田 英雄　うちだ・ひでお
◇ソ連虜囚の歌―歌集　内田英雄著　長崎　内田英雄　1973.12　77p　18cm　600円
　《所蔵》札幌中央　＊＊　　　　　　　　　　〔文芸・画集 0239〕

内田 芳之　うちだ・よしゆき
◇雪原地帯　抑留記　内田芳之　下関　［内田芳之］　1975.6　287p　20cm〈著者の肖像あり〉
　《所蔵》奈良戦体 369.37-1646　　　　　　　　　　〔0240〕

内村 剛介（1920生）　うちむら・ごうすけ
◇生き急ぐ―スターリン獄の日本人　内村剛介著　東京　三省堂　1967　213p　図版　18cm（三省堂新書）　250円
　《所蔵》国会図 915.9-U887i　　　　　　　　　　　〔0241〕
◇生き急ぐ―スターリン獄の日本人　内村剛介［著］　東京　講談社　2001.6　281p　16cm（講談社文芸文庫）〈年譜あり　著作目録あり〉　1300円
　《所蔵》国会図 GB554-G1550　　　　　　　　　　　〔0242〕
◇スターリン獄の日本人―生き急ぐ　内村剛介著　東京　中央公論社　1985.3　234p　16cm（中公文庫）〈『生き急ぐ』（三省堂昭和42年刊）の改題〉　360円
　《所蔵》国会図 GB554-1918，奈良戦体 916-1746　　〔0243〕
◇定本生き急ぐ―スターリン獄の日本人　内村剛介著　東京　国文社　1977.2　220p　図　22cm　1800円
　《所蔵》国会図 GB554-552，奈良県立図書情報館 915.9-267　〔0244〕

内海 忠　うつみ・ただし
◇赤い英雄の街―ウランバートル　虜囚の生地獄　モンゴル抑留記　内海忠著　石巻　内海忠　1989.12　150p　22cm〈著者の略歴：p150〉
　《所蔵》国会図 GB554-E857，奈良戦体 369.37-2746　〔0245〕

鵜野 晋太郎（1920生）　うの・しんたろう
◇菊と日本刀　上　鵜野晋太郎著　東京　谷沢書房　1985.4　403p　20cm　3300円
　《所蔵》国会図 GB554-1883，奈良県立図書情報館 916-ウノシ　〔0246〕
◇菊と日本刀　下　鵜野晋太郎著　東京　谷沢書房　1985.6　494p　20cm　3600円

うの　　　　　　　図書（体験記・回想録）

《所蔵》国会図 GB554-1883，奈良県立図書情報館 916-ウノシ　　　〔0247〕

宇野　宗佑（1922生）　うの・そうすけ
◇ダモイ・トウキョウ　宇野宗佑著　東京　国書刊行会　1982.2　357p　20cm（シベリア抑留叢書 1）〈葛城書房昭和23年刊の再刊〉　2900円
　《所蔵》国会図 GB554-1227，奈良戦体 916-1746　　　〔0248〕
◇ダモイ・トウキョウ　宇野宗佑著　東京　国書刊行会　1989.6　353p　19cm　1200円
　《所蔵》国会図 GB554-E507，奈良戦体 916-3746　　　〔0249〕
◇ダモイ・トウキョウ　宇野宗佑著　東京　葛城書房　1949　295p　19cm
　《所蔵》国会図 a914-108　　　〔0250〕

宇部　辰男（1916生）　うべ・たつお
◇戦争の思い出―絵筆に託して　宇部辰男著　久慈　[宇部辰男]　1980.8　132p　22×31cm〈著者略歴：p130～131〉　7000円
　《所蔵》国会図 YQ5-114，奈良戦体 916-1646　　　〔文芸・画集　0251〕

梅原　勇　うめはら・ゆう
◇永久凍土の暑い夏―樺太国境守備隊回顧録　梅原勇著，村上利雄監修　東京　刻塔社　2006.5　30p　26cm
　《所蔵》札幌中央 ＊＊　　　〔0252〕

梅室　圭三　うめむろ・けいぞう
◇狡猾で、怖いロシア―徴兵は嫌だ!!　梅室圭三著　東京　文芸社　2009.4　71p　20cm　900円
　《所蔵》国会図 GB554-J295　　　〔0253〕

楳本　捨三（1903生）　うめもと・すてぞう
◇関東軍終戦始末　楳本捨三著　東京　新国民出版社　1974　322p　図　19cm　1150円
　《所蔵》国会図 GB544-55，奈良戦体 916-1901　　　〔0254〕

浦川　武敏（1924生）　うらかわ・たけとし
◇私の満州とシベリヤ生活　浦川武敏著　東京　文芸社　2004.10　117p　20cm　1300円
　《所蔵》国会図 GB554-H451　　　〔0255〕

ウランバートル戦友会　うらんばーとるせんゆうかい
◇モンゴル抑留記　ウランバートル戦友会著　大和郡山　鳥語社　1991.12　138p　19cm　1500円
　《所蔵》国会図 GB554-E1033　　　〔0256〕

【え】

江川 守久　えがわ・もりひさ
◇凍土に春を待つ―関東軍第一装甲列車隊旧満州四三七〇部隊隊員の手記　［船橋］
　江川守久　1990.3　313p　22cm〈共同刊行：池田毅ほか　第一装甲列車隊略歴：
　p303～304〉　非売品
　《所蔵》国会図 GB554-E754　　　　　　　　　　　　　　　　　　〔0257〕

江口 三郎　えぐち・さぶろう
◇ウズベック共和国に於ける私の青春　江口三郎著　名古屋　江口三郎　1991.8
　150p　19cm〈製作：丸善名古屋出版サービスセンター　著者の肖像あり〉
　《所蔵》国会図 GB554-E960　　　　　　　　　　　　　　　　　　〔0258〕

江戸 健一（1940生）　えど・けんいち
◇父の一手―シベリア帰りのダメづまり人生　江戸健一著　名古屋　ブイツーソ
　リューション　2005.2　287p　19cm〈北本　立石書房（発売）　文献あり〉
　《所蔵》国会図 KH95-H224　　　　　　　　　　　　　　　〔文芸・画集　0259〕

衛藤 豊久（1937生）　えとう・とよひさ
◇いま真実を明かそう―対談 終戦五十周年を前にして　瀬島龍三，衛藤豊久編著
　東京　政治運動研究所　1994.10　133p　19cm〈著者の肖像あり〉　1200円
　《所蔵》国会図 GB531-E294，奈良県立図書情報館 210.75-124　　　　〔0260〕

えとろふ会　えとろふかい
◇えとろふ島―紗那―を偲ぶ　第2集　［武蔵野］　［えとろふ会］　1982.8　34p
　22cm〈付・シベリア・樺太俘虜記　編集：土田芳衛，高樋文夫〉
　《所蔵》国会図 GB554-1452　　　　　　　　　　　　　　　　　　〔0261〕

エニセイ偲友会　えにせいしゆうかい
◇遥かなり！ 吾等がシベリア虜囚史―エニセイ川の挽歌　［横浜］　エニセイ偲友
　会　1975　112p　26cm
　《所蔵》札幌中央＊＊　　　　　　　　　　　　　　　　　　　　　〔0262〕

榎本 弘（1909生）　えのもと・ひろむ
◇ある兵隊の回顧―大陸転戦とソ連抑留の記　榎本弘著　東京　東洋経済印刷（印刷）
　1970.9　317p　20cm〈歩兵第百十四聯隊第七中隊の歴戦譜：p305-314〉　非売
　《所蔵》国会図 GB554-120，奈良戦体 396.21-1910　　　　　　　　　〔0263〕

絵鳩 毅（1913生）　えばと・つよし
◇シベリヤ俘虜記　上巻　絵鳩毅著　藤沢　［絵鳩毅］　1988.3　134p　21cm
　《所蔵》札幌中央＊＊　　　　　　　　　　　　　　　　　　　　　〔0264〕

えはら　　　　　　　　図書（体験記・回想録）

◇シベリヤ俘虜記　下巻　絵鳩毅著　藤沢　［絵鳩毅］　1988.4　112p　21cm
　《所蔵》札幌中央　＊＊　　　　　　　　　　　　　　　　　　　　〔0265〕
◇撫順戦犯管理所の6年―監獄が自己改造の学校であった　絵鳩毅著　［出版地不明］　［水野昭造］　2002　68p　26cm
　《所蔵》奈良戦体 916-1750　　　　　　　　　　　　　　　　　　〔0266〕

恵原 俊彦 （1926生）　えばら・としひこ

◇私のカラフト物語　恵原俊彦著　東京　東京図書出版会　2000.8　220p　20cm
　〈東京 星雲社（発売）〉　1500円
　《所蔵》国会図 GK44-G31，奈良戦体 289-3946　　　　　　　　　〔0267〕

海老沢 義道　えびさわ・よしみち

◇想い出の記 捕はれの記―真実なる記録：義と愛の信仰を与えられたクリスチャンの記録：在ソ二年間の苦闘記　海老沢義道著　東村山　海老沢宣子　1999.2　81p 図版　26cm
　《所蔵》奈良戦体 369.37-1646　　　　　　　　　　　　　　　　〔0268〕

海老名 きぬ　えびな・きぬ

◇シベリア印象記 私が見た終戦　海老名光雄著　海老名きぬ著　米沢　海老名きぬ　1989.3　218p　22cm〈編集：伊藤光子，海老名悟 折り込図1枚 著者の肖像あり〉
　《所蔵》国会図 GB554-E667　　　　　　　　　　　　　　　　　〔0269〕

蝦名 熊夫 （1916生）　えびな・くまお

◇死の家の記録―シベリア捕虜収容所四年間の断想　蝦名熊夫著，蝦名賢造編　東京　西田書店　1989.8　251p　20cm〈著者の肖像あり〉　1600円
　《所蔵》国会図 GB554-E512　　　　　　　　　　　　　　　　　〔0270〕

海老名 光雄　えびな・みつお

◇シベリア印象記 私が見た終戦　海老名光雄著　海老名きぬ著　米沢　海老名きぬ　1989.3　218p　22cm〈編集：伊藤光子，海老名悟 折り込図1枚 著者の肖像あり〉
　《所蔵》国会図 GB554-E667　　　　　　　　　　　　　　　　　〔0271〕

愛媛シベリアを語る会　えひめしべりあおかたるかい

◇シベリア抑留犠牲者遺族の手記　愛媛シベリアを語る会編　［松山］　愛媛シベリアを語る会　1999.8　60p　26cm〈「えひめ朔風」特集号〉
　《所蔵》国会図 GB554-G1246，奈良戦体 916-2648　　　　　　　〔0272〕

エラブカ会 （第58期）　えらぶかかい

◇ウラルの彼方道遠く　エラブカ会編　東京　エラブカ会　1972.8　113p　25cm
　〈謄写版〉　非売品
　《所蔵》札幌中央　＊＊　　　　　　　　　　　　　　　　　　　〔0273〕

エラブカ座有志　えらぶかざゆうし
◇エラブカ座　エラブカ座有志［編］　［東京］　［エラブカ座有志］　［1989］　207p　19cm〈背・表紙の書名：えらぶか座〉
　《所蔵》国会図 GB554-E575　〔0274〕

遠藤 真夫　えんどう・まさお
◇北鮮・シベリア戦友録―国境守備・築第七四八一部隊田中大隊の軌跡　遠藤真夫著　東京　旺史社　1986.3　344p　19cm（無名戦士の記録シリーズ）　1800円
　《所蔵》国会図 GB554-2042，奈良戦体 916-1646　〔0275〕

遠藤 守正（1925生）　えんどう・もりまさ
◇軍靴に踏みにじられた俺たちの青春―時は二十世紀半ばのこと　遠藤守正著　［いわき］　［遠藤守正］　2002.12　196p　22cm　非売品
　《所蔵》国会図 GB554-H134　〔0276〕

【 お 】

扇 貞雄（1916生）　おうぎ・さだお
◇北中国極東シベリヤ秘密戦回顧の旅　扇貞雄著　神戸　扇兄弟社　1986.9　31p　21cm
　《所蔵》奈良戦体 292.9-1700　〔0277〕

扇 広　おうぎ・ひろし
◇決死の飛行―エラブーガ抑留とソ軍の嘘、鈍重　終戦ソ満国境随想　扇広著　東京　山手書房新社　1995.11　185p　20cm〈著者の肖像あり　付：著者軍歴、略歴〉　1500円
　《所蔵》国会図 GB554-G378　〔0278〕

逢坂 正雄　おうさか・まさお
◇引き裂かれた地平線―抑留11年　逢坂正雄著　仙台　逢坂正雄　1989.5　495p　22cm〈折り込図1枚〉
　《所蔵》国会図 GB554-E501，奈良戦体 369.37-1646　〔0279〕

大饗 健太郎（1922生）　おおあえ・けんたろう
◇醜の御楯と忍辱のシベリア抑留記　大饗健太郎著　［備前］　［大饗健太郎］　1995.11　310p　27cm
　《所蔵》国会図 GB554-G336　〔0280〕
◇シベリア哀歌　大饗健太郎作詞・作曲，三好啓士編曲　［録音資料］　［備前］　［大饗健太郎］　1999.8　録音カセット1巻
　《所蔵》国会図 YL11-179　〔文芸・画集　0281〕

おおあさシベリアの会　おおあさしべりあのかい
◇凍土のあしあと―わたしのソ連抑留記　おおあさシベリアの会編　大朝町　おおあさシベリアの会　1990　147p　26cm〈シベリア抑留地図・ソ連領内日本人収容所分布概見図：巻末〉
《所蔵》広島市立中央図書館　H/39.84/O11
〔0282〕

大石 武夫　おおいし・たけお
◇興南工場の終焉とソ連抑留　大石武夫著　東京　大石武夫　1983.10　130p　19cm
《所蔵》札幌中央＊＊
〔0283〕

大内 健二　おおうち・けんじ
◇虜囚　大内健二著　東京　近代セールス社　1975.8　250p, 図版[8]p　19cm〈著者肖像〉
《所蔵》奈良戦体 916-3646
〔0284〕

大内 進　おおうち・すすむ
◇平和をつむぐ―平和憲法を守る9人の手記　青木みか, 森英樹編　名古屋　風媒社　2011.10　280p　19cm　1500円
内容 (一部)：シベリヤ抑留学徒兵の回想（大内進）
《所蔵》国会図 A75-J187
〔0285〕

大内 守成　おおうち・もりしげ
◇破れ軍靴　大内守成著　東京　文陽社　1955.6　191p　19cm　180円
《所蔵》国会図 915.9-O941y
〔0286〕

大内 与五郎　おおうち・よごろう
◇極光の下に―歌集　大内与五郎著　東京　新星書房　1968.7　261p　20cm（国民文学叢書）
《所蔵》奈良県立図書情報館 911.16-234　〔文芸・画集　0287〕

大門 正吉　おおかど・しょうきち
◇シベリヤ抑留記　大門正吉著　交野　[大門正吉]　1976.3　278p　19cm
《所蔵》札幌中央＊＊
〔0288〕

大川 完二　おおかわ・かんじ
◇或る兵士の手記―今、省みて　大川完二著　東京　近代文芸社　1994.12　285p　20cm　1800円
《所蔵》国会図 GB554-E1888
〔0289〕

大木 隆雄　(1942生)　おおき・たかお
◇我が子よ　大木隆雄著　東京　新風舎　2005.6　175p　19cm　1600円
《所蔵》国会図 GB554-H615
〔0290〕

大木 達治　おおき・たつじ
◇生きて帰ったダメな兵隊―中年補充兵の召集からシベリア引揚げまで　大木達治
　　［著］　東京　六法出版社　1977.8　209p　20cm〈「夏そひく」の第1部「シベリア
　　抑留」（昭和51年刊）を加筆・独立〉　750円
　　《所蔵》札幌中央 ＊＊　　　　　　　　　　　　　　　　　　　　　　　　〔0291〕
◇夏そひく　大木達治［著］　［東京］　［大木達治］　1976.3　329p　19cm〈別書
　　名：夏麻引く　印刷：富士美術印刷株式会社〉
　　《所蔵》奈良戦体 329.62-1646　　　　　　　　　　　　　　　　　　　　〔0292〕

大木 幹雄（1941生）　おおき・みきお
◇遠き日の旅の記憶―ソ連軍女性士官との出会い　大木幹雄著　東京　文芸社
　　2014.4　119p　19cm〈文献あり〉　1000円
　　《所蔵》国会図 GB554-L189　　　　　　　　　　　　　　　　　　　　　〔0293〕

大串 石蔵　おおくし・いしぞう
◇シベリアの歌　大串石蔵［著］　［大東］　［大串石蔵］　［1976］　18丁　26cm〈リ
　　キッド式複写〉
　　《所蔵》国会図 KH471-70　　　　　　　　　　　　　　　　〔文芸・画集　0294〕

大口 光威　おおぐち・みつたけ
◇鎮魂・西海に、比島に、そしてシベリアへ―少通11期生敢闘の記録　守谷　大口
　　光威　2012.10　47p　26cm　非売品
　　《所蔵》国会図 GB554-J974　　　　　　　　　　　　　　　　　　　　　〔0295〕

大久保 繁雄（1919生）　おおくぼ・しげお
◇色古丹島とシベリヤの思い出　大久保繁雄著　［彦根］　［大久保繁雄］　1996.9
　　43p　19cm
　　《所蔵》国会図 GB554-G614　　　　　　　　　　　　　　　　　　　　　〔0296〕

大久保 利美（1916生）　おおくぼ・としみ
◇北境記―地の果てのある青春回想　大久保利美著　［滝野町（兵庫県加東郡）］　［大
　　久保利美］　1971.7　302p　19cm〈中央公論事業出版（制作）　限定500部〉　950円
　　《所蔵》札幌中央 ＊＊　　　　　　　　　　　　　　　　　　　　　　　　〔0297〕
◇北境記―地の果てのある青春回想　大久保利美著　東京　R出版　1972　305p
　　19cm　600円
　　《所蔵》国会図 KH471-16　　　　　　　　　　　　　　　　　　　　　　〔0298〕

大坂 安通　おおさか・やすみち
◇北辺の記　大坂安通［著］　中田町（宮城県）　大坂安通　1990.7　289p　22cm
　　〈製作：丸善仙台支店　著者略歴：p288～289〉
　　《所蔵》国会図 GB554-E813　　　　　　　　　　　　　　　　　　　　　〔0299〕

大阪大学大学院言語文化研究科　おおさかだいがくだいがくいんげんごぶんかけん

おおさこ　　　　　　　図書（体験記・回想録）

きゅうか
◇ディアスポラ社会の構造と対権力関係―旧満洲白系露人事務局関連文書の調査を中心に　平成20年度言語社会専攻研究プロジェクト・研究成果報告書　大阪大学大学院言語文化研究科言語社会専攻研究室編　［箕面］　大阪大学大学院言語文化研究科言語社会専攻研究室　2009.3　180p　30cm〈露語併載 編集代表：生田美智子〉
　内容（一部）：遠藤敬一さんに聞く（生田美智子・聞き手）
　《所蔵》国会図 DC821-J9　　　　　　　　　　　　　　　　　　　　　　〔0300〕

大迫　輝通（1924生）　　おおさこ・てるみち
◇戦争と私　大迫輝通著　東京　近代文芸社　2000.4　197p　20cm〈文献あり〉　1700円
　《所蔵》国会図 GB531-G252　　　　　　　　　　　　　　　　　　　　　〔0301〕

大島　一郎　　おおしま・いちろう
◇マホルカは人種を越えて　大島一郎［著］　沼津　［大島一郎］　1984.1　64p　20cm
　《所蔵》札幌中央 ＊＊　　　　　　　　　　　　　　　　　　　　　　　〔0302〕

大島　幹雄　　おおしま・みきお
◇シベリア漂流―玉井喜作の生涯　大島幹雄著　東京　新潮社　1998.11　326p　20cm　1800円
　《所蔵》国会図 GK134-G46　　　　　　　　　　　　　　　　　　　　　〔0303〕

大下　徳也　　おおしも・とくや
◇ラーゲリ（旧ソ連強制収容所）の妻―棄民・サブロウが愛した　大下徳也著　東京　ダブリュネット　2000.4　276p　21cm〈東京 星雲社（発売）標題紙・奥付のタイトル：ラーゲリの妻〉　2572円
　《所蔵》国会図 GB554-G1626　　　　　　　　　　　　　　　　　　　　〔0304〕

太田　久雄（1923生）　　おおた・ひさお
◇第百七師団史―最後まで戦った関東軍　太田久雄著　東京　大盛堂書店出版部　1979.8　730p　22cm〈愛蔵版〉　8000円
　《所蔵》国会図 GB544-79，奈良戦体 396.21-1901　　　　　　　　　　〔0305〕

太田　豊（1923生）　　おおた・ゆたか
◇北斗の下に　太田豊著　［東京］　［太田豊］　1998.8　468p　22cm
　《所蔵》国会図 GB554-G1486　　　　　　　　　　　　　　　　　　　　〔0306〕

大館新報社　　おおだてしんぽうしゃ
◇極寒の地の悲劇―シベリア抑留者の証言　大館新報社編　大館　大館新報社　1992　242p　19cm　1554円
　《所蔵》宮城県図書館 916/コジ192.2　　　　　　　　　　　　　　　　〔0307〕

大谷 いわお　おおたに・いわお
◇シベリアの春―句文集　大谷いわお著　[熊本]　熊日情報文化センター（製作）
　2008.11　95p　18cm　762円
　《所蔵》国会図 KH488-J59　　　　　　　　　　　　　〔文芸・画集　0308〕

大谷 敬二郎（1897生）　おおたに・けいじろう
◇捕虜　大谷敬二郎著　東京　図書出版社　1978.1　286p 図　20cm〈別書名：捕虜
　生きて虜囚の辱めを受けず〉　980円
　《所蔵》国会図 GB554-590，奈良戦体 916-1646　　　　　　〔0309〕
◇捕虜―捕らえられた日本兵たちのその後　大谷敬二郎著　東京　光人社　2009.4
　351p　16cm（光人社NF文庫　おN-602）　829円
　《所蔵》国会図 GB531-J60　　　　　　　　　　　　　　　〔0310〕

大谷 正春（1920生）　おおたに・まさはる
◇シベリア抑留生活の断想　大谷正春著　[札幌]　[大谷正春]　[1988]　95，4p
　26cm
　《所蔵》国会図 GB554-E584　　　　　　　　　　　　　　〔0311〕

大塚 茂（1925生）　おおつか・しげる
◇一等兵が語る追憶の譜　大塚茂著　東京　国書刊行会　1991.3　437p　20cm
　2900円
　《所蔵》国会図 GB554-E769，奈良戦体 916-1611　　　　　〔0312〕
◇俺は終戦一等兵―満洲シベリア日記　大塚茂著　東京　国書刊行会　1988.10
　302p　20cm　2500円
　《所蔵》国会図 GB554-E294，奈良戦体 916-1611　　　　　〔0313〕
◇ダモイの道は遠かった　大塚茂著　東京　国書刊行会　1995.5　261p　20cm
　2200円
　《所蔵》国会図 GB554-E2034，奈良戦体 916-3646　　　　〔0314〕

大槻 佐一（1925生）　おおつき・さいち
◇シベリヤ抑留体験記　大槻佐一[著]　[春日町（兵庫県）]　大槻佐一　[1988]
　25枚　26cm
　《所蔵》国会図 GB554-E358　　　　　　　　　　　　　　〔0315〕

大津山 直武　おおつやま・なおたけ
◇落日の満州抑留記―敗戦・強制労働・引揚げ秘話　大津山直武著　東京　MBC21
　1993.8　222p　19cm〈発売：東京経済　参考文献：p222〉　1200円
　《所蔵》国会図 GB554-E1666　　　　　　　　　　　　　〔0316〕

大西 敦子　おおにし・あつこ
◇ソ連軍が満洲に侵入した日―日本軍女子職員が見たソ連兵士たち　大西敦子著
　東京　PHP研究所　1990.8　188，14p　20cm〈著者の肖像あり〉　1300円

《所蔵》国会図 GB554-E614, 奈良戦体 916-1611　　　　　　　　　　〔0317〕

大西 清高（1920生）　おおにし・きよたか
◇シベリア収容所生活　大西清高著　［東京］　日本図書刊行会　1998.3　145p　20cm〈発売：近代文芸社（東京）〉　1300円
《所蔵》国会図 GB554-G839　　　　　　　　　　　　　　　　　〔0318〕

大貫 喜也　おおぬき・よしや
◇黒竜江附近―詩集　大貫喜也著　東京　協栄書店　1954.7　142p　18cm　200円
《所蔵》札幌中央＊＊　　　　　　　　　　　　　　　〔文芸・画集　0319〕

大野 好助　おおの・こうすけ
◇血と涙追憶の大地―満蒙開拓青少年義勇軍　大野好助著　東京　朝日案内・出版部　1996.8　257p　20cm〈肖像あり〉　3689円
《所蔵》国会図 GB554-G673　　　　　　　　　　　　　　　　　〔0320〕

大野 延翁　おおの・のぶお
◇シベリヤ抑留記　大野延翁著　［出版地不明］　［大野延翁］　2010.4　85p　19cm
《所蔵》国会図 GB554-J642　　　　　　　　　　　　　　　　　〔0321〕

大原 一雄　おおはら・かずお
◇アムール日記―関特演（応召から帰還まで）　大原一雄著　石鳥谷町（岩手県）　大原一雄　1980.11　156p　19cm　2000円
《所蔵》国会図 GB554-1052, 奈良戦体 396.21-1211　　　　　　　　〔0322〕

大原 富枝（1912生）　おおはら・とみえ
◇飢える草原―ゴロドナヤ・ステップ　大原富枝著　東京　現代社　1959　253p　図版　20cm
《所蔵》国会図 913.6-O352u, 奈良県立図書情報館 913.6-2737　〔文芸・画集　0323〕

大原 英雄　おおはら・ひでお
◇大連港へ―遼東半島俘虜記　大原英雄著　国分寺　新風舎　1997.2　222p　19cm〈年譜あり〉　1748円
《所蔵》国会図 GB554-G648, 奈良戦体 369.37-1746　　　　　　　〔0324〕

大町 敏夫　おおまち・としお
◇嗚呼「ウランバートル」　大町敏夫著　東京　新風舎　2002.7　46p　19cm（Shinpû books）　900円
《所蔵》国会図 GB554-G1775　　　　　　　　　　　　　　　　〔0325〕

大村 皖一　おおむら・かんいち
◇しらかば牢獄記　大村皖一著　［福山］　［大村皖一］　1990.3　181p　19cm　非売品
《所蔵》国会図 GB554-E733　　　　　　　　　　　　　　　　　〔0326〕

◇しらかば牢獄記―掻き寄せ集　大村皖一著　［福山］　［大村皖一］　1991.3　71p　19cm〈折り込図1枚〉　非売品
　《所蔵》国会図 GB554-E879，奈良戦体 916-1646　　　　　　　　　　〔0327〕
◇しらかば牢獄記　その後編　大村皖一著　福山　大村皖一　1994.9　32p　19cm〈折り込6枚〉　非売品
　《所蔵》国会図 GB554-E733，奈良戦体 916-1646　　　　　　　　　　〔0328〕

大屋　正吉　おおや・しょうきち
◇斧―歌集　大屋正吉著　東京　短歌新聞社　1977.10　161p　19cm（橄欖叢書　第152篇）　1500円
　《所蔵》国会図 KH497-67　　　　　　　　　　　　　　　　　　〔文芸・画集　0329〕
◇斧―歌集　大屋正吉著　改訂増補版　東京　短歌新聞社　1979.9　253p　20cm（橄欖叢書　第175篇）　2000円
　《所蔵》国会図 KH497-112　　　　　　　　　　　　　　　　　　〔文芸・画集　0330〕
◇斧―歌集　大屋正吉著　改訂新装版　東京　短歌新聞社　1991.12　161p　19cm（橄欖叢書　第175篇）　2000円
　《所蔵》国会図 KH497-E160　　　　　　　　　　　　　　　　　〔文芸・画集　0331〕

岡崎　渓子（1946生）　おかざき・けいこ
◇シベリア決死行　岡崎渓子［著］　東京　アルファポリス　2004.4　203p　20cm〈東京　星雲社（発売）折り込1枚　文献あり〉　1400円
　《所蔵》国会図 GE485-H12　　　　　　　　　　　　　　　　　　　　　　〔0332〕

岡崎　哲夫（1920生）　おかざき・てつお
◇実録・シベリアの日本人―ソ連抑留・関東軍捕虜の生態 1945-1948　岡崎哲夫著　［岡山］　［岡崎哲夫］　［1990］　81p　26cm〈背の書名：シベリアの日本人　電子複写　付：岡崎哲夫編著作（目録）〉
　《所蔵》国会図 GB554-E1227，奈良戦体 916-1746　　　　　　　　　　〔0333〕

岡崎　正義（1916生）　おかざき・まさよし
◇哀愁のシベリア劇団―捕虜収容所　岡崎正義著　東京　隆文館　1984.12　180p　20cm　1300円
　《所蔵》国会図 GB554-1785，奈良戦体 916-1746　　　　　　　　　　〔0334〕

岡田　映児　おかだ・えいじ
◇赤い国から　或る兵士の脱走記―一九四五年夏　岡田映児著　宇都宮　岡田映児　1989.6　303p　図版20p　21cm　非売品
　《所蔵》札幌中央　＊＊　　　　　　　　　　　　　　　　　　　　　　　〔0335〕

岡田　亀蔵　おかだ・かめぞう
◇亀覚記―シベリア抑留の覚書　岡田亀蔵著　［出版地不明］　［出版者不明］　1994.7　107p　図版2枚　22cm〈著者の肖像あり〉

おかた　　　　　　　図書（体験記・回想録）

　　《所蔵》奈良戦体 329.62-1746　　　　　　　　　　　　　　　　〔0336〕

岡田　新一（1916生）　　おかだ・しんいち
◇たった一人の闘い―モスクワ抑留から四十年　岡田新一著　東京　岡田新一
　1983.12　229p　21cm〈参考文献：p229〉　700円
　　《所蔵》国会図 GB554-1744，奈良戦体 369.37-1746　　　　　　　〔0337〕

緒方　壮一郎　　おがた・そういちろう
◇あれから五十年わたしのソ連抑留　緒方壮一郎著　鹿児島　緒方壮一郎　1995.7
　163p　22cm
　　《所蔵》鹿児島県立図書館 K916/オ95　　　　　　　　　　　　　〔0338〕

尾方　成典　　おがた・なりすけ
◇悠遠の譜　尾方成典著　東京　文芸社　2007.1　301p　20cm〈年表あり〉　1600円
　　《所蔵》国会図 US51-H3131　　　　　　　　　　　　　　　　　　〔0339〕

岡野　喜二　　おかの・よしじ
◇捕虜日記―後日の想い出の為に　昭和十八年十一月ヨリ二十四年十月迄　［岡野喜
　二著］　［川西］　［岡野喜美代］　［2000］　31丁　21cm
　　《所蔵》国会図 GB554-G1471　　　　　　　　　　　　　　　　　〔0340〕

岡部　末弌　　おかべ・すえいち
◇青春の峠―シベリア抑留生活の手記　岡部末弌著　刈谷　華陽印刷所（印刷）
　1996.10　118p　26cm
　　《所蔵》国会図 GB554-J721　　　　　　　　　　　　　　　　　　〔0341〕

岡本　功司（1915生）　　おかもと・こうじ
◇おほうとう物語　岡本功司著　東京　永田書房　1970　210p　19cm　520円
　　《所蔵》国会図 KH469-23　　　　　　　　　　　　　〔文芸・画集　0342〕

岡本　嗣郎（1946生）　　おかもと・しろう
◇シベリアのトランペット　岡本嗣郎著　東京　集英社　1999.11　244p　20cm
　1600円
　　《所蔵》国会図 GB531-G235，奈良戦体 210.75-1746　　　　　　　〔0343〕

岡本　昇　　おかもと・のぼる
◇生き抜いて祖国へ　岡本昇著　［龍神村（和歌山県）］　［岡本昇］　2000.2　170p
　19cm
　　《所蔵》奈良戦体 916-1646　　　　　　　　　　　　　　　　　　〔0344〕

岡元　義人　　おかもと・よしと
◇在ソ同胞の生死と徳田要請問題の真相　岡元義人編　東京　日刊労働通信社
　1950.5　131p　19cm〈背・表紙の書名：ソ連俘虜収容所における日本人俘虜の生
　死〉

《所蔵》国会図 EG71-19　　　　　　　　　　　　　　　　　　　　　〔0345〕

岡本 良三　おかもと・りょうぞう
◇遠い空―シベリア抑留記病床雑記　岡本良三著　東京　静山社　1988　225p　19cm
　《所蔵》岡山県立図書館 916/O-63　　　　　　　　　　　　　　　　　〔0346〕

岡安 勇　おかやす・いさむ
◇真白き大地の中で　岡安勇著　東京　素朴社　1984.1　156p　19cm〈p17-32乱丁〉
　《所蔵》国会図 GB554-J137　　　　　　　　　　　　　　　　　　　　〔0347〕

小川 昇　おがわ・のぼる
◇シベリア回想―私家集　小川昇著　[横浜]　[小川昇]　1983.8　1冊（頁付なし）
　21cm（子午線の会叢書　第22編）
　《所蔵》国会図 KH454-217　　　　　　　　　　　　　　　　〔文芸・画集　0348〕

小川 護　（1924生）　おがわ・まもる
◇私のシベリヤ物語―捕虜記　小川護著　[東京]　[小川護]　1991.3　224p
　19cm〈編集製作：works・Y　著者の肖像あり〉
　《所蔵》国会図 GB554-E974　　　　　　　　　　　　　　　　　　　　〔0349〕
◇私のシベリヤ物語―捕虜生活三年間の青春　小川護著　東京　光人社　2011.11
　264p　16cm（光人社NF文庫　おN-712）　743円
　《所蔵》国会図 GB554-J795　　　　　　　　　　　　　　　　　　　　〔0350〕

小川 三雄　（1912生）　おがわ・みつお
◇天皇の踏絵　小川三雄著　東京　サンケイ新聞社出版局　1969　318p　19cm
　480円
　《所蔵》国会図 GB554-11，奈良戦体 916-1746　　　　　　　　　　　　〔0351〕

小川 之夫　（1926生）　おがわ・ゆきお
◇愚直の青春二、一二八日間―哈爾浜学院―シベリア分校に学んで　小川之夫著
　東京　恵雅堂出版（制作）　1988.7　301p　20cm〈年表あり〉　非売品
　《所蔵》国会図 GB554-L240　　　　　　　　　　　　　　　　　　　　〔0352〕

小川 峡一　おがわ・よういち
◇樺太・シベリアに生きる―戦後60年の証言　小川峡一編著　東京　社会評論社
　2005.8　254p　20cm　1800円
　《所蔵》国会図 EG71-H65，奈良県立図書情報館 369.37-オカワ　　　　　〔0353〕

沖野 亦男　おきの・またお
◇生ける屍の記　沖野亦男著　東京　大空社　1999.12　205p　22cm（叢書俘虜・
　抑留の真実　第9巻）〈シリーズ責任表示：山下武/監修　東方書房昭和21年刊の複
　製〉　4500円
　《所蔵》国会図 GB554-G1213，奈良県立図書情報館 210.75-1946　　　　〔0354〕

小口　智郷　　おぐち・ともさと
◇追憶の抑留生活　小口智郷著　岡谷　小口智郷　1989.5　137p　22cm〈参考文献：p135-136〉
　《所蔵》奈良戦体 369.37-1746　　　　　　　　　　　　　　〔0355〕

奥出　通夫（1920生）　おくで・みちお
◇一九二〇年代に生れて―振返って青春　奥出通夫著　東京　奥出通夫　1994.8　237p　22cm
　《所蔵》国会図 GB554-G1641　　　　　　　　　　　　　　〔0356〕

奥寺　信一　　おくでら・しんいち
◇誰がために無駄苦労昔話―敗戦を知り帰郷まで　奥寺信一［著］　遠野　［奥寺信一］　1976.9　44p　図　肖像　18cm
　《所蔵》国会図 GB554-494　　　　　　　　　　　　　　　〔0357〕

小熊　均（1928生）　おぐま・ひとし
◇早蕨のうた―十八歳シベリヤ復員兵の青春　小熊均著　東京　現代書館　2004.3　214p　20cm　1800円
　《所蔵》国会図 GB554-H297　　　　　　　　　　　　　　〔0358〕
◇虜囚の賦―少年飛行兵のシベリヤ記　上　小熊均著　東京　洋々社　1984.12　260p　20cm　1400円
　《所蔵》国会図 GB554-1777　　　　　　　　　　　　　　〔0359〕
◇虜囚の賦―少年飛行兵のシベリヤ記　下　小熊均著　東京　洋々社　1985.3　253p　20cm　1400円
　《所蔵》国会図 GB554-1777　　　　　　　　　　　　　　〔0360〕

小黒　終平　　おぐろ・しゅうへい
◇素描画文集私のシベリア抑留記　小黒終平　五泉　小黒終平　1995.3　26，10p　22×30cm〈ソ連抑留の足跡：p9　著者の肖像あり〉
　《所蔵》奈良戦体 369.37-1646　　　　　　　　　〔文芸・画集　0361〕

尾崎　茂夫（1920生）　おざき・しげお
◇ふたつの荒野　尾崎茂夫著　東京　文芸社　2002.10　223p　20cm　1400円
　《所蔵》国会図 GK118-G52　　　　　　　　　　　　　　〔0362〕

長田　正男（1913生）　おさだ・まさお
◇シベリア物語　長田正男著　甲府　長田正男　1980.9　169p　19cm　1000円
　《所蔵》国会図 GB554-990　　　　　　　　　　　　　　〔0363〕
◇シベリア物語　続　長田正男著　甲府　長田正男　1984.4　64p　19cm　500円
　《所蔵》国会図 GB554-990　　　　　　　　　　　　　　〔0364〕

小沢 勉（1920生）　おざわ・つとむ
◇抑留シベリアへの道―されど我が青春捧げて悔いなし　小沢勉編　武蔵村山　戦誌刊行会　1995.11　292p　19cm〈発売：星雲社〉　1800円
《所蔵》国会図 GB554-G168, 奈良戦体 369.37-1911　　　　　　　　　〔0365〕

おざわ ゆき
◇凍りの掌（て）―シベリア抑留記　おざわゆき著　東京　小池書院　2012.7　262p　21cm〈文献あり〉　1238円
《所蔵》国会図 Y84-J36313　　　　　　　　　　　　　　〔文芸・画集　0366〕
◇凍りの掌（て）―シベリア抑留記　おざわゆき著　新装版　東京　講談社　2015.7　269p　19cm（KCDX 3903）〈初版の出版者：小池書院 2012年刊〉　880円
《所蔵》国会図 Y84-L31225　　　　　　　　　　　　　　〔文芸・画集　0367〕

小島 俊　おじま・しゅん
◇異国に生きた日々　小島俊［著］　［篠山町（兵庫県）］　小島俊　［1986］　88p　26cm
《所蔵》国会図 GB554-E369, 奈良戦体 916-3631　　　　　　　　　　〔0368〕

小田 保（1921生）　おだ・たもつ
◇シベリヤ俘虜記―抑留俳句選集　小田保編　小田原　双弓舎　1985.4　177p　20cm　2000円
《所蔵》国会図 KH11-613　　　　　　　　　　　　　　　〔文芸・画集　0369〕
◇シベリヤ俘虜記―抑留俳句選集　続　小田保編　小田原　双弓舎　1989.8　254p　22cm　2500円
《所蔵》国会図 KH11-613, 奈良県立図書情報館 911.36-360　〔文芸・画集　0370〕

小高 丑松（1925生）　おだか・うしまつ
◇奪われしわが青春　小高丑松著　東京　光陽出版社　2008.4　175p　19cm〈文献あり〉　1429円
《所蔵》国会図 GB554-J70　　　　　　　　　　　　　　　　　　　　〔0371〕

尾竹 親（1921生）　おたけ・ちかし
◇虜醜―ある捕虜の回想　尾竹親著　東京　東京出版センター　1965　184p　20cm〈限定版〉
《所蔵》国会図 915.9-O869r　　　　　　　　　　　　　　　　　　　〔0372〕

小田原 金一（1917生）　おだわら・きんいち
◇永久凍土地帯―私のシベリヤ抑留記　小田原金一著　青森　小田原金一　1956　439p　21cm
《所蔵》国会図 915.9-O232e　　　　　　　　　　　　　　　　　　　〔0373〕

越智 利男　おち・としお
◇ダモイの道は遠く　越智利男　［出版地不明］　［越智利男］　1992.8　100p　21cm

おちあい　　　　　　図書（体験記・回想録）

《所蔵》奈良戦体 916-1646　　　　　　　　　　　　　　　〔0374〕

落合 利夫　おちあい・としお
◇ダモイ《帰還》─ある兵士のシベリヤ抑留記　落合利夫著　名古屋　アデックス　1979　125p　22cm
　《所蔵》東京都立多摩図書館 J590/938/79　　　　　　　　〔0375〕

落合 東朗（1926生）　おちあい・はるろう
◇シベリアの『日本新聞』─ラーゲリの青春　落合東朗著　東京　論創社　1995.8　255p　20cm　2060円
　《所蔵》国会図 UC191-G4、奈良県立図書情報館 915.9-482　〔0376〕
◇タルコフスキーとルブリョフ　落合東朗著　東京　論創社　1994.6　276p　20cm　〈主要参考文献：p271～272〉　2575円
　《所蔵》国会図 KD691-E7、奈良県立図書情報館 778.238-タルコ　〔0377〕
◇東方田学校─シベリアの錬金術師　落合東朗著　東京　論創社　1983.12　227p　20cm　1600円
　《所蔵》国会図 GB554-1748　　　　　　　　　　　　　　〔0378〕
◇ハルローハ、イキテイル─私のシベリア記　落合東朗著　東京　論創社　1982.4　259p　20cm　1500円
　《所蔵》国会図 GB554-1442　　　　　　　　　　　　　　〔0379〕
◇齢七十、日々是好日　落合東朗著　東京　論創社　2001.11　211p　20cm　1800円
　《所蔵》国会図 US41-G4107　　　　　　　　　　　　　　〔0380〕

小野 隆治　おの・たかじ
◇雪に埋もれた青春　小野隆治［著］　稲城　小野隆治　1990.1　188p　22cm
　《所蔵》国会図 GB554-E632　　　　　　　　　　　　　　〔0381〕

小野 正（1920生）　おの・ただし
◇凍土の墓標　小野正著　いわき　小野正　1993.11　240p　26cm　非売品
　《所蔵》国会図 GB554-E1672　　　　　　　　　　　　　〔0382〕

小野 陽一（1923生）　おの・よういち
◇失われた時をたどって─「満洲」鶴岡炭礦社員の一記録　小野陽一著　［東京］　［小野陽一］　1990.9　66, 73p　19×26cm
　《所蔵》国会図 GB554-E747　　　　　　　　　　　　　　〔0383〕
◇失われた時をたどって　第2揖　鶴岡炭礦社員のシベリアと女子挺身隊・書簡集　小野陽一著　［東京］　［小野陽一］　1992.6　172, 78p　19×26cm
　《所蔵》国会図 GB554-E747　　　　　　　　　　　　　　〔0384〕
◇鶴岡の想い出　第3揖　満洲鶴岡炭礦物語─社員の回想　小野陽一著　［東京］　［小野陽一］　1994.11　116, 34p　19×26cm　〈『失われた時をたどって』の続編〉
　《所蔵》国会図 GB554-E747　　　　　　　　　　　　　　〔0385〕

図書（体験記・回想録）　　　　　　　　　　　　　　　　おんけつ

小野地　光輔　　おのじ・こうすけ
◇曠野の涯に　小野地光輔著　札幌　［小野地光輔］　1984.8　144p　22cm　200円
　《所蔵》札幌中央＊＊　　　　　　　　　　　　　　　　　　　　　　　　　　〔0386〕

小野田　邦美　　おのだ・くによし
◇シベリヤ詩　小野田邦美［著］　新座　いしかわ企画　2002.8　187p　19cm　850円
　《所蔵》国会図　KH475-G373　　　　　　　　　　　　　　　〔文芸・画集　0387〕
◇窓のない旅へ―その旅は今も続いている　小野田邦美著　［東京］　日本図書刊行
　会　1997.10　321p　20cm〈東京　近代文芸社（発売）〉　1700円
　《所蔵》国会図　GB554-G753　　　　　　　　　　　　　　　　　　　　　〔0388〕

小野田　良次　（1915生）　おのだ・りょうじ
◇不忘古研新―シベリヤ抑留追想記　小野田良次著　東京　黒潮社　1993.7　209p
　19cm
　《所蔵》札幌中央＊＊　　　　　　　　　　　　　　　　　　　　　　　　　〔0389〕

小畑　邦雄　　おばた・くにお
◇満洲とシベリア抑留千五百日―真実を訴える―衛生兵の回想録　小畑邦雄［著］
　但東町（兵庫県）　小畑邦雄　1985.5　92p　21cm
　《所蔵》国会図　GB554-2261，奈良戦体　916-1646　　　　　　　　　　　　〔0390〕

小畠　直行　　おばた・なおゆき
◇シベリヤ抑留少年俘虜記　小畠直行著　［出版地不明］　［小畠直行］　[2005]
　153p　21cm
　《所蔵》国会図　GB554-H706　　　　　　　　　　　　　　　　　　　　　〔0391〕

小浜　重良　（1913生）　おはま・しげよし
◇迫撃第十五大隊回顧録―幾山河越えて　小浜重良著　東京　近代文芸社　1996.5
　99p　20cm　1200円
　《所蔵》国会図　GB554-G372，奈良戦体　916-1612　　　　　　　　　　　　〔0392〕

小原　康二　　おばら・こうじ
◇イルクーツク抑留記　小原康二著　金沢　北国出版社　1981.6　242p　19cm
　《所蔵》札幌中央＊＊　　　　　　　　　　　　　　　　　　　　　　　　　〔0393〕

小和田　光　（1915生）　おわだ・みつ
◇満州シベリア二千日―シベリア抑留　小和田光著　東京　新人物往来社
　1985.7　177p　20cm　1200円
　《所蔵》国会図　GB554-1946，奈良戦体　369.37-1646　　　　　　　　　　　〔0394〕

恩欠北海道連合会　　おんけつほっかいどうれんごうかい
◇ああ・悲憤紙の碑（いしぶみ）　別冊3　シベリア抑留兵の手記　恩欠北海道連合
　会編纂　渡辺健一著　余市町（後志）　恩欠北海道連合会　[1992]　54p　26cm

おんた　　　　　　　　図書（体験記・回想録）

〈結成十五年記念誌　手書きコピー〉
《所蔵》北海道立図書館 390.6/A/ベツ-3　　　　　　　　　　　　〔0395〕

御田　重宝（1929生）　おんだ・しげたか
◇シベリア抑留　御田重宝著　東京　講談社　1986.11　310p　20cm　1400円
《所蔵》国会図 GB554-2194，奈良戦体 916-1646　　　　　　　〔0396〕
◇シベリア抑留　御田重宝著　東京　講談社　1991.7　340p　15cm（講談社文庫）
520円
《所蔵》国会図 GB554-E910，奈良戦体 916-1646　　　　　　　〔0397〕

【 か 】

貝塚　徹　　かいずか・とおる
◇緑渓硯―私のシベリア抑留体験の記録　貝塚徹著　［桑名］　［貝塚光子］
2001.10　239p　20cm〈東京：文芸春秋企画出版部〉
《所蔵》奈良戦体 916-3646　　　　　　　　　　　　　　　　　〔0398〕

外蒙太郎会　　がいもうたろうかい
◇北斗七星―総集編　［京都］　外蒙太郎会　1984.3　1冊　22cm〈編集：大嶋喜一〉
《所蔵》国会図 GB554-1803　　　　　　　　　　　　　　　　　〔0399〕

帰山　則之　　かえりやま・のりゆき
◇生きている戦犯―金井貞直の「認罪」　帰山則之著　東京　芙蓉書房出版
2009.11　309p　21cm〈年表あり〉　2500円
《所蔵》国会図 GB554-J474　　　　　　　　　　　　　　　　　〔0400〕

各務　柿平　　かかみ・かきへい
◇抑留蒙古旅日記　各務柿平著　東京　近代文芸社　1994.8　172p　20cm　1300円
《所蔵》国会図 KH237-E391，奈良戦体 916-1746　　　　〔文芸・画集　0401〕

鏡　清蔵（1921生）　かがみ・せいぞう
◇シベリア抑留八年　鏡清蔵著　田無　鏡アキ　1980.3　223p　19cm　1200円
《所蔵》国会図 GB554-914，奈良県立図書情報館 915.9-271　　〔0402〕

加賀谷　常治　　かがや・つねじ
◇アングレン・捕虜日記　加賀谷常治著　大曲　花館の会　1989.10　34p　26cm
〈著者の肖像あり〉
《所蔵》国会図 GB554-E823，奈良戦体 369.37-1646　　　　　　〔0403〕

香川　重信（1905生）　かがわ・しげのぶ
◇人間廃業十一年　香川重信著　東京　日刊労働通信社　1958　408p　19cm（シベリヤ叢書　第8）

《所蔵》国会図 915.9-Ka163n 〔0404〕
◇私の見た収容所―人間廃業11年　香川重信著　東京　白鳳社　1975　389p　肖像　19cm　950円
《所蔵》国会図 GB554-406 〔0405〕

香川 文雄　かがわ・ふみお
◇北槎記略―ソ連抑留　香川文雄　〔新潟〕　〔香川文雄〕　1978.10　240p　26cm
《所蔵》奈良戦体 916-1746 〔0406〕

垣内 久米吉（1910生）　かきうち・くめきち
◇望郷の日日　垣内久米吉著　金沢　北国出版社　1971　253p　肖像　19cm　880円
《所蔵》国会図 GB554-149 〔0407〕

柿原 修（1922生）　かきはら・おさむ
◇苦難の回想―シベリア抑留　戦後五十年を経て　柿原修著　〔井波町（富山県）〕　〔柿原修〕　1995.8　214p　22cm〈著者の肖像あり〉
《所蔵》国会図 GB554-G376, 奈良戦体 916-1746 〔0408〕

柿原 康男（1909生）　かきはら・やすお
◇流砂　柿原康男著　熊本　熊本日日新聞　1981.7　192p　19cm　1000円
《所蔵》札幌中央＊＊ 〔0409〕

柿本 公資　かきもと・こうじ
◇望郷二年　柿本公資著　〔神戸〕　〔柿本公資〕　1989.4　161p　21cm
《所蔵》国会図 GB554-E748 〔0410〕

加倉井 文子　かくらい・ふみこ
◇男装の捕虜　加倉井文子著　東京　国書刊行会　1982.2　253p　20cm（シベリア抑留叢書 3）〈有楽出版社昭和24年刊の再刊〉　2500円
《所蔵》国会図 GB554-1226, 奈良戦体 916-1746 〔0411〕

景浦 泰三　かげうら・たいぞう
◇北欧の空―シベリヤ不法抑留の記録　景浦泰三著　〔東温〕　〔景浦泰三〕　2007.10　207p　22cm〈肖像あり　年表あり〉
《所蔵》国会図 GB554-H1170, 奈良戦体 916-1646 〔0412〕

葛西 純一　かさい・じゅんいち
◇共産地獄　葛西純一著　東京　成祥出版社　1976.6　324p　19cm
《所蔵》札幌中央＊＊ 〔0413〕

笠原 正　かさはら・ただし
◇時代がうすれ行く―樺太輜重隊つどい第20回記念誌　笠原正編　別海町（北海道）　樺太輜重兵ツンドラ会　1987.1　480p　26cm
《所蔵》奈良戦体 396.21-1914 〔0414〕

風間　末治郎（1914生）　かざま・すえじろう

◇北千島とシベリア抑留の日々　風間末治郎著　札幌　旭図書刊行センター　2001.12　139p　21cm〈肖像あり〉
《所蔵》国会図 GB554-H86　〔0415〕

梶浦　智吉（1913生）　かじうら・ともきち

◇スターリンとの日々─「犯罪社会主義」葬送譜　梶浦智吉著　国分寺　武蔵野書房　1993.8　308p　20cm　2000円
《所蔵》国会図 GB554-E1585，奈良戦体 916-1946　〔0416〕

梶田　誠二（1916生）　かじた・せいじ

◇香蘭凍星の曠野よ─満拓と抑留の青春記　梶田誠二著　札幌　地域メディア研究所　2012.9　227p　20cm　1800円
《所蔵》国会図 GB554-J939　〔0417〕

柏熊　静　かしわくま・しずか

◇泰山　柏熊静編著　［銚子］　［柏熊静］　1991.5　469p　22cm〈製作：講談社出版サービスセンター（東京）〉　5000円
《所蔵》国会図 GB554-E901，奈良戦体 916-1910　〔0418〕

柏谷　信一（1925生）　かしわや・しんいち

◇氷の星─対ソ戦闘とシベリア虜留記　柏谷信一著　むつ　協同印刷工業（印刷）　1998.11　110p　19cm
《所蔵》国会図 GB554-G1138　〔0419〕

春日　行雄（1920生）　かすが・ゆきお

◇生命ある灯　春日行雄著　東京　総文閣　1950.3　322p　19cm
《所蔵》国会図 YD5-H-a914-356（マイクロフィッシュ）　〔0420〕
◇ウランバートルの灯みつめて五十年　春日行雄著　［横浜］　モンゴル会　1988.11　521p　26cm　8000円
《所蔵》国会図 GE475-E5　〔0421〕

香月　泰男（1911生）　かずき・やすお

◇香月泰男シベリア画文集─全作品の自筆解説文と学芸員解説　香月泰男［著］，山口県立美術館監修　［広島］　中国新聞社　2004.2　123p　26cm〈肖像あり　年譜あり〉　1500円
《所蔵》国会図 KC229-H65　〔文芸・画集　0422〕
◇香月泰男《シベリア・シリーズ》　香月泰男［画］，やまぐちこども美術館実行委員会編　山口　やまぐちこども美術館実行委員会　2012.3　79p　30cm〈みる・しる・しらべるコレクション vol.4〉〈平成23年度文化庁文化遺産を活かした観光振興・地域活性化事業 共同刊行：山口県立美術館　文献あり〉
《所蔵》国会図 YU7-J3827　〔文芸・画集　0423〕

◇香月泰男＜シベリア・シリーズ＞展―マイナス35度の黙示録　山口県立美術館，朝日新聞西部本社企画部編　福岡　朝日新聞西部本社企画部　1989.9　233p　30cm〈著者の肖像あり　会期・会場：1989年9月30日～10月29日　日本民俗資料館（松本）ほか　付：年譜・参考文献〉
　《所蔵》国会図　KC16-E2124　　　　　　　　　　　　　　〔文芸・画集　0424〕

◇香月泰男シベリヤ・シリーズ　東京セントラル美術館編　［東京］　東京セントラル美術館　1972　1冊（頁付なし）　24×26cm〈会期：1972年3月28日―4月16日　付：略年譜〉
　《所蔵》国会図　VG2-287　　　　　　　　　　　　　　〔文芸・画集　0425〕

◇「香月泰男＜シベリヤ・シリーズ＞」展図録　山梨県立美術館編　［甲府］　山梨県立美術館　1995.4　133p　24cm〈執筆：安井雄一郎ほか　著者の肖像あり　会期：1995年4月22日～6月4日〉
　内容 香月泰男シベリヤ年譜：p74～88　香月泰男略年譜：p98～103　参考文献：p132～133
　《所蔵》国会図　KC16-G311　　　　　　　　　　　　　　〔文芸・画集　0426〕

◇シベリヤ―画集　1943-1947　香月泰男著　［東京］　求竜堂　1967　93, 13枚　30cm　8000円
　《所蔵》国会図　723.1-Ka998s　　　　　　　　　　　　　〔文芸・画集　0427〕

◇シベリヤ画集―香月泰男画集　香月泰男著　東京　新潮社　1971　137p　はり込み図18枚　31×31cm　12000円
　《所蔵》国会図　YQ11-73　　　　　　　　　　　　　　〔文芸・画集　0428〕

◇没後30年香月泰男展図録―＜私の＞シベリア、そして＜私の＞地球　香月泰男［画］，山口県立美術館，朝日新聞社事業本部西部企画事業部編　福岡　朝日新聞社事業本部西部企画事業部　2004　259p　30cm〈会期・会場：2004年2月7日―3月28日　東京ステーションギャラリー　ほか　タイトルは奥付による　肖像あり　年譜あり　文献あり〉
　《所蔵》国会図　KC16-H832　　　　　　　　　　　　　　〔文芸・画集　0429〕

◇私のシベリヤ　香月泰男著　東京　文芸春秋　1970　189p　図版16枚　19×27cm　2000円
　《所蔵》国会図　KC222-13　　　　　　　　　　　　　　　　　　〔0430〕

◇私のシベリヤ―香月泰男文集　香月泰男著　東京　筑摩書房　1984.8　246p　19cm（筑摩叢書 290）　1400円
　《所蔵》国会図　KC229-224，奈良戦体 916-1646　　　　　　　〔0431〕

◇私のシベリヤ―シベリヤ・シリーズへの原点展画集　香月泰男［画］，三隅町立香月美術館編　三隅町（山口県）　三隅町立香月美術館　1994.3　175p　30cm〈監修：坂倉秀典　編集：三隅町立香月美術館　著者の肖像あり　略年譜：p163～165〉
　《所蔵》国会図　KC16-E2655　　　　　　　　　　　　　　〔文芸・画集　0432〕

かすさま　　　　　　　図書（体験記・回想録）

加津佐町シベリア会　かずさまちしべりあかい
◇シベリア抑留記　加津佐町シベリア会編　加津佐町　加津佐町シベリア会　1997.9　50p　25cm
　《所蔵》長崎県立長崎図書館 19/2251　〔0433〕

鹿角　敏夫（1924生）　かずの・としお
◇ラーゲリーシベリア捕虜収容所そこで何が行われたのか　鹿角敏夫著　東京　ミリオン書房　1992.2　166p　19cm　1400円
　《所蔵》国会図 GB554-E1122　〔0434〕

片岡　薫（1912生）　かたおか・かおる
◇シベリア・エレジー——捕虜と「日本新聞」の日々 Khabarovsk1945-1949　片岡薫著　東京　竜渓書舎　1989.6　268p　19cm　1545円
　《所蔵》国会図 GB554-E487，奈良戦体 916-1746　〔0435〕

片岡　藤雄（1920生）　かたおか・ふじお
◇シベリア抑留体験記　片岡藤雄著　［松戸］　［片岡藤雄］　1983.11　151p　19cm
　《所蔵》国会図 GB554-1665　〔0436〕

片倉　進（1908生）　かたくら・すすむ
◇氷紋　片倉進　東京　［片倉進］　1975　81p　19cm
　《所蔵》札幌中央　＊＊　〔0437〕

片倉　達郎（1920生）　かたくら・たつろう
◇シベリヤ抑留十年の追想——或る引揚者の記録　片倉達郎著　東京　日本図書刊行会　1991.5　187p　20cm〈発売：近代文芸社〉　1500円
　《所蔵》国会図 GB554-E807，奈良戦体 916-1746　〔0438〕

勝野　金政（1901生）　かつの・かなまさ
◇凍土地帯——スターリン粛清下での強制収容所体験記　勝野金政著　東京　吾妻書房　1977.11　266p 肖像　19cm　980円
　《所蔵》国会図 GG839-16，奈良県立図書情報館 289.1-831　〔0439〕

勝山　俊一　かつやま・しゅんいち
◇ソ連抑留スケッチ集　勝山俊一著　東京　エラブカ東京都人会　1979.11　解説1冊＋画48枚 箱入　19×27cm
　《所蔵》札幌中央　＊＊　〔文芸・画集　0440〕

加藤　九祚（1922生）　かとう・きゅうぞう
◇シベリア記　加藤九祚著　東京　潮出版社　1980.3　206p　20cm〈主要文献：p203〜206〉　980円
　《所蔵》国会図 DC812-101　〔0441〕

加藤 行一　　かとう・ぎょういち
◇ズバノーク—私のグルジア俘虜記　ユーラシア一万キロの涯に、その国はあった。
　加藤行一著　［柏］　［加藤行一］　1993.8　317p　19cm〈製作：青磁書房（東京）
　著者の肖像あり　付：参考資料〉　2000円
　　《所蔵》国会図 GB554-E1638　　　　　　　　　　　　　　　　　　　　　〔0442〕

加藤 保　　かとう・たもつ
◇異国の傷跡　加藤保著　［出版地不明］　加藤保　1976　92, 2p　21cm
　　内容 シベリア抑留体験記
　　《所蔵》札幌中央 916/KA86　　　　　　　　　　　　　　　　　　　　　〔0443〕

加藤 照広　　かとう・てるひろ
◇シベリア抑留の記録—共産主義思想の宣伝と思想改造教育　加藤照広手記　［大
　分］　［加藤照広］　［1997.3］　1冊　26cm
　　《所蔵》奈良戦体 916-1746　　　　　　　　　　　　　　　　　　　　　〔0444〕

加藤 直四郎　（1908生）　かとう・なおしろう
◇シベリア捕虜日記　加藤直四郎［著］　［高槻］　［加藤直四郎］　1995.9　213p
　19cm〈肖像あり〉　非売品
　　《所蔵》国会図 GB554-G659，奈良戦体 915.6-1746　　　　　　　　　　〔0445〕

加藤 信忠　　かとう・のぶただ
◇わたしのシベリアノート　加藤信忠著　藤沢　武田出版　2007.10　173p　20cm
　〈発売：星雲社（東京）〉　1200円
　　《所蔵》国会図 GB554-H1152　　　　　　　　　　　　　　　　　　　　〔0446〕

加藤 春代　　かとう・はるよ
◇まこもの馬は天高く—シベリア抑留と庄和町を結ぶもの　加藤春代著　庄和町
　加藤春代　1996.7　83p　20cm
　　《所蔵》埼玉県立浦和図書館 S289/ア　　　　　　　　　　　　　　　　〔0447〕

香取 ふみ子　（1923生）　かとり・ふみこ
◇菊水隊—シベリア体験記　香取ふみ子著　［浦和］　［香取ふみ子］　1999印刷
　267p　21cm　1800円
　　《所蔵》国会図 GB554-G1441　　　　　　　　　　　　　　　　　　　　〔0448〕

門脇 朝秀　　かどわき・ともひで
◇祖国はるか—満ソ国境に落ちた紙凧（たこ）　［1］　門脇朝秀編　松戸　あけぼの
　会　1983.6　315p　19cm　1900円
　　《所蔵》奈良戦体 916-2231　　　　　　　　　　　　　　　　　　　　　〔0449〕
◇祖国はるか—敗軍の将なれども・中ソ国境、葦の茂みに　3　門脇朝秀編　松戸
　あけぼの会　1986.4　332p　19cm　1400円
　　《所蔵》国会図 GB554-E820　　　　　　　　　　　　　　　　　　　　　〔0450〕

かない　　　　　　　　　　図書（体験記・回想録）

◇祖国はるか──昭和の初期・日本と中国の迫間にゆれた人々　4　門脇朝秀編　松戸　あけぼの会　1991.9　223p　19cm　1400円
　《所蔵》国会図 GB554-E820　　　　　　　　　　　　　　　　　　　〔0451〕
◇血を吐く黒龍　門脇朝秀著　松戸　あけぼの会　1982.2　341p　18cm　1500円
　《所蔵》札幌中央　＊＊　　　　　　　　　　　　　　　　　　　　　〔0452〕

金井　三郎（1922生）　かない・さぶろう
◇生きる　前編　金井三郎著　長野　ほおずき書籍（制作）　2009.11　304p　22cm　〈前編のタイトル関連情報：人生二十五・戦時中ノ記　年譜あり　文献あり〉　非売品
　《所蔵》国会図 GK71-J20，奈良戦体 289-3231　　　　　　　　　　　〔0453〕
◇望郷──シベリアの2ケ年　金井三郎［著］　中野　金井三郎　1986.3　52p　26cm
　《所蔵》国会図 GB554-2241，奈良戦体 369.37-1746　　　　　　　　　〔0454〕

金沢　草彦　かなざわ・くさひこ
◇シベリア抑留画展──戦後50周年記念絵画展　金沢草彦，舞鶴市・舞鶴引揚記念館［編］，佐藤清監修　［舞鶴］　舞鶴市・舞鶴引揚記念館　1995.12　161p　28×24cm　〈奥付の書名：シベリア抑留画展図録　会期・会場：1995年11月21日-26日　京都市美術館　12月2日-10日　舞鶴市総合文化会館　主催：舞鶴市　舞鶴引揚記念館　作家リスト：p146-150　参考文献：p157〉
　《所蔵》奈良戦体 723.1-1746　　　　　　　　　　　　　　〔文芸・画集　0455〕

金沢　美代策（1915生）　かなざわ・みよさく
◇シベリアの墓標──抑留体験記　金沢美代策著　新潟　金沢美代策　1990.5　163p　19cm　〈著者の肖像あり　折り込図2枚〉
　《所蔵》国会図 GB554-E675，奈良戦体 916-1746　　　　　　　　　　〔0456〕

金山　承生（1912生）　かなやま・つぎお
◇シベリアの影──私の抑留生活の体験から　金山承生著　［東条町（兵庫県）］　［金山承生］　1983.2　175p　19cm　〈制作：神戸新聞事業社（神戸）〉
　《所蔵》国会図 GB554-1541　　　　　　　　　　　　　　　　　　　〔0457〕

金山　正直　かなやま・まさなお
◇帰国（ダモイ）──シベリア俘虜記　金山正直著　東京　東宏企画　1969　257p　19cm　480円
　《所蔵》国会図 GB554-137　　　　　　　　　　　　　　　　　　　　〔0458〕

金子　貫次　かねこ・かんじ
◇異国の山河に　金子貫次著　［平塚］　金子貫次　1982.11　236p　21cm
　《所蔵》奈良戦体 396.21-1610　　　　　　　　　　　　　　　　　　〔0459〕

金子　一（1911生）　かねこ・はじめ
◇よくぞここまで生きてきた!!──シベリア抑留の記　金子一著　長野　銀河書房　1994.5　191p　20cm　971円

金子　正義（1920生）　かねこ・まさよし
◇ハイラル挽歌　金子正義著　東京　栄光出版社　1991.8　328p　20cm　2000円
《所蔵》国会図 KH248-E268　　　　　　　　　　　　　　〔文芸・画集　0461〕

金子　喜信　かねこ・よしのぶ
◇流人のうた—歌集　金子喜信　掛川　［金子喜信］　1957.8　111p　23cm
《所蔵》札幌中央　＊＊　　　　　　　　　　　　　　　　〔文芸・画集　0462〕

加納　和雄　かのう・かずお
◇青春の軌跡—シベリア捕虜収容所　加納和雄著　札幌　新北海道教育新報社
1982.5　221p　19cm〈著者の肖像あり〉
《所蔵》国会図 GB554-1836　　　　　　　　　　　　　　　　　　〔0463〕

樺山会　かばさんかい
◇風雪に耐えて—樺山会創立二十周年記念誌　樺山会創立二十周年記念誌編集委員
　会編　［札幌］　樺山会　1984.8　430p　図版24枚　22cm〈樺山会年表：p19～51〉
《所蔵》国会図 GB554-1861　　　　　　　　　　　　　　　　　　〔0464〕
◇風雪に耐えて—樺山会創立25周年記念誌　続　樺山会創立25周年記念誌編集委員
　会編　［札幌］　［樺山会創立25周年記念誌編集委員会］　1989.6　335, 51p　図版
　30枚　22cm〈年表樺山会史：p1～13〉
《所蔵》国会図 GB554-1861　　　　　　　　　　　　　　　　　　〔0465〕

蒲原　正二郎　かばはら・しょうじろう
◇ウランバートル吉村隊—外蒙の幽囚　山浦重三，石井栄次，蒲原正二郎共著　長
　野　明日香書房　1949　194p　19cm
　　内容 吉村隊生還記（蒲原正二郎）　ウランバートルの四季（石井栄次）　外蒙の幽
　　囚（山浦重三）
《所蔵》国会図 YD5-H-a914-172　　　　　　　　　　　　　　　　〔0466〕

カバレロ会　かばれろかい
◇苦難のシベリア抑留記　琴平町（香川県）　カバレロ会　1979.8　1冊　26cm
《所蔵》奈良戦体 916-1746　　　　　　　　　　　　　　　　　　〔0467〕
◇苦難のシベリア抑留記　続　琴平町（香川県）　カバレロ会　1982.12　126p
　26cm〈折り込み図1枚〉
《所蔵》国会図 GB554-1615, 奈良戦体 916-1746　　　　　　　　　〔0468〕

鏑木　蓮　かぶらぎ・れん
◇東京ダモイ　鏑木蓮著　東京　講談社　2006.8　333p　20cm〈肖像あり〉　1600円
《所蔵》国会図 KH237-H393　　　　　　　　　　　　　　〔文芸・画集　0469〕
◇東京ダモイ　鏑木蓮［著］　東京　講談社　2009.8　440p　15cm（講談社文庫　か
　111-1）〈文献あり〉　695円

かまた　　　　　　　　図書（体験記・回想録）

《所蔵》国会図　KH237-J220　　　　　　　　　　　　　　〔文芸・画集　0470〕

鎌田　正三郎（1923生）　　かまた・しょうざぶろう
◇シベリア抑留記―鎌田正三郎自分史　鎌田正三郎編　倉敷　鎌田正三郎　1995.5
　49p　19cm　非売品
《所蔵》国会図　GB554-G841　　　　　　　　　　　　　　　　　　〔0471〕

鎌塚　堅（1923生）　　かまつか・ひさし
◇ウラルを越えて―シベリア俘虜回想記　鎌塚堅著　［川崎］　［鎌塚堅］　1991.2
　242p　19cm〈付・被爆体験記ヒロシマの惨禍を逃れて　古希記念出版　製作：新日
　本コミュニケーションズ（東京）〉　非売品
《所蔵》国会図　GB554-E859　　　　　　　　　　　　　　　　　　〔0472〕

上尾　龍介（1926生）　　かみお・りゅうすけ
◇一塊のパン―ある学徒兵の回想　上　上尾龍介著　福岡　中国書店　2015.7
　406p　20cm　2300円
《所蔵》国会図　GB554-L411　　　　　　　　　　　　　　　　　　〔0473〕
◇一塊のパン―ある学徒兵の回想　下　上尾龍介著　福岡　中国書店　2015.7
　409p　20cm　2300円
《所蔵》国会図　GB554-L412　　　　　　　　　　　　　　　　　　〔0474〕

上河辺　長（1925生）　　かみこうべ・おさ
◇わが青春の航跡―漫画でつづる　上河辺長著，高橋揆一郎編　［札幌］　［上河辺
　長］　1988.10　96p　19×26cm　1900円
《所蔵》国会図　GB511-E37　　　　　　　　　　　　　　〔文芸・画集　0475〕

上条　さなえ　　かみじょう・さなえ
◇やさしい花火―シベリアにねむる友たちへ　上条さなえ作，岡本順絵　東京
　PHP研究所　1994.9　106p　22cm（PHP創作シリーズ）　1100円
《所蔵》国会図　Y9-1020　　　　　　　　　　　　　　　〔文芸・画集　0476〕

上村　伸一（1896生）　　かみむら・しんいち
◇破滅への道―私の昭和史　上村伸一著　東京　鹿島研究所出版会　1966.7　223p
　図版　19cm　480円
《所蔵》国会図　319.1-Ka275h　　　　　　　　　　　　　　　　　　〔0477〕

上村　三喜雄（1924生）　　かみむら・みきお
◇私の戦争体験とシベリア抑留　上村三喜雄［著］　塩尻　上村三喜雄　1995.5
　175p　22cm〈著者の肖像あり〉
《所蔵》国会図　GB554-G33，奈良戦体 916-1611　　　　　　　　　　〔0478〕

神谷　菊二郎　　かみや・きくじろう
◇シベリヤ抑留記　神谷菊二郎著　東京　五月書房　1971　229p　19cm　680円

《所蔵》国会図 GB554-141　　　　　　　　　　　　　　　　　〔0479〕

神渡 良平（1948生）　　かみわたり・りょうへい
◇はだしの聖者―満洲の二宮尊徳といわれた山崎寿の物語　神渡良平著　東京　コスモトゥーワン　1991.4　238p　19cm〈発売：文園社〉　1300円
　　《所蔵》国会図 GK159-E30　　　　　　　　　　　　　　　　〔0480〕
◇はだしの聖者―満州の二宮尊徳といわれた山崎寿の物語　神渡良平著　東京　致知出版社　1994.6　274p　20cm　1500円
　　《所蔵》国会図 GK159-E48　　　　　　　　　　　　　　　　〔0481〕

亀谷 治（1924生）　　かめたに・いさお
◇敗戦時の奉天と、奉天市民シベリヤ抑留悲録――病弱兵役免除市民の見た 我が生ける証の記　第1巻　亀谷治著　[尼崎]　[亀谷治]　1992.8　178p　19cm〈著者の肖像あり〉
　　《所蔵》国会図 GB554-E1286，奈良戦体 369.37-3946　　　　〔0482〕
◇敗戦時の奉天と、奉天市民シベリヤ抑留悲録――病弱兵役免除市民の見た 我が生ける証の記　第2巻　亀谷治著　[尼崎]　[亀谷治]　1992.8　222p　19cm〈著者の肖像あり〉
　　《所蔵》国会図 GB554-E1286，奈良戦体 369.37-3946　　　　〔0483〕
◇敗戦時の奉天と、奉天市民シベリヤ抑留悲録――病弱兵役免除市民の見た 我が生ける証の記　第3巻　亀谷治著　[尼崎]　[亀谷治]　1993.8　312p　19cm〈著者の肖像あり〉
　　《所蔵》国会図 GB554-E1286，奈良戦体 369.37-3946　　　　〔0484〕
◇敗戦時の奉天と、奉天市民シベリヤ抑留悲録――病弱兵役免除市民の見た 我が生ける証の記　第4巻　亀谷治著　[尼崎]　[亀谷治]　1993.8　223p　19cm
　　《所蔵》国会図 GB554-E1286，奈良戦体 369.37-3946　　　　〔0485〕

亀山 茂弘　　かめやま・しげひろ
◇歩く　亀山茂弘著　東京　新風舎　1999.6　44p　19cm（Shinpû books）　1000円
　　《所蔵》国会図 GB554-G1026　　　　　　　　　　　　　　　〔0486〕

加茂 虎雄　　かも・とらお
◇千辛万苦―対ソ戦闘十一日抑留千四十八日 飢寒労働忍辱望郷之吾足跡　加茂虎雄[著]　[浜松]　加茂虎雄　[1981]　1軸　84cm〈自筆稿 ケース入（101cm）〉
　　《所蔵》国会図 YR2-10　　　　　　　　　　　　　　　　　〔0487〕

鴨下 信一（1935生）　　かもした・しんいち
◇誰も「戦後」を覚えていない　鴨下信一著　東京　文芸春秋　2005-2008　3冊　挿図　18cm（文春新書）〈参考文献：[昭和20年代前半篇]：p218-219，昭和20年代後半篇：p246，昭和30年代篇：p241〉
　　《所蔵》国会図 GB566-H24，奈良県立図書情報館 080-フンシ　〔0488〕

からきた　　　　　図書（体験記・回想録）

唐木田　博　からきだ・ひろし
◇赤い大陸の話―シベリヤ虜囚の帰還報告　唐木田博　宮城　［唐木田博］　1958.3　165p　25cm
《所蔵》札幌中央＊＊
〔0489〕

樺太工兵第八十八連隊戦友会　からふとだいはちじゅうはちれんたいせんゆうかい
◇樺太工兵第八十八連隊誌―朔北の地に眠る戦友を偲ぶ　［札幌］　須賀信美　1997.5　301p＋12p＋補刷12p　27cm〈付図：p296-301〉
《所蔵》国会図 GB611-G57，奈良戦体 396.7-1901
〔0490〕

川　友勝　(1919生)　かわ・ともかつ
◇シベリアに生きる―十年間の戦争体験記　川友勝著　札幌　川友勝　1991.9　223p　19cm〈製作：そうぶん社出版（東京）著者の肖像あり　略歴・参考文献：p220〜221〉
《所蔵》国会図 GB554-E998
〔0491〕

河合　清　かわい・きよし
◇荒涼たる酷寒の果てに―シベリヤ抑留体験記　河合清著　松岡町（福井県）　河合清　1985.2　191p　22cm
《所蔵》国会図 GB554-2172，奈良戦体 369.37-1746
〔0492〕

◇色丹の想ひ出―北方領土　色丹島従軍記　河合清著　松岡町（福井県）　河合清　1994.10　190p　22cm　1900円
《所蔵》国会図 GB554-E1959，奈良戦体 369.4-1614
〔0493〕

河合　睦雄　かわい・むつお
◇抑留記　河合睦雄［著］　静岡　河合徳子　［1993］　142p　26cm〈著者の肖像あり〉
《所蔵》国会図 GB554-G282
〔0494〕

川上　直之　かわかみ・なおゆき
◇光ある間に―大地満州からシベリアにて。小僕の体験　川上直之・みさを著　横浜　ヘヴンズガーデン　2005.11　125p　19cm〈年譜あり〉
《所蔵》国会図 GB554-H725
〔0495〕

川上　浪治　かわかみ・なみじ
◇エラブガ物語―ノンフィクション　川上浪治著　国立　樹芸書房　1993.9　491p　19cm　2000円
《所蔵》国会図 GB554-E1541，奈良戦体 916-1746
〔0496〕

川上　安人　かわかみ・やすと
◇牡丹江の流れ忘れえず―在満四年軍隊捕虜の記録　川上安人遺稿　川上安人［著］，江原正一郎編　長野　川上明　1995.10　66p　19cm〈著者の肖像あり〉
《所蔵》国会図 GB554-G374
〔0497〕

川口 正次郎　かわぐち・しょうじろう
◇シベリヤで　川口正次郎著　静岡　川口正次郎　1979.12　114p　19cm
《所蔵》国会図 GB554-J173，奈良戦体 916-1746　〔0498〕

河口 昇　かわぐち・のぼる
◇このベルトと共に—死の谷アングレン抑留記　河口昇文　吉田町（静岡県）　河口昇　1999.5　288p　22cm　1900円
《所蔵》奈良戦体 369.37-1646　〔0499〕

川口 浩（1906生）　かわぐち・ひろし
◇ソ連俘虜見聞記—ソ連管見　川口浩著　東京　川口浩　1975　80p 図 肖像　26cm
《所蔵》国会図 GB554-403　〔0500〕

川窪 正二　かわくぼ・せいじ
◇天に祈る ソ連抑留記　［川窪政二著］　川崎　川窪正二　1970.12　98p 図版　22cm〈著者の肖像あり〉
《所蔵》奈良戦体 916-1746　〔0501〕

川越 史郎（1925生）　かわごえ・しろう
◇ロシア国籍日本人の記録—シベリア抑留からソ連邦崩壊まで　川越史郎著　東京　中央公論社　1994.2　221p　18cm（中公新書）　700円
《所蔵》国会図 GK73-E86，奈良戦体 289-3646　〔0502〕

川崎 増雄　かわさき・ますお
◇イラストシベリア抑留記　川崎増雄著　［神戸］　［川崎増雄］　1982.5　194p　19cm　1000円
《所蔵》国会図 GB554-1324，奈良戦体 916-1746　〔0503〕

川島 馨　かわしま・かおる
◇シベリア抑留記—過酷な重労働と洗脳の四年有半の記録　川島馨著　横浜　川島馨　1995.11　243, 11p　19cm
《所蔵》横浜市中央図書館 289/カ　〔0504〕

川島 一芳（1915生）　かわしま・かずよし
◇シベリア抑留の軌跡—私にとっての戦争　川島一芳著　東京　文芸社　2000.5　135p　20cm　1200円
《所蔵》国会図 GB554-G1305　〔0505〕

川添 一郎（1919生）　かわぞえ・いちろう
◇地表—川添一郎詩集　川添一郎著　東京　審美社　1965.3　147p　19cm
《所蔵》国会図 911.56-Ka958t　〔文芸・画集　0506〕

川手 清三　かわて・せいぞう
◇シベリアにうたふ—川手清三歌集 1943-1947　川手清三著　東京　そうぶん社出

版（製作）　1993.12　99p　20cm
《所蔵》国会図 KH258-E675
〔文芸・画集　0507〕

河西　秀夫　　かわにし・ひでお
◇喜寿の足跡　河西秀夫著　［出版地不明］　［河西秀夫］　1998.4　158p　20cm
《所蔵》札幌中央＊＊
〔0508〕

川畑　晶資　　かわはた・しょうじ
◇人生「三万日」の軌跡―挑戦なくして未来なし　川畑晶資著　東京　中央公論事業出版（製作発売）　2007.7　204p　20cm　1200円
《所蔵》国会図 GK73-H91
〔0509〕

川堀　耕平（1925生）　かわほり・こうへい
◇カラガンダ第八分所―中央アジア抑留記　川堀耕平著　広島　渓水社　2008.6　279p　20cm　1500円
《所蔵》国会図 GB554-J115
〔0510〕

菅　季治（1917生）　かん・すえはる
◇語られざる真実―菅季治遺稿　菅季治著　東京　筑摩書房　1950　230p 図版　19cm
《所蔵》国会図 915.9-Ka337k
〔0511〕
◇語られざる真実　菅季治編　東京　日本図書センター　1992.5　286p　22cm（平和図書館「戦争と平和」市民の記録 19）〈解説：小田切正〉　2575円
《所蔵》国会図 GK71-E33
〔0512〕
◇語られざる真実―菅季治遺稿　菅季治著　東京　日本図書センター　1992.5　286p　22cm（平和図書館「戦争と平和」市民の記録 19）〈初版：筑摩書房　昭和25年刊　解説：小田切正〉　2575円
《所蔵》国会図 GK71-E33
〔0513〕

釼内　勇　　かんなうち・いさむ
◇東満逃避行とシベリア抑留　釼内勇著　東京　潮流社　1990.1　99p 図版1枚　19cm
《所蔵》札幌中央＊＊
〔0514〕

【き】

鬼川　太刀雄（1921生）　きかわ・たちお
◇カマの舟唄―エラブカ文学史　鬼川太刀雄著　［東京］　［鬼川太刀雄］　1972　250p 肖像　20cm〈製作：講談社出版サービスセンター（東京）〉
《所蔵》国会図 GB554-486
〔0515〕
◇さらばシベリヤ　鬼川太刀雄著　［東京］　ペップ出版　1973　250p 図　19cm〈『カマの舟唄』の改題〉

《所蔵》国会図 GB554-487 〔0516〕
◇野暮の構造　鬼川太刀雄著　東京　近代文芸社　1984.10　379p　20cm　1000円
　《所蔵》国会図 KH271-793 〔0517〕
◇ラーゲリ歳時記　鬼川太刀雄著　東京　岩波書店　1993.2　223p　16cm（同時代ライブラリー　138）〈『カマの舟唄』(1972年刊)の改題〉　800円
　《所蔵》国会図 GB554-E1341 〔0518〕

桔梗 吉弥　ききょう・きちや
◇思い出のロシア　抑留編・旅行編　桔梗吉弥編　亘理町（宮城県）　桔梗吉弥　2010.10　292p　21cm
　《所蔵》国会図 GB554-J613 〔0519〕

菊地 卯一　きくち・ういち
◇回想・軍隊と抑留体験―酷寒の地に生きて　菊地卯一著　［南外村（秋田県）］［菊地卯一］　1999.4　67p　19cm
　《所蔵》国会図 GB554-G1166 〔0520〕

菊池 敬一（1920生）　きくち・けいいち
◇シベリア捕虜記―画文集　菊池敬一文と画　東京　小峰書店　1995.7　140p　22cm（画文セレクション　4）〈付：菊池敬一年譜〉　3500円
　《所蔵》国会図 GB554-E2092，奈良県立図書情報館 210.7-キク
〔文芸・画集　0521〕

菊池 謙治　きくち・けんじ
◇シベリア抑留体験記　菊池謙治著　大田原　菊池謙治　1992.7　63p　22cm
　《所蔵》札幌中央　＊＊ 〔0522〕

菊池 春雄（1950生）　きくち・はるお
◇シベリア鎮魂歌　菊池春雄著　東京　新風舎　2003.1　169p　19cm（Shinpu books）　1200円
　《所蔵》国会図 GE485-H2 〔0523〕

菊池 洋　きくち・ひろし
◇中国勤務、シベリア抑留の体験記　菊池洋著　東京　文芸社　2010.11　233p　19cm　1400円
　《所蔵》国会図 GB554-J617 〔0524〕

岸川 文蔵（1917生）　きしかわ・ふみぞう
◇シベリア抑留者の慟哭―太陽はまた昇る　［岸川文蔵著］　［札幌］　［岸川文蔵］［1998］　206p　18cm
　《所蔵》国会図 GB554-G1008 〔0525〕

岸見 勇美（1933生）　きしみ・いさみ

◇運命は切りひらくもの―「森田療法」の普及にかけた岡本常男と支えた人びと　岸見勇美著　東京　文芸社　2008.2　271p　20cm〈年譜あり〉　1500円
　《所蔵》国会図 GK113-J6　　　　　　　　　　　　　　　　　〔0526〕

岸本 半蔵（1934生）　きしもと・はんぞう

◇明と暗の青春　岸本半蔵著　東京　新風舎　2005.7　157p　20cm　1000円
　《所蔵》国会図 KH271-H808　　　　　　　　　　〔文芸・画集　0527〕
◇明と暗の青春　完全版　岸本半蔵著　東京　文芸春秋企画出版部，文芸春秋（発売）　2014.7　173p　22cm〈初版：新風舎 2005年刊〉　1200円
　《所蔵》国会図 KH857-L573　　　　　　　　　　〔文芸・画集　0528〕

喜多 健次　きた・けんじ

◇三年半―ソ連抑留記　喜多健次著　東京　千人社　1983.3　372p　20cm〈発売：構想社　著者略歴：p366～368〉　2000円
　《所蔵》国会図 GB554-1386，奈良戦体 916-1746　　　　　　　〔0529〕

北 星志（1923生）　きた・せいし

◇一本の花を求めて　北星志著　東京　文芸社　2005.5　351p　19cm　1600円
　内容〈自伝〉彷徨五十年　〈小説〉伐木派遣隊　狂った季節　青春　花朧　〈ルポ〉友を訪ねて　ヨーロッパ旅の記憶　文学記念館とその周辺を歩く
　《所蔵》国会図 KH271-H754　　　　　　　　　　　　　　　　〔0530〕

北川 孝一　きたがわ・こういち

◇ダモイ　北川孝一著　小樽　北友会　1960.7　166p　21cm
　《所蔵》北海道立図書館 391.5/D　　　　　　　　　　　　　　〔0531〕

北川 千里　きたがわ・ちさと

◇北斗七星―私のシベリア抑留記　北川千里著　岐阜　[北川千里]　1992.1　456p　27cm〈大活字〉
　《所蔵》札幌中央 ＊＊　　　　　　　　　　　　　　　　　　　〔0532〕

北川 正夫　きたがわ・まさお

◇苦力に変して―ソ満抑留記　北川正夫著　東京　国書刊行会　1983.3　303p　20cm（満洲叢書・祖国への道 3）〈『ソ満抑留記』（大雅堂昭和23年刊）の改題再刊〉　1800円
　《所蔵》国会図 GB554-1402，奈良戦体 222.5-1746　　　　　　〔0533〕
◇ソ満抑留記　北川正夫著　京都　大雅堂　1948　276p　19cm
　《所蔵》国会図 YD5-H-915.9-Ki63ウ　　　　　　　　　　　　〔0534〕

北川 光雄　きたがわ・みつお

◇シベリア抑留記―凍の譜　北川光雄著　岡山　岡山文芸社　1979　412p　19cm

《所蔵》岡山県立図書館 916/K-14 〔0535〕

北崎 学　きたざき・まなぶ
◇シベリヤの肌　北崎学著　東京　自由アジア社　1956.2　205p　18cm〈帰還者の手記〉
《所蔵》国会図 GB554-588 〔0536〕

北沢 富夫（1921生）　きたざわ・とみお
◇シベリア涙の追憶—回想録　北沢富夫著　［長野］　［北沢富夫］　1997.4　230p　19cm
《所蔵》国会図 GB554-G1092，奈良戦体 916-1746 〔0537〕

北島 敏明　きたじま・としあき
◇青春の足跡—北島敏明の軍隊生活から日ソ戦とシベリアでの捕虜生活　北島敏明［著］　岐阜　北島敏明　2002.3　247p　26cm
《所蔵》国会図 Y94-H2830 〔0538〕

北瀬 富男（1913生）　きたせ・とみお
◇苦難の一千日—シベリア抑留記　北瀬富男著　［武芸川町（岐阜県）］　北瀬富男　1981.8　277p　19cm〈著者略歴：p277〉　非売品
《所蔵》国会図 GB554-1145 〔0539〕
◇シベリア怨歌—一兵士の捕虜記　北瀬富男［著］　武芸川町（岐阜県）　北瀬富男　2000.7　148p　21cm〈年表あり〉
《所蔵》国会図 GB554-G1449，奈良戦体 916-1646 〔0540〕

北田 嶋男（1929生）　きただ・しまお
◇評価額日当「弐百四拾円也」—強制労働寒冷地特別手当を含む　北田嶋男著　東京　文芸社　2012.8　365p　19cm　1500円
《所蔵》国会図 GB554-J929 〔0541〕

北田 滝　きただ・たき
◇シベリアからの手紙—戦後強制抑留　北田滝原作，森野達弥作画　東京　平和祈念展示資料館　2012.3　64p　21cm〈監修：加藤聖文　戦後強制抑留〈関連年表〉：巻末〉
《所蔵》奈良戦体 210.75-1746 〔0542〕

北出 すみお　きたで・すみお
◇大陸から戻ってきた男—ふるさとの戦後小史　北出すみお著　金沢　北国出版社　1982.9　344p　19cm　1800円
《所蔵》国会図 KH271-617，奈良戦体 916-2739 〔0543〕

北出 正雄　きたで・まさお
◇我が人生の四季—シベリヤの奇跡　2　北出正雄　［出版地不明］　［北出正雄］

1997.7　147p
《所蔵》札幌中央　＊＊　　　　　　　　　　　　　　　　　　　　　　〔0544〕

北野　美子　きたの・よしこ
◇氷海のクロ―シベリア抑留　神津良子文，北野美子絵　松本　郷土出版社　2010.12
1冊（ページ付なし）　20×27cm（語り継ぐ戦争絵本シリーズ 7）　1600円
《所蔵》国会図 Y2-N11-J293　　　　　　　　　　　　　〔文芸・画集　0545〕

北原　悦朗（1926生）　きたはら・えつお
◇もうひとつの戦場―教師が語る戦争体験記　北原悦朗著　東京　みくに書房
1985.8　363p　20cm（『母と子』の教育書シリーズ 4）〈編集・制作：『母と子』
編集部〉　2000円
《所蔵》国会図 GB554-1993，奈良戦体 916-1910　　　　　　　　　〔0546〕

北原　茂衛（1911生）　きたはら・しげえ
◇アムールの流血―ソ満国境守備隊最後の手記　北原茂衛著　東京　謙光社　1971
294p　20cm　700円
《所蔵》国会図 GB554-88　　　　　　　　　　　　　　　　　　　〔0547〕
◇朔風のなかの俘虜―シベリア抑留生活の記録　北原茂衛著　東京　謙光社　1971
277p　20cm　700円
《所蔵》国会図 GB554-90　　　　　　　　　　　　　　　　　　　〔0548〕

北村　新蔵　きたむら・しんぞう
◇草原の彼方―ソ連抑留の記録　北村新蔵［著］　［小平］　北村新蔵　［1987］
311p　22cm
《所蔵》国会図 GB554-E177　　　　　　　　　　　　　　　　　　〔0549〕

北村　博見　きたむら・ひろみ
◇時代の波濤をこえて　北村博見著　東京　文芸社　2006.1　189p　19cm　1300円
《所蔵》国会図 GK74-H84　　　　　　　　　　　　　　　　　　　〔0550〕

城戸　登　きど・のぼる
◇追憶 オビ川への道　城戸登著　鹿児島　城戸登　1980.12　343p　27cm
《所蔵》札幌中央　＊＊　　　　　　　　　　　　　　　　　　　　　〔0551〕

記念誌つぼみ編集委員会　きねんしつぼみへんしゅういいんかい
◇つぼみ―シベリヤ抑留記 記念誌　記念誌つぼみ編集委員会編　［鎌ケ谷］　小林秀
1992.4　195p　26cm　非売品
《所蔵》国会図 GB554-E1686　　　　　　　　　　　　　　　　　〔0552〕

木下　秀明　きのした・ひであき
◇抑留生活十一年―ソ連の実相　木下秀明著　東京　日刊工業新聞社　1957　244p
図版　19cm

《所蔵》国会図 302.38-Ki237y，奈良戦体 916-1746　　　　　　　　　〔0553〕

木下 美知夫　きのした・みちお
◇飢餓と望郷の五ケ年　木下美知夫著　［総社］　［木下美知夫］　1995印刷　171p　21cm〈著者の肖像あり〉
　　《所蔵》国会図 GB554-G377，奈良戦体 369.37-1646　　　　　　〔0554〕

木下 義夫　きのした・よしお
◇木下義夫の新生ロシア・シベリア紀行　木下義夫著　東京　木下理化工業　1993.9　68p　21cm〈著者の肖像あり〉
　　《所蔵》国会図 GG851-E29　　　　　　　　　　　　　　　　　〔0555〕

木村 晃二　きむら・こうじ
◇大興安の嶺越えて―従軍記録　木村晃二著　［東京］　［木村晃二］　1995.6　180p　21cm〈著者の肖像あり〉
　　《所蔵》国会図 GB554-G129，奈良戦体 916-1612　　　　　　　〔0556〕

木村 七二　きむら・しちじ
◇北への旅立ち　木村七二著　名古屋　木村直樹　1983.8　308p　19cm〈制作：丸善名古屋出版サービスセンター〉　1200円
　　《所蔵》国会図 GB554-1576　　　　　　　　　　　　　　　　〔0557〕
◇北への旅立ち　続　木村七二著　名古屋　木村直樹　1986.11　308p　19cm〈制作：丸善名古屋出版サービスセンター〉　1500円
　　《所蔵》国会図 GB554-1576　　　　　　　　　　　　　　　　〔0558〕
◇北への旅立ち　続々　木村七二著　名古屋　木村直樹　1990.2　277p　19cm〈製作：丸善名古屋出版サービスセンター〉　1200円
　　《所蔵》国会図 GB554-1576　　　　　　　　　　　　　　　　〔0559〕

木村 貴男　きむら・たかお
◇白夜に祈る―ソ連地区抑留報告　橋本沢三，木村貴男共著　東京　中央社　1948　230p　19cm
　　《所蔵》国会図 915.9-H38ウ　　　　　　　　　　　　　　　　〔0560〕

木村 政実（1920生）　きむら・まさのり
◇私のシベリア抑留生活十一年　木村政実著　［奈良］　［木村政実］　1999.11　167p　19cm
　　《所蔵》奈良戦体 916-1746　　　　　　　　　　　　　　　　　〔0561〕

木元 正二（1915生）　きもと・しょうじ
◇ひげの寒暖計―シベリヤ虜囚の若き軍医の手記　木元正二著　京都　巧羊書林　1979.5　245p　19cm　1200円
　　《所蔵》国会図 GB554-868　　　　　　　　　　　　　　　　　〔0562〕

木屋 隆安（1921生）　きや・たかやす
◇シベリア無宿放浪記―ある虜囚の愛と憎しみ　木屋隆安著　東京　泰流社　1990.5　219p　20cm　1800円
　《所蔵》国会図 KH271-E419　　　　　　　　　　　〔文芸・画集　0563〕
◇わが愛のすべてを　木屋隆安著　東京　泰流社　1979.11　311p　20cm　1500円
　《所蔵》国会図 KH271-424　　　　　　　　　　　〔文芸・画集　0564〕

究 土彦　きゅう・つちひこ
◇ロシア物語　究土彦著　名古屋　名倉勇夫　1991.8　252p　20cm〈製作：丸善名古屋出版サービスセンター〉　1200円
　《所蔵》国会図 GB554-E961　　　　　　　　　　　　　　　　〔0565〕

清嶋 正十（1921生）　きよしま・まさとう
◇凍土の下に―シベリヤ抑留記　清嶋正十著　福岡　清嶋正十　1976　217p 図 肖像　22cm　非売品
　《所蔵》国会図 GB554-492，奈良戦体 916-1746　　　　　　　〔0566〕

キルピーチ会　きるぴーちかい
◇キルピーチ会記念誌―北緯五〇度でレンガを作った男たち　［長岡京］　キルピーチ会　1993.5　271p　26cm〈折り込図7枚〉　非売品
　《所蔵》国会図 GB554-E1525　　　　　　　　　　　　　　〔0567〕

錦局機関区会　きんきょくきかんくかい
◇私たちの青春・満鉄　「私たちの青春・満鉄」編集委員会編　［備前］　錦局・機関区会　1992.8　533p　21cm〈満鉄関係年表：p522〉
　《所蔵》国会図 GB554-E1249　　　　　　　　　　　　　　〔0568〕

【く】

久我 通生（1925生）　くが・みちお
◇シベリアの技師―元日本兵の抑留回想録　久我通生著　北九州　朝日新聞社西部本社編集出版センター（制作）　1999.4　376p　22cm
　《所蔵》国会図 GB554-G1195　　　　　　　　　　　　　　〔0569〕

久木 義一（1925生）　くぎ・ぎいち
◇我が青春―俺のシベリヤ物語　久木義一著　東京　近代文芸社　1995.11　125p　20cm　1200円
　《所蔵》国会図 GB554-G152，奈良戦体 916-1746　　　　　　〔0570〕
◇我が青春―初年兵一年の軌跡/俺のシベリヤ物語　久木義一著　福岡　櫂歌書房　2014.4　185p　21cm〈近代文芸社 1995年刊に「初年兵一年の軌跡」を加える　発売：星雲社（東京）〉　1400円

図書（体験記・回想録）　　　　　　　　　くすのき

　　《所蔵》国会図　GB554-L204　　　　　　　　　　　　　　　〔0571〕

久後　地平（1924生）　くご・ちへい
◇戦旅―歌集　久後地平著　諏訪　檸檬社　1985.8　96p　20cm〈発売：近代文芸社（東京）著者の肖像あり〉　1500円
　　《所蔵》国会図　KH297-1098，奈良戦体 911.1-0000　　〔文芸・画集　0572〕

草地　貞吾（1904生）　くさち・ていご
◇関東軍作戦参謀草地貞吾回想録　草地貞吾著　東京　芙蓉書房出版　1999.3　450p　20cm〈「関東軍作戦参謀の証言」(昭和54年刊)の改題〉　4300円
　　《所蔵》国会図　GB554-G980，奈良戦体 210.75-1746　　　　　〔0573〕
◇関東軍作戦参謀の証言　草地貞吾著　東京　芙蓉書房　1979.10　450p　20cm〈付（図版1枚）：関東軍配備及び戦後入ソ経路要図〉　2500円
　　《所蔵》国会図　GB554-817，奈良戦体 210.75-1646　　　　　〔0574〕
◇地獄遍路　草地貞吾著　東京　日刊労働通信社　1958　328p　19cm〈シベリヤ叢書　5〉
　　《所蔵》国会図　915.9-Ku944z，奈良県立図書情報館 915.9-64　　〔0575〕
◇八十八年の哀歓―草地貞吾回顧録　草地貞吾著　調布　草地貞吾　1992.5　265p　20cm〈編集・製作：トクギ企画，光人社（東京）著者の肖像あり　草地貞吾年譜：p261〜265〉　1800円
　　《所蔵》国会図　GK77-E85，奈良戦体 289-1910　　　　　　〔0576〕

草野　虎一（1898生）　くさの・とらいち
◇北極の餓鬼―草野虎一遺稿集　草野虎一［著］　函館　草野虎一遺稿集刊行会　1990.9　147p　21cm
　　《所蔵》札幌中央　＊＊　　　　　　　　　　　　　　　　〔0577〕

草場　晴美　くさば・はるみ
◇鉄のカーテン―ある一人の俘虜の記　草場晴美著　福岡　梓書院　1981.6　409p　20cm〈著者の肖像あり〉　4000円
　　《所蔵》国会図　GB554-1146，奈良戦体 916-1646　　　　　〔0578〕

草間　重雄　くさま・しげお
◇シベリア捕虜収容所―従軍抑留記　草間重雄著　［角田］　［草間重雄］　1987.8　199p　22cm〈企画製作：細谷製本所〉　非売品
　　《所蔵》国会図　GB554-E194　　　　　　　　　　　　　〔0579〕

楠　忠之（1924生）　くすのき・ただゆき
◇白夜の丘を越えて―ある欧ソ抑留脱走記　楠忠之［著］　広島　楠忠之　2001.7　79p　21cm
　　《所蔵》国会図　GB554-G1838　　　　　　　　　　　　〔0580〕

楠　裕次（1924生）　くすのき・やすじ

◇今、なぜシベリアか―「私の軍隊・シベリア体験記」に寄せられた五十九人の方の手紙（所感集）　楠裕次編　甲府　楠裕次　1990.6　115p　21cm
　《所蔵》国会図 GB554-E1457　〔0581〕
◇私の軍隊・シベリア体験記　楠裕次著　東京　楠裕次　1989.5　314p　19cm
　《所蔵》札幌中央　＊＊　〔0582〕

工藤　新造　くどう・しんぞう

◇銃殺から生還の軌跡―シベリヤ抑留十一年の体験　工藤新造　帯広　[工藤新造]　1982.2　232p　19cm
　《所蔵》札幌中央　＊＊　〔0583〕

工藤　張雄（1919生）　くどう・はるお

◇俺たちは捕虜じゃない　工藤張雄著　東京　冬樹社　1966　338p　20cm　450円
　《所蔵》国会図 913.6-Ku767o　〔文芸・画集　0584〕

工藤　美代子（1950生）　くどう・みよこ

◇近衛家七つの謎―誰も語らなかった昭和史　工藤美代子著　東京　PHP研究所　2009.5　345p　20cm〈文献あり〉　1800円
　《所蔵》国会図 GK76-J24　〔0585〕

工藤　吉喜（1922生）　くどう・よしき

◇死辺狸夜回想　工藤吉喜著　[八戸]　[工藤吉喜]　2003.7　116p　21cm
　《所蔵》国会図 GB554-H219　〔0586〕

国友　俊太郎（1921生）　くにとも・しゅんたろう

◇洗脳の人生―三つの国家と私の昭和史　国友俊太郎著　東京　風濤社　1999.7　447p　20cm　2500円
　《所蔵》国会図 GK77-G57　〔0587〕

国府田　光子（1917生）　くにふだ・みつこ

◇死の峠―元抑留者が見つめた無条件降伏の真実　国府田光子著　東京　文芸社　2011.12　267p　20cm　1500円
　《所蔵》国会図 GB554-J816　〔0588〕

国松　弘（1913生）　くにまつ・ひろし

◇シベリア大地を彷徨う―或る兵士の手記　国松弘著　福岡　あきつ出版　1996.1　167p　22cm〈発売：星雲社（東京）〉　2500円
　《所蔵》国会図 GB554-G302，奈良戦体 916-1646　〔0589〕
◇シベリア抑留記　国松弘著　[福岡]　国松弘　1992　265p　21cm　[1590円]
　《所蔵》福岡県立図書館 916/S2536　〔0590〕

図書（体験記・回想録）　　　　　くまさか

椚 義広　　くぬぎ・よしひろ
◇凍土に散る華　椚義広編　［出版地不明］　椚義広　11987　1冊　21cm
　《所蔵》山梨県立図書館 916/トウ　　　　　　　　　　　　　　　　　　　　　〔0591〕

久保 悟　　くぼ・さとる
◇ラーゲル　久保悟著　仙台　けやきの街　1995.8　221p　19cm　1747円
　《所蔵》札幌中央 ＊＊　　　　　　　　　　　　　　　　　　　　　　　　　　〔0592〕

久保 四郎　　くぼ・しろう
◇燎原の埋火　久保四郎著　［富山］　［久保四郎］　2007.5　202p　30cm　非売品
　《所蔵》国会図 GB554-H1158　　　　　　　　　　　　　　　　　　　　　　　〔0593〕

久保 忠（1923生）　　くぼ・ただし
◇虜囚―シベリアに眠る同胞に捧げる　久保忠著　東京　近代文芸社　1996.2
　117p　20cm　1300円
　《所蔵》国会図 GB554-G240　　　　　　　　　　　　　　　　　　　　　　　〔0594〕

久保 昇　　くぼ・のぼる
◇赤い夕日の果てに―大陸を追われた日本人哀史　久保昇著　再版　東京　出版東
　京　1966.1　226p　18cm　280円
　《所蔵》奈良戦体 369.37-2646　　　　　　　　　　　　　　　　　　　　　　〔0595〕

久保 不可止　　くぼ・ふかし
◇シベリヤ記　久保不可止著，久保多嘉［編］　仙台　創栄出版（印刷）　1989.11
　139p　20cm〈付・或る女の半生記 久保多嘉著〉　2000円
　《所蔵》国会図 GB554-E649　　　　　　　　　　　　　　　　　　　　　　　〔0596〕

久保田 設司　　くぼた・せつじ
◇モンゴル虜囚―熱河省承徳から外蒙古ウランバートルへ　久保田設司著　東京
　善本社　1983.5　300p　20cm〈主な参考資料：p299～300〉　2500円
　《所蔵》国会図 GB554-1514　　　　　　　　　　　　　　　　　　　　　　　〔0597〕

窪野 英夫　　くぼの・ひでお
◇研究と経験　窪野英夫著　入善町（富山県）　窪野英夫　1989.1　22p　22cm
　内容 （一部）：シベリヤ抑留記
　《所蔵》国会図 GC92-E40　　　　　　　　　　　　　　　　　　　　　　　　〔0598〕

窪谷 好信（1920生）　　くぼのや・よしのぶ
◇シベリア回顧録　窪谷好信著　［福岡町（富山）］　［窪谷好信］　1994.2　172p
　22cm
　《所蔵》奈良戦体 916-1646　　　　　　　　　　　　　　　　　　　　　　　〔0599〕

熊坂 吉郎　　くまさか・よしろう
◇青春の軌跡―シベリヤ虜囚の検証　熊坂吉郎編著　寒河江市（山形県）　熊坂吉郎

| くらかけ | 図書（体験記・回想録） |

1989.9　274p　図版17枚　21cm
《所蔵》奈良戦体 916-1646　　　　　　　　　　　　　　　　〔0600〕

倉掛 喜八郎　くらかけ・きはちろう
◇軍国の中学生たち　［東京］　日本図書刊行会　1994.6　348p　20cm〈監修：倉掛喜八郎 発売：近代文芸社〉　1900円
《所蔵》国会図 KH6-E337，奈良戦体 916-3641　　　　　　〔文芸・画集　0601〕

倉沢 勇（1923生）　くらさわ・いさむ
◇シベリア抑留記　倉沢勇［著］　高森町（長野県）　倉沢勇　1993.8　131p　21cm〈著者の肖像あり 折り込図1枚〉　非売品
《所蔵》国会図 GB554-E1514，奈良戦体 369.37-2946　　　　　　　　〔0602〕

クラスノ会　くらすのかい
◇望郷―クラスノヤルスク地方第34地区第2収容所誌　長野　クラスノ会望郷編集部　1992.11　148p　26cm　3500円
《所蔵》国会図 GB554-E1836　　　　　　　　　　　　　　　　〔0603〕

栗田 義一　くりた・よしかず
◇凍土の青春―軍隊・戦争-シベリア抑留　栗田義一著　雄勝町　栗田義一　2001.5　241p　19cm　1800円
《所蔵》秋田県立図書館 A916/324　　　　　　　　　　　　　〔0604〕

栗林 白岳　くりばやし・はくがく
◇激史 終戦50年目の節目―「祖父と父とその家族の歴史（戦史）展」：満州開拓者慰霊・シベリア物故者鎮魂　栗林白岳編集　那須町（栃木県）　戦争博物館　1995.6　70p　30cm
《所蔵》奈良戦体 392.1-0048　　　　　　　　　　　　　　　　〔0605〕

栗原 繁男（1917生）　くりはら・しげお
◇シベリア抑留記　栗原繁男［著］　［秦野］　［栗原繁男］　［1993］　86p　26cm〈電子複写 折り込図2枚〉
《所蔵》国会図 GB554-E1399　　　　　　　　　　　　　　　　〔0606〕

栗原 茂（1924生）　くりはら・しげる
◇北の果ての青春　栗原茂著　東京　青龍社　2001.1　182p　20cm〈肖像あり〉　1500円
《所蔵》国会図 GB554-G1503　　　　　　　　　　　　　　　　〔0607〕

栗原 康誉　くりはら・やすよ
◇シベリヤ捕虜物語　栗原康誉著　東京　暁明社　1949　210p　19cm
《所蔵》国会図 a914-240　　　　　　　　　　　　　　　　　　〔0608〕
◇シベリヤ捕虜物語　栗原康誉著　東京　大空社　1999.12　210p　22cm（叢書俘

虜・抑留の真実　第8巻）〈暁明社1949年刊の複製〉　4500円
《所蔵》国会図 GB554-G1212　　　　　　　　　　　　　　　　〔0609〕

栗谷　票束　くりや・ひょうさく
◇私のシベリア物語―シベリアに生きて　栗谷票束著　［鳥栖］　栗谷票束　1996
129p　20cm
《所蔵》奈良戦体 369.37-1746　　　　　　　　　　　　　　　　〔0610〕

胡桃沢　耕史（1925生）　くるみざわ・こうし
◇黒パン俘虜記　胡桃沢耕史著　東京　文芸春秋　1983.5　292p　20cm　1200円
《所蔵》国会図 KH297-806，奈良戦体 913.6-1946　　　〔文芸・画集　0611〕

黒川　実　くろかわ・みのる
◇残り火―東欧のラーゲリに生きて　黒川実著　［西宮］　［黒川実］　1989.4　188p
19cm
《所蔵》国会図 GB554-E680，奈良戦体 916-1746　　　　　　　　〔0612〕

黒沢　嘉幸（1917生）　くろさわ・よしゆき
◇禿鷹よ、心して舞え―シベリア抑留11年最後の帰還兵　黒沢嘉幸著　東京　彩流
社　2002.3　294p　20cm　1900円
《所蔵》国会図 GB554-G1686　　　　　　　　　　　　　　　　〔0613〕

黒田　清　くろだ・きよし
◇国境守備隊一兵士の戦争と抑留生活　黒田清著　東京　青風舎　2005.7　94p
19cm
《所蔵》国会図 GB554-H805　　　　　　　　　　　　　　　　　〔0614〕

黒田　隆　くろだ・たかし
◇今にして想えば　黒田隆　東京　［黒田隆］　1991.4　191p　22cm
《所蔵》札幌中央　＊＊　　　　　　　　　　　　　　　　　　　〔0615〕

黒籔　次男（1922生）　くろやぶ・つぎお
◇凍土　黒籔次男著　東京　碧天舎　2004.11　182p　20cm　1600円
《所蔵》国会図 GB554-H472　　　　　　　　　　　　　　　　　〔0616〕

桑原　清三九（1917生）　くわばら・せいさく
◇ソ連軍満州侵入とシベリヤ抑留生活――一兵士の手記　桑原清三九［著］　第2版
［東京］　［桑原清三九］　1986.12　105p　22cm〈背の書名：シベリヤ抑留生活
著者の肖像あり〉
《所蔵》国会図 GB554-E298　　　　　　　　　　　　　　　　　〔0617〕

【こ】

古池 一郎 こいけ・いちろう
◇ソ連戦犯十一年　古池一郎著　横浜　宮本敬　1992.5　170p　20cm〈製作：日経事業出版社（東京）著者の肖像あり〉　2000円
　　《所蔵》国会図 GB554-E1192　　　　　　　　　　　　　　　　　〔0618〕

小池 照彦（1924生）こいけ・てるひこ
◇赤い星の下に陽を求めて　小池照彦著　東京　永和書館　1947　220p　19cm〈表紙にシベリヤ抑留者の体験記と副書名あり〉
　　《所蔵》国会図 915.9-Ko534a　　　　　　　　　　　　　　　　〔0619〕

小池 実 こいけ・みのる
◇終戦50周年記念・思い出集　新関省二，小池実編　［横浜］　白雪会　1995.11　38p　26cm〈1995年版会報〉
　　《所蔵》奈良戦体 916-1646　　　　　　　　　　　　　　　　　〔0620〕

小池 義人 こいけ・よしと
◇シベリヤの鉄格子の中で　小池義人著　東京　芸立出版　1978.9　368p　20cm　1300円
　　《所蔵》奈良戦体 916-1746　　　　　　　　　　　　　　　　　〔0621〕

小泉 末也 こいずみ・すえや
◇霧氷に祈る─シベリア鎮魂の歌 歌集　小泉末也著　下諏訪町（長野県）　あざみ書房　1994.8　200p　19cm（あさかげ叢書 第70篇）〈著者の肖像あり 折り込図1枚〉
　　《所蔵》国会図 KH279-E751　　　　　　　　　　〔文芸・画集　0622〕

小板橋 兵吉 こいたばし・ひょうきち
◇抑留　小板橋兵吉著　［川口］　［小板橋兵吉］　［1977］　94p　21cm〈著者の肖像あり 付（地図1枚）〉
　　《所蔵》国会図 GB554-579　　　　　　　　　　　　　　　　　〔0623〕

小岩 ハシメ こいわ・はしめ
◇共に歩んで─明るい世界を目指して 大正、昭和、平成と生きて（戦争、敗戦、慰霊、シベリア抑留）　小岩一男・ハシメ［著］　一関　小岩一男　2010.6　90p　26cm
　　《所蔵》国会図 GK75-J62　　　　　　　　　　　　　　　　　〔0624〕

小岩 道男（1918生）こいわ・みちお
◇戦争そして抑留─私の青春10年間　小岩道男著　［揖斐川町（岐阜県）］　［小岩道男］　1995.4　183p　19cm
　　《所蔵》国会図 GB554-H367　　　　　　　　　　　　　　　　〔0625〕

図書（体験記・回想録）　　　　　　　　　　　　　こうは

◇私のシベリヤ抑留絵・文日記　［小岩道男絵・文］　［揖斐川町（岐阜県）］　［小岩道男］　［2001］　48枚　21×31cm
《所蔵》国会図 YQ5-H30，奈良戦体 916-1746　　　　　　〔文芸・画集　0626〕

公安調査庁　こうあんちょうさちょう
◇外蒙帰還者の手記　［東京］　公安調査庁　1957.7-1958.8　2冊　21cm（公安調査資料）
《所蔵》国会図 GB554-1571　　　　　　　　　　　　　　　　〔0627〕

合津　武文（1925生）　ごうず・たけふみ
◇白樺の椅子　合津武文著　東京　小室事務所　2009.1　115p　21cm　1500円
《所蔵》国会図 GB554-L55　　　　　　　　　　　　　　　　〔0628〕

神津　良子（1949生）　こうず・よしこ
◇氷海のクロ―シベリア抑留　神津良子文，北野美子絵　松本　郷土出版社　2010.12　1冊（ページ付なし）　20×27cm（語り継ぐ戦争絵本シリーズ 7）　1600円
《所蔵》国会図 Y2-N11-J293　　　　　　　　　　　〔文芸・画集　0629〕

甲田　一誠（1903生）　こうだ・いっせい
◇明治人の生きざま　甲田一誠著　東京　文芸社　2007.10　232p　20cm　1500円
《所蔵》国会図 GK75-H77　　　　　　　　　　　　　　　　〔0630〕

高知新聞社　こうちしんぶんしゃ
◇私の戦争体験記　高知新聞社編集局編　［高知］　高知新聞社　1987.12　2冊　20cm（Koshin books）〈製作・発売：高新企業　付（図2枚）〉　各1800円
　内容 上　生と死の狭間に生きて　下　遠かった故国への道
《所蔵》国会図 GB554-E87　　　　　　　　　　　　　　　　〔0631〕

河野　卓男　こうの・たくお
◇シベリヤ抑留記―シベリヤにおける民主運動　河野卓男著　東京　原書房　1974　170p　20cm　850円
《所蔵》奈良戦体 916-2746　　　　　　　　　　　　　　　　〔0632〕

神瀬　芳男　こうのせ・よしお
◇天のシベリア　神瀬芳男著　福岡　葦書房　1988.8　239p　20cm（詩と真実叢書　第42巻）　1500円
　内容 鳩麦　収容所病棟A　収容所病棟B　応召列車―赤紙コラージュ　荒涼のフーガ　パン屑　シベリアの沼　夢寐のいのち
《所蔵》国会図 KH286-E113　　　　　　　　　　　〔文芸・画集　0633〕

甲羽　良平（1927生）　こうは・りょうへい
◇シベリヤ抑留記―紅顔十八才少年捕虜の記録　甲羽良平著　［白石］　［甲羽良平］　1989.3　160p　19cm〈著者の肖像あり〉

シベリア抑留関係基本書誌　71

こうへえ　　　　　図書（体験記・回想録）

《所蔵》国会図 GB554-E459　　　　　　　　　　　　　　　　　　　　〔0634〕

神戸エラブカ会　こうべえらぶかかい
◇エラブカ　神戸エラブカ会　［出版地不明］　神戸エラブカ会　1971.4　28枚　26×26cm
《所蔵》神戸市立図書館 911＝K1　　　　　　　　　　　　　　　　〔0635〕

神戸新聞社　こうべしんぶんしゃ
◇暁に祈る―吉村隊長をあばく　神戸新聞社編　神戸　神戸新聞社　1949.4　31p　18cm　20円
《所蔵》札幌中央＊＊　　　　　　　　　　　　　　　　　　　　　　〔0636〕

河本　美知夫（1916生）　こうもと・みちお
◇黙すだけですむか―見聞しても　朝井博一，河本美知夫著　［美原町（大阪府）］　［朝井博一］　2003.5　190p　21cm
《所蔵》国会図 GB531-H39，奈良戦体 329.6-0046　　　　　　　　〔0637〕

小枝　まもる　こえだ・まもる
◇スターリンの生贄―シベリヤ残酷物語　小枝まもる編著　［津山］　［小枝まもる］　1994.8　241p　21cm（鬼哭　第2部）〈別書名：シベリヤ抑留物語 昭和の自分史　参考（引用）文献及び図書：p27-28〉
《所蔵》奈良戦体 916-1611　　　　　　　　　　　　　　　　　　〔0638〕

古賀　寅夫　こが・とらお
◇私のシベリヤ―古賀寅夫/著　古賀寅夫著　千代田町　古賀寅夫　1988　162p　19cm
《所蔵》札幌中央＊＊　　　　　　　　　　　　　　　　　　　　　　〔0639〕

小坂井　盛雄　こさかい・もりお
◇シベリア零下40度　小坂井盛雄著　東京　六法出版社　1993.7　194p　20cm
《所蔵》札幌中央＊＊　　　　　　　　　　　　　　　　　　　　　　〔0640〕

越川　三郎　こしかわ・さぶろう
◇あゝ北満州―関東軍一兵士の軍中日記　越川三郎著　東京　経済往来社　1983.4　334p　20cm　2300円
《所蔵》国会図 GB554-1416　　　　　　　　　　　　　　　　　　〔0641〕

越沢　幸三　こしざわ・こうぞう
◇シベリア抑留回顧記―あの飢えと寒さ忘れない　越沢幸三著　札幌　［越沢幸三］　1988.12　81p　19cm〈タイプ印刷〉
《所蔵》札幌中央＊＊　　　　　　　　　　　　　　　　　　　　　　〔0642〕

児玉　兵衛（1909生）　こだま・ひょうえい
◇不凍港　児玉兵衛著　東京　日本情報センター　1975　256p　19cm　950円

《所蔵》国会図 KH279-97　　　　　　　　　　　　　　　　　〔文芸・画集　0643〕

国会　こっかい
◇国会写真史　国会編　［出版地不明］　国会　1981.8　967p　22×30cm
　《所蔵》札幌中央＊＊　　　　　　　　　　　　　　　　　〔文芸・画集　0644〕

後藤　公丸　ごとう・きみまる
◇有害な風土　後藤公丸著　徳島　四国文学会　1999.1　251p　21cm　1500円
　《所蔵》国会図 KH97-G157，奈良戦体 913.6-1746　　　　　〔文芸・画集　0645〕

後藤　蔵人（1909生）　ごとう・くらんど
◇満州＝修羅の群れ―満蒙開拓団難民の記録　後藤蔵人著　東京　太平出版社
　1973　258p　20cm（シリーズ・戦争の証言 10）　850円
　《所蔵》国会図 GB554-218，奈良戦体 916-0040　　　　　　　　　　〔0646〕

後藤　脩博（1915生）　ごとう・しゅうはく
◇シベリア幽囚記　後藤脩博著　東京　日本学協会　1977.5　207p　19cm　1500円
　《所蔵》国会図 GB554-577，奈良戦体 369.37-1746　　　　　　　　　〔0647〕

後藤　四郎　ごとう・しろう
◇飢餓との闘い―慟哭のシベリア抑留記　後藤四郎著　東京　全貌社　1986.4
　260p　19cm　800円
　《所蔵》札幌中央＊＊　　　　　　　　　　　　　　　　　　　　　〔0648〕

後藤　仁一　ごとう・じんいち
◇私のなかのシベリア　後藤仁一著　保谷　後藤仁一　1977.3　218p　19cm
　《所蔵》札幌中央＊＊　　　　　　　　　　　　　　　　　　　　　〔0649〕

後藤　孝敏　ごとう・たかとし
◇大陸に春はくるか―血も凍るソ連体験　後藤孝敏著　東京　市井社　1990.4
　269p　20cm〈近代日・中・ソ年表，参考文献：p265～269〉　1400円
　《所蔵》国会図 GB554-E669，奈良戦体 916-1946　　　　　　　　　〔0650〕
◇大陸に春はくるか　続　ソ連よお前はどこへ行く　後藤孝敏［著］　弥富町（愛知
　県）　後藤孝敏　1991.10　78p　19cm〈折り込図1枚　参考文献：p76〉
　《所蔵》国会図 GB554-E669　　　　　　　　　　　　　　　　　　〔0651〕

後藤　隆之　ごとう・たかゆき
◇国境の街にて―ある学徒兵の軌跡　後藤隆之著　河芸町（三重県）　三重県良書出
　版会　1998.9　259p　20cm　非売品
　《所蔵》国会図 GB554-G1116，奈良戦体 369.37-1611　　　　　　　〔0652〕

後藤　敏雄（1915生）　ごとう・としお
◇シベリア、ウクライナ私の捕虜記　後藤敏雄著　東京　国書刊行会　1985.8
　375p　20cm　2500円

ごとう　　　　　　　　　図書（体験記・回想録）

　　《所蔵》国会図 GB554-1967，奈良戦体 369.37-3746　　　　　　　　〔0653〕

後藤　治夫　　ごとう・はるお
◇シベリア抑留記―奥三河の山里から　後藤治夫著　横浜　春風社　2005.11　221p　20cm　1800円
　　《所蔵》国会図 GB554-H775　　　　　　　　　　　　　　　　　　〔0654〕

後藤　春吉（1905生）　ごとう・はるきち
◇赤軍の人びと―満洲に来たソ連軍将兵とわたし　後藤春吉著　堺　大湊書房　1979.12　240p 図版　20cm　1500円
　　《所蔵》奈良戦体 916-2731　　　　　　　　　　　　　　　　　　〔0655〕
◇満州回想　後藤春吉著　山口　〔後藤春吉〕　1961.9　190p　22cm　2500円
　　《所蔵》札幌中央＊＊　　　　　　　　　　　　　　　　　　　　　〔0656〕

後藤　護（1942生）　ごとう・まもる
◇息子がよむ父のシベリア遺書　後藤護著　東京　緑風出版（発売）　1993.3　253p　21cm〈後藤金四郎略年譜：p248～249〉　2369円
　　《所蔵》国会図 GB554-E1378　　　　　　　　　　　　　　　　　〔0657〕

小納　正次　こな・まさつぐ
◇ダモイに終った私の青春　小納正次著　札幌　小納正次　1995.1　312p　22cm〈奥付の書名：ダモイに終わった私の青春　著者の肖像あり　参考文献：p308～310〉
　　《所蔵》国会図 GK76-E145　　　　　　　　　　　　　　　　　　〔0658〕

小沼　孝衛　こぬま・たかえ
◇呼びつづける声　小沼孝衛著　〔出版地不明〕　〔小沼孝衛〕　1993.7　219p　19cm　1250円
　　《所蔵》札幌中央＊＊　　　　　　　　　　　　　　　　　　　　　〔0659〕

近衛　正子　このえ・まさこ
◇近衛文隆追悼集　近衛正子［ほか編］　〔京都〕　陽明文庫　1959.11　475p　22cm〈近衛文隆の肖像あり　年譜：p465～475〉　非売品
　　《所蔵》国会図 GK76-64　　　　　　　　　　　　　　　　　　　〔0660〕

小林　茂雄（1926生）　こばやし・しげお
◇生き抜くために―中国・シベリア抑留体験記　小林茂雄著　須坂　須坂新聞社（印刷）　1987.9　181p　19cm　非売品
　　《所蔵》国会図 GB554-E539　　　　　　　　　　　　　　　　　〔0661〕

小林　重次郎（1918生）　こばやし・しげじろう
◇奇跡のシベリア収容所―病死者の出なかったソ連抑留部隊の実録　小林重次郎著　堺　大阪創作出版社　1984.7　416p　19cm　1000円
　　《所蔵》国会図 GB554-1892，奈良戦体 391.4-1746　　　　　　　〔0662〕

小林 繁治　こばやし・しげはる
◇ナホトカの日記　小林繁治著　大館　［小林繁治］　1972.8　74p　21cm
　《所蔵》札幌中央 ＊＊
〔0663〕

小林 正（1915生）　こばやし・ただし
◇逃亡一〇〇〇キロ―ソ連軍捕虜収容所脱出の記録　小林正著　［東京］　毎日シリーズ出版編集　1982.9　230p　20cm〈著者の肖像あり〉　1600円
　《所蔵》国会図 GB554-1396，奈良戦体 916-1751
〔0664〕

小林 伝三郎（1911生）　こばやし・でんざぶろう
◇赤い夕日の満洲―他五編　終戦秘話　小林伝三郎著　東京　近代文芸社　1986.2　140p　20cm　1000円
　《所蔵》国会図 GB554-2034
〔0665〕

小林 敏明（1913生）　こばやし・びんめい
◇回想の強制収容所　小林敏明著　［岩槻］　［小林敏明］　1979.6　194p　19cm　2000円
　《所蔵》国会図 GB554-816
〔0666〕

小林 泰紀（1922生）　こばやし・やすのり
◇遙かなりアングレン―ソ連抑留記 私家版　小林泰紀著　川棚町（長崎県）　小林泰紀　2003.12　190p　20cm〈佐世保 芸文堂（製作）〉
　《所蔵》国会図 GB554-H279
〔0667〕

小林 嘉吉　こばやし・よしきち
◇シベリヤ抑留記　小林嘉吉編　徳島　小林嘉吉　1981　37p　26cm
　《所蔵》徳島県立図書館 T950/コハ
〔0668〕

小原 和雄（1916生）　こはら・かずお
◇太陽の裏側―シベリア強制抑留体験記録　小原和雄著　防府　全抑協山口県連合会　1982.9　198p　21cm〈著者の肖像あり〉　1000円
　《所蔵》国会図 GB554-1384，奈良戦体 916-1646
〔0669〕

小原 三郎　こはら・さぶろう
◇忘れ得ぬ記録―ソ連抑留記　小原三郎著　倉敷　小原三郎　1987.8　420p　22cm〈著者の肖像あり 折り込図1枚〉　3500円
　《所蔵》国会図 GB554-E133，奈良戦体 369.37-1646
〔0670〕

小堀 宗慶（1923生）　こぼり・そうけい
◇もう一輪の花　小堀宗慶著　東京　文芸社　2004.12　285p　20cm　2000円
　《所蔵》国会図 KD915-H19
〔0671〕

小松 功　こまつ・いさお
◇ああサガレンの秋たけて―サハリンのロマン　小松功著　東京　日刊道路通信社

こまつ　　　　　　　　　図書（体験記・回想録）

　　1991.5　224p　18cm〈発売：星雲社〉　540円
　　内容 白魔　ああサガレンの秋たけて　間宮海峡の虜囚
　　《所蔵》国会図 KH286-E430　　　　　　　　　　　　　　　〔文芸・画集　0672〕

小原　京三　こまつ・きょうぞう
◇泥まみれの第四十五野戦道路隊顛末記―老兵満州従軍、シベリア抑留歌集　小原
　京三　第4編増補版その2　盛岡　四五野道会　1986.3　10p　26cm
　　《所蔵》岩手県立図書館 K911.1/オ18/1　　　　　　　　　　〔文芸・画集　0673〕

小松　重男　こまつ・しげお
◇シベリヤ　小松重男著　東京　冬樹社　1989.6　238p　20cm　1165円
　　《所蔵》大阪府立中央図書館 256/3875/#　　　　　　　　　　　　　　　〔0674〕

小松　茂朗　（1916生）　こまつ・しげろう
◇関東軍参謀―怨嗟の中に立つ悲劇の軍人伝　小松茂朗著　東京　光人社　1987.2
　213p　20cm　1200円
　　《所蔵》国会図 KH286-846，奈良戦体 289-1627　　　　　　〔文芸・画集　0675〕
◇シベリヤ最後の帰還兵―強制労働収容所シベリヤ黙示録　小松茂朗著　東京　光
　人社　1986.4　219p　20cm　1200円
　　《所蔵》国会図 GB554-2043，奈良戦体 916-1646　　　　　　　　　　　　〔0676〕
◇シベリヤ鎮魂歌・遠きダモイ　小松茂朗著　東京　泰流社　1986.7　214p　20cm
　1200円
　　《所蔵》国会図 GB554-2094　　　　　　　　　　　　　　　　　　　　　〔0677〕
◇シベリヤ黙示録―強制労働収容所の元日本兵たち　小松茂朗著　東京　光人社
　1985.2　222p　20cm　1200円
　　《所蔵》国会図 GB554-1818，奈良戦体 916-1646　　　　　　　　　　　　〔0678〕
◇魂を売った男たち―シベリヤ秘録　小松茂朗著　東京　泰流社　1987.6　185p
　20cm　1200円
　　《所蔵》国会図 KH286-885　　　　　　　　　　　　　　　〔文芸・画集　0679〕
◇ダモイ（帰国）―シベリア残留の日本人　小松茂朗著　東京　ファラオ企画
　1991.3　242p　20cm　1700円
　　《所蔵》国会図 GB554-E869，奈良戦体 916-3746　　　　　　　　　　　　〔0680〕

小松会　こまつかい
◇北千島にわかれて　小松会［編］　［十和田］　小松会　1984.8　143p　19cm
　　《所蔵》国会図 GB554-2142，奈良戦体 396.6-1614　　　　　　　　　　　〔0681〕

小松原　豊彦　こまつばら・とよひこ
◇北鮮・シベリヤ・中央アジヤ抑留報告　小松原豊彦著　［倉敷］　［小松原豊彦］
　1997.9　113p　22cm
　　《所蔵》国会図 GB554-G1157，奈良戦体 369.37-1746　　　　　　　　　　〔0682〕

五味 省三　ごみ・しょうぞう
◇酷寒と飢えの日々―シベリア回顧録　五味省三著　山梨　五味省三　1986.5
　154p　19cm
　《所蔵》奈良戦体 916-1746　〔0683〕

小峰 国保（1923生）　こみね・くにやす
◇シベリア抑留記　小峰国保著　仙台　創栄出版　2003.9　235p　21cm　非売品
　《所蔵》国会図 GB554-H240　〔0684〕

菰田 元一　こもだ・もといち
◇シベリヤ抑留記　菰田元一著　植木町　菰田元一　2006.7　108p　22cm　頒価不明
　《所蔵》熊本県立図書館 C916/コ　〔0685〕

小森 保男　こもり・やすお
◇私の履歴書　付録 書簡集 その2　小森保男［著］　巣南町（岐阜県）　小森保男
　1997印刷　524p　19cm
　内容　軍隊・シベリア・商社
　《所蔵》国会図 GK76-G10　〔0686〕
◇私の履歴書　付録 書簡集 その3　小森保男［著］　巣南町（岐阜県）　小森保男
　1998印刷　424p　19cm〈付属資料：1枚〉
　内容　軍隊・シベリア・商社
　《所蔵》国会図 GK76-G10　〔0687〕

小山 健次郎（1925生）　こやま・けんじろう
◇北緯50度に生きて―シベリア俘虜記　小山健次郎著　［静岡］　［小山健次郎］
　1997.8　361p　19cm
　《所蔵》国会図 GB554-G915，奈良戦体 916-1611　〔0688〕

古山 新三（1919生）　こやま・しんぞう
◇兵卒無情　古山新三著　三鷹　安楽城出版　2002.9　260p　20cm（100万人の20
　世紀シリーズ 18）〈シリーズ責任表示：自費出版ネットワーク/企画〉　2571円
　《所蔵》国会図 GB554-H5，奈良戦体 916-1646　〔0689〕

小山 辰巳　こやま・たつみ
◇凍土との斗い―私のシベリヤ抑留記　小山辰巳著　［平塚］　［小山辰巳］
　2008.10　41p　21cm
　《所蔵》国会図 GB554-J194　〔0690〕

五葉会　ごようかい
◇わが青春の追憶―元歩兵第二三三連隊第五中隊　広島　五葉会　1985.4　148,
　12p 図版13枚　26cm〈折り込図10枚〉
　《所蔵》国会図 GB521-453，奈良戦体 916-1612　〔0691〕

こんこう　　　　　　　図書（体験記・回想録）

金光学園高24期同窓会有志　　こんこうがくえんこうにじゅうよんきどうそうかいゆうし
◇シベリヤ抑留こぼれ話　永田潔著，金光学園高24期同窓会有志編　第2版　［出版地不明］　花田裕正　2013.8　252p　21cm　1800円
　《所蔵》国会図 GB554-L122　　　　　　　　　　　　　　　　　　　　　　　〔0692〕

今渡　彰　　こんど・あきら
◇夏服でシベリアへ—自分史「渡在船舶則拠之」より　今渡彰著　柏　今渡彰　2010.5　189p　19cm〈制作・印刷：エム.ティ.ディ（東京）〉
　《所蔵》国会図 GB554-J658　　　　　　　　　　　　　　　　　　　　　　　〔0693〕

近藤　馨　　こんどう・かおる
◇シベリアの虜囚　近藤馨著　東京　オリジン出版センター　1985.11　354p　20cm〈挿画：武田薫 参考文献：p354〉　1800円
　《所蔵》国会図 KH286-752　　　　　　　　　　　　　　　　　〔文芸・画集　0694〕

近藤　三郎（1925生）　　こんどう・さぶろう
◇わが人生記　シベリア抑留編　近藤三郎著　犬山　東海出版社（印刷）　1991.12　303p　20cm
　《所蔵》国会図 GK76-H66　　　　　　　　　　　　　　　　　　　　　　　　〔0695〕

近藤　昌三（1926生）　　こんどう・しょうぞう
◇中国服の青春—ある商社マンの日中交流記　近藤昌三著　名古屋　中日出版社　1999.12　301p　19cm　1800円
　《所蔵》国会図 GK76-G94　　　　　　　　　　　　　　　　　　　　　　　　〔0696〕

近藤　次郎（1925生）　　こんどう・じろう
◇望郷・五〇〇〇キロ—シベリア捕虜収容所，初年兵の記録　近藤次郎著　［吉田町（新潟県）］　近藤次郎　1985.9　197p　18cm〈制作・発売：新潟日報事業社出版部（新潟）付：近藤次郎略歴〉　1500円
　《所蔵》国会図 GB554-2165　　　　　　　　　　　　　　　　　　　　　　　〔0697〕

近藤　毅夫（1899生）　　こんどう・たけお
◇シベリア抑留記　近藤毅夫著　東京　白鳳社　1974　393p 図 肖像 地図　20cm　850円
　《所蔵》国会図 GB554-235，奈良戦体 329.62-4946　　　　　　　　　　　　　〔0698〕

近藤　弘　　こんどう・ひろし
◇酷寒不毛の地で生きのびた8年　近藤弘著　札幌　近藤弘　1996.12　14枚　26cm
　《所蔵》奈良戦体 916-1614　　　　　　　　　　　　　　　　　　　　　　　〔0699〕

近藤　文夫（1921生）　　こんどう・ふみお
◇欧ソ抑留記　近藤文夫絵と文　米沢　よねざわ豆本の会　1984.6　84p　8.9×8.9cm（よねざわ豆本　第45輯）〈限定版〉

《所蔵》国会図 Y99-682，奈良戦体 916-1746 〔文芸・画集 0700〕
◇ビュンスクの歌声　青柳ひろ江作，近藤文夫絵，銀の鈴社編集・製作　東京　教育出版センター　1988.12　139p　22cm（ジュニア・ノンフィクション）　1000円
《所蔵》国会図 Y8-6048 〔文芸・画集 0701〕

今野　銀也（1920生）　こんの・ぎんや
◇シベリヤ抑留記　今野銀也著　［滝沢村（岩手県）］　［今野銀也］　2001.12　144p　21cm
《所蔵》国会図 GB554-G1720 〔0702〕

紺野　英成　こんの・ひでなり
◇凍結の森　紺野英成著　東京　文芸社　1999.9　207p　20cm　1300円
《所蔵》国会図 KH286-G643 〔文芸・画集 0703〕

【さ】

在ソ同胞帰還促進会　ざいそどうほうきかんそくしんかい
◇抑留生活の真相―われわれはいかに非人道的な扱いを受けたか　在ソ同胞帰還促進会編　東京　在ソ同胞帰還促進会　1956.11　34p　26cm　30円
《所蔵》札幌中央 ＊＊ 〔0704〕

斎藤　一男（1925生）　さいとう・いちお
◇波瀾坂　斎藤一男著　東京　文芸社　2006.11　173p　20cm　1300円
《所蔵》国会図 GB554-H954 〔0705〕

斎藤　邦雄（1920生）　さいとう・くにお
◇シベリヤ抑留兵よもやま物語　斎藤邦雄著　東京　光人社　1987.2　227p　19cm　980円
《所蔵》国会図 GB554-2244，奈良戦体 916-1746 〔0706〕
◇シベリヤ抑留兵よもやま物語―極寒凍土を生きぬいた日本兵　斎藤邦雄著　東京　光人社　2006.9　299p　16cm（光人社NF文庫）　743円
《所蔵》国会図 GB554-H906 〔0707〕
◇シベリヤ抑留兵よもやま物語　続　斎藤邦雄著　東京　光人社　1988.2　238p　19cm　980円
《所蔵》国会図 GB554-2244，奈良戦体 916-1746 〔0708〕
◇花と兵隊よもやま物語　斎藤邦雄著　東京　光人社　1989.4　230p　19cm　1030円
《所蔵》国会図 GB554-E422，奈良戦体 396.9-1946 〔0709〕
◇漫画シベリヤ抑留物語　1　斎藤邦雄著　東京　光人社　1991.4　222p　20cm　1200円
《所蔵》国会図 Y84-E2183，奈良戦体 916-1746 〔文芸・画集 0710〕

さいとう　　　　　　　図書（体験記・回想録）

◇漫画シベリヤ抑留物語　2　斎藤邦雄著　東京　光人社　1991.10　221p　20cm
　1200円
　　《所蔵》国会図 Y84-E2183，奈良戦体 916-1746　　　　〔文芸・画集　0711〕

斎藤 四郎（1921生）　さいとう・しろう
◇シベリアの静寂、いまだ遠く　斉藤四郎著，船木拓生編　東京　西田書店　2003.5
　289p　20cm　1800円
　　《所蔵》国会図 GB554-H167　　　　〔0712〕
◇シベリア抑留体験記―異境の凍土に眠る戦友に捧げる　斎藤四郎著　［高崎］
　［斎藤四郎］　1991.4　141p　21cm〈著者の肖像あり〉
　　《所蔵》国会図 GB554-E946　　　　〔0713〕

斉藤 拓三　さいとう・たくぞう
◇虜囚―シベリヤ捕虜記録　斉藤拓三著　秋田　斉藤拓三　1971.3　19cm　700円
　　《所蔵》札幌中央 ＊＊　　　　〔0714〕

斉藤 貞吉　さいとう・ていきち
◇朔北の夢―シベリア抑留記　斉藤貞吉著　盛岡　ツーワンライフ　1999.1　70p
　21cm
　　《所蔵》国会図 GB554-G1163　　　　〔0715〕

斎藤 伝次郎　さいとう・でんじろう
◇丁稚と虜囚の覚書　斎藤伝次郎著　酒田　あしたの夢企画　1997.4　114p　19cm
　　《所蔵》奈良戦体 289-3910　　　　〔0716〕

斎藤 博（1910生）　さいとう・ひろし
◇共に帰国の朝を―ソ連の捕虜収容所での元日本軍将校の明と暗　斎藤博著，磯裕
　子編　東京　文芸社　2007.9　119p　20cm　1100円
　　《所蔵》国会図 GB554-H1126　　　　〔0717〕

斉藤 兵治　さいとう・へいじ
◇望郷のサハリン　斉藤兵治著　国立　文芸手帖　1980.8　350p　19cm
　　《所蔵》札幌中央 ＊＊　　　　〔0718〕

斎藤 満男（1917生）　さいとう・みつお
◇私の満州物語　斎藤満男著　東京　白鳳社　1979.10　391p　19cm　1200円
　　《所蔵》国会図 GE357-96　　　　〔0719〕

斎藤 豊　さいとう・ゆたか
◇いわれなき虜囚　第25号　斎藤豊，内藤清春，湯浅新，森島重幸編集責任　［神
　戸］　シベリアを語る会　2005.12　264p　26cm
　　《所蔵》国会図 GB554-H756　　　　〔0720〕
◇いわれなき虜囚　第26号　斎藤豊，湯浅新，森島重幸編集責任　［神戸］　シベリ

80　シベリア抑留関係基本書誌

図書（体験記・回想録）　　　　　　　　　　さえき

　　アを語る会　2006.12　291p　26cm
　　《所蔵》国会図 GB554-H988　　　　　　　　　　　　　　　〔0721〕
◇いわれなき虜囚　第27号　斎藤豊編　神戸　シベリアを語る会・事務局　2008.8
　144p　26cm
　　《所蔵》国会図 GB554-J179　　　　　　　　　　　　　　　〔0722〕
◇いわれなき虜囚　第27号 補遺　斎藤豊編　神戸　シベリアを語る会　2009.9
　10p　26cm
　　《所蔵》国会図 GB554-J406　　　　　　　　　　　　　　　〔0723〕
◇いわれなき虜囚　別冊2　斎藤豊編集責任　神戸　シベリアを語る会・事務局
　2008.6　52p　26cm〈年表あり〉
　　内容 鎮魂の歩み―創立三十周年記念誌（平成十一年―平成二十年）
　　《所蔵》国会図 GB554-J819　　　　　　　　　　　　　　　〔0724〕
◇会誌いわれなき虜囚全号目次集　斎藤豊企画・編集・制作　第3版（改訂）　神戸
　「シベリアを語る会」事務局　2009.9　47，6p　26cm〈付・著者/紹介者索引〉
　　《所蔵》国会図 GB554-J723　　　　　　　　　　　　　　　〔0725〕

斎藤　美夫　さいとう・よしお
◇最後の戦犯は語る　斎藤美夫　東京　斎藤美夫　1968.8　57p　25cm
　　《所蔵》奈良戦体 329.67-1750　　　　　　　　　　　　　　〔0726〕
◇飛びゆく雲―最後の戦犯は語る　斎藤美夫著，前田地子編　八王子　揺籃社
　1997.11　163p　20cm　1000円
　　《所蔵》国会図 GB554-G914，奈良戦体 329.67-1750　　　　　〔0727〕

斎藤　立　さいとう・りつ
◇痛恨の覆水―シベリア抑留の果て　斎藤立著　東京　彩図社　2002.12　198p
　15cm（ぶんりき文庫）　530円
　　《所蔵》国会図 KH519-H10　　　　　　　　　　　　〔文芸・画集　0728〕

斎野　茂雄（1925生）　さいの・しげお
◇シベリヤ抑留記　斎野茂雄著　東京　創栄出版　1997.3　219p　20cm〈肖像あり〉
　　《所蔵》国会図 GB554-G763，奈良戦体 329.37-1746　　　　　〔0729〕

佐伯　克介　さえき・かつすけ
◇雪のシベリア脱走3万キロ　中山光義文，佐伯克介絵　東京　ポプラ社　1991.1
　166p　22cm（すべて実話だ世界のふしぎ 8）　910円
　　《所蔵》国会図 Y8-8051　　　　　　　　　　　　　　〔文芸・画集　0730〕

佐伯　房治　さえき・ふさじ
◇こんな事が有りました―少年時の抑留に耐えて　佐伯房治著　[神戸]　友月書房
　2006.6　36p　19cm
　　《所蔵》国会図 Y93-H3065　　　　　　　　　　　　　　　〔0731〕

さえくさ　　　　　　　　　図書（体験記・回想録）

三枝　義浩　さえぐさ・よしひろ
◇語り継がれる戦争の記憶 3 収容所から来た遺書・戦火の約束　三枝義浩著　東京　講談社　1998.2　249p　19cm（KCデラックス ドキュメントコミック）　571円
《所蔵》国会図 Y84-G2955　　　　　　　　　　　　　　〔文芸・画集　0732〕

坂　正一　さか・しょういち
◇虜愁　坂正一　福岡　〔坂正一〕　1975.9　55p　26cm
《所蔵》札幌中央 ＊＊　　　　　　　　　　　　　　　　　　　　　　〔0733〕

佐加　保夫　さか・やすお
◇ジャラガラント収容所　佐加保夫著　東京　近代文芸社　1995.4　204p　20cm　1500円
《所蔵》国会図 GB554-E1986　　　　　　　　　　　　　　　　　　　〔0734〕

酒井　武雄（1922生）　さかい・たけお
◇この石が食べれたら—モンゴル抑留 自分史　酒井武雄著　〔茨城町（茨城県）〕　〔酒井武雄〕　2002.3　268p　19cm〈肖像あり〉
《所蔵》国会図 GK124-H3，奈良戦体 289-1946　　　　　　　　　　　〔0735〕

酒井　東吾（1927生）　さかい・とうご
◇シベリア俘虜記—ニセ上等兵とニワカ通訳　酒井東吾著　東京　旺史社　1989.1　284p　19cm（無名戦士の記録シリーズ）〈国内・国外の状況：p266〜279〉　1800円
《所蔵》国会図 GB554-E320，奈良戦体 916-3746　　　　　　　　　　〔0736〕

堺　六郎（1918生）　さかい・ろくろう
◇シベリアのラーゲリを逃れて—ホロンバイルからシベリアへ　堺六郎著　東京　筑摩書房　1987.4　208p　20cm　1300円
《所蔵》国会図 GB554-2292　　　　　　　　　　　　　　　　　　　　〔0737〕
◇ホロンバイルからシベリヤへ　堺六郎著　水沢　岩手出版　1984.3　232p　20cm〈著者の肖像あり〉　2000円
《所蔵》国会図 GB554-1915　　　　　　　　　　　　　　　　　　　　〔0738〕

坂口　喜代光　さかぐち・きよみつ
◇シベリア抑留生命（いのち）の足掻き　坂口喜代光著　つくば　STEP　2010.3　267p　19cm〈年譜あり〉　1239円
《所蔵》国会図 GB554-J497　　　　　　　　　　　　　　　　　　　　〔0739〕

坂爪　四八郎（1928生）　さかずめ・よはちろう
◇十七歳・開拓義勇隊員のシベリア抑留記—狙撃か、抑留二年目路上で戦友負傷 ハラショーラボート・くそくらえ　坂爪四八郎著　東京　創栄出版　1996.7　328p　20cm〈肖像あり 発売：星雲社（東京）〉　1553円
《所蔵》国会図 GB554-G662，奈良戦体 369.37-1646　　　　　　　　　〔0740〕

坂田　一　　さかた・はじめ
◇極限状態の心理―戦時体験の追想と課題　坂田一著　八幡　法政出版　1997.2
　209p　19cm〈「極限状態の行動心理」の普及版　文献あり〉　1650円
　《所蔵》国会図 GB554-G650
〔0741〕

阪田　泰正　　さかた・やすまさ
◇生と死の谷間の中で―或る軍医大尉の手記　阪田泰正著　安芸津町（広島県）　安
　芸津記念病院　1970　104p　図　肖像　19cm　400円
　《所蔵》国会図 GB554-128
〔0742〕

坂間　文子　（1909生）　さかま・ふみこ
◇生きながらえて夢　坂間文子著　［東京］　日本図書刊行会　1997.3　332p　20cm
　〈発売：近代文芸社〉　1700円
　《所蔵》国会図 GB554-G585
〔0743〕
◇雪原にひとり囚われて―シベリア抑留10年の記録　坂間文子著　東京　講談社
　1975　307p　20cm　880円
　《所蔵》国会図 GB554-330，奈良戦体 916-2746
〔0744〕

酒巻　和男　（1918生）　さかまき・かずお
◇俘虜生活四ケ年の回顧　酒巻和男著　東京　東京講演会　1947　163p　肖像　18cm
　《所蔵》国会図 GB554-63
〔0745〕

坂本　伊右衛門　　さかもと・いえもん
◇有刺鉄線に囲まれた青春―虜囚記　坂本伊右衛門著　［富岡町（福島県）］　［坂
　本伊右衛門］　［1986］　210p　18cm〈著者の肖像あり〉
　《所蔵》国会図 GB554-E885
〔0746〕

坂本　武人　　さかもと・たけし
◇歳月流星の如し　坂本武人著　柳井　坂本武人　1999.5　126p，図版[19]p　27cm
　《所蔵》奈良戦体 916-1946
〔0747〕

坂本　龍彦　（1933生）　さかもと・たつひこ
◇シベリアの生と死―歴史の中の抑留者　坂本龍彦著　東京　岩波書店　1993.7
　327p　16cm　（同時代ライブラリー 153）　950円
　《所蔵》国会図 GB531-E188，奈良戦体 916-3746
〔0748〕
◇シベリア虜囚半世紀―民間人蜂谷弥三郎の記録　坂本龍彦編著　東京　恒文社
　1998.7　190p　20cm　1800円
　《所蔵》国会図 GB554-G888，奈良戦体 369.37-2946
〔0749〕

坂本　俊雄　（1934生）　さかもと・としお
◇満州、我が心の故郷―ソ連軍侵入後の悲劇　坂本俊雄著　東京　文芸社　2012.11
　230p　19cm〈文献あり〉　1400円

| さかもと | 図書（体験記・回想録） |

　　《所蔵》国会図 GB554-J973，奈良県立図書情報館 916-サカモ　　　　〔0750〕

坂本　正雄（1920生）　さかもと・まさお
◇戦争・抑留体験記―坂本正雄手記　坂本正雄著，坂本明美編　第2版　秩父　詩遊会出版　2009.8　44p　21cm〈発売：ポエトリーカフェ武甲書店（秩父）〉　953円
　　《所蔵》国会図 GB554-J382　　　　　　　　　　　　　　　　　　　〔0751〕

坂本　芳亮（1922生）　さかもと・よしあき
◇命ひろいて―兵役抑留四年の回想　坂本芳亮著　美浦村（茨城県）　朝日新聞出版サービス（東京），坂本芳亮　1995.11　265p　20cm
　　《所蔵》奈良戦体 916-1646　　　　　　　　　　　　　　　　　　　〔0752〕

坂本　義和（1925生）　さかもと・よしかず
◇ラーゲリ物語―兵士が初めて語るその真相　坂本義和著　神戸　みるめ書房（印刷）　2000.1　361p　19cm　1700円
　　《所蔵》国会図 GB554-G1346　　　　　　　　　　　　　　　　　　〔0753〕

朔北会　さくほくかい
◇朔北の道草―ソ連長期抑留の記録　朔北会編　田無　朔北会　1977.2　933p 図　22cm　3000円
　　《所蔵》国会図 GB554-538，奈良戦体 329.6-3646　　　　　　　　　　〔0754〕
◇朔北の道草　続　朔北会編　田無　朔北会　1985.8　1516p　22cm　5000円
　　《所蔵》国会図 GB554-538，奈良戦体 329.6-3646　　　　　　　　　　〔0755〕
◇白夜乃夢―望郷慰霊之碑建立報告書　朔北会編　田無　朔北会　1980.3　214p　22cm
　　《所蔵》国会図 GB554-913，奈良戦体 916-1948　　　　　　　　　　　〔0756〕

佐久間　恒三　さくま・つねぞう
◇想い出の記　第2部　ダモイ　佐久間恒三著　東京　田中健　1992.1　106p　21cm〈著者の肖像あり〉　非売品
　　《所蔵》国会図 GK124-E59　　　　　　　　　　　　　　　　　　　〔0757〕

佐久間　秀雄　さくま・ひでお
◇追憶の譜　佐久間秀雄著　吹上町（埼玉県）　会議録センター（印刷）　1991.7　240p　21cm〈著者の肖像あり〉
　　《所蔵》国会図 GB554-E926，奈良戦体 396.21-1611　　　　　　　　　〔0758〕

佐久間　真澄（1911生）　さくま・ますみ
◇記録満州国の消滅と在留邦人　佐久間真澄著，柴田しず恵編　八王子　のんぶる舎　1997.9　438p　22cm　4000円
　　《所蔵》国会図 GE357-G29　　　　　　　　　　　　　　　　　　　〔0759〕

桜井 左忠　さくらい・さちゅう
◇俺は生きている　桜井左忠著　佐久　欅　1994.3　123p　21cm〈著者の肖像あり〉
　《所蔵》国会図 GB554-E1768　　　　　　　　　　　　　　　　　　　〔0760〕

桜井 徹長　さくらい・てつなが
◇俘虜行─句集　桜井徹長　東京　星書房　1982.3　146p　19cm
　《所蔵》札幌中央 ＊＊　　　　　　　　　　　　　　　〔文芸・画集　0761〕

桜木 保　さくらぎ・たもつ
◇想い出─槿花一朝の夢　桜木保［著］　松江　桜木保　1982.10　50p　22cm
　《所蔵》奈良戦体 916-2940　　　　　　　　　　　　　　　　　　　〔0762〕

桜田 虎男　さくらだ・とらお
◇モンゴル抑留記　桜田虎男著　国立　生涯学習研究社　1997.12　268p　20cm
　《所蔵》国会図 GK124-G61　　　　　　　　　　　　　　　　　　　〔0763〕

桜見 助就　さくらみ・すけなり
◇ソ連抑留回顧─両足を砕かれて十一年　桜見助就著　東京　梅里敦　1986.2　278p　22cm
　《所蔵》札幌中央 ＊＊　　　　　　　　　　　　　　　　　　　　　〔0764〕

迫田 喜一　さこだ・きいち
◇私のシベリア日記─子等に伝えるシベリア抑留記　迫田喜一著　泉南　泉南市砂川区民文化祭実行委員会　1984.5　106p　26cm〈コピー〉
　《所蔵》札幌中央 ＊＊　　　　　　　　　　　　　　　　　　　　　〔0765〕

佐々木 一珍　ささき・いっちん
◇ソ聯から帰って─抑留生活備忘録　佐々木一珍　静止画資料（デジタル）　［出版地不明］　［佐々木一珍］　1949　246p　19cm〈原資料所蔵機関：メリーランド大学プランゲ文庫　プランゲ文庫請求記号：D-0640〉
　《所蔵》国会図デジタルコレクション　　　　　　　　　　　　　　　〔0766〕
◇ソ連から帰って─抑留日記赤裸々の記　佐々木一珍著　高松　佐々木法律事務所　1949.5　246p　19cm　140円
　《所蔵》札幌中央 ＊＊　　　　　　　　　　　　　　　　　　　　　〔0767〕

佐々木 勝男（1918生）　ささき・かつお
◇大脱走記─戦後秘話　佐々木勝男著　東京　逢坂正雄　1994.5　151p　20cm〈製作：創栄出版　著者の肖像あり〉
　《所蔵》国会図 GB554-E1931　　　　　　　　　　　　　　　　　　〔0768〕

佐々木 乾定（1922生）　ささき・かんてい
◇現在と過去と忘却と　佐々木乾定著　東京　新生出版　2004.10　127p　19cm
　《所蔵》国会図 GB554-H456　　　　　　　　　　　　　　　　　　〔0769〕

佐々木 三郎（1925生）　ささき・さぶろう
◇戦いはまだ終わらない—満洲・シベリア雑兵の詩　佐々木三郎著　東京　日経事業出版社　1994.7　305p　20cm〈著者の肖像あり〉
　《所蔵》国会図　GB554-E2002　　　　　　　　　　　　　　　　　　〔0770〕

佐々木 甚一郎　ささき・じんいちろう
◇二十才で見た夢　佐々木甚一郎著　［大曲］　［佐々木甚一郎］　1989.8　203p　19cm〈付（図1枚）〉
　《所蔵》国会図　GB554-E691，奈良戦体 369.37-1646　　　　　　　　　〔0771〕

佐々木 武雄（1921生）　ささき・たけお
◇従軍追憶の道—阿爾山陸軍病院そしてシベリア抑留　佐々木武雄著　東京　文芸社　1998.9　159p　19cm　1200円
　《所蔵》国会図　GB554-G917　　　　　　　　　　　　　　　　　　　〔0772〕

佐々木 武四郎（1913生）　ささき・たけしろう
◇長き不在の後に—<回想>樺太・シベリア・カザフスタンの十三年　佐々木武四郎著　釧路　自游人舎　2005.11　423p　20cm〈肖像あり〉　2667円
　《所蔵》国会図　GB554-H741　　　　　　　　　　　　　　　　　　　〔0773〕

佐々木 定次　ささき・ていじ
◇シベリア抑留記—ある兵士の追憶　佐々木定次著　仙台　佐々木定次　［1996.8］　60p　21cm　頒価不明
　《所蔵》宮城県図書館　K960/サテ/968　　　　　　　　　　　　　　〔0774〕

佐々木 伸吉（1920生）　ささき・のぶよし
◇中千島出征からシベリヤ抑留の手記　佐々木伸吉著　東京　創栄出版　1991.2　113p　19cm
　《所蔵》国会図　GB554-E1466　　　　　　　　　　　　　　　　　　〔0775〕

佐崎 正治　さざき・まさはる
◇シベリア抑留回顧　佐崎正治著　［出版地不明］　［佐崎正治］　1995.8　63p　21cm
　《所蔵》札幌中央　＊＊　　　　　　　　　　　　　　　　　　　　〔0776〕

佐々木 賀一　ささき・よしいち
◇慟哭と陽炎—シベリア捕虜収容所の真実　佐々木賀一著　福岡　佐々木賀一　2012.3　245p　19cm
　《所蔵》国会図　GB531-J213　　　　　　　　　　　　　　　　　　　〔0777〕

佐々木 芳勝（1923生）　ささき・よしかつ
◇流転の旅路—シベリア抑留記　佐々木芳勝著　札幌　佐々木芳勝　2000.8　277p　22cm〈「償われぬ青春」（1992年刊）の改題〉
　《所蔵》国会図　GB554-G1826　　　　　　　　　　　　　　　　　　〔0778〕

佐々木　義正　ささき・よしまさ
◇鎮魂シベリア―還れなかった抑留者たち　佐々木義正著　［北九州］　［佐々木義正］　1996.11　114p　21cm〈製作：朝日新聞社西部事業開発室編集出版センター（福岡）〉
《所蔵》国会図 KH526-G127，奈良戦体 911.5-1746　　〔文芸・画集　0779〕

捧　良二三　ささげ・よしぶみ
◇留萌沖の悲劇　捧良二三著　東京　近代文芸社　1996.3　275p　20cm〈参考文献：p267～268〉　2000円
《所蔵》国会図 A99-ZR5-G3　　〔0780〕

笹之内　亥三男　ささのうち・いさお
◇生きぬいて　笹之内亥三男　岐阜　［笹之内亥三男］　1971.7　179p　19cm
《所蔵》札幌中央＊＊　　〔0781〕

笹目　恒雄　ささめ・つねお
◇シベリア収容所太陽を喰う男　笹目恒雄著　川口　山雅房（制作・発売）　1979.7　338p　22cm（神仙の寵児シリーズ　8　煉獄篇）　2900円
《所蔵》国会図 GK125-38　　〔0782〕

佐多　岩雄　さた・いわお
◇感謝にいきる―氷雪の千島・樺太抑留記　佐多岩雄著　鹿児島　佐多岩雄　2007.12　187p　21cm〈製作発売：南日本新聞開発センター（［鹿児島］）〉　1238円
《所蔵》国会図 GB554-J17　　〔0783〕

貞刈　惣一郎　さだかり・そういちろう
◇私たちの百年―惣ちゃんは戦争に征った　貞刈惣一郎語り，貞刈みどり文章　福岡　海鳥社　2006.8　193p　22cm　1700円
《所蔵》国会図 GK123-H57　　〔0784〕

札幌市　さっぽろし
◇語り継ぐ札幌市民100人の戦争体験　下　空襲・原爆・引揚げ・抑留の中で　札幌市編，札幌市［著］　［札幌］　札幌市市民まちづくり局地域振興部区政課　2013.3　385p　21cm〈札幌市平和都市宣言20周年記念　年表あり　文献あり〉　680円
《所蔵》国会図 GB554-L139　　〔0785〕

佐藤　功　さとう・いさお
◇異国の我が青春―回想録　佐藤功［著］　千厩町（岩手県）　佐藤功　1990.8　49p　26cm
《所蔵》奈良戦体 916-1611　　〔0786〕

佐藤　一子　さとう・いちこ
◇流浪の子羊たち　佐藤一子著　東京　新風舎　2006.4　78p　20cm　1210円

さとう　　　　　図書（体験記・回想録）

《所蔵》国会図 GB554-H814　　　　　　　　　　　　　　　　〔0787〕

佐藤　清（1885生）　さとう・きよし
◇画文集 シベリア虜囚記　佐藤清［著］　［出版地不明］　［出版者不明］　1992　1冊（頁付なし）挿図　30cm
《所蔵》奈良戦体 916-1646　　　　　　　　　　　　　　〔文芸・画集　0788〕
◇シベリア抑留―歴史の流れの中で　佐藤清画・文，白井久也監修　東京　ヒューマン社　1997.3　110p　27cm〈発売：バウハウス（東京）〉　4369円
《所蔵》国会図 GB531-G143，奈良県立図書情報館 210.6-200　〔文芸・画集　0789〕
◇シベリア虜囚記―画文集　佐藤清著　東京　未来社　1979.8　245p　22×30cm〈参考図書：p245〉　4800円
《所蔵》国会図 YQ5-90　　　　　　　　　　　　　　　　〔文芸・画集　0790〕
◇シベリア虜囚の祈り―佐藤清画文集　佐藤清著　東京　泰流社　1986.5　181p　22×30cm〈付：参考図書〉　7800円
《所蔵》国会図 YQ11-519　　　　　　　　　　　　　　　〔文芸・画集　0791〕

佐藤　謙吉　さとう・けんきち
◇私の外蒙古抑留体験記　佐藤謙吉［著］　［横浜］　佐藤謙吉　［2000］　32p　26cm〈満州の承徳勤務者の、錦県からシベリア経由外蒙古首都・ウランバートルへの抑留生活 著者の肖像あり 袋綴〉
《所蔵》奈良戦体 369.37-1746　　　　　　　　　　　　　　　　　　〔0792〕

佐藤　公一（1914生）　さとう・こういち
◇大正じいさんの満州・シベリア・日本奮闘記　佐藤公一著　堺　大湊書房　1977.9　260p　19cm　1300円
《所蔵》国会図 GB554-594　　　　　　　　　　　　　　　　　　　〔0793〕

佐藤　重作　さとう・じゅうさく
◇シベリア捕虜生活回想記　佐藤重作著　帯広　十勝ファミリー社　1980.8　96p　19cm〈著者略歴：p95〉　800円
《所蔵》国会図 GB554-1306，奈良戦体 369.37-1646　　　　　　　　〔0794〕

佐藤　治郎（1910生）　さとう・じろう
◇帰国の日まで　佐藤治郎著　東京　丸興　1966　256p 図版 地図　19cm　非売
《所蔵》国会図 915.9-Sa934k　　　　　　　　　　　　　　　　　〔0795〕

佐藤　誠治　さとう・せいじ
◇わたしを語る　上　佐藤誠治著　［出版地不明］　［佐藤誠治］　1993.7　1冊　26cm〈著者の肖像あり〉
《所蔵》奈良戦体 392.1-2646　　　　　　　　　　　　　　　　　〔0796〕
◇わたしを語る　下　佐藤誠治著　苫小牧　佐藤淑　1995.8　387p　26cm　非売品
《所蔵》奈良戦体 392.1-2646　　　　　　　　　　　　　　　　　〔0797〕

図書（体験記・回想録）　　　　　　　　　さとう

佐藤　千一　(1917生)　　さとう・せんいち
◇シベリアさすらいの記――一抑留兵の体験記　佐藤千一著　［東京］　日本図書刊行会　1993.1　173p　20cm〈発売：近代文芸社〉　1500円
　《所蔵》国会図 GB554-E1339, 奈良戦体 369.37-1646　　　　　　　　〔0798〕

佐藤　善吉　　さとう・ぜんきち
◇シベリヤ抑留の記　佐藤善吉　盛岡　岩手県自分史発行センター　1999.6　57p　21cm
　《所蔵》札幌中央＊＊　　　　　　　　　　　　　　　　　　　　　〔0799〕

佐藤　忠孝　　さとう・ただたか
◇故郷への旅路――戦争を乗り越えて　佐藤忠孝著　東京　近代文芸社　1995.11　132p　20cm　1200円
　《所蔵》国会図 GB554-G155　　　　　　　　　　　　　　　　　　〔0800〕

佐藤　侃宏　(1943生)　　さとう・ただひろ
◇実録ショウワ・タクランケ――父はベルリンにヒットラーを訪ね、子はモンゴルに強制抑留された。　佐藤侃宏著　［東京］　デジタルパブリッシングサービス（印刷）　2005.5　142p　19cm　2000円
　《所蔵》国会図 GB554-H584　　　　　　　　　　　　　　　　　　〔0801〕

佐藤　千代治　　さとう・ちょじ
◇敗走ここに幾千里　佐藤千代治著　［花泉町（岩手県）］　［佐藤千代治］　1987.8　211p　21cm　非売品
　《所蔵》国会図 GB554-E400　　　　　　　　　　　　　　　　　　〔0802〕

佐藤　俊夫　(1923生)　　さとう・としお
◇シベリアに消えた青春――敗戦そして捕虜　佐藤俊夫著　尼崎　石人社　1991.4　71p　21cm（石人叢論 5）
　《所蔵》国会図 GB554-E893　　　　　　　　　　　　　　　　　　〔0803〕

佐藤　利行　　さとう・としゆき
◇ラーゲルをこえて――回想のシベリヤ民主運動　佐藤利行著　福岡　葦書房　1982.7　262p　20cm　1800円
　《所蔵》国会図 KH537-383　　　　　　　　　　　　　　〔文芸・画集　0804〕

佐藤　友治　(1925生)　　さとう・ともじ
◇朝が来て知る捕虜の命――シベリア抑留生活千余日　佐藤友治著　東京　文芸社　2002.9　109p　19cm　952円
　《所蔵》国会図 GB554-G1779　　　　　　　　　　　　　　　　　〔0805〕

佐藤　巳子男　　さとう・みねお
◇抑留記 戦争三日捕虜千日　佐藤巳子男　福島　佐藤巳子男　2003　160p　18cm

シベリア抑留関係基本書誌　89

さとう　　　　　　　　図書（体験記・回想録）

　　《所蔵》防衛研究所 392.9/S
　　　　　　　　　　　　　　　　　　　　　　　　　　　〔0806〕

佐藤　亘　さとう・もとむ
◇樺太わが故郷―国境の島 回想録　佐藤亘著　［大和］　トムズ出版部　2009.2　236p　21cm〈共同刊行：T&T International Tsuji〉　1143円
　　《所蔵》国会図 GB554-J270
　　　　　　　　　　　　　　　　　　　　　　　　　　　〔0807〕

佐藤　悠　さとう・ゆう
◇凍土の悲劇―モンゴル吉村隊事件　佐藤悠著　東京　朝日新聞社　1991.12　241p　20cm　1500円
　　《所蔵》国会図 GB554-E1018
　　　　　　　　　　　　　　　　　　　　　　　　　　　〔0808〕

佐藤　隆子　さとう・りゅうこ
◇ポートワニの丘―帰還抑留者からの聞きがき　佐藤隆子著　［出版地不明］　［佐藤隆子］　2009.11　270p　20cm
　　《所蔵》国会図 GB554-J432
　　　　　　　　　　　　　　　　　　　　　　　　　　　〔0809〕

佐野　巌　（1924生）　さの・いわお
◇シベリア抑留1000日―ある日系二世の体験記　佐野巌著，佐野みな子訳　東京　彩流社　1999.9　220p　20cm　2000円
　　《所蔵》国会図 GB554-G1121，奈良戦体 936-3946
　　　　　　　　　　　　　　　　　　　　　　　　　　　〔0810〕

佐野　みな子　（1929生）　さの・みなこ
◇シベリア抑留1000日―ある日系二世の体験記　佐野巌著，佐野みな子訳　東京　彩流社　1999.9　220p　20cm　2000円
　　《所蔵》国会図 GB554-G1121，奈良戦体 936-3946
　　　　　　　　　　　　　　　　　　　　　　　　　　　〔0811〕

佐山　輝雄　さやま・てるお
◇二等兵なる故に　佐山輝雄　東京　［佐山輝雄］　1966.9　284p　19cm
　　《所蔵》札幌中央 ＊＊
　　　　　　　　　　　　　　　　　　　　　　　　　　　〔0812〕

沢井　明　さわい・あきら
◇赤い月―シベリヤ俘虜記　沢井明著　［大阪］　沢井明　1975　382p　19cm　頒価不明
　　《所蔵》大阪府立中央図書館 916/634
　　　　　　　　　　　　　　　　　　　　　　　　　　　〔0813〕

沢田　実男　さわだ・じつお
◇シベリヤの四年―抑留棄民　沢田実男著　［出版地不明］　沢田敏弘　2011.4　98p　21cm
　　《所蔵》国会図 GB554-J720，奈良戦体 916-1746
　　　　　　　　　　　　　　　　　　　　　　　　　　　〔0814〕

沢田　四郎作　（1899生）　さわだ・しろさく
◇異国より帰りて　沢田四郎作著　静止画資料（デジタル）　大阪　沢田四郎作　1949　96p　21cm（五倍子雑筆　第11号）〈原資料所蔵機関：メリーランド大学プ

ランゲ文庫 プランゲ文庫請求記号：D-0607 検閲書類あり〉
　　《所蔵》国会図デジタルコレクション　　　　　　　　　　　　　　〔0815〕
◇異国より帰りて　沢田四郎作著　大阪　沢田四郎作　1949.11　96p 図版　21cm
　（五倍子雑筆　第11号）
　　《所蔵》奈良県立図書情報館　292.2-22　　　　　　　　　　　　〔0816〕
◇シベリア日記　沢田四郎作著　大阪　沢田四郎作　1954　218p 図版　19cm（五倍子雑筆　第13号）
　　《所蔵》国会図 292.93-Sa961s，奈良戦体 916-3646　　〔文芸・画集　0817〕

沢地　久枝（1930生）　さわち・ひさえ
◇昭和・遠い日近いひと　沢地久枝著　東京　文芸春秋　1997.5　294p　20cm
　1429円
　　《所蔵》国会図 KH537-G193　　　　　　　　　　　　　　　　　〔0818〕

345会　さんしごかい
◇マローズ―ハルビンからハバロフスクへ　345会[著]　[東京]　マローズ編集委員会　1988.5　132p　21cm
　　《所蔵》国会図 GB554-E290　　　　　　　　　　　　　　　　　〔0819〕

三三九の会　さんびゃくさんじゅうくのかい
◇回想の譜―三三九戦友会第十回大会記念　三三九の会事務局編　東京　元満州第三三九部隊（工兵第一〇七連隊）三三九の会　1981.6　265p 図版　19cm〈阿爾山駐屯工兵隊小史：p3-5〉
　　《所蔵》国会図 GB554-1126，奈良戦体 916-1601　　　　　　　〔0820〕
◇興安嶺への挽歌―ある工兵部隊の軌跡　三三九の会編　[東京]　三三九の会　1978.6　186p　19cm〈編集：皆川朝治　満洲第三三九部隊小史：p3～5〉
　　《所蔵》国会図 GB554-663，奈良戦体 916-1601　　　　　　　　〔0821〕

【し】

塩田　時男　しおた・ときお
◇白夜―シベリア抑留歌集　吉田由次郎，塩田時男共著　神岡町（吉城郡）　吉田由次郎　1954　162p　19cm
　　《所蔵》岐阜県図書館 G/911.6/ヨ　　　　　　　　　　〔文芸・画集　0822〕

塩野谷　信彦（1918生）　しおのや・のぶひこ
◇没法子―シベリア抑留記　塩野谷信彦著　東京　表現技術開発センター　1993.8　236p　19cm（自分流文庫）〈発売：砂書房〉　1200円
　　《所蔵》国会図 GB554-E1613　　　　　　　　　　　　　　　　　〔0823〕

しか　　　　図書（体験記・回想録）

志賀　清茂　　しが・きよしげ
◇あゝハイラル「第八国境守備隊」顛末記　志賀清茂ほか著　東京　光人社　1992.3　358p　20cm（証言・昭和の戦争 リバイバル戦記コレクション）〈著者の肖像あり〉　1600円
　内容 (一部)：あゝハイラル「第八国境守備隊」顛末記・シベリヤ「ラーゲリ群島」放浪記（志賀清茂）
　《所蔵》国会図 GB554-E1079，奈良戦体 916-1611　　　　　〔0824〕

志賀　重八郎（1911生）　しが・じゅうはちろう
◇スターリンへの感謝状―シベリア虜囚記　志賀重八郎著　東京　志賀重八郎　1983.12　203p　19cm　980円
　《所蔵》国会図 GB554-1649　　　　　〔0825〕

重光　忠信　　しげみつ・ただのぶ
◇北国雷　重光忠信［著］　［東京］　［重光忠信］　［1980］　142p　22cm
　《所蔵》国会図 GB554-962　　　　　〔0826〕

重吉　藤男　　しげよし・ふじお
◇北千島回想記―第二次世界大戦　重吉藤男著　［東京］　［重吉藤男］　1992.3　57p　21cm
　《所蔵》国会図 GB554-E1624　　　　　〔0827〕

宍戸　伊勢五郎　　ししど・いせごろう
◇凍結の青春―宍戸伊勢五郎手記　宍戸伊勢五郎著　米沢　米沢出版協会　1980.6　219p 図版　19cm
　《所蔵》札幌中央＊＊　　　　　〔0828〕

四条　紫雷　　しじょう・しらい
◇シベリヤ抑留物語―終戦60周年記念　四条紫雷著　［浪江町］　四条喜三郎　［2005］　12p　26cm〈「抑留者問題　慰労品配布？　馬鹿にするな」朝日新聞への投稿記事1枚〉
　《所蔵》福島県立図書館 L916/S18/1　　　　　〔0829〕

信田　守夫　　しだ・もりお
◇シベリア捕虜紀行　信田守夫著　東京　文芸社　2006.4　142p　20cm　1300円
　《所蔵》国会図 GB554-H823　　　　　〔0830〕

篠田　欽次　　しのだ・きんじ
◇流亡三部曲　篠田欽次著　国立　生涯学習研究社　1996.7　231p　21cm
　《所蔵》国会図 GK129-G26　　　　　〔0831〕

信太山同年兵の会事務局　　しのだやまどうねんへいのかいじむきょく
◇信太山同年兵の記録　信太山同年兵記念誌編集委員編　加古川　信太山同年兵の

会事務局　1997.11　238p　22cm　非売品
　　《所蔵》国会図 GB554-G928, 奈良戦体 916-1610
　　　　　　　　　　　　　　　　　　　　　　　　　〔0832〕

篠原　正美（1915生）　しのはら・まさよし
◇家族―シベリア抑留と引き揚げの思い出　篠原正美, 篠原美代子著　［坂出］
　［篠原正美］　1994.10　64p　21cm〈著者の肖像あり〉　800円
　　《所蔵》国会図 GB554-E2010　　　　　　　　　　　〔0833〕

篠原　美代子（1921生）　しのはら・みよこ
◇家族―シベリア抑留と引き揚げの思い出　篠原正美, 篠原美代子著　［坂出］
　［篠原正美］　1994.10　64p　21cm〈著者の肖像あり〉　800円
　　《所蔵》国会図 GB554-E2010　　　　　　　　　　　〔0834〕

柴田　栄蔵（1921生）　しばた・えいぞう
◇シベリア抑留記―わが半生記　柴田栄蔵著　［森吉町（秋田県）］　［柴田栄蔵］
　2000.11　93p　21cm　非売品
　　《所蔵》国会図 GB554-G1577　　　　　　　　　　　〔0835〕

柴田　武　しばた・たけし
◇抑留生活で体験したソ連　柴田武著　東京　中外調査会　1956.5　59p　18cm
　　《所蔵》札幌中央 ＊＊　　　　　　　　　　　　　　〔0836〕

柴内　貞夫　しばない・さだお
◇白樺の灯―戦後五十年追想記　柴内貞夫著　我孫子　柴内貞夫　1995.10　125p
　19cm〈著者の肖像あり〉　非売品
　　《所蔵》国会図 GB554-G243, 奈良戦体 396.37-1746　〔0837〕

渋谷　謹一（1916生）　しぶや・きんいち
◇出征・兵役・シベリヤ抑留―戦争体験の記録　渋谷謹一著　加悦町（京都府）　渋
　谷英雄　2005.8　151p　21cm〈肖像あり〉
　　《所蔵》国会図 GB554-J202　　　　　　　　　　　　〔0838〕

渋谷　謙二郎（1922生）　しぶや・けんじろう
◇はるかなりシベリア　渋谷謙二郎著　［出版地不明］　兄弟姉妹　2008.7　305p
　21cm
　　《所蔵》国会図 GB554-J168　　　　　　　　　　　　〔0839〕

シベリアを語る会　しべりあをかたるかい
◇いわれなき虜囚―合輯本　第1巻（1号・2号）　内藤清春［ほか］編　吹田　シベリ
　アを語る会　1996.1　115, 205p　26cm〈初版のタイトル等：雪割り草　シベリヤ
　抑留「雪の同窓会」　雪の同窓会　昭和53〜54年刊〉
　　《所蔵》国会図 GB554-G234, 奈良戦体 916-1746　　〔0840〕
◇いわれなき虜囚―合輯本　第2巻（3号・4号）　内藤清春［ほか］編　吹田　シベリ

アを語る会　1996.1　251，300p　26cm〈初版：雪の同窓会　昭和55～56年刊〉
《所蔵》国会図 GB554-G234，奈良戦体 916-1746　〔0841〕
◇いわれなき虜囚―合輯本　第3巻（5号・6号）　内藤清春［ほか］編　吹田　シベリアを語る会　1996.1　380，348p　26cm〈初版：雪の同窓会　昭和57～58年刊〉
《所蔵》国会図 GB554-G234，奈良戦体 916-1746　〔0842〕
◇いわれなき虜囚―合輯本　第4巻（7号・8号）　内藤清春［ほか］編　吹田　シベリアを語る会　1996.4　316，360p　26cm〈初版：雪の同窓会　昭和59～60年刊〉
《所蔵》国会図 GB554-G234，奈良戦体 916-1746　〔0843〕
◇いわれなき虜囚―合輯本　第5巻（9号・10号）　内藤清春［ほか］編　吹田　シベリアを語る会　1996.4　229，291p　26cm〈初版：昭和62～平成元年刊〉
《所蔵》国会図 GB554-G234，奈良戦体 916-1746　〔0844〕
◇いわれなき虜囚―シベリア抑留者の記録集　第10号（完結編）　中沢寅次郎編集責任　［神戸］　シベリアを語る会　1989　279p　26cm
《所蔵》奈良戦体 916-1746　〔0845〕
◇いわれなき虜囚（新編）―シベリア抑留者の記録集　第11号　中沢寅次郎編集責任　［神戸］　シベリアを語る会　1991.1　168p　26cm〈背のタイトル：いわれなき虜囚〉
《所蔵》国会図 GB554-H873，奈良戦体 916-1746　〔0846〕
◇いわれなき虜囚（新編）―シベリア抑留者の記録集　第12号　中沢寅次郎編集責任　［神戸］　シベリアを語る会　1991.11　353p　21cm〈背のタイトル：いわれなき虜囚〉
《所蔵》国会図 GB554-H874，奈良戦体 916-1746　〔0847〕
◇いわれなき虜囚―シベリア抑留者の記録集　第13号　中沢寅次郎，内藤清春編　［神戸］　シベリアを語る会　1992.10　393p　21cm
《所蔵》国会図 GB554-H875，奈良戦体 916-1746　〔0848〕
◇いわれなき虜囚―シベリア抑留者の記録集　第14号　内藤清春，成田公一編集責任　［吹田］　［シベリアを語る会］　1993.10　330p　26cm
《所蔵》国会図 GB554-H876，奈良戦体 916-1746　〔0849〕
◇いわれなき虜囚　第15号　内藤清春，成田公一，湯浅新編集責任　［吹田］　シベリアを語る会　1995.8　345p　26cm〈戦後五〇年記念号〉
《所蔵》国会図 GB554-H877，奈良戦体 916-1746　〔0850〕
◇いわれなき虜囚　第16号　内藤清春［ほか］編　吹田　シベリアを語る会　1996.9　313p　26cm
《所蔵》国会図 GB554-G234，奈良戦体 916-1746　〔0851〕
◇いわれなき虜囚　第17号　内藤清春，成田公一，湯浅新編集責任　吹田　シベリアを語る会　1997.8　337p　26cm〈年表あり〉
《所蔵》国会図 GB554-G234，奈良戦体 916-1746　〔0852〕
◇いわれなき虜囚　第18号　内藤清春，成田公一，湯浅新編集責任　神戸　シベリ

図書（体験記・回想録）　　　　　　　　　　　　　　　しべりあ

　　アを語る会　1998.9　319p　26cm
　《所蔵》国会図 GB554-G234　　　　　　　　　　　　　〔0853〕
◇いわれなき虜囚　第19号　内藤清春，成田公一，湯浅新編集責任　神戸　シベリ
　　アを語る会　1999.9　334p　26cm
　《所蔵》国会図 GB554-G234　　　　　　　　　　　　　〔0854〕
◇いわれなき虜囚　第20号　内藤清春［ほか］編集責任　神戸　シベリアを語る会
　　2000.9　327p　26cm
　《所蔵》国会図 GB554-G234　　　　　　　　　　　　　〔0855〕
◇いわれなき虜囚　第21号　内藤清春［ほか］編集責任　神戸　シベリアを語る会
　　2001.9　322p　26cm
　《所蔵》国会図 GB554-G234　　　　　　　　　　　　　〔0856〕
◇いわれなき虜囚　第22号　内藤清春［ほか］編集責任　神戸　シベリアを語る会
　　2002.9　322p　26cm
　《所蔵》国会図 GB554-G234　　　　　　　　　　　　　〔0857〕
◇いわれなき虜囚　第23号　内藤清春［ほか］編集責任　神戸　シベリアを語る会
　　2003.11　256p　26cm
　《所蔵》国会図 GB554-H225　　　　　　　　　　　　　〔0858〕
◇いわれなき虜囚　第24号　内藤清春［ほか］編集責任　［神戸］　シベリアを語る会
　　2004.12　275p　26cm
　《所蔵》国会図 GB554-H479　　　　　　　　　　　　　〔0859〕
◇いわれなき虜囚　第25号　斎藤豊，内藤清春，湯浅新，森島重幸編集責任　［神
　　戸］　シベリアを語る会　2005.12　264p　26cm
　《所蔵》国会図 GB554-H756　　　　　　　　　　　　　〔0860〕
◇いわれなき虜囚　第26号　斎藤豊，湯浅新，森島重幸編集責任　［神戸］　シベリ
　　アを語る会　2006.12　291p　26cm
　《所蔵》国会図 GB554-H988　　　　　　　　　　　　　〔0861〕
◇いわれなき虜囚　第27号　斎藤豊編　神戸　シベリアを語る会・事務局　2008.8
　　144p　26cm
　《所蔵》国会図 GB554-J179　　　　　　　　　　　　　〔0862〕
◇いわれなき虜囚　第27号 補遺　斎藤豊編　神戸　シベリアを語る会　2009.9
　　10p　26cm
　《所蔵》国会図 GB554-J406　　　　　　　　　　　　　〔0863〕
◇いわれなき虜囚　別冊1　創立二十周年記念誌編集委員会編集　［神戸］　シベリ
　　アを語る会　1999.6　119p　26cm〈年表あり〉
　　　内容 鎮魂二十年の歩み―創立二十周年記念誌（昭和五十三年―平成十年）
　《所蔵》国会図 GB554-J818　　　　　　　　　　　　　〔0864〕
◇いわれなき虜囚　別冊2　斎藤豊編集責任　神戸　シベリアを語る会・事務局
　　2008.6　52p　26cm〈年表あり〉

シベリア抑留関係基本書誌　95

しへりあ　　　　　　　図書（体験記・回想録）

　　内容 鎮魂の歩み―創立三十周年記念誌（平成十一年―平成二十年）
　　《所蔵》国会図 GB554-J819　　　　　　　　　　　　　　　〔0865〕
◇会誌いわれなき虜囚全号目次集　斎藤豊企画・編集・制作　第3版（改訂）　神戸
　「シベリアを語る会」事務局　2009.9　47, 6p　26cm〈付・著者/紹介者索引〉
　　《所蔵》国会図 GB554-J723　　　　　　　　　　　　　　　〔0866〕

シベリア体験を記録する会　　しべりあたいけんおきろくするかい
◇シベリア強制収容所―私たちの抑留記録　徳島　シベリア体験を記録する会
　1983.7　118p　21cm　350円
　　《所蔵》国会図 GB554-1628　　　　　　　　　　　　　　　〔0867〕

シベリア抑留会　　しべりあよくりゅうかい
◇シベリア抑留写真集　シベリア抑留会編　立川　［シベリア抑留会］　1971.10
　137p　31cm　20000円
　　《所蔵》札幌中央　＊＊　　　　　　　　　　　　〔文芸・画集　0868〕

シベリア抑留画集出版委員会　　しべりあよくりゅうがしゅうしゅっぱんいいんかい
◇きらめく北斗星の下に―シベリア抑留画集　シベリア抑留画集出版委員会編　［東
　京］　シベリア抑留画集出版委員会　1989.4　229p　29cm〈参考文献：p223〉
　12000円
　　《所蔵》国会図 KC16-E620, 奈良戦体 369.37-3746　　　〔文芸・画集　0869〕

シベリア抑留の体験を語り継ごう会　　しべりあよくりゅうのたいけんおかたりつごう
　　かい
◇シベリア抑留体験記―私たちにとって終戦はなかった　シベリア抑留の体験を語
　り継ごう会編　神戸　神戸新聞出版センター　1981.9　349p　21cm　1800円
　　《所蔵》国会図 GB554-1254, 奈良戦体 916-3946　　　　　　　〔0870〕

シベリヤ会　　しべりやかい
◇凍土　広島　シベリヤ会　1991.11　102, 8p　26cm〈折り込図3枚〉　非売品
　　《所蔵》国会図 GB554-E1038　　　　　　　　　　　　　　　〔0871〕

島 紀彦　　しま・のりひこ
◇シベリア収容所の人々　島紀彦著　東京　講談社　1996.6　301p　20cm　1800円
　　《所蔵》国会図 KH555-G174, 奈良戦体 913.6-1746　　　〔文芸・画集　0872〕

島田 四郎　（1906生）　しまだ・しろう
◇ノンジャンの丘　島田四郎著　［熊本］　日本談義社　1969.6　426p 図版　15cm
　非売品
　　《所蔵》国会図 US41-103　　　　　　　　　　　　　　　　〔0873〕

嶋田 信弘　（1924生）　しまだ・のぶひろ
◇ザフトラ＜明日＞―ある兵士のシベリア回想録　嶋田信弘著　［松山］　［嶋田信

弘〕　1993.3　278p　22cm
　《所蔵》国会図 GB554-E2036, 奈良戦体 369.37-1646
　　　　　　　　　　　　　　　　　　　　　　　　　〔0874〕

島田　福司　しまだ・よしじ
◇回想のアルバム―徴兵―出征―ソ連邦抑留　島田福司著　熊谷　島田福司
　1983.10　63p　33cm〈製作：カンデラ書館（東京）はり込図1枚 著者の肖像あり〉
　《所蔵》国会図 GB554-1712　　　　　　　　　　　〔0875〕

島村　喬（1913生）　しまむら・きょう
◇赤い白夜―生死の極限におかれた人間の条件　島村道男著　東京　番町書房
　1963.10　283p　18cm（ポイントブックス）
　《所蔵》国会図 913.6-Si3452a　　　　　　　〔文芸・画集　0876〕

島村　三郎　しまむら・さぶろう
◇中国から帰った戦犯　島村三郎著　東京　日中出版　1975　242p　19cm　880円
　《所蔵》国会図 GB554-363, 奈良戦体 916-3650　　　〔0877〕

清水　正二郎　しみず・しょうじろう
◇虐殺収容所―捕虜はメーデーに殺された　清水正二郎著　東京　第一物産
　1949.5　219p　18cm
　《所蔵》札幌中央＊＊　　　　　　　　　　　　　　〔0878〕

清水　昭三（1930生）　しみず・しょうぞう
◇シベリア・グルジア抑留記考―「捕虜」として、「抑留者」として　清水昭三著
　東京　彩流社　2005.7　237p　19cm　1800円
　《所蔵》国会図 GB554-H621　　　　　　　　　　　〔0879〕

清水　宝一（1925生）　しみず・たかいち
◇北辺の青春―［アイ］琿第六国境守備隊員シベリア虜囚体験記　清水宝一著，清水
　宝文編　府中（東京都）　清水宝一　2003.4　373p　21cm〈年譜あり〉
　《所蔵》国会図 GB554-H300　　　　　　　　　　　〔0880〕

清水　健　しみず・たけし
◇朔風裡―句集 ソ連抑留生活二ケ年の記録　清水健著　東京　清水健　1990.5
　278p　19cm〈製作：丸善出版サービスセンター〉
　《所蔵》国会図 KH555-E636　　　　　　　　　〔文芸・画集　0881〕

清水　俊夫　しみず・としお
◇短歌で辿るソ連抑留記　清水俊夫著　東京　新風舎　2006.12　109p　20cm〈年
　表あり〉　1400円
　《所蔵》国会図 KH555-H1160　　　　　　　　〔文芸・画集　0882〕

清水　豊吉　しみず・とよきち
◇俘虜追想記―シベリアからウズベクへ　清水豊吉著　北見　北見文化連盟　1980

しみす　　　　　　　図書（体験記・回想録）

　　322p　20cm　1800円
　《所蔵》奈良戦体 916-1646
　　　　　　　　　　　　　　　　　　　　　　　　〔0883〕

清水　洋平　　しみず・ようへい
◇虜愁　清水洋平著　秋田　白日社　1978.11　149p　22cm　2000円
　《所蔵》札幌中央 ＊＊
　　　　　　　　　　　　　　　　　　　　　　　　〔0884〕

下村　吉訓（1923生）　しもむら・よしくに
◇シベリア俘虜の記憶　下村吉訓著　東京　文芸社　2001.3　127p　19cm　1000円
　《所蔵》国会図 GB554-G1512
　　　　　　　　　　　　　　　　　　　　　　　　〔0885〕

ジャスパー井上　　じゃすぱーいのうえ
◇蒼い目の日本兵　ジャスパー井上著　東京　新風舎　2006.1　124p　20cm　1300円
　《所蔵》国会図 GB554-H787
　　　　　　　　　　　　　　　　　　　　　　　　〔0886〕

庄子　一郎　　しょうじ・いちろう
◇忍従シベリヤ強制労働　庄子一郎著　仙台　庄子一郎　1990.9　1冊　27cm
　《所蔵》宮城県図書館 K960/シ7
　　　　　　　　　　　　　　　　　　　　　　　　〔0887〕
◇忍従シベリヤ強制労働　その2　山より　アバカン　チェルノゴルスク　庄子一郎著　仙台　庄子一郎　1994.6　16p　26cm〈袋綴〉
　《所蔵》宮城県図書館 K960/シ7/2
　　　　　　　　　　　　　　　　　　　　　　　　〔0888〕

城野　宏（1913生）　じょうの・ひろし
◇獄中の人間学―対談　古海忠之, 城野宏著　東京　竹井出版　1982.6　187p　20cm　1200円
　《所蔵》国会図 GB511-129
　　　　　　　　　　　　　　　　　　　　　　　　〔0889〕
◇獄中の人間学　古海忠之, 城野宏著　新装版　東京　致知出版社　2004.6　217p　20cm　1400円
　《所蔵》国会図 GB511-H66
　　　　　　　　　　　　　　　　　　　　　　　　〔0890〕

昇平会　　しょうへいかい
◇引揚記録・昇平大阪開拓団　昇平会編　宝塚　昇平会事務所　1977.5　223p　21cm〈折込図2枚　付図1枚：哈爾浜市街図〉　1200円
　《所蔵》国会図 GB554-604，奈良戦体 369.37-2647
　　　　　　　　　　　　　　　　　　　　　　　　〔0891〕

白井　卯三朗　　しらい・うさぶろう
◇苦闘の回想録―シベリア抑留：軍医の立場から　白井卯三朗著　岸和田　白井卯三朗　1991　196p　22cm〈「ボーヤンキ収容所の想い出」（ボーヤンキ会　昭和57年刊）の抜粋〉
　《所蔵》大阪府立中央図書館 916/277N
　　　　　　　　　　　　　　　　　　　　　　　　〔0892〕

白石　正義　　しらいし・まさよし
◇私の昭和史―幻の帝国満州国建国とその崩壊　白石正義著　流山　崙書房

1988.4　230p　19cm〈附・シベリア収容所脱出記〉　1300円
《所蔵》札幌中央 ＊＊
〔0893〕

白石　豊　しらいし・ゆたか
◇シベリヤ抑留4年の記録　白石豊　福岡　［白石豊］　1985.6　180p　22cm　780円
《所蔵》札幌中央 ＊＊
〔0894〕

白木　奎二　しらき・けいじ
◇ああボーヤンキ―虜囚の叫び　白木奎二編　塩尻　立石守人　1989.3　331p　22cm
《所蔵》札幌中央 ＊＊
〔0895〕

白倉　清二　しらくら・せいじ
◇ラーゲルの証人　白倉清二著　北九州　西部読売開発出版部　1987.8　209p
19cm　1300円
《所蔵》国会図 GB554-E142，奈良戦体 916-1646
〔0896〕

白雪会　しらゆきかい
◇帰還20周年―レーニンスクの思い出 特集号　東京　白雪会　1970　64p 肖像
26cm
《所蔵》国会図 GB554-493
〔0897〕
◇帰還40周年―レニンスクの思い出 特集号：シベリヤ抑留者の手記集　白雪会
　［編］　［東京］　白雪会　1988.12　294p　21cm〈ナホトカからの引揚船入港記録
　（昭和二十二年四月七日以降入港分・出港地ナホトカ）：p281-283〉
《所蔵》奈良戦体 369.37-1746
〔0898〕
◇終戦50周年記念・思い出集　新関省二，小池実編　［横浜］　白雪会　1995.11
　38p　26cm〈1995年版会報〉
《所蔵》奈良戦体 916-1646
〔0899〕

白岩　秀康　しろいわ・ひでやす
◇兵士の記憶　白岩秀康著　［東京］　日本図書刊行会　1997.3　244p　20cm〈発
　売：近代文芸社〉　1700円
《所蔵》国会図 GB554-G586
〔0900〕

新宮　富士郎（1921生）　しんぐう・ふじお
◇異国の丘―シベリヤ抑留始末記　新宮富士郎編　山形　新宮富士郎　1990.8
　271p　19cm〈著者の肖像あり 年譜：p251～254〉　非売品
《所蔵》国会図 GB554-E1065
〔0901〕
◇大陸の孤島―シベリヤ抑留記　新宮富士郎編　山形　新宮富士郎　1989.3　252p
　19cm〈著者の肖像あり〉　1500円
《所蔵》国会図 GB554-E618
〔0902〕
◇大陸の孤島―シベリヤ抑留記　新宮富士郎著　東京　文芸社　2008.2　254p
　19cm　1400円

しんしょ　　　　　図書（体験記・回想録）

　　《所蔵》国会図 GB554-J35　　　　　　　　　　　　　　　　　〔0903〕

新庄　成吉　　しんじょう・せいきち
◇冬空の記録―南樺太抑留生活の報告　新庄成吉著　札幌　川崎書店　1949　238p
　図版　19cm
　　《所蔵》国会図 a914-223　　　　　　　　　　　　　　　　　〔0904〕

新知島山吹会　　しんしるとうやまぶきかい
◇新知島山吹会戦史―濃霧と吹雪の中千島・シベリヤ虜囚の全貌　［河南町（宮城
　県）］　新知島山吹会　1986.6　179p 図版20p　27cm〈第二十回新知島山吹会記念〉
　　《所蔵》国会図 GB554-2252　　　　　　　　　　　　　　　　〔0905〕

新谷　謙吾　　しんたに・けんご
◇ソ連抑留　新谷謙吾著　［本耶馬渓町（大分県）］　［新谷謙吾］　1993.10印刷
　58p　21cm
　　《所蔵》国会図 GB554-E1548　　　　　　　　　　　　　　　〔0906〕

信藤　謙蔵　　しんどう・けんぞう
◇シベリア物語―なつかしい捕虜時代　信藤謙蔵著　国立　信藤謙蔵　1986.2
　213p　19cm
　　《所蔵》札幌中央 ＊＊　　　　　　　　　　　　　　　　　　〔0907〕

榛葉　英治　（1912生）　しんば・えいじ
◇ソ連強制収容所　榛葉英治著　東京　評伝社　1981.12　267p　20cm〈資料：
　p267〉　1300円
　　《所蔵》国会図 GB554-1180，奈良戦体 391.4-1746　　　　　　〔0908〕

神馬　文男　（1926生）　じんば・ふみお
◇異国の丘―シベリヤ抑留の記　神馬文男編著　札幌　みやま書房　1976　287p
　19cm
　　《所蔵》国会図 GB554-435　　　　　　　　　　　　　　　　　〔0909〕

神保　武夫　　じんぼ・たけお
◇軍隊生活とシベリア抑留記　神保武夫［著］　［山形］　［神保武夫］　19--　43p
　21×30cm
　　《所蔵》奈良戦体 916-1646　　　　　　　　　　　　　　　　〔0910〕

【 す 】

末次　一郎　（1922生）　すえつぐ・いちろう
◇「戦後」への挑戦　末次一郎著　東京　歴史図書社　1981.12　307p　20cm　1300円
　　《所蔵》国会図 FH24-68　　　　　　　　　　　　　　　　　　〔0911〕

須賀 宮吉（1915生）　すが・みやきち
◇タイガーの下で――一兵士のシベリア抑留記　須賀宮吉編　［米沢］　須賀宮吉　1994.4　178p　21cm　非売品
　《所蔵》国会図 GB554-L85　〔0912〕

菅波 大十一（1922生）　すがなみ・おといち
◇バム鉄道の霧――シベリア・タイセット抑留　菅波大十一著　いわき　総合企画八幡　1991.10　352p　22cm〈付：参考文献〉　3000円
　《所蔵》国会図 GB554-E1099，奈良戦体 369.37-1746　〔0913〕

菅原 円次郎　すがわら・えんじろう
◇中千島ウルップ島の防禦とシベリヤの抑留生活　菅原円次郎　［栗原郡（宮城）］　菅原円次郎　1979　31p　26cm
　《所蔵》奈良戦体 916-1646　〔0914〕

菅原 純（1919生）　すがわら・じゅん
◇俺は生きていた　菅原純著　［東京］　日本図書刊行会　1994.4　288p　20cm〈発売：近代文芸社〉　1500円
　《所蔵》国会図 GB554-E1674　〔0915〕

菅原 道太郎　すがわら・みちたろう
◇赤い牢獄――ソ連獄中記　菅原道太郎著　札幌　川崎書店　1949　278p　19cm
　《所蔵》国会図 a914-289　〔0916〕
◇赤い牢獄　菅原道太郎著　東京　大空社　1999.12　278p　22cm（叢書俘虜・抑留の真実　第1巻）〈シリーズ責任表示：山下武/監修　川崎書店昭和24年刊の複製〉　5500円
　《所蔵》国会図 GB554-G1205　〔0917〕

杉岡 一鉄（1928生）　すぎおか・いってつ
◇我忘れ難き八年　杉岡一鉄著　東京　文芸社　2002.11　299p　20cm　1000円
　《所蔵》国会図 GB554-H2　〔0918〕

杉村 一幸　すぎむら・かずゆき
◇わが青春と抑留と　杉村一幸著　諏訪　鳥影社制作室　1991.12　174p　20cm〈著者の肖像あり〉　非売品
　《所蔵》国会図 GB554-E1073　〔0919〕

杉村 俊一　すぎむら・しゅんいち
◇追憶――消え去りし青春　ブカチャーチャー　［第1部］　鎌倉　杉村俊一　［1974］　161p　26cm
　《所蔵》国会図 GB554-E1393　〔0920〕

杉本　四郎（1925生）　すぎもと・しろう
◇シベリア抑留の思い出記　杉本四郎著　東京　文芸社　2011.3　93p　19cm
1000円
《所蔵》国会図 GB554-J689　　　　　　　　　　　　　　　　　〔0921〕

助川　武夫　すけがわ・たけお
◇白樺―シベリヤ抑留 自選歌集　助川武夫著　［石岡］　［助川武夫］　1987.8　197p　19cm　非売品
《所蔵》国会図 KH566-E58　　　　　　　　　　　　　〔文芸・画集　0922〕

須崎　嘉浩　すざき・よしひろ
◇雪どけ―元関東軍兵士の記録　須崎嘉浩著　［尾張旭］　［須崎嘉浩］　1975　322p　19cm　非売品
《所蔵》国会図 GB554-304　　　　　　　　　　　　　　　　　　〔0923〕

鈴木　克己（1925生）　すずき・かつみ
◇シベリア抑留記　鈴木克己著　［東京］　鈴木すゞ　2005.8　156p　20cm〈肖像あり　製作：丸善出版サービスセンター（東京）〉　非売品
《所蔵》国会図 GB554-H692　　　　　　　　　　　　　　　　　〔0924〕

鈴木　亀蔵　すずき・かめぞう
◇我が想い出のシベリア抑留記　鈴木亀蔵　天龍　［鈴木亀蔵］　1990.4　92p　26cm
《所蔵》札幌中央 ＊＊　　　　　　　　　　　　　　　　　　　　〔0925〕

鈴木　玉虬　すずき・ぎょくきゅう
◇槙の木―玉虬遺句集　鈴木玉虬，鈴木勲著　東京　かや書房　1991.7　189p　20cm〈付・北支戦線およびシベリア抑留の記〉　2000円
《所蔵》国会図 KH573-E242　　　　　　　　　　　　〔文芸・画集　0926〕

鈴木　孝一（1914生）　すずき・こういち
◇しべりやの捕虜記　鈴木孝一著　東京　自分流文庫　2001.6　224p　21cm（自分流選書）　1524円
《所蔵》国会図 GB554-H75　　　　　　　　　　　　　　　　　　〔0927〕

鈴木　祥蔵（1919生）　すずき・しょうぞう
◇シベリア捕虜収容所『ラーゲル』の中の青春――学徒兵五十五年目の回想　鈴木祥蔵著　東京　明石書店　1999.8　133p　21cm　1200円
《所蔵》国会図 GB554-G1075，奈良戦体 916-1646　　　　　　　〔0928〕

鈴木　省五郎　すずき・せいごろう
◇ダワイ・ヤポンスキー―シベリヤに生きた日本兵捕虜記　鈴木省五郎著　東京　創造　1976　310p　図　肖像　19cm〈発売：陽樹社（東京）〉
《所蔵》国会図 GB554-411　　　　　　　　　　　　　　　　　　〔0929〕

鈴木　忠蔵（1908生）　すずき・ちゅうぞう
◇シベリア捕虜収容所回想録　鈴木忠蔵著　金沢　北国新聞社　1990.10　115p
　19cm　1000円
　《所蔵》国会図 GB554-E745　　　　　　　　　　　　　　　　　　〔0930〕

鈴木　敏夫（1921生）　すずき・としお
◇シベリヤの勲章―収容所群島のサムライたち　鈴木敏夫著　東京　光人社
　1982.2　221p　20cm　980円
　《所蔵》国会図 GB554-1199，奈良戦体 916-1746　　　　　　　　　〔0931〕
◇シベリヤの勲章―収容所群島のサムライたち　鈴木敏夫著　東京　光人社
　1988.6　221p　20cm　1200円
　《所蔵》国会図 GB554-E179，奈良戦体 916-1746　　　　　　　　　〔0932〕
◇シベリヤの勲章―収容所群島のサムライたち　鈴木敏夫著　東京　光人社
　1994.3　286p　16cm（光人社NF文庫）　540円
　《所蔵》国会図 GB554-E1606，奈良戦体 916-1746　　　　　　　　〔0933〕
◇シベリヤの勲章　続　鈴木敏夫著　東京　光人社　1984.2　229p　20cm〈続編の
　副書名：収容所群島・黒パン獄中記〉　1200円
　《所蔵》国会図 GB554-1199，奈良戦体 916-1746　　　　　　　　　〔0934〕
◇虜情―ソ連抑留11年の記録　上　鈴木敏夫著　徳島　出版KK　1972.10　251p
　19cm　700円
　《所蔵》国会図 GB554-188　　　　　　　　　　　　　　　　　　　〔0935〕
◇虜情―ソ連抑留11年の記録　下　鈴木敏夫著　徳島　出版KK　1972.11　266p
　19cm　700円
　《所蔵》国会図 GB554-188　　　　　　　　　　　　　　　　　　　〔0936〕

鈴木　雅雄　すずき・まさお
◇春なき二年間―ソ連の秘境ウランバートル収容所　鈴木雅雄著　東京　自由出版
　1948　210p　19cm
　《所蔵》国会図 YD5-H-a914-1（マイクロフィッシュ）　　　　　　　〔0937〕

鈴木　道蔵　すずき・みちぞう
◇終戦―私家版　鈴木道蔵著　東京　岡野道弘　1998.2　119p　19cm〈三鷹　けやき
　書房（製作）〉
　《所蔵》国会図 GB554-G948　　　　　　　　　　　　　　　　　　〔0938〕

鈴木　康生（1899生）　すずき・やすお
◇樺太防衛の思い出―最終の総合報告　鈴木康生著　蒲郡　鈴木康生　1987.9
　453p　22cm　2500円
　《所蔵》国会図 GB554-E164，奈良県立図書情報館 916-1914　　　　〔0939〕
◇樺太防衛の思い出―最終の総合報告　増補　鈴木康生著　蒲郡　鈴木康生
　1989.2　468p　22cm　3000円

すすき　　　　　　　図書（体験記・回想録）

《所蔵》奈良戦体 391.4-1914　　　　　　　　　　　　　　　　〔0940〕

鈴木　良男（1922生）　すずき・よしお
◇遥か青春シベリア　鈴木良男著　大船渡　共和印刷企画センター　1995.6　243p　19cm〈著者の肖像あり〉　1200円
《所蔵》国会図 GB554-G107　　　　　　　　　　　　　　　　〔0941〕

進　収三郎（1920生）　すすむ・しゅうざぶろう
◇父の戦記　進収三郎著　［宝塚］　［進収三郎］　1989.11　174p　19cm〈製作：朝日カルチャーセンター（大阪）参考文献：p173 著者の肖像あり〉　1500円
《所蔵》国会図 GB554-E1270，奈良戦体 916-1611　　　　　　　〔0942〕

須田　亘　すだ・わたる
◇興安嶺よさらば―満州・シベリアの凍土に眠る英霊に捧げる　須田亘著　東京　公人の友社武内印刷出版事業部　1987.6　329p　19cm　2000円
《所蔵》札幌中央＊＊　　　　　　　　　　　　　　　　　　　〔0943〕

須藤　次郎　すどう・じろう
◇祖国への道―シベリア抑留の記　須藤次郎著，高橋貴久子編　所沢　須藤浪子　1980.6　215p　19cm
《所蔵》札幌中央＊＊　　　　　　　　　　　　　　　　　　　〔0944〕

角田　和夫（1952生）　すみだ・かずお
◇シベリアへの旅路我が父への想い　角田和夫著　東京　クレオ　2002.11　111p　31cm〈他言語標題：Memories of my father：a journey to Siberia　おもに図 英文併記〉　3800円
《所蔵》国会図 KC726-H205　　　　　　　　　　　　〔文芸・画集　0945〕
◇My journey to Siberia―シベリアから平和を考える　角田和夫著　東京　クレオ　2009.5　62p　29cm　2000円
《所蔵》国会図 KC726-J735　　　　　　　　　　　　〔文芸・画集　0946〕

諏訪　正凱　すわ・まさよし
◇軍靴のさすらい―回想録　諏訪正凱編著　［札幌］　［諏訪正凱］　1987.6　148，19p　19cm
《所蔵》国会図 GB554-E844，奈良戦体 369.37-1646　　　　　　〔0947〕

諏訪　弥佐吉　すわ・やさきち
◇シベリア―歌集　諏訪弥佐吉著　［長岡］　［諏訪弥佐吉］　2000.4　118p　19cm
《所蔵》国会図 KH566-G464　　　　　　　　　　　　〔文芸・画集　0948〕

【せ】

西濃地区ダモイ会　せいのうちくだもいかい
◇シベリア抑留体験記　西濃地区ダモイ会編　大垣　今川順夫　1989.11　100p　27cm
　《所蔵》札幌中央　＊＊　　　　　　　　　　　　　　　　　　　　　〔0949〕

関　清人（1914生）　せき・きよんど
◇追憶の日々―私のシベリア抑留記　関清人著　東京　文芸社　2001.6　107p　20cm　1000円
　《所蔵》国会図 GB554-G1539，奈良戦体 916-3746　　　　　　　　〔0950〕

関川　大治　せきかわ・だいじ
◇私の抑留記―4年3ヵ月の俘虜記録　関川大治著　［千葉］　千葉日報社　1980　272p　21cm
　《所蔵》札幌中央　＊＊　　　　　　　　　　　　　　　　　　　　　〔0951〕

関口　弘治（1914生）　せきぐち・こうじ
◇囚人護送車ストルイピン―シベリア流刑の黙示録　関口弘治著　東京　日本編集センター　1983.9　275p　19cm〈発売：星雲社　付：参考文献〉　1000円
　《所蔵》国会図 GB554-1498，奈良戦体 369.37-1746　　　　　　　　〔0952〕

関口　元次　せきぐち・もとつぐ
◇ジョロンベットの冬春―ソ連抑留記 1945.8.15-1948.11.30　関口元次著　北九州　関口キヨ子　2014.7　42p　21cm
　《所蔵》国会図 Y93-L4837，奈良戦体 916-1746　　　　　　　　　　〔0953〕

石頭会　せきとうかい
◇「石頭会報」縮刷版―石頭会15年間の記録　東京　石頭会第16回全国大会実行委員会　［1998］　142p　30cm〈内容：創刊第1号（昭和58年10月1日付）―第30号（平成10年4月5日付）〉
　《所蔵》奈良戦体 385.7-1748　　　　　　　　　　　　　　　　　　〔0954〕
◇槙幹―関東軍石頭予備士官学校第十三期生の記録　石頭会槙幹編集委員会編　東京　石頭会事務局　1977.7　863p 図　27cm〈戦没者33回忌慰霊祭挙行石頭会第5回全国大会開催記念誌　付：『日本新聞』第69号〉　6000円
　《所蔵》国会図 GB611-82，奈良戦体 396.21-1611　　　　　　　　　〔0955〕
◇槙幹　統―関東軍石頭予備士官学校挽歌　石頭会・続槙幹編集委員会編　東京　東京学習出版社　1980.12　495p　27cm〈出版者：「正編」は石頭会事務局〉　5000円
　《所蔵》国会図 GB611-82，奈良戦体 396.21-1611　　　　　　　　　〔0956〕

関野　豊　せきの・ゆたか
◇東満の兵営と抑留記―朔北の自分史　関野豊著　東京　旺史社　1985.6　266p　19cm（無名戦士の記録シリーズ）　1500円
《所蔵》国会図 GB554-2018，奈良戦体 916-1901　　　　　　　　　　〔0957〕

瀬島　龍三（1911生）　せじま・りゅうぞう
◇幾山河―瀬島龍三回想録　瀬島龍三著　東京　産経新聞ニュースサービス　1995.9　505p　22cm〈発売：扶桑社　著者の肖像あり〉　2800円
《所蔵》国会図 GK127-G3，奈良戦体 289-1910　　　　　　　　　　〔0958〕
◇いま真実を明かそう―対談　終戦五十周年を前にして　瀬島龍三，衛藤豊久編著　東京　政治運動研究所　1994.10　133p　19cm〈著者の肖像あり〉　1200円
《所蔵》国会図 GB531-E294，奈良県立図書情報館 210.75-124　　　〔0959〕
◇瀬島龍三　日本の証言―新・平成日本のよふけスペシャル　瀬島龍三著，番組スタッフ編　［東京］　フジテレビ出版，東京：扶桑社（発売）　2003.2　287p　20cm〈年譜あり〉　1333円
《所蔵》国会図 GK127-H9　　　　　　　　　　　　　　　　　　　〔0960〕

瀬戸　奈々子　せと・ななこ
◇かえらぬ鶴　瀬戸奈々子，林田みや子共著　東京　二見書房　1961　226p 図版　19cm
《所蔵》国会図 915.9-Se196k，奈良県立図書情報館 916-9　　　　　〔0961〕

瀬野　修　せの・おさむ
◇シベリヤ抑留記　瀬野修著　東京　虹有社　1947.12　185p　19cm
《所蔵》国会図 GB554-H202，奈良県立図書情報館 904-55　　　　　〔0962〕
◇シベリヤ抑留記　瀬野修著　東京　大空社　1999.12　185p　22cm（叢書俘虜・抑留の真実　第5巻）〈虹有社昭和22年刊の複製〉　4000円
《所蔵》国会図 GB554-G1209　　　　　　　　　　　　　　　　　　〔0963〕

世良　一　せら・はじめ
◇シベリアに生きていた句集―ラーゲリの句会記録から　世良一［著］　福山　世良一　1994.1　33p　21cm
《所蔵》広島県立図書館 H93/セラハ94ア　　　　　　　　〔文芸・画集　0964〕
◇シベリアに生きていた句集―ラーゲリの句会記録から　続　世良一［著］　福山　世良一　1996.10　56p　26cm〈表紙の書名：続　氷柱（つらら）〉
《所蔵》奈良戦体 369.37-1746　　　　　　　　　　　　　〔文芸・画集　0965〕

善木　武夫　ぜんき・たけお
◇カランチン―抑留記　善木武夫著　岡山　道書房　1984.3　289p 図版1枚　19cm〈著者の肖像あり〉
《所蔵》国会図 GB554-E690，奈良戦体 916-2746　　　　　　　　　〔0966〕

図書（体験記・回想録）　　　　　　　　　せんこく

全国虎頭会　　ぜんこくことうかい
◇ソ満国境虎頭要塞の戦記　全国虎頭会編　琴平町（香川県）　全国虎頭会事務局　1977.11　688p　図版10枚　22cm〈編集：平田文市　折り込図1枚〉
　《所蔵》国会図 GB544-136，奈良戦体 396.21-1901　　　　　　　〔0967〕

全国郵政OBシベリア抑留者の会　　ぜんこくゆうせいおーびーしべりあよくりゅうしゃのかい
◇痛恨のシベリア抑留から50年 1945-1995　全国郵政OBシベリア抑留者の会　[大阪]　全国郵政OBシベリア抑留者の会　[1995]　46p　26cm
　《所蔵》奈良戦体 281-1646　　　　　　　　　　　　　　　　　〔0968〕

全国抑留者協議会　　ぜんこくよくりゅうしゃきょうぎかい
◇生ける証言―ソ連抑留体験記録　熊谷　全国抑留者協議会埼玉県連合会　1987.2　382p　21cm　2000円
　《所蔵》国会図 GB554-E46　　　　　　　　　　　　　　　　　〔0969〕
◇我等凍土にかく生けり　全国抑留者協議会埼玉県連合会熊谷支部　熊谷　熊谷市全抑協支部　1982.8　85p　26cm
　《所蔵》奈良戦体 369.37-1646　　　　　　　　　　　　　　　〔0970〕

全国抑留者補償協議会　　ぜんこくよくりゅうしゃほしょうきょうぎかい
◇極限の日日―私と終戦とシベリヤ抑留　安城　全抑協愛知県連安城支部　1985.5　243p　21cm
　《所蔵》国会図 GB554-1966，奈良戦体 916-1746　　　　　　　〔0971〕
◇酷寒乃地に生き抜いて―シベリア抑留の記録　全抑協福島県連合会福島杉妻支部編　福島　全抑協福島県連合会　1983　95p　27cm
　《所蔵》福島県立図書館 L369.3/Z1/1　　　　　　　　　　　　〔0972〕
◇シベリア生と死の記録―かくされた歴史を綴る 実録　全抑協熊本県連合会編　熊本　全抑協熊本県連合会　1985.12　380p　21cm〈折り込図1枚〉
　《所蔵》国会図 GB554-2361，奈良戦体 369.37-1746　　　　　〔0973〕
◇シベリアの慟哭―抑留体験者の記録　全抑協熊本県連合会天草支部編　[出版地不明]　全抑協熊本県連合会天草支部　1984　225p　26cm
　《所蔵》熊本県立図書館 C391.2/ナ　　　　　　　　　　　　　〔0974〕
◇シベリア抑留の思い出　全国抑留者補償協議会滝川支部記念誌編集委員会編　滝川　全国抑留者補償協議会滝川支部　1992　78p（図版共）　26cm
　《所蔵》北海道立図書館 391.5/SH　　　　　　　　　　　　　〔0975〕
◇シベリヤに生きて　第1輯　[全国抑留者補償協議会]　鶴岡　全抑協広報編集部　1986.5　157p　21cm　1200円
　《所蔵》北海道立図書館 916/SH/1　　　　　　　　　　　　　〔0976〕
◇ノーモアシベリア―シベリア追憶の記念誌　徳島　全抑協徳島県連合会記念誌編集委員会　1992.8　511p　27cm　4000円

《所蔵》国会図 GB554-E1243，奈良戦体 916-3646 〔0977〕

戦時強制捕虜補償要求推進協議会　せんじきょうせいほりょほしょうようきゅうすいしんきょうぎかい
◇奪われた青春—強制捕虜の叫び　戦時強制捕虜補償要求推進協議会佐賀県連合会編　下関　赤間関書房　1975　104p 図　19cm　500円
《所蔵》国会図 GB554-404 〔0978〕

銭田 万右衛門（1920生）　ぜんた・まんうえも
◇カスピアンナイト　銭田万右衛門著　東京　文芸社　2004.8　426p　19cm　1800円
《所蔵》国会図 KH754-H49 〔文芸・画集　0979〕

仙田 実（1925生）　せんだ・みのる
◇昭和の遺言十五年戦争—兵士が語った戦争の真実　仙田実，仙田典子著　東京　文芸社　2008.2　476p　22cm　1500円
《所蔵》国会図 GB521-J11，奈良戦体 210.7-1200 〔0980〕

全抑協中央連合会　ぜんよくきょうちゅうおうれんごうかい
◇シベリア抑留体験記—実録永恨の爪跡　全抑協中央連合会編集部編集　東京　全抑協中央連合会　1982.12　375p　26cm〈発売：緑星社出版部（富士宮）〉　1500円
《所蔵》国会図 GB554-1732 〔0981〕

【そ】

創価学会　そうかがっかい
◇凍てつく大地の彼方から—引き揚げ、抑留体験の記録　創価学会青年部反戦出版委員会編　東京　第三文明社　1983.8　218p　19cm（戦争を知らない世代へ 2-12 山形編）　1200円
《所蔵》国会図 GB554-1477，奈良県立図書情報館 915.6-150-12 〔0982〕
◇死線からの逃避行—シベリア・中国大陸引揚げ記録　創価学会青年部反戦出版委員会編　東京　第三文明社　1981.8　240p　19cm（戦争を知らない世代へ II-1 石川編）〈巻末：年表・参考文献〉　1200円
《所蔵》国会図 GB554-1157，奈良県立図書情報館 915.6-150-1 〔0983〕
◇慟哭の大地をあとにして—抑留、義勇軍、大陸からの引揚げ記録　創価学会青年部反戦出版委員会編　東京　第三文明社　1984.8　263p　19cm（戦争を知らない世代へ II-15 島根編）〈付：参考文献〉　1200円
《所蔵》国会図 GB554-1695，奈良県立図書情報館 915.6-150-15 〔0984〕
◇涙にうるむ舞鶴港—シベリア・中国大陸からの引き揚げ　創価学会青年部反戦出版委員会編　東京　第三文明社　1979.9　253p　20cm（戦争を知らない世代へ 54 京都編）　1300円

《所蔵》国会図 GB554-864, 奈良戦体 369.37-3647 〔0985〕

◇フレップの島遠く　創価学会婦人平和委員会編　東京　第三文明社　1984.8　304p　19cm（平和への願いをこめて 11 樺太・千島引揚げ(北海道)編）　980円

《所蔵》国会図 GB554-1674, 奈良戦体 210.75-2647 〔0986〕

◇望郷の島々―千島・樺太引揚げ者の記録　創価学会青年部反戦出版委員会編　東京　第三文明社　1976　198p 図　20cm（戦争を知らない世代へ 26 北海道編）　900円

《所蔵》国会図 GB554-443, 奈良県立図書情報館 915.9-290-1.26 〔0987〕

「草原の果てに」刊行委員会　そうげんのはてにかんこういいんかい

◇草原の果てに―モンゴルウランバートル捕虜抑留記：寄稿文綴　「草原の果てに」刊行委員会編　［出版地不明］　［「草原の果てに」刊行委員会］　［1993］　41p 図版6枚　21cm

《所蔵》奈良戦体 369.37-1646 〔0988〕

捜索第一〇七連隊戦友会　そうさくだいひゃくしちれんたいせんゆうかい

◇ザ・バイカル抑留記―続「満州捜索一〇七連隊」史　捜索第一〇七連隊戦友会戦史編さん委員会編集　前沢町(岩手県)　捜索第一〇七連隊戦友会　1983.12　265p　21cm〈限定版〉　3000円

《所蔵》国会図 GB554-1739, 奈良戦体 369.37-1646 〔0989〕

宗前 鉄男（1922生）　そうぜん・てつお

◇凍土の上に―私のシベリア物語　宗前鉄男編著　鹿児島　南日本新聞開発センター(製作・発売)　2000.7　253p　19cm　1429円

《所蔵》国会図 GB554-G1446 〔0990〕

◇北斗の下で―私のシベリア物語　宗前鉄男著　［東京］　東京図書出版会　2010.1　248p　19cm〈発売：リフレ出版(東京)〉　1500円

《所蔵》国会図 KH561-J448 〔文芸・画集 0991〕

宗田 池浞（1924生）　そうだ・ちさく

◇慟哭の大地―戦争中、「満州」・シベリアでの青春譜　宗田池浞著　神戸　神戸・南京をむすぶ会　2012.8　79p　21cm

《所蔵》国会図 GB554-J965 〔0992〕

ソーゴー印刷出版部　そーごーいんさつしゅっぱんぶ

◇私の戦争体験記―生と死のはざまに　上　ソーゴー印刷出版部版編　帯広　ソーゴー印刷出版部　1995.6　296p　19cm　1300円

《所蔵》奈良戦体 916-3900 〔0993〕

◇私の戦争体験記―生と死のはざまに　下　ソーゴー印刷出版部編　帯広　ソーゴー印刷出版部　1995.6　298p　19cm　1300円

《所蔵》札幌中央 ＊＊ 〔0994〕

曽根　武男　そね・たけお
◇荒ぶ大陸――一兵卒の回顧録　曽根武男著　厚木　市民かわら版　1993.6　225p
　22cm　2000円
　《所蔵》国会図 GB554-E1610　〔0995〕

曽禰　正之（1925生）　そね・まさゆき
◇回想誕生からシベリア抑留まで　曽禰正之著　札幌　松岡レイ子　2013.4　79p
　26cm
　《所蔵》国会図 GB554-L60，奈良戦体 916-3946　〔0996〕

曽根原　正巳（1914生）　そねはら・まさみ
◇シベリアの丘を越えて　曽根原正巳著　［池田町（長野県）］　［曽根原正巳］
　1977.10　182p　19cm〈製作：中央公論事業出版〉　850円
　《所蔵》国会図 GB554-609　〔0997〕

園田　重雄（1924生）　そのだ・しげお
◇激動の中の青春　園田重雄著　東京　文芸社　2001.12　341p　20cm　1500円
　《所蔵》国会図 GB554-G1659　〔0998〕

蘇武　演（1925生）　そぶ・ひろし
◇遠くつらい無駄な旅――シベリア抑留体験記　蘇武演著　［取手］　［蘇武演］
　2001.3　338p　21cm
　《所蔵》国会図 GB554-H38　〔0999〕

染谷　昭一（1927生）　そめや・しょういち
◇捕虜青春記――シベリアの大地とともに　染谷昭一著　［東京］　［染谷昭一］
　1996.6　281p　21cm〈年表：p279～281〉
　《所蔵》国会図 GB554-G549　〔1000〕
◇捕虜青春記――シベリアの大地と共に　染谷昭一著　東京　文芸社　2012.7　325p
　20cm〈年譜あり〉　1600円
　《所蔵》国会図 GB554-J921　〔1001〕

ソ連帰還者生活擁護同盟　それんきかんしゃせいかつようごどうめい
◇生きたソ連を見る　日ソ親善協会，ソ連帰還者生活擁護同盟共編　東京　潮流社
　1949　2版　239p 図版　19cm
　内容 ソ同盟の文化（高柳博也）　他11篇
　《所蔵》国会図 302.38-N861i　〔1002〕

ソ連帰還者生活擁護同盟文化部　それんきかんしゃせいかつようごどうめいぶんかぶ
◇われらソ連に生きて　ソ連帰還者擁護同盟文化部編　東京　八月書房　1948
　270p　19cm
　内容 あたらしい体験（山内雄二）　なぞの国の人々（栗原康誉）　虚無から立ちあ
　　がる（矢野健児）　当番兵の手帳から（田鎖源一）　シベリア鉄道一万キロ帰還

の旅（堂前英一）　乗船地ナホトカの思い出（栗原康誉）　収容所での民主化運動（田辺稔）　文化活動家の手記（高柳博也）　ほめられた脱走兵（高柳博也）　こんなこともありました（栗原康誉）　寒風陣（清水威至）　エリーナへの告白（栗原康誉）　スケッチ帳から，女性の目にうつつたソ連（須藤敬子）　蒙古人民共和国記（清水久）　カスピ海のほとりにて（有井四郎）　ソヴエトのスケッチ（小泉健二）

《所蔵》国会図　YD5-H-915.9-So55ウ　　　　　　　　　　　　　　　　〔1003〕

◇われらソ連に生きて　ソ連帰還者生活擁護同盟文化部編　東京　八月書房　1948　270p　19cm

《所蔵》国会図　a914-112　　　　　　　　　　　　　　　　　　　　　〔1004〕

ソ連における日本人捕虜の生活体験を記録する会　それんにおけるにほんじんほりょのせいかつたいけんおきろくするかい

◇捕虜体験記　1　歴史・総集篇　ソ連における日本人捕虜の生活体験を記録する会編　狛江　ソ連における日本人捕虜の生活体験を記録する会　1998.8　378p　22cm〈付属資料：51p　シベリア歌曲選＋1枚〉　4000円

《所蔵》国会図　GB554-2092，奈良戦体　369.37-1646　　　　　　　　　　〔1005〕

◇捕虜体験記　2　沿海地方篇　ソ連における日本人捕虜の生活体験を記録する会編　狛江　ソ連における日本人捕虜の生活体験を記録する会　1986.3　380p　22cm〈折り込図1枚〉　3000円

《所蔵》国会図　GB554-2092　　　　　　　　　　　　　　　　　　　〔1006〕

◇捕虜体験記　3　ウラル以西篇　ソ連における日本人捕虜の生活体験を記録する会編　狛江　ソ連における日本人捕虜の生活体験を記録する会　1984.11　401p　22cm〈折り込図1枚〉　3000円

《所蔵》国会図　GB554-2092　　　　　　　　　　　　　　　　　　　〔1007〕

◇捕虜体験記　4　ハバロフスク地方篇　ソ連における日本人捕虜の生活体験を記録する会編　狛江　ソ連における日本人捕虜の生活体験を記録する会　1985.10　524p　22cm〈折り込図1枚〉　3000円

《所蔵》国会図　GB554-2092　　　　　　　　　　　　　　　　　　　〔1008〕

◇捕虜体験記　5　中央アジア篇　ソ連における日本人捕虜の生活体験を記録する会編　狛江　ソ連における日本人捕虜の生活体験を記録する会　1986.9　444p　22cm〈折り込図1枚〉　3000円

《所蔵》国会図　GB554-2092　　　　　　　　　　　　　　　　　　　〔1009〕

◇捕虜体験記　6　ザバイカル地方・モンゴル　ソ連における日本人捕虜の生活体験を記録する会編　狛江　ソ連における日本人捕虜の生活体験を記録する会　1988.3　498p　22cm〈折り込図1枚〉　3000円

《所蔵》国会図　GB554-2092　　　　　　　　　　　　　　　　　　　〔1010〕

◇捕虜体験記　7　タイシェト・イルクーツク篇　ソ連における日本人捕虜の生活体験を記録する会編　狛江　ソ連における日本人捕虜の生活体験を記録する会

そん　　　　　　　図書（体験記・回想録）

　　1989.9　366p　22cm〈折り込図1枚〉　3000円
　　《所蔵》国会図 GB554-2092　　　　　　　　　　　　　　〔1011〕
◇捕虜体験記　8　民主運動　ソ連における日本人捕虜の生活体験を記録する会編　狛江　ソ連における日本人捕虜の生活体験を記録する会　1992.11　471p　22cm〈年表・シベリア民主運動史：p75〜94〉　4000円
　　《所蔵》国会図 GB554-2092　　　　　　　　　　　　　　〔1012〕
◇捕虜体験記　1［別冊］　ソ連における日本人捕虜の生活体験を記録する会編集　狛江　ソ連における日本人捕虜の生活体験を記録する会　1998.5　51p　21cm
　　《所蔵》東京都立多摩図書館 J590-2049-1-2　　　　　　　〔1013〕
◇ラーゲルを共にしたあの時のあなたに　ソ連における日本人捕虜の生活体験を記録する会　狛江（東京）　［ソ連における日本人捕虜の生活体験を記録する会］　1988.10　48p　21cm　600円
　　《所蔵》札幌中央 ＊＊　　　　　　　　　　　　　　　　〔1014〕

孫　俊然　　そん・しゅんぜん
◇桜を恋う人――二つの祖国に生きて　孫俊然原著，渡辺一枝著　東京　情報センター出版局　1991.2　269p　20cm　1600円
　　《所蔵》国会図 GK66-E32，奈良戦体 289-2640　　　　　　〔1015〕

尊互会　　そんごかい
◇我等が青春之証　尊互会編　東京　尊互会　1980.12　213p
　　《所蔵》札幌中央 ＊＊　　　　　　　　　　　　　　　　〔1016〕

【た】

第十一期甲種幹部候補生　　だいじゅういっきこうしゅかんぶこうほせい
◇燦たり石門幹候隊！――第十一期甲種幹部候補生の手記　東京　産業新潮社　1982.5　267p　22cm　3000円
　　《所蔵》国会図 GB554-1321，奈良戦体 916-1601　　　　　〔1017〕

高岡　一男　　たかおか・かずお
◇満州からシベリアへ　高岡一男著　橿原（奈良）　高岡一男　1992.3　95p 図版2枚　22cm
　　《所蔵》奈良戦体 369.37-4646　　　　　　　　　　　　　〔1018〕

高木　一郎　（1918生）　たかぎ・いちろう
◇大枯野――シベリア句集 ラーダ・エラブガ・カザン　高島直一，高木一郎編　武蔵野　高島直一　1998.8　193p　20cm〈名古屋 名古屋丸善松坂屋出版サービスセンター（製作）〉
　　《所蔵》国会図 KH11-G254　　　　　　　　　　〔文芸・画集　1019〕

◇ボルガ虜愁―句集　高木一郎著　［名古屋］　［高木一郎］　1978.9　142p　19cm
　《所蔵》国会図 KH582-398　　　　　　　　　　　　　　　〔文芸・画集　1020〕

高木　啓太郎　　たかぎ・けいたろう
◇お陽さんぽつんと赤かった―シベリア抑留記　高木啓太郎著　倉吉　サン文庫
　1993.4　141p　27cm　3800円
　《所蔵》鳥取県立図書館 390/39　　　　　　　　　　　　　　　　　〔1021〕

高木　俊一郎　（1917生）　たかぎ・しゅんいちろう
◇シベリア・ラザレートに生きる　高木俊一郎著　東京　図書出版社　1991.9
　253p　20cm　2060円
　《所蔵》国会図 GB554-E940　　　　　　　　　　　　　　　　　　〔1022〕

高木　猛　　たかぎ・たけし
◇望郷―シベリヤ抑留記　高木猛著　［西条］　［高木猛］　1991.1　169p　21cm
　《所蔵》国会図 GB554-E828　　　　　　　　　　　　　　　　　　〔1023〕

高木　正秀　（1918生）　たかぎ・まさひで
◇シベリア虜囚記　高木正秀著　津　三重県保険医協会　1984.9　93p　15cm
　《所蔵》国会図 GB554-L88　　　　　　　　　　　　　　　　　　　〔1024〕

高木　力三　　たかぎ・りきぞう
◇ソ連9年抑留記　高木力三著　水俣　［高木力三］　1961.3　44p　25cm〈謄写版〉
　《所蔵》札幌中央＊＊　　　　　　　　　　　　　　　　　　　　　〔1025〕
◇ソ連生活点描　高木力三著　水俣　［高木力三］　1962　27p　25cm〈謄写版〉
　《所蔵》札幌中央＊＊　　　　　　　　　　　　　　　　　　　　　〔1026〕

高崎　謙三　　たかさき・けんぞう
◇コルホーズ生活三年―抑留日本農業技術者の手記　高崎謙三著　東京　共同出版
　社　1949　188p　19cm
　《所蔵》国会図 a914-227　　　　　　　　　　　　　　　　　　　　〔1027〕

高島　正雄　（1914―）　たかしま・まさお
◇どっこい俺は生きている―ノモンハン白兵戦記　第2部　高島正雄著　札幌　高島
　正雄　1972.11　130p 図版　18cm
　《所蔵》札幌中央＊＊　　　　　　　　　　　　　　　　　　　　　〔1028〕

高杉　一郎　（1908生）　たかすぎ・いちろう
◇極光のかげに―シベリア俘虜記　高杉一郎著　東京　目黒書店　1950　336p
　19cm（人間選書　第2）
　《所蔵》国会図 915.9-Ta412k　　　　　　　　　　　　　　　　　〔1029〕
◇極光のかげに　高杉一郎著　新版　東京　富山房　1977.4　346p　18cm（富山房
　百科文庫）　700円

たかすぎ　　　　　　　　図書（体験記・回想録）

《所蔵》国会図 GB554-481　　　　　　　　　　　　　　　　　　　　〔1030〕
◇極光のかげに―シベリア俘虜記　高杉一郎著　東京　岩波書店　1991.5　362p
　15cm（岩波文庫）　620円
　　《所蔵》国会図 GB554-E816，奈良戦体 916-1746　　　　　　　　〔1031〕
◇極光のかげに―シベリア俘虜記　高杉一郎著　新座　埼玉福祉会　1993.10　2冊
　22cm（大活字本シリーズ）〈原本：岩波文庫 限定版〉　各3605円
　　《所蔵》国会図 YT31-495　　　　　　　　　　　　　　　　　　〔1032〕

高杉　荘一郎　　たかすぎ・しょういちろう
◇初年兵と虜囚物語―自分史　高杉荘一郎著　新見　[高杉荘一郎]　1996.5　566p
　30cm〈「私の通った軍隊史」(1955.11) の改版　電子複写〉
　　《所蔵》奈良戦体 916-1600　　　　　　　　　　　　　　　　　〔1033〕

高瀬　藤作　　たかせ・とうさく
◇樺太わが故郷　高瀬藤作著　魚津　高瀬藤作　1989.11　189p　19cm
　　《所蔵》奈良戦体 289-2946　　　　　　　　　　　　　　　　　〔1034〕

高瀬　豊　　たかせ・ゆたか
◇シベリヤ戦犯収容所―我が思い残りの記　高瀬豊著　仙台　あづま書房　1984.8
　279p　19cm
　　《所蔵》国会図 GB554-1817，奈良戦体 329.67-1950　　　　　　〔1035〕

高田　あおい　(1960生)　　たかた・あおい
◇シベリア捕虜回想伝記――一等兵の青春　高田あおい著　東京　元就出版社
　2002.7　117p　20cm　1500円
　　《所蔵》国会図 GB554-H155　　　　　　　　　　　　　　　　　〔1036〕
◇シベリア捕虜の記憶　高田あおい[著]　新潟　太陽書房　2001.11　39p　21cm
　1000円
　　《所蔵》国会図 GB554-H51　　　　　　　　　　　　　　　　　〔1037〕

高田　晴彦　　たかた・はるひこ
◇北の果てシベリア俘虜―歌集　高田晴彦著　東京　近代文芸社　1996.2　91p
　19cm　1200円
　　《所蔵》国会図 KH582-G108　　　　　　　　　　　　〔文芸・画集　1038〕
◇シベリアからの道―歌集　高田晴彦著　東京　新風舎　1999.10　110p　19cm
　（Shinpû books）　1300円
　　《所蔵》国会図 KH582-G916　　　　　　　　　　　　〔文芸・画集　1039〕

高津　光市　　たかつ・こういち
◇生還　高津光市著　[出版地不明]　高津光市，高津聖志　1994.7　xiv, 116p
　21cm〈編集協力：後藤編集事務所〉
　　《所蔵》奈良戦体 916-1746　　　　　　　　　　　　　　　　　〔1040〕

図書（体験記・回想録）　　　　　　　たかはし

高樋　作一　　たかどい・さくいち
◇私の青春と戦争—黄砂と氷の大地を生きる　高樋作一著　東京　近代文芸社　1995.7　248p　20cm〈著者の肖像あり〉　1600円
　《所蔵》国会図 GB554-E2093　　　　　　　　　　　　　　　　　〔1041〕

高野　晴彦　　たかの・はるひこ
◇"凍寒"に歌う—士官候補生のシベリア抑留記　高野晴彦著　[八千代]　陸士千葉五九会　1992.12　198p　19cm　非売品
　《所蔵》国会図 GB554-E1595　　　　　　　　　　　　　　　　　〔1042〕

高橋　惇　　たかはし・あつし
◇シベリヤ抑留記　高橋惇著　東京　育文社　[1975]　75p　[ ]
　《所蔵》横浜市中央図書館 916/10　　　　　　　　　　　　　　　〔1043〕

高橋　勇（1912生）　　たかはし・いさむ
◇白い谷間　高橋勇著　東京　東方社　1959　272p　20cm　260円
　《所蔵》国会図 913.6-Ta234s2　　　　　　　　　　　〔文芸・画集　1044〕

高橋　兼城　　たかはし・かねしろ
◇我が青春のあしあと—モンゴル抑留の記録　高橋兼城著　東京　文芸社　2009.1　141p　20cm　1200円
　《所蔵》国会図 GB554-J234　　　　　　　　　　　　　　　　　　〔1045〕

高橋　幸一（1925生）　　たかはし・こういち
◇四十二（そうろくふたろい）炭坑—カラカンダの青春　高橋幸一著　東京　文芸社　2000.7　130p　19cm　1000円
　《所蔵》国会図 KH582-G1054, 奈良戦体 913.6-3646　　　〔文芸・画集　1046〕

高橋　清四郎（1899生）　　たかはし・せいしろう
◇ソ連監獄日記—冤罪政治囚・日本人外交官の獄中ノート　高橋清四郎著, 高橋慶子編　東京　彩流社　2006.10　247p　20cm〈年譜あり〉　2600円
　《所蔵》国会図 GB554-H959, 奈良戦体 913.6-3646　　　　　　　〔1047〕

高橋　惣衛（1914生）　　たかはし・そうえ
◇ヤブの夜は更けて—私のシベリヤ　シベリヤ捕虜始末記　高橋惣衛著, 永治正編　[神戸町（岐阜県）]　[高橋惣衛]　1990.4　220p　21cm
　《所蔵》国会図 GB554-E631, 奈良戦体 916-1646　　　　　　　　〔1048〕

高橋　隆男（1921生）　　たかはし・たかお
◇私はシベリアの捕虜だった—郷土の十七柱の英霊に捧げる　高橋隆男著　[石鳥谷町（岩手県）]　[高橋隆男]　[1988]　59p　22cm
　《所蔵》国会図 GB554-E529, 奈良戦体 916-1746　　　　　　　　〔1049〕

たかはし　　　　　　　　図書（体験記・回想録）

高橋　鉄心　　たかはし・てっしん
◇ダモイのうた―わが青春・抑留生活の記　高橋鉄心著　瑞穂町（京都府）　［高橋鉄心］　1995.2　198p　21cm〈抑留生活略歴：p195-197〉
　《所蔵》奈良戦体 329.62-1646　　　　　　　　　　　　　　　　　　　　〔1050〕

高橋　一二三（1914生）　たかはし・ひふみ
◇シベリア凍土の歌―シベリア抑留記　高橋一二三著　［山形］　［高橋一二三］　1993.4　209p　22cm〈著者の肖像あり　付：略歴〉
　《所蔵》国会図 GB554-E1449　　　　　　　　　　　　　　　　　　　　　〔1051〕

高橋　房男　　たかはし・ふさお
◇転生―歌集　ラーゲルの中で　高橋房男著　宇都宮　高橋房男　1977.10　191p　20cm　1500円
　《所蔵》国会図 KH582-334　　　　　　　　　　　　　　　　〔文芸・画集　1052〕

高浜　弘（1921生）　たかはま・ひろし
◇わが青春のメモリアル―野戦砲兵隊・航空部隊・シベリア抑留　画文集　高浜弘著　稲沢　高浜弘　1995.8　101p　21cm〈製作：丸善名古屋出版サービスセンター〉　非売品
　《所蔵》国会図 GB554-G131　　　　　　　　　　　　　　　〔文芸・画集　1053〕

田上　惟敏　　たがみ・これとし
◇貧乏くじを押しつけたソ連―抑留生活十一年のものがたり　田上惟敏著　東浦町（愛知県）　田上惟敏　1983.11　198p　19cm〈著者の肖像あり〉
　《所蔵》国会図 GB554-1746　　　　　　　　　　　　　　　　　　　　　〔1054〕

高見　正夫　　たかみ・まさお
◇激浪の青春―満州・シベリア風雪の激　高見正夫著　大阪　高見正夫　1987.2　279p　20cm
　《所蔵》札幌中央　＊＊　　　　　　　　　　　　　　　　　　　　　　　〔1055〕

田上　実　　たがみ・みのる
◇わが軍事検察の記　田上実著　太宰府町（福岡県）　田上実　1980.6　164p　19cm〈付：ロシア抑留　著者の肖像あり〉
　《所蔵》国会図 GB554-1028　　　　　　　　　　　　　　　　　　　　　〔1056〕

田川　徳蔵（1913生）　たがわ・とくぞう
◇シベリア抑留の記　田川徳蔵著　札幌　田川靖一，大西恵子，槌谷京子　1994.3　99p　図版　21cm〈昭和59年12月記　著者の肖像あり〉
　《所蔵》奈良戦体 916-1646　　　　　　　　　　　　　　　　　　　　　〔1057〕

滝　春樹（1947生）　たき・はるき
◇帰還ダモイ―酷寒のシベリアを勝ち上がったのは「まぬけ」と呼ばれた男だった

永島武雄原作, 滝春樹著　[東京]　日経BPコンサルティング　2014.2　374p
19cm〈発売：日経BPマーケティング（東京）〉　1500円
《所蔵》国会図 KH934-L773　　　　　　　　　　　　　　　〔文芸・画集　1058〕

滝沢　宗三郎（1921生）　たきざわ・そうざぶろう
◇シベリアの空に響いた五百人の歌声　滝沢宗三郎著　[柿崎町（新潟）]　[滝沢宗三郎]　1999.1　102p　19cm
《所蔵》奈良戦体 369.37-1746　　　　　　　　　　　　　　　　　　〔1059〕
◇父と娘のシベリア鎮魂歌　滝沢宗三郎, 田中すみ子著　柿崎町（新潟県）　滝沢宗三郎　1994.8　250p　20cm〈私家版〉
《所蔵》国会図 GB554-E1857　　　　　　　　　　　　　　　　　　〔1060〕

滝田　和人　たきた・かずと
◇抑留記概要　滝田和人著　旭川　[滝田和人]　1993.2　[頁付なし]
《所蔵》札幌中央 **　　　　　　　　　　　　　　　　　　　　　　〔1061〕

滝田　隆　たきだ・たかし
◇生命の野草　滝田隆著　東京　叢文社　1981.11　350p　19cm　1600円
《所蔵》国会図 GB554-1179　　　　　　　　　　　　　　　　　　　〔1062〕

田鎖　源一（1919生）　たくさり・げんいち
◇裏切られた兵隊　田鎖源一著　東京　知識社　1948　140p　18cm
《所蔵》国会図 a914-149　　　　　　　　　　　　　　　　　　　　〔1063〕

田口　庄治　たぐち・しょうじ
◇生きるために　田口庄治著　[東久留米]　[田口庄治]　1986.4　435p　20cm
〈著者の肖像あり　付：参考資料・著者略歴〉　非売品
《所蔵》国会図 GB554-2254　　　　　　　　　　　　　　　　　　　〔1064〕

田口　政夫（1922生）　たぐち・まさお
◇詩と歌と涙で綴るシベリア抑留哀史―第5集　田口政夫[著]　東京　田口政夫　2005.9　79p　21cm〈背のタイトル：シベリア抑留哀史〉
《所蔵》国会図 KH582-H818　　　　　　　　　　　　　　　　〔文芸・画集　1065〕

田口　幸安　たぐち・ゆきやす
◇追憶　田口幸安著　綾瀬　[田口幸安]　1991.2　56p　26cm
《所蔵》札幌中央 **　　　　　　　　　　　　　　　　　　　　　　〔1066〕

田倉　八郎　たくら・はちろう
◇赤塔（チタ）―シベリア抑留640日　田倉八郎著　東京　通信公論社　1949.11　6, 216p　19cm
《所蔵》福島県立図書館 916/T7　　　　　　　　　　　　　　　　　〔1067〕

図書（体験記・回想録）

武井 知　たけい・さとる
◇北斗は冴えて山河遙けし―サハリン物語　武井知著　松山　創風社出版　1990.6　282p　19cm〈サハリン略史年表：p280～282〉　1545円
　《所蔵》国会図 GB554-E702，奈良戦体 916-2634　　　　　　　〔1068〕

竹内 勝美（1923生）　たけうち・かつみ
◇とけない雪　竹内勝美著　青森　北の街社　1989.5　309p　20cm　2500円
　《所蔵》国会図 KH589-E176　　　　　　　　　　　　〔文芸・画集　1069〕

竹内 錦司　たけうち・きんし
◇絵入シベリア収容所　竹内錦司著　東京　国書刊行会　1982.2　232p　20cm（シベリア抑留叢書 4）〈『画信日本の俘虜はソ連でどんな生活をしたか』（光文社昭和25年刊）の改題再刊〉　2400円
　《所蔵》国会図 GB554-1214，奈良戦体 916-1746　　　　〔文芸・画集　1070〕
◇日本の俘虜はソ連でどんな生活をしたか―画信　竹内錦司著　4版　東京　光文社　1950　230p　19cm
　《所蔵》国会図 915.9-Ta567g-(4)，a914-377　　　　　　　　　　〔1071〕

竹内 政次　たけうち・まさじ
◇追憶のわれ等の軌跡―大東亜戦争（戦中戦後ソ連抑留中）　竹内政次編　旭川　アゾフ会北海道支部会　1992.3　189p　26cm　非売品
　《所蔵》札幌中央＊＊　　　　　　　　　　　　　　　　　　　　　〔1072〕

武雄シベリア会　たけおしべりあかい
◇語りつぐ抑留―シベリアの記　武雄シベリア会編　武雄　武雄シベリア会　1997.8　101p　22cm
　《所蔵》札幌中央＊＊　　　　　　　　　　　　　　　　　　　　　〔1073〕

竹定 政一（1920生）　たけさだ・まさかず
◇関東軍兵士・九年の足跡　竹定政一著　東京　彩図社　2001.1　179p　15cm（ぶんりき文庫）　510円
　《所蔵》国会図 GB554-G1523　　　　　　　　　　　　　　　　　〔1074〕

竹島 英雄　たけしま・ひでお
◇戦場と捕虜と警察官　竹島英雄著　札幌　竹島英雄　1978.8　142p　21cm
　《所蔵》札幌中央＊＊　　　　　　　　　　　　　　　　　　　　　〔1075〕

竹嶋 ひとし　たけしま・ひとし
◇人生はぐれ者―捕虜体験記　竹嶋ひとし著　［五所川原］　西北刊行会　1982.8　208p　18cm〈著者略歴：p208〉　1500円
　《所蔵》国会図 GB554-1453　　　　　　　　　　　　　　　　　　〔1076〕

武田 延　たけだ・のぶる
◇赤い鞭はなる―祖国にリレーされた血の記録　武田延　大阪　調査通信社
　1949.10　211p　18cm　180円
　《所蔵》札幌中央＊＊　　　　　　　　　　　　　　　　　　　　　　〔1077〕

竹田 正直（1926生）　たけだ・まさなお
◇酷寒シベリヤ抑留記―黒パン三五〇グラムの青春　竹田正直著　東京　光人社
　1991.4　277p　20cm　1700円
　《所蔵》国会図 GB554-E764　　　　　　　　　　　　　　　　　　　〔1078〕
◇酷寒シベリヤ抑留記―黒パン三五〇グラムの青春　竹田正直著　東京　光人社
　2001.4　289p　16cm（光人社NF文庫）　657円
　《所蔵》国会図 GB554-G1501　　　　　　　　　　　　　　　　　　〔1079〕
◇三合里に消えた兄―シベリア抑留の陰で忘れられた平壌地区の収容所　竹田正直
　著　盛岡　ツーワンライフ　1999.7　147p　19cm　1600円
　《所蔵》国会図 GB531-G253　　　　　　　　　　　　　　　　　　　〔1080〕
◇実録シベリア抑留記　竹田正直著　盛岡　[竹田正直]　[1993.8はじめに]　44p
　30cm〈著者の肖像あり〉
　《所蔵》奈良戦体 916-1746　　　　　　　　　　　　　　　　　　　〔1081〕

武田 好文（1916生）　たけだ・よしふみ
◇やがて五月に―シベリア抑留記　武田好文著　[宇治]　武田好文　1992.3　264p
　20cm〈製作：丸善京都河原町店出版サービスセンター〉
　《所蔵》国会図 GB554-E1166　　　　　　　　　　　　　　　　　　〔1082〕

武知 仁　たけち・ひとし
◇角笛―鉄のカーテンを開く　武知仁著　東京　白羊倶楽部　1949.5　255p　20cm
　《所蔵》札幌中央＊＊　　　　　　　　　　　　　　　　　　　　　　〔1083〕

竹原 素子（1927生）　たけはら・もとこ
◇シベリアの呪縛　竹原素子著　東京　叢文社　2005.1　253p　20cm　1500円
　《所蔵》国会図 KH589-H298　　　　　　　　　　　　　　　〔文芸・画集　1084〕

竹森 敏　たけもり・さとし
◇褌を被った女―シベリアに抑留された一教師の手記　竹森敏著　[出版地不明]
　[出版者不明]　冨士屋印刷　1977.6　198p　19cm〈折込み図1枚あり〉
　《所蔵》奈良戦体 916-1646　　　　　　　　　　　　　　　　　　　〔1085〕

田坂 満夫　たさか・みつお
◇十七歳のシベリア　田坂満夫著　東京　文芸社　2010.11　101p　20cm　1100円
　《所蔵》国会図 GB554-J615　　　　　　　　　　　　　　　　　　　〔1086〕

田沢 興麿 たざわ・おきまろ
◇虜囚之詠―歌集　田沢興麿著　村松町　［田沢興麿］　1984.6　19cm
　《所蔵》札幌中央　＊＊　　　　　　　　　　　　　　　　　〔文芸・画集　1087〕

田島 教司（1910生）　たじま・きょうじ
◇シベリアの悪夢―チタから第十六収容所へ・虜囚生活一九〇〇日　田島教司著
　東京　MBC21　1995.10　175p　19cm〈発売：東京経済〉　1100円
　《所蔵》国会図 GB554-G349，奈良戦体 916-1646　　　　　　　〔1088〕

田副 敏郎　たぞえ・としろう
◇汽車よ東へ走れ―わがシベリア抑留記　田副敏郎著　再版　熊本　田副敏郎
　2006.6　264p　22cm
　《所蔵》国会図 GB554-H949　　　　　　　　　　　　　　　　〔1089〕

多田 茂治（1928生）　ただ・しげはる
◇石原吉郎「昭和」の旅　多田茂治著　東京　作品社　2000.2　279p　20cm〈文献
　あり〉　2000円
　《所蔵》国会図 KG546-G69，奈良戦体 911.5-1627　　　　　　　〔1090〕

多田 久男（1921生）　ただ・ひさお
◇シベリア最後の軍医　多田久男著　［白鷹町（山形県）］　江口タイプ社　2000.7
　234p　22cm
　《所蔵》奈良戦体 916-1621　　　　　　　　　　　　　　　　　〔1091〕

多田 秀雅（1913生）　ただ・ひでまさ
◇噫々ハイラル―ノモンハン戦からシベリアへ　多田秀雅著　東京　近代文芸社
　1985.3　237p　19cm〈著者の肖像あり　参考文献・著者の略歴：p233～237〉
　1200円
　《所蔵》国会図 GB554-1878　　　　　　　　　　　　　　　　　〔1092〕
◇私の軍記―満州からシベリアへ　多田秀雅著　［大門町（富山県）］　［多田秀雅］
　1983.11　188p　19cm〈著者の肖像あり　著者略歴：p186～188〉　900円
　《所蔵》国会図 GB554-1664　　　　　　　　　　　　　　　　　〔1093〕

忠平 利太郎　ただひら・りたろう
◇ああ！　シベリヤ捕虜収容所―ある抑留者の記録　忠平利太郎著　東京　未央書房
　1968　229p　19cm　460円
　《所蔵》国会図 915.9-Ta131a　　　　　　　　　　　　　　　　〔1094〕

伊達 彰　だて・あきら
◇北朝鮮・沿海州に拘留されて―北朝鮮に眠る同胞に捧げる：自白史・戦時下の青
　春　伊達彰著　広島　伊達彰　1996.12　206p　22cm
　《所蔵》奈良戦体 289-3946　　　　　　　　　　　　　　　　　〔1095〕

図書（体験記・回想録）　　　　　　　　　　　　　　たなか

田中　薫（1909生）　　たなか・かおる
◇シベリア抑留日記―零下四十八度の地にて　想ひ出の記　田中薫［著］，田中実編　甲府　山梨新報社　1992.11　203p　22cm〈著者の肖像あり〉
　《所蔵》国会図　GB554-E1408　　　　　　　　　　　　　　　　　　〔1096〕

田中　清男　　たなか・きよお
◇ダモイの記　田中清男著　各務原　田中清男　1979　130p　19cm〈号は紫陽〉
　《所蔵》岐阜県図書館　G/946/タ　　　　　　　　　　　　　　　　〔1097〕

田中　鈞一　　たなか・きんいち
◇夢はウラルに消ゆ　田中鈞一著　東京　大空社　1999.12　210p　22cm（叢書俘虜・抑留の真実　第2巻）〈シリーズ責任表示：山下武/監修　西日本新聞社昭和24年刊の複製〉　4500円
　《所蔵》国会図　GB554-G1206　　　　　　　　　　　　　　　　　　〔1098〕

田中　賢一（1918生）　　たなか・けんいち
◇正義と人道の世紀を―軍隊と戦争を知らない世代へ――一兵士の遺言　田中賢一著　東京　田中賢一　1985.11　230p　20cm〈制作：主婦の友出版サービスセンター〉　1000円
　《所蔵》国会図　KH582-1154　　　　　　　　　　　　　　〔文芸・画集　1099〕

田中　源次（1919生）　　たなか・げんじ
◇回想シベリア抑留とその背景―二十一世紀への直言　田中源次著　新潟　考古堂書店（発売）　1998.8　205p　20cm〈背のタイトル：シベリア抑留とその背景〉　1800円
　《所蔵》国会図　GB554-G1089　　　　　　　　　　　　　　　　　　〔1100〕

田中　さんじゅ（1920生）　　たなか・さんじゅ
◇シベリアの残火―明るい暮らしにいつもの笑顔　田中さんじゅ著　東京　下田出版　2004.12　153p　21cm〈奥付のタイトル：シベリアの残り火〉　1000円
　《所蔵》国会図　US41-H1949　　　　　　　　　　　　　　　　　　〔1101〕

田中　すみ子（1951生）　　たなか・すみこ
◇父と娘のシベリア鎮魂歌　滝沢宗三郎, 田中すみ子著　柿崎町（新潟県）　滝沢宗三郎　1994.8　250p　20cm〈私家版〉
　《所蔵》国会図　GB554-E1857　　　　　　　　　　　　　　　　　　〔1102〕

田中　精一（1919生）　　たなか・せいいち
◇虜囚―無名戦士の霊に捧ぐ　田中精一著　東京　現象会　1970　442p　19cm（現象双書）　900円
　《所蔵》国会図　KH596-34　　　　　　　　　　　　　　〔文芸・画集　1103〕

たなか　　　　　　　　　図書（体験記・回想録）

田中　武雄（1917生）　　たなか・たけお
◇ラーゲリ・二一七分所回想記　田中武雄著　旭川　田中武雄　1992.8　88p　26cm　非売品
　《所蔵》国会図 GB554-E1256　　　　　　　　　　　　　　　　　　　　　〔1104〕

田中　武一郎　たなか・ぶいちろう
◇田中武一郎シベリヤ収容所遺作画集　田中武一郎　［出版地不明］　田中博之　1981.12　72p　19cm
　《所蔵》札幌中央 ＊＊　　　　　　　　　　　　　　　　　　　　〔文芸・画集　1105〕

田中　了（1930生）　たなか・りょう
◇戦争と北方少数民族―あるウィルタの生涯　田中了編　東京　草の根出版会　1994.4　135p　23cm（母と子でみる　20）〈主な参考資料：p135〉　2266円
　《所蔵》国会図 A68-Z-E87，奈良県立図書情報館 210.7-タナ　　　　　　　　〔1106〕

棚橋　嘉信　たなはし・よしのぶ
◇東京ダモイ―日本に帰る　棚橋嘉信著　［東京］　日本図書刊行会　1997.2　97p　20cm〈発売：近代文芸社〉　1200円
　《所蔵》国会図 GB554-G556　　　　　　　　　　　　　　　　　　　　　〔1107〕

田辺　二郎（1920生）　たなべ・じろう
◇想い出の記録―我がソ聯抑留記　田辺二郎［著］　［熊本］　［田辺二郎］　［1987］　p51～69　21cm〈副書名：昭和二十年八月九日「ソ聯不法侵入」より昭和二十四年十月三十日「復員」までの〉
　《所蔵》国会図 GB554-E1248，奈良戦体 916-1746　　　　　　　　　　　　〔1108〕

田辺　政一　たなべ・せいいち
◇シベリヤの土―ソ連捕虜収容所生活の記録　第1集　田辺政一編　常陸太田　田辺政一　1973　167p　21cm〈限定〉
　《所蔵》滋賀県立図書館 2-9160-タ　　　　　　　　　　　　　　　　　　　〔1109〕

田辺　泰作　たなべ・たいさく
◇徴兵最後の初年兵　田辺泰作著　東京　創栄出版　1995.7　243p　20cm〈著者の肖像あり〉
　《所蔵》国会図 GB554-G356　　　　　　　　　　　　　　　　　　〔文芸・画集　1110〕

谷相　弘　たにあい・ひろむ
◇地の果てに生きる―飢餓・極寒・酷使の三重苦―私のシベリヤ生活の記録　谷相弘著　高知　谷相弘　1997.4　230p　19cm
　《所蔵》奈良戦体 916-1746　　　　　　　　　　　　　　　　　　　　　　〔1111〕

谷川　順一　たにがわ・じゅんいち
◇捕虜生活―いろいろやりました　谷川順一著　東京　近代文芸社　1995.6　95p

図書（体験記・回想録）　　　　　　　　　　　たまかき

　　20cm　1300円
　　《所蔵》国会図 GB554-E2042
　　　　　　　　　　　　　　　　　　　　　　　　　　　〔1112〕

谷口 佶（1930生）　たにぐち・ただし
◇仔羊たちの戦場―ボクたち中学生は関東軍の囮兵だった　谷口佶著　東京　読売
　新聞社　1988.8　286p　20cm〈主要参考文献：p283～284〉　1200円
　　《所蔵》国会図 GB554-E224, 奈良戦体 393.6-2631
　　　　　　　　　　　　　　　　　　　　　　　　　　　〔1113〕

谷口 忠吾　たにぐち・ちゅうご
◇反動下士抑留記―憲兵下士官の体験した終戦宣言前後　谷口忠吾著　金沢　能登
　印刷出版部　1994.12　177p　19cm　1457円
　　《所蔵》国会図 GB554-G649, 奈良戦体 369.37-1646
　　　　　　　　　　　　　　　　　　　　　　　　　　　〔1114〕

谷口 範之　たにぐち・のりゆき
◇私のシベリア抑留記　谷口範之著，前園博子，野口浩編　Sao Paulo　日毎叢書企
　画出版　2007.12　184p　21cm（日毎叢書）　非売品
　　《所蔵》国会図 GB554-J146
　　　　　　　　　　　　　　　　　　　　　　　　　　　〔1115〕

田原 和夫　たはら・かずお
◇ソ満国境・15歳の夏　田原和夫著　東京　築地書館　1998.8　301p　20cm　2400円
　　《所蔵》国会図 GB554-G906, 奈良県立図書情報館 915.9-561
　　　　　　　　　　　　　　　　　　　　　　　　　　　〔1116〕

田淵 久　たぶち・ひさし
◇シベリヤの墓標　田淵久著　岡山　山陽図書　1957　176p　19cm
　　《所蔵》岡山県立図書館 K289-/T-29
　　　　　　　　　　　　　　　　　　　　　　　　　　　〔1117〕

田部 円三　たべ・えんぞう
◇兵の歩いた道―捕虜日記　田部円三著　大垣　田部円三　1970.8　369p　22cm
　〈著者の肖像あり〉
　　《所蔵》奈良戦体 369.37―1646
　　　　　　　　　　　　　　　　　　　　　　　　　　　〔1118〕

田部井 要（1924生）　たべい・かなめ
◇シベリア回想記　田部井要［著］，笠松草一郎編　横浜　田部井富江　1993　257p
　20cm〈製作：有隣堂　著者の肖像あり〉
　　《所蔵》国会図 GB554-E1501
　　　　　　　　　　　　　　　　　　　　　　　　　　　〔1119〕

玉置 正夫（1919生）　たまおき・まさお
◇平壌終戦―ソ連連行一万キロ　玉置正夫著　東京　文芸社　2004.10　106p
　20cm　1000円
　　《所蔵》国会図 GB554-H425
　　　　　　　　　　　　　　　　　　　　　　　　　　　〔1120〕

玉垣 正義　たまがき・まさよし
◇異国の丘　玉垣正義著　加古川　［玉垣正義］　1965.9　53p　21cm
　　《所蔵》札幌中央 ＊＊
　　　　　　　　　　　　　　　　　　　　　　　　　　　〔1121〕

| たまき | 図書（体験記・回想録） |

玉木　丈雄　　たまき・たけお
◇わが青春　玉木丈雄著　［鎌倉］　［玉木丈雄］　2002.7　170p　19cm　800円
　　《所蔵》国会図 GB554-H27　　　　　　　　　　　　　　　　　　　〔1122〕

玉田　貞喜　　たまだ・さだよし
◇満蒙開拓青少年義勇軍とシベリア抑留の記録　玉田貞喜著　［那須町（栃木県）］
　　［玉田貞喜］　2013.11　106p　26cm
　　《所蔵》国会図 GB554-L164　　　　　　　　　　　　　　　　　　〔1123〕

田村　正一　　たむら・しょういち
◇カムチャッカ抑留記　田村正一著　［足利］　田村正一　1982.11　243p　19cm
　　〈折り込図1枚 著者の肖像あり〉
　　《所蔵》国会図 GB554-1390　　　　　　　　　　　　　　　　　　〔1124〕

田村　万里　　たむら・ばんり
◇シベリア抑留 一千四百余日　田村万里著　横浜　田村万里　1995.10　130p　19cm
　　《所蔵》札幌中央 ＊＊　　　　　　　　　　　　　　　　　　　　〔1125〕

たらら ひろし
◇極光は紅に燃えて―学徒から虜囚の青春回想記　たららひろし著　長野　銀河書
　房　1986.5　205p　19cm　1200円
　　《所蔵》国会図 FD11-E1　　　　　　　　　　　　　　　　　　　〔1126〕

田原　豊　　たわら・ゆたか
◇捕虜漫歩―ソ連抑留記　田原豊著　鹿児島　［田原豊］　1991.7　163p　26cm〈電
　子複写 折込み図あり〉
　　《所蔵》奈良戦体 916-1746　　　　　　　　　　　　　　　　　　〔1127〕

丹羽　伝吉　　たんば・でんきち
◇苦しかった戦後シベリアの抑留生活　丹羽伝吉著　［釧路］　［丹羽伝吉］　2010.7
　124p　19cm〈タイトルは背・表紙による〉
　　《所蔵》国会図 GB554-J557　　　　　　　　　　　　　　　　　　〔1128〕

【ち】

千嶋　正夫　（1930生）　ちしま・まさお
◇虎林にて―旧満州虎林第二農工移民団の記録　第3回 活字創刊号　千嶋正夫著
　堺　千嶋正夫　1991.3　115p　21cm〈修正版〉
　　《所蔵》国会図 GE357-E9　　　　　　　　　　　　　　　　　　　〔1129〕
◇虎林にて―旧満州虎林第二農工移民団の記録　第4回 躍動編　千嶋正夫著　堺
　千嶋正夫　1989.5　111p　21cm〈著者の肖像あり〉

《所蔵》国会図 GE357-E9 〔1130〕
◇虎林にて―旧満州虎林第二農工移民団の記録　第5回 黒咀子編　千嶋正夫著　堺　千嶋正夫　1990.1　111p　21cm
《所蔵》国会図 GE357-E9 〔1131〕
◇虎林にて―旧満州虎林第二農工移民団の記録　第6回 結び編　千嶋正夫著　堺　千嶋正夫　1990.12　119p　21cm〈はり込図2枚〉
《所蔵》国会図 GE357-E9 〔1132〕
◇虎林にて―旧満州虎林第二農工移民団の記録　第7回 続 第一農工及び兵器廠編　千嶋正夫著　堺　千嶋正夫　1991.10　149p　21cm
《所蔵》国会図 GE357-E9 〔1133〕

千葉 光一（1925生）　ちば・こういち
◇シベリアの風―自分史　千葉光一著　［田沢湖町（秋田県）］　［千葉光一］　2000.8　265p　図版12枚　20cm〈肖像あり〉　非売品
《所蔵》国会図 GK137-H11 〔1134〕

千葉 真　ちば・まこと
◇シベリアの凍土に眠る墓標をたずねて　千葉真著　石狩　［千葉真］　1988.12　26p　30cm
《所蔵》札幌中央　＊＊ 〔1135〕

千葉 良文　ちば・よしぶみ
◇化石人放浪記―庶民の遍歴・百万人の自分史　千葉良文著　東京　日通総合研究所　1987.3　324p　20cm〈巻末：著者略歴〉
《所蔵》札幌中央　＊＊ 〔1136〕

【つ】

塚原 静子（1934生）　つかはら・しずこ
◇旧満洲本渓湖の街と人びと　塚原静子著　東京　幻冬舎ルネッサンス　2011.7　231p　20cm　1300円
《所蔵》国会図 GB554-J822, 奈良県立図書情報館 222.57-ツカハ 〔1137〕

塚本 義隆（1894生）　つかもと・よしたか
◇高砂丸に泣く―新聞記者のソ連抑留記　塚本義隆著　東京　時事通信社　1949　179p　19cm
《所蔵》国会図 915.9-Tu714t 〔1138〕
◇高砂丸に泣く　塚本義隆著　東京　大空社　1999.12　179p　22cm（叢書俘虜・抑留の真実　第6巻）〈シリーズ責任表示：山下武/監修 時事通信社昭和24年刊の複製〉　4000円

つくた　　　　　　　　　図書（体験記・回想録）

《所蔵》国会図 GB554-G1210　　　　　　　　　　　　　　　　〔1139〕

佃 則純（1914生）　つくだ・のりずみ
◇シベリヤ物語　佃則純著　第3版　八尾　すみちゅう印刷社　1991.10　96p　21cm　非売品
《所蔵》国会図 GB554-E1067，奈良戦体 916-1746　　　　　　〔1140〕
◇本音と建前　佃則純著　［神戸］　［佃則純］　1980.5　269p　22cm　非売品
　内容　こっぱ役人　シベリヤ物語　で・かん・しょ　続で・かん・しょ
《所蔵》国会図 GK141-37　　　　　　　　　　　　　　　　　〔1141〕

辻 薦　つじ・すすむ
◇月は光を放たず―満洲敗戦記　辻薦著　東京　北洋社　1978.6　295p　20cm　980円
《所蔵》国会図 GB554-654，奈良戦体 916-1611　　　　　　　〔1142〕

辻 安雄（1918生）　つじ・やすお
◇シベリヤ狼の遠ぼえ聞こゆ―安雄のシベリヤ抑留譚　辻安雄著　鹿児島　高城書房　2004.7　185p　19cm　1200円
《所蔵》国会図 GB554-H393　　　　　　　　　　　　　　　　〔1143〕

津島 岳雄（1923生）　つしま・たけお
◇生きて来た　津島岳雄著　東京　東山閣　1948　207p　19cm
《所蔵》国会図 Y81-748　　　　　　　　　　　　　〔文芸・画集　1144〕

廿楽 軍次（1924生）　つづら・ぐんじ
◇あしおと　廿楽軍次著　浦和　さきたま出版会　1998.10　217p　19cm
《所蔵》奈良戦体 049.1-1746　　　　　　　　　　　　　　　〔1145〕
◇凍土とまみれて―在ソ三年シベリヤ抑留記録　廿楽軍次著　［桶川］　［廿楽軍次］　1980.12　265p　19cm〈著者略歴：p265〉　1800円
《所蔵》国会図 GB554-1030，奈良戦体 916-1746　　　　　　　〔1146〕

津田 登　つだ・のぼる
◇戦争と捕虜―地上戦の真実　津田登［著］　東京　ウエップ　2007.5　74p　20cm〈肖像あり〉　1400円
《所蔵》国会図 GB554-H1090，奈良戦体 329.62-1646　　　　　〔1147〕

土屋 正二（1914生）　つちや・しょうじ
◇私の昭和史―激動の大陸　幻の満洲国シベリヤ抑留　土屋正二著　［白鷹町（山形県）］　［土屋正二］　1989.12　224p　22cm〈著者の肖像あり　折り込図1枚〉
《所蔵》国会図 GB554-E696　　　　　　　　　　　　　　　　〔1148〕

土屋 外生雄　つちや・ときお
◇ラーゲルのなかで―詩集　土屋外生雄著　［国分寺］　［土屋外生雄］　1979.12

126　シベリア抑留関係基本書誌

図書（体験記・回想録） ていほう

96p　22cm
《所蔵》国会図 KH639-225　　　　　　　　　　　　　　　　〔文芸・画集　1149〕

土屋　正彦（1918生）　つちや・まさひこ
◇へそまがりの人生―ヨーチン軍医の青春とシベリア収容所こぼれ話　土屋正彦著　［新井］［土屋正彦］　1994.8　210p　20cm〈編集・製作：アドスリー（東京）著者の肖像あり〉
《所蔵》国会図 GB554-E1850　　　　　　　　　　　　　　　　〔1150〕

土屋　芳雄（1911生）　つちや・よしお
◇聞き書き ある憲兵の記録　土屋芳雄［述］，朝日新聞山形支局著　東京　朝日新聞社　1985.7　214p　19cm　1000円
《所蔵》国会図 GB521-359，奈良戦体 916-1911　　　　　　　　〔1151〕
◇聞き書き ある憲兵の記録　土屋芳雄［述］，朝日新聞山形支局著　東京　朝日新聞社　1991.2　262p　15cm（朝日文庫）　480円
《所蔵》国会図 GB521-E176，奈良戦体 916-1911　　　　　　　　〔1152〕

恒松　忠義　つねまつ・ただよし
◇われロシアに旅す　恒松忠義著　多良木町（熊本県）　東急印刷（印刷）　1999.5　244p　21cm　2600円
《所蔵》国会図 GB554-G1228　　　　　　　　　　　　　　　　〔1153〕

津村　謙二　つむら・けんじ
◇ナホトカの人民裁判　津村謙二著　東京　文化評論社　1949　165p 地図　19cm　120円
《所蔵》国会図 YD5-H-915.9-Tu735n（マイクロフィッシュ）　　　〔1154〕

鶴海　寛治　つるみ・かんじ
◇果羅の旅　鶴海寛治［著］　［出版地不明］　［鶴海寛治］　［1979］　89p　19cm〈折り込 1枚〉
《所蔵》国会図 GB554-L308，奈良戦体 916-1646　　　　　　　　〔1155〕

鶴山　好男　つるやま・よしお
◇人生の彩り―学徒出陣の記　鶴山好男著，鶴山好一編　東大阪　鶴山好一（制作）　2009.11　91p　21cm
《所蔵》国会図 GB554-J459　　　　　　　　　　　　　　　　〔1156〕

【て】

ていほう しょうり
◇民間人捕虜　ていほうしょうり著　東京　近代文芸社　1984.4　216p　20cm　1200円

てすか　　　　　　　　図書（体験記・回想録）

|内容|民間人捕虜　郷外者
《所蔵》国会図 KH613-318　　　　　　　　　　　〔文芸・画集　1157〕

手塚 美義　てずか・みよし
◇わが虜囚記断片―クラスキーノ・ラーダ・エラブガ・カザン　手塚美義著　［高槻］　［手塚美義］　1989.8　341p　21cm〈製作：新聞印刷自費出版センター（大阪）〉　2060円
《所蔵》国会図 GB554-E791　　　　　　　　　　　　　　　　〔1158〕

寺沢 恒春　てらさわ・つねはる
◇私のシベリア抑留・四年余―凍土のなかで　寺沢恒春著　［川西町（奈良県）］　［寺沢恒春］　［1995］　200p　26cm
《所蔵》奈良戦体 916-1646　　　　　　　　　　　　　　　　〔1159〕

寺島 儀蔵　てらしま・ぎぞう
◇長い旅の記録―わがラーゲリの20年　寺島儀蔵著　東京　日本経済新聞社　1993.6　400p　20cm〈著者の肖像あり〉　1900円
《所蔵》国会図 GK137-E64　　　　　　　　　　　　　　　　〔1160〕
◇長い旅の記録―わがラーゲリの20年　寺島儀蔵著　東京　中央公論社　1996.7　633p　16cm（中公文庫）〈著者の肖像あり〉　1300円
《所蔵》国会図 GK137-G8　　　　　　　　　　　　　　　　　〔1161〕

寺島 利鏡　てらしま・としあき
◇不忘志記―寺島利鏡ソ連抑留日記　寺島利鏡［著］，木村重厚編集責任　大野　寺島博子　1998.6　103p　26cm〈「先人は海を越えた」別冊〉
《所蔵》国会図 GB554-G1037，奈良戦体 916-1746　　　　　　　〔1162〕

寺田 英一　てらだ・えいいち
◇渦中の人々―シベリヤ抑留記：句集　寺田英一著　［出版地不明］　［寺田英一］　1984.1　64p 図版　22cm〈昭20.8.15-昭23.6.26 著者の肖像あり〉
《所蔵》奈良戦体 916-1746　　　　　　　　　　　〔文芸・画集　1163〕

寺西 艸骨（1923生）　てらにし・そうこつ
◇シベリア抑留回顧　寺西草骨著　金沢　石川出版社　1987.6　151p　19cm　1300円
《所蔵》国会図 GB554-E335　　　　　　　　　　　　　　　　〔1164〕

天牛 将富　てんぎゅう・まさとみ
◇衛生兵物語　天牛将富著　大阪　関西図書出版　1986.10　228p　19cm〈著者の肖像あり〉
《所蔵》国会図 GB554-2350　　　　　　　　　　　　　　　　〔1165〕

【と】

土肥 忠男　どい・ただお
◇極北の凍原で描く慮愁の挽歌　最終回　土肥忠男著　東京　うみ山の声の会
　1984.6　17p　26cm（「吾等がシベリア虜囚史」シリーズ 5）〈電子複写〉
　《所蔵》奈良戦体 916-1746　　　　　　　　　　　　　　　　　〔1166〕

土居 哲秋　どい・てつあき
◇影の父—私のシベリア物語：川柳句集　土居哲秋［著］　津山　津山番傘川柳会
　1982.11　224p 図版1枚　19cm
　《所蔵》奈良戦体 911.468-1746　　　　　　　　　　　〔文芸・画集　1167〕

戸泉 弘爾　といずみ・ひろじ
◇僕のソ聯日記　戸泉弘爾著　東京　コスモポリタン社　1950　170p 図版　19cm
　《所蔵》国会図 YD5-H-a914-375（マイクロフィッシュ）　　　　　〔1168〕

戸泉 米子（1912生）　といずみ・よねこ
◇リラの花と戦争　戸泉米子著　改訂版　福井　福井新聞社　2002.5　497p　21cm
　〈共同刊行：福井テレビ〉　2300円
　《所蔵》国会図 GB554-H36，奈良戦体 916-2947　　　　　　　　　〔1169〕

東京12チャンネル　とうきょうじゅうにちゃんねる
◇証言私の昭和史　第5　終戦前後　東京12チャンネル報道部編　東京　学芸書林
　1969　335p　20cm〈監修者：有馬頼義等〉　690円
　内容（一部）：ソ連ついに参戦す（佐藤尚徳）　占守島いまだ停戦せず—知られざる
　　対ソ戦闘（水津満，内田弘）　年表
　《所蔵》国会図 GB511-1　　　　　　　　　　　　　　　　　　　〔1170〕
◇新編私の昭和史　1　暗い夜の記憶　東京12チャンネル社会教養部編　東京　学芸
　書林　1974　276p（肖像共）　20cm〈東京12チャンネル社会教養部制作ドキュメ
　ント番組「私の昭和史」（司会：三国一朗）を収録したもの〉　980円
　内容（一部）：暁に祈る（笠原金三郎，小峰光治）　ソ連強制収容所にて（石原吉郎）
　《所蔵》国会図 GB511-25，奈良戦体 210.7-1900　　　　　　　　　〔1171〕

東寧二〇七会事務局　とうねいにぜろしちかいじむきょく
◇東寧二〇七会十年史—野戦重砲兵第二十二連隊戦友会　［上郡町（兵庫県）］　［東
　寧二〇七会事務局］　［1994］　400p　22cm
　《所蔵》国会図 GB554-E1675　　　　　　　　　　　　　　　　　〔1172〕

当真 荘平（1909生）　とうま・そうへい
◇生と死の谷間—シベリア捕虜の記録　当真荘平著　那覇　出版・大永　1979.12

シベリア抑留関係基本書誌　129

302p　19cm〈著者の肖像あり〉　1200円
《所蔵》国会図 GB554-1365　　　　　　　　　　　　　　　〔1173〕

遠山 あき（1917生）　とおやま・あき
◇平太郎のシベリア抑留ものがたり　遠山あき著　柏　たけしま出版　2004.10
261p　19cm　1500円
《所蔵》国会図 KH627-H83　　　　　　　　　　　〔文芸・画集　1174〕

遠山 茂　とおやま・しげる
◇虜囚記　遠山茂著　大阪　アート工房　1980.7　389p　19cm〈暦：p388〜389〉
900円
《所蔵》国会図 GB554-1013，奈良戦体 916-3746　　　　　　〔1175〕

富樫 良吉　とがし・りょうきち
◇私のシベリア物語　富樫良吉著　［米沢］　［富樫良吉］　1991.11　65p　22cm
《所蔵》奈良戦体 393.37-1646　　　　　　　　　　　　　　〔1176〕

土岐 慶哉　どき・けいさい
◇三十三回忌の墓碑銘　土岐慶哉著　［高岡］　［土岐慶哉］　1978.11　175p　21cm
〈限定版〉　非売品
《所蔵》国会図 GB554-785　　　　　　　　　　　　　　　　〔1177〕

徳江 昇　とくえ・のぼる
◇徳江昇創作集　1　葉陰の土饅頭　東京　鳥影社　1985.4　247p　20cm　1600円
内容（一部）：シベリア捕虜考
《所蔵》国会図 KH626-577　　　　　　　　　　　〔文芸・画集　1178〕

徳永 瑛士（1924生）　とくなが・えいじ
◇魔界のシベリヤ抑留記―酷寒の異境に生死を賭けて　徳永瑛士著　［美東町（山口県）］　全国抑留者補償協議会山口県連合会美東支部　1986.9　179p　19cm
《所蔵》国会図 GB554-2341，奈良戦体 916-1746　　　　　　〔1179〕

徳永 笹一　とくなが・ささいち
◇ソ連政治と人間改造―日本人抑留者の体験・報告　徳永笹一著　東京　日刊労働通信社　1958.10　343p　19cm　300円
《所蔵》札幌中央＊＊　　　　　　　　　　　　　　　　　　〔1180〕

徳山 光夫　とくやま・みつお
◇死のラーゲリから生還して―ソ連捕虜収容所の10年　徳山光夫著　東京　東峰書房　1994.8　156p　20cm　1500円
《所蔵》国会図 GB554-E1808　　　　　　　　　　　　　　　〔1181〕

都倉 栄二（1915生）　とくら・えいじ
◇外交官の決断―一万五千日の現場秘史　都倉栄二著　東京　講談社　1995.1

図書（体験記・回想録）　　　　　　　　　とままえ

　　374p　20cm　1800円
　《所蔵》国会図 A99-Z-E225　　　　　　　　　　　　　　　　　〔1182〕

独立歩兵第25大隊第4中隊戦友会　どくりつほへいだいにじゅうごだいたいだいよん
ちゅうたいせんゆうかい
◇独立歩兵第25大隊第4中隊史　［出版地不明］　［独立歩兵第25大隊第4中隊戦友
　会］　1984.5　197p　19cm
　《所蔵》札幌中央＊＊　　　　　　　　　　　　　　　　　　　〔1183〕

所 武雄（1907生）　ところ・たけお
◇北を駈ける―シベリア放浪記　所武雄著　東京　沙羅書房　1949　257p 図版
　19cm
　《所蔵》国会図 YD5-H-a913-810（マイクロフィッシュ）　〔文芸・画集　1184〕

野老山 作太郎（1915生）　ところやま・さくたろう
◇闇に向かって走れ　野老山作太郎著　東京　文芸社　2001.12　211p　20cm
　1000円
　《所蔵》国会図 GB554-G1621　　　　　　　　　　　　　　　〔1185〕

戸田 俊巳　とだ・としみ
◇棄民の詩―シベリアからの告発　戸田俊巳著　［出版地不明］　戸田企業グループ
　1997.2　336p　16×22cm
　《所蔵》奈良戦体 911.5-1746　　　　　　　　　　　　〔文芸・画集　1186〕

鳥取県立公文書館　とっとりけんりつこうぶんしょかん
◇孫や子に伝えたい戦争体験　上　鳥取県立公文書館県史編さん室編　［鳥取］　鳥
　取県　2009.11　239p　26cm（新鳥取県史 手記編）　500円
　《所蔵》国会図 GB554-J427，奈良戦体 916-3639　　　　　　　〔1187〕

鳥羽 恒雄　とば・つねお
◇北満で迎えた私の終戦―抑留と飢えと逃亡と祖国　鳥羽恒雄著　須賀川　鳥羽恒
　雄　1984　87p　20cm
　《所蔵》福島県立図書館 LA916/T1/1　　　　　　　　　　　　〔1188〕

飛永 重寿（1909生）　とびなが・しげひさ
◇特務将校の弁　飛永重寿著　東京　国際文化研究所　1957　171p　19cm
　《所蔵》国会図 915.9-To352t　　　　　　　　　　　　　　　〔1189〕

苫前町遺族会　とままえちょういぞくかい
◇鎮魂―苫前町遺族会創立50周年記念誌　苫前町（留萌）　苫前町遺族会　2003.12
　116p　30cm
　《所蔵》札幌中央＊＊　　　　　　　　　　　　　　　　　　　〔1190〕

富岡 秀義　とみおか・ひでよし

◇私の歩んだ道―難民・抑留の8年札幌市役所の13年 1945年～1967年　富岡秀義著　［札幌］　［富岡秀義］　1991.2　497p　21cm
　　《所蔵》国会図 GK138-E128　　　　　　　　　　　　　　　　　　　　　〔1191〕

富沢 一夫　とみざわ・かずお

◇医者の解剖するソ連―抑留軍医の手記 私家版　富沢一夫著　［出版地不明］　鈴木真理子　2008.8　108p　19cm〈製作：三月書房（東京）〉
　　《所蔵》国会図 EG215-J10　　　　　　　　　　　　　　　　　　　　　　〔1192〕

富田 貞雄（1912生）　とみた・さだお

◇高原千里―蒙古・シベリヤの思い出　富田貞雄著　いわき　富田喜代子　1994.3　158p　22cm〈著者の肖像あり〉
　　《所蔵》国会図 GB554-E1720　　　　　　　　　　　　　　　　　　　　　〔1193〕

富永 茂　とみなが・しげる

◇追憶のカラカンダ―北緯五十度の青春　富永茂著　［東京］　日本図書刊行会　1993.12　129p　20cm〈発売：近代文芸社〉　1300円
　　《所蔵》国会図 GB554-E1581, 奈良戦体 916-1746　　　　　　　　　　　　〔1194〕

富永 正三（1914生）　とみなが・しょうぞう

◇あるB・C級戦犯の戦後史―ほんとうの戦争責任とは何か　富永正三著　東京　水曜社　1977.8　219p　19cm　960円
　　《所蔵》国会図 GB554-581, 奈良県立図書情報館 915.9-238　　　　　　　　〔1195〕

◇あるB・C級戦犯の戦後史―ほんとうの戦争責任とは何か　富永正三著　東京　影書房　2010.8　270p　20cm〈水曜社1977年刊の加筆・訂正〉　2000円
　　《所蔵》国会図 GB554-J593　　　　　　　　　　　　　　　　　　　　　　〔1196〕

豊田 穣　とよだ・じょう

◇二等兵は死なず　豊田穣著　東京　講談社　1979　309p　20cm
　　内容 松前重義（小説）
　　《所蔵》奈良戦体 913.6-1600　　　　　　　　　　　　　　〔文芸・画集　1197〕

トランスワール会　とらんすわーるかい

◇トランスワール小史―ソ連抑留四九作業大隊始末記　尼崎　トランスワール会　1992.11　295p　21cm〈編集：佐藤俊夫 付(1枚)：補遺 年表「シベリア抑留史抄」：p285～287〉
　　《所蔵》国会図 GB554-E1352, 奈良戦体 916-1746　　　　　　　　　　　　〔1198〕

ドレビヤン会　どれびやんかい

◇ドレビヤンの記憶―タイガのラーゲル　蔵王町（宮城県）　ドレビヤン会　1995.10　317p　19cm〈企画編集：高橋修徳〉

《所蔵》国会図 GB554-G293, 奈良戦体 369.37-1646 〔1199〕

【 な 】

内藤 清春　ないとう・きよはる
◇いわれなき虜囚─合輯本　第1巻（1号・2号）　内藤清春［ほか］編　吹田　シベリアを語る会　1996.1　115, 205p　26cm〈初版のタイトル等：雪割り草　シベリヤ抑留「雪の同窓会」　雪の同窓会　昭和53～54年刊〉
　　《所蔵》国会図 GB554-G234, 奈良戦体 916-1746 〔1200〕
◇いわれなき虜囚─合輯本　第2巻（3号・4号）　内藤清春［ほか］編　吹田　シベリアを語る会　1996.1　251, 300p　26cm〈初版：雪の同窓会　昭和55～56年刊〉
　　《所蔵》国会図 GB554-G234, 奈良戦体 916-1746 〔1201〕
◇いわれなき虜囚─合輯本　第3巻（5号・6号）　内藤清春［ほか］編　吹田　シベリアを語る会　1996.1　380, 348p　26cm〈初版：雪の同窓会　昭和57～58年刊〉
　　《所蔵》国会図 GB554-G234, 奈良戦体 916-1746 〔1202〕
◇いわれなき虜囚─合輯本　第4巻（7号・8号）　内藤清春［ほか］編　吹田　シベリアを語る会　1996.4　316, 360p　26cm〈初版：雪の同窓会　昭和59～60年刊〉
　　《所蔵》国会図 GB554-G234, 奈良戦体 916-1746 〔1203〕
◇いわれなき虜囚─合輯本　第5巻（9号・10号）　内藤清春［ほか］編　吹田　シベリアを語る会　1996.4　229, 291p　26cm〈初版：昭和62～平成元年刊〉
　　《所蔵》国会図 GB554-G234, 奈良戦体 916-1746 〔1204〕
◇いわれなき虜囚─シベリア抑留者の記録集　第13号　中沢寅次郎, 内藤清春編　［神戸］　シベリアを語る会　1992.10　393p　21cm
　　《所蔵》国会図 GB554-H875, 奈良戦体 916-1746 〔1205〕
◇いわれなき虜囚─シベリア抑留者の記録集　第14号　内藤清春, 成田公一編集責任　［吹田］　［シベリアを語る会］　1993.10　330p　26cm
　　《所蔵》国会図 GB554-H876, 奈良戦体 916-1746 〔1206〕
◇いわれなき虜囚　第16号　内藤清春［ほか］編　吹田　シベリアを語る会　1996.9　313p　26cm
　　《所蔵》国会図 GB554-G234, 奈良戦体 916-1746 〔1207〕
◇いわれなき虜囚　第17号　内藤清春, 成田公一, 湯浅新編集責任　吹田　シベリアを語る会　1997.8　337p　26cm〈年表あり〉
　　《所蔵》国会図 GB554-G234, 奈良戦体 916-1746 〔1208〕
◇いわれなき虜囚　第18号　内藤清春, 成田公一, 湯浅新編集責任　神戸　シベリアを語る会　1998.9　319p　26cm
　　《所蔵》国会図 GB554-G234 〔1209〕
◇いわれなき虜囚　第19号　内藤清春, 成田公一, 湯浅新編集責任　神戸　シベリアを語る会　1999.9　334p　26cm

《所蔵》国会図 GB554-G234　　　　　　　　　　〔1210〕
◇いわれなき虜囚　第20号　内藤清春［ほか］編集責任　神戸　シベリアを語る会
　　2000.9　327p　26cm
　　　《所蔵》国会図 GB554-G234　　　　　　　　　　〔1211〕
◇いわれなき虜囚　第21号　内藤清春［ほか］編集責任　神戸　シベリアを語る会
　　2001.9　322p　26cm
　　　《所蔵》国会図 GB554-G234　　　　　　　　　　〔1212〕
◇いわれなき虜囚　第22号　内藤清春［ほか］編集責任　神戸　シベリアを語る会
　　2002.9　322p　26cm
　　　《所蔵》国会図 GB554-G234　　　　　　　　　　〔1213〕
◇いわれなき虜囚　第23号　内藤清春［ほか］編集責任　神戸　シベリアを語る会
　　2003.11　256p　26cm
　　　《所蔵》国会図 GB554-H225　　　　　　　　　　〔1214〕
◇いわれなき虜囚　第24号　内藤清春［ほか］編集責任　［神戸］　シベリアを語る会
　　2004.12　275p　26cm
　　　《所蔵》国会図 GB554-H479　　　　　　　　　　〔1215〕

仲井 清　なかい・きよし
◇蒙古・ソ連・満州逃亡三千キロ　仲井清　京都　椰子の実会　1993.8　224p 図　21cm
　　　《所蔵》奈良戦体 916-1946　　　　　　　　　　〔1216〕

永井 正三郎（1914生）　ながい・しょうさぶろう
◇失われた樺太と満州の想い出―永井正三郎自叙伝　永井正三郎著　東京　ライフリサーチプレス　2012.5　335p　19cm
　　　《所蔵》国会図 GB554-J869　　　　　　　　　　〔1217〕

仲井 正和　なかい・まさかず
◇東条英機の軍服を作った男の記録　仲井正和著　秩父　詩遊会出版　2011.10　45p　19cm〈発売：ポエトリーカフェ武甲書店（秩父）〉　857円
　　　《所蔵》国会図 GB554-J792　　　　　　　　　　〔1218〕

中井 三好（1937生）　なかい・みよし
◇夕日と黒パン　中井三好著　東京　彩流社　1989.9　303p　20cm〈参考文献：p302～303〉　1700円
　　　《所蔵》国会図 KH397-E122　　　　　　　　〔文芸・画集　1219〕

永井 泰子（1947生）　ながい・やすこ
◇きみにありがとう―零下40度のシベリア捕虜収容所で交した約束　美原紀華文，永井泰子絵　東京　グラフ社　2005.7　125p　19cm　952円
　　　《所蔵》国会図 GB554-H650　　　　　　　　〔文芸・画集　1220〕

中井 雄次 なかい・ゆうじ
◇シベリヤ抑留記―敗戦後二年数ケ月　中井雄次著　会見町　中井雄次　1993.10　53p　22cm
　《所蔵》鳥取県立図書館 916/ナカイ/県人H　〔1221〕

中内 富太郎（1923生）　なかうち・とみたろう
◇残酷史　中内富太郎著　東京　文芸社　2002.9　453p　20cm　1000円
　《所蔵》国会図 GB554-G1786　〔1222〕
◇シベリア俘虜記―兵役の巻　中内富太郎著　[出版地不明]　[中内富太郎]　[出版年不明]　277p　20cm〈コピー〉
　《所蔵》札幌中央 ＊＊　〔1223〕

長尾 辰夫（1904生）　ながお・たつお
◇シベリヤ詩集　長尾辰夫著　東京　宝文館　1952　181p　19cm
　《所蔵》国会図 911.56-N176s　〔文芸・画集　1224〕

中岡 準治　なかおか・じゅんじ
◇ウスリー草原のヤポンスキー　中岡準治著　東京　文芸社　2000.11　190p　20cm〈年譜あり〉　1100円
　《所蔵》国会図 GB554-G1416, 奈良戦体 916-3946　〔1225〕

長岡 徠三（1914生）　ながおか・らいぞう
◇兵生活と樺太脱走記　長岡徠三著　[札幌]　長岡徠三　1971　128p はりこみ図 10枚　23cm〈謄写版〉
　《所蔵》国会図 GK89-11　〔1226〕

中川 茂夫（1912生）　なかがわ・しげお
◇シベリア抑留記　中川茂夫著　[東京]　[中川茂夫]　1990.6　149p　21cm〈著者の肖像あり 付：著者略歴〉　非売品
　《所蔵》国会図 GB554-E776　〔1227〕

中川 芳夫　なかがわ・よしお
◇シベリアの夕映え―終戦と抑留　中川芳夫著　北会津村　中川芳夫　1989　113p　図版　22cm
　《所蔵》福島県立図書館 LA916/N2/1　〔1228〕

中北 亘（1923生）　なかきた・わたる
◇炎と雪―失われた時を求めて　中北亘著　豊中　中北亘　1980.8　1冊　20cm
　《所蔵》奈良戦体 916-1646　〔1229〕
◇炎と雪　続　中北亘著　豊中　中北亘　1993.8　303p　20cm
　《所蔵》国会図 GB554-E1479, 奈良戦体 916-1646　〔1230〕

なかさき　　　　　　　　図書（体験記・回想録）

中崎　正夫（1924生）　なかざき・まさお
◇私のシベリア物語　中崎正夫著　岡山　手帖舎　2000.10　142p　19cm　1000円
　　《所蔵》国会図 GB554-G1494　　　　　　　　　　　　　　　　　　〔1231〕

長崎県在外同胞帰還促進同盟　ながさきけんざいがいどうほうきかんそくしんどうめい
◇火焔樹　諫早　諫早青年同盟［ほか］　1975　280p　19cm〈共同刊行：長崎県在外同胞帰還促進同盟，諫早北高地区留守家族同盟〉　非売品
　　《所蔵》国会図 GB554-315，奈良戦体 369.37-3747　　　　　　　　　　〔1232〕

中沢　寅次郎　なかざわ・とらじろう
◇いわれなき虜囚―シベリア抑留者の記録集　追補　中沢寅次郎編集責任　［出版地不明］　雪の同窓会　1985　391p　21cm（雪割り草　8号）
　　《所蔵》奈良戦体 369.37-1746　　　　　　　　　　　　　　　　　　〔1233〕
◇いわれなき虜囚―シベリア抑留者の記録集　第10号（完結編）　中沢寅次郎編集責任　［神戸］　シベリアを語る会　1989　279p　26cm
　　《所蔵》奈良戦体 916-1746　　　　　　　　　　　　　　　　　　　〔1234〕
◇いわれなき虜囚（新編）―シベリア抑留者の記録集　第11号　中沢寅次郎編集責任　［神戸］　シベリアを語る会　1991.1　168p　26cm〈背のタイトル：いわれなき虜囚〉
　　《所蔵》国会図 GB554-H873，奈良戦体 916-1746　　　　　　　　　　〔1235〕
◇いわれなき虜囚（新編）―シベリア抑留者の記録集　第12号　中沢寅次郎編集責任　［神戸］　シベリアを語る会　1991.11　353p　21cm〈背のタイトル：いわれなき虜囚〉
　　《所蔵》国会図 GB554-H874，奈良戦体 916-1746　　　　　　　　　　〔1236〕
◇いわれなき虜囚―シベリア抑留者の記録集　第13号　中沢寅次郎，内藤清春編　［神戸］　シベリアを語る会　1992.10　393p　21cm
　　《所蔵》国会図 GB554-H875，奈良戦体 916-1746　　　　　　　　　　〔1237〕
◇シベリアいろは加留多　中沢寅次郎著　神戸　シベリアを語る会　［出版年不明］　36p　20cm
　　《所蔵》札幌中央 ＊＊　　　　　　　　　　　　　　　　　　　　　　〔1238〕

中下　信好　なかした・のぶよし
◇凍るアムール河　［中下信好著］　［下津町（和歌山県）］　［中下信好］　［1980］　47p　22cm〈折り込図1枚〉
　　《所蔵》国会図 GB554-1142　　　　　　　　　　　　　　　　　　　〔1239〕

中島　倉治　なかじま・くらじ
◇オーロラの下に　中島倉治著　長野　ほおずき書籍　1996.12　99p 図版2枚　19cm〈著者の肖像あり〉
　　《所蔵》奈良戦体 369.37-0046　　　　　　　　　　　　　　　　　　〔1240〕

中嶋　敬三　　なかじま・けいぞう
◇大正生まれの青春─太平洋戦争追憶の記　中嶋敬三［著］　［岩出山町（宮城県）］
　［中嶋敬三］　［1992？］　40p　26cm〈袋綴じ〉
　《所蔵》奈良戦体 916-1646　　　　　　　　　　　　　　　　　　　　　〔1241〕

永島　武雄（1920生）　なかしま・たけお
◇帰還ダモイ─酷寒のシベリアを勝ち上がったのは「まぬけ」と呼ばれた男だった
　永島武雄原作，滝春樹著　［東京］　日経BPコンサルティング　2014.2　374p
　19cm〈発売：日経BPマーケティング（東京）〉　1500円
　《所蔵》国会図 KH934-L773　　　　　　　　　　　　　　〔文芸・画集　1242〕

長島　秀夫（1919生）　ながしま・ひでお
◇モンゴル俘虜生活八〇〇余日　長島秀夫著　札幌　長島秀夫　2002.5　112p　21cm
　《所蔵》国会図 GB554-H70　　　　　　　　　　　　　　　　　　　　〔1243〕

長島　正光　　ながしま・まさみつ
◇ラーゲル─収容所生活の追憶　長島正光著　［出版地不明］　長島正光　1974
　238p　20cm
　《所蔵》札幌中央 ＊＊　　　　　　　　　　　　　　　　　　　　　　　〔1244〕

中嶋　嘉隆（1924生）　なかじま・よしたか
◇封印されたシベリア抑留史─わが青春の「民主化運動」　中嶋嘉隆著　東京
　MBC21　1995.11　239p　20cm　1400円
　《所蔵》国会図 GB554-G391，奈良戦体 369.37-3946　　　　　　　　　〔1245〕

中瀬　精一　　なかせ・せいいち
◇シベリヤの歌　中瀬精一著　柳田村（鳳至郡）　中瀬精一　1979　104p　18cm
　〈肖像〉
　《所蔵》石川県立図書館 911.1/1114　　　　　　　　　　　〔文芸・画集　1246〕

長勢　了治（1949生）　ながせ・りょうじ
◇シベリア抑留─日本人はどんな目に遭ったのか　長勢了治著　東京　新潮社
　2015.5　438p　20cm〈新潮選書〉　1700円
　《所蔵》国会図 GB531-L144，奈良県立図書情報館 210.75-ナカセ　　　　〔1247〕
◇シベリヤの物語──一兵士の記録　山下静夫画・文　普及版〈セルゲイ・クズネ
　ツォーフ監訳，長勢了治訳）　大網白里町（千葉県）　山下静夫画集『シベリヤの
　物語』刊行委員会　2006.6　207p　30cm〈他言語標題：Рассказ о Сибири ロシ
　ア語併記 年譜あり 年表あり〉
　《所蔵》国会図 GB554-H897　　　　　　　　　　　　　　〔文芸・画集　1248〕

永田　潔（1922生）　ながた・きよし
◇シベリヤ抑留こぼれ話　永田潔著，金光学園高24期同窓会有志編　第2版　［出版
　地不明］　花田裕正　2013.8　252p　21cm　1800円

なかた　　　　　　　図書（体験記・回想録）

　　　《所蔵》国会図 GB554-L122　　　　　　　　　　　　　　　〔1249〕

永田　泰嶺　　ながた・たいれい
◇俘虜の軍隊日記　永田泰嶺著　清水　むつみ会　1979.12　124p　22cm〈編集：むつみ会　折り込図1枚　付（図1枚）むつみ会経過年次表：p107～114　著者永田泰嶺略歴：p123～124〉　1500円
　　　《所蔵》国会図 GB554-961　　　　　　　　　　　　　　　〔1250〕

中千島戦友会　　なかちしませんゆうかい
◇嗚呼中千島　続　東京　中千島戦友会　1991.12　532p　27cm
　　　《所蔵》国会図 GB554-E1023，奈良戦体 916-1614　　　　　〔1251〕

中枝　武七郎（1918生）　なかつえ・たけしちろう
◇わが北支転戦と地獄のシベリア抑留記　中枝武七郎［著］　［東京］　［中枝武七郎］　1992.9　81p　21cm〈著者の肖像あり〉
　　　《所蔵》国会図 GB554-E1314，奈良戦体 916-1646　　　　　〔1252〕

長門　太郎　　ながと・たろう
◇大陸の青春―満蒙開拓青少年義勇軍満州とシベリヤの七年　長門太郎著　［廿日市］　［長門太郎］　2003.8　201p　21cm〈折り込1枚〉
　　　《所蔵》国会図 GB554-H221　　　　　　　　　　　　　　〔1253〕

永富　直明　　ながとみ・なおあき
◇素裸にしたソ連　永富直明著　東京　太陽社　1974　406p　19cm
　　　《所蔵》札幌中央＊＊　　　　　　　　　　　　　　　　　　〔1254〕

永友　敏（1925生）　ながとも・さとし
◇シベリア抑留凍土の果てに　永友敏著　宮崎　鉱脈社　2002.12　190p　20cm　1600円
　　　《所蔵》国会図 GB554-H71，奈良戦体 916-1646　　　　　　〔1255〕
◇シベリア抑留凍土の果てに　永友敏著　東京　文芸社　2007.1　191p　19cm　1200円
　　　《所蔵》国会図 GB554-H1001　　　　　　　　　　　　　　〔1256〕

長友　基（1924生）　ながとも・もとし
◇シベリア番外地　長友基著　宮崎　宮崎春秋　1982.2　287p　20cm〈折り込図1枚〉　1400円
　　　《所蔵》国会図 GB554-1730，奈良戦体 916-1746　　　　　　〔1257〕
◇証言長友基―シベリア抑留生活3年の体験　倉迫一朝監修，長友基［出演］　［映像資料］　［宮崎］　宮崎この人企画（制作）　［2014］　ビデオディスク 1枚：DVD（DVD宮崎この人 no.40）
　　　内容 東京陸軍造兵廠就職　病で帰郷　陸軍航空隊経理課勤務　満州9750部隊入隊　ソ連軍の捕虜となりシベリアへ　3年に及ぶ抑留生活　近年抑留地を訪ねる，資

料提供・出演：長友基　イラスト：中村博　撮影・編集：森川紘忠　監修：倉迫一朝
　《所蔵》国会図　YL321-L8170　〔1258〕

中西　重男　なかにし・しげお
◇抑留の回想―カザフ共和国キリトマシャート収容所　中西重男編　[出版地不明]　ラーゲルキリトマカイ　1985.4　311p　24cm
　《所蔵》札幌中央　916/ヨ　〔1259〕

中根　義雄　なかね・よしお
◇シベリア哀史―下士候隊　中根義雄　大阪　東洋出版　1988.7　150p　22cm
　《所蔵》奈良戦体　369.37-1646　〔1260〕

中野　英高　なかの・ひでたか
◇わたしの収容所群島―ドクトル・ラーゲリのタモイ　中野英高著　東京　ホーチキ商事出版部　1976　164p　19cm　900円
　《所蔵》国会図　GB554-395　〔1261〕

中野　良彦　なかの・よしひこ
◇ラーゲルの鐘　中野良彦著　津　中野良彦　1999.9　376p　22cm　非売品
　内容 ラーゲルの鐘　シベリヤ抑留記
　《所蔵》国会図　KH418-G198　〔文芸・画集　1262〕

中橋　久麿　なかはし・ひさまろ
◇東京ダモイの夢―シベリア抑留手記　中橋久麿著　和歌山　中橋久麿二　1992.12　143p　図版1枚　21cm〈別書名：東京ダモイの夢：反戦・平和の書：シベリア抑留手記　年次表：p137-140〉
　《所蔵》奈良戦体　369.37-1646　〔1263〕

中牧　保博　なかまき・やすひろ
◇捕われの青春―もうひとつのシベリア抑留記　中牧保博著　東京　潮文社　1991.8　286p　19cm　1300円
　《所蔵》国会図　KH413-E188　〔文芸・画集　1264〕

中村　一宣（1919生）　なかむら・かずのぶ
◇シベリア・1945～―いのちの果て　中村一宣著　長崎　中村一宣抑留記出版後援会　1985.11　406p　19cm〈製作：長崎文献社〉　2500円
　《所蔵》国会図　GB554-2053　〔1265〕

中村　茂（1911生）　なかむら・しげる
◇望郷―シベリア抑留日記 中村茂遺稿　中村茂著　東京　中村光子　1989.10　165p　22cm〈製作：丸善出版サービスセンター　著者の肖像あり　中村茂略歴：p164～165〉　非売品

《所蔵》国会図 GB554-E592　　　　　　　　　　　　　　　　　〔1266〕
◇捕虜体験記―シベリア抑留生活の手記　中村茂著　［阿南］　［中村茂］　1986.10
　176p　22cm　700円
　《所蔵》国会図 GB554-2391　　　　　　　　　　　　　　　　　〔1267〕

中村　正平（1922生）　なかむら・しょうへい
◇従軍とソ連抑留記　中村正平著　［豊田］　［中村正平］　2003.8　205p　16×22cm
　《所蔵》国会図 GB554-H236，奈良戦体 916-1610　　　　　　　　〔1268〕

中村　戴樹（1925生）　なかむら・たいじゅ
◇墓標　中村戴樹著　東京　中村戴樹　1970.8　447p　19cm　1000円
　《所蔵》国会図 KH413-28　　　　　　　　　　　　　〔文芸・画集　1269〕

中村　泰助（1911生）　なかむら・たいすけ
◇シベリアよさようなら―ソ連抑留二年間の記録　中村泰助著　東京　第二書房
　1966　205p 図版　19cm　320円
　《所蔵》国会図 915.9-N429s，奈良戦体 916-1746　　　　　　　　〔1270〕

中村　毅（1921生）　なかむら・たけし
◇凍土―シベリヤ抑留の歌　中村毅作，中村洋太朗編　［出版地不明］　中村屋出版
　2013.11　22p　21cm
　《所蔵》国会図 KH884-L450　　　　　　　　　　　　〔文芸・画集　1271〕

中村　忠良　なかむら・ただよし
◇シベリア捕虜生活　中村忠良［著］　［穂別町（胆振）］　中村ミユキ　1982.12
　249p 図版　21cm
　《所蔵》札幌中央　＊＊　　　　　　　　　　　　　　　　　　　〔1272〕

中村　信一（1926生）　なかむら・のぶいち
◇ウラジオストック物語―シベリア抑留体験記　中村信一著　東京　新風舎
　2004.11　54p　19cm　900円
　《所蔵》国会図 GB554-H518　　　　　　　　　　　　　　　　　〔1273〕

中村　紀雄（1940生）　なかむら・のりお
◇望郷の叫び―シベリア強制抑留　中村紀雄著　前橋　上毛新聞社出版局　2005.7
　296p　20cm〈文献あり〉　1715円
　《所蔵》国会図 GB554-H687　　　　　　　　　　　　　　　　　〔1274〕

中村　文厚　なかむら・ふみひろ
◇神秘　中村文厚著　東京　近代文芸社　2006.11　60p　20cm　1000円
　内容　風切りどんぐり　神秘　シベリア抑留記
　《所蔵》国会図 KH413-H283　　　　　　　　　　　　〔文芸・画集　1275〕

図書（体験記・回想録）　　　　　　　　　　　　　　　　　　　**なた**

中村　光次　　なかむら・みつじ
◇悪夢　中村光次著　［鳥取］　［中村光次］　1985.5　316p　19cm　1500円
　《所蔵》国会図 GB554-2121, 奈良戦体 369.37-1646　　　　　　　　　〔1276〕

中村　有一　（1922生）　なかむら・ゆういち
◇シベリア虜囚の記　中村有一著　下諏訪町（長野県）　あざみ書房　1994.2　206p
　19cm〈折り込図2枚〉　非売品
　《所蔵》国会図 GB554-E1770, 奈良戦体 916-1746　　　　　　　　　　〔1277〕

中村　百合子　　なかむら・ゆりこ
◇赤い壁の穴　中村百合子著　東京　武蔵書房　1957.2　274p 図版　19cm　240円
　《所蔵》国会図 915.9-N448a　　　　　　　　　　　　　　　　　　　〔1278〕

中村　竜一　　なかむら・りゅういち
◇流れ星　中村竜一著　小平　中村竜一　1972　224p　図　肖像　19cm
　《所蔵》国会図 GB554-261　　　　　　　　　　　　　　　　　　　　〔1279〕

永冶　正　（1924生）　ながや・しょう
◇ヤブの夜は更けて―私のシベリヤ　シベリヤ捕虜始末記　高橋惣衛著，永冶正編
　［神戸町（岐阜県）］　［高橋惣衛］　1990.4　220p　21cm
　《所蔵》国会図 GB554-E631, 奈良戦体 916-1646　　　　　　　　　　〔1280〕

中山　光義　　なかやま・みつよし
◇雪のシベリア脱走3万キロ　中山光義文，佐伯克介絵　東京　ポプラ社　1991.1
　166p　22cm（すべて実話だ世界のふしぎ 8）　910円
　《所蔵》国会図 Y8-8051　　　　　　　　　　　　　　　〔文芸・画集　1281〕

長山　義弘　　ながやま・よしひろ
◇モンゴルの砂塵　長山義弘著　東京　日刊労働通信社　1960.3　500p 図版　19cm
　《所蔵》国会図 915.9-N243m　　　　　　　　　　　　　　　　　　　〔1282〕

名越　健郎　（1953生）　なごし・けんろう
◇クレムリン秘密文書は語る―闇の日ソ関係史　名越健郎著　東京　中央公論社
　1994.10　236p　18cm（中公新書）〈参考文献：p236〉　720円
　《所蔵》国会図 A99-ZR5-E49　　　　　　　　　　　　　　　　　　　〔1283〕

名越　二荒之助　（1923生）　なごし・ふたらのすけ
◇大東亜戦争・鎮魂の旅―英霊の戦後は終わらない　名越二荒之助［著］　東京　日
　本政策研究センター事業部　1991.1　96p 図版　21cm（シリーズ大東亜戦争 2）
　500円
　《所蔵》奈良戦体 369.37-0048　　　　　　　　　　　　　　　　　　〔1284〕

名田　敏雄　（1914生）　なだ・としお
◇悲惨な「シベリア」抑留とおまけの人生　名田敏雄著　東京　ストーク　1992.11

シベリア抑留関係基本書誌　141

208p　20cm〈発売：星雲社　著者の肖像あり〉　1200円
《所蔵》国会図 GB554-E1285　　　　　　　　　　　　　　　　　　　〔1285〕

七木田　麻簑臣（1922生）　ななきだ・まさおみ
◇シベリア俘虜生活日記―ラーダ、エラブカ、カザン収容所　七木田麻簑臣著　盛岡　熊谷印刷出版部　1989.7　319p　20cm〈附・慟哭三年の抑留短歌八百六十首　著者の肖像あり　私蔵参考文献：p312～313〉　2000円
《所蔵》国会図 GB554-E538　　　　　　　　　　　　　　　　〔文芸・画集　1286〕

難波江　昇（1916生）　なばえ・のぼる
◇シベリア・流離―詩句文集　難波江昇著　[新居浜]　[難波江昇]　2001.11　52p　19cm
《所蔵》国会図 KH391-H2　　　　　　　　　　　　　　　　　〔文芸・画集　1287〕

滑川　七夫　なめかわ・ななお
◇裸足の幸福　滑川七夫著　[秋田]　[滑川七夫]　1990.11　264p　19cm　非売品
《所蔵》国会図 GB554-E1651，奈良戦体 369.36-1646　　　　　　　　　　　　〔1288〕

楢崎　六花　ならさき・ろっか
◇冬将軍―句集：シベリア抑留体験吟　全　楢崎六花著　[福岡]　[楢崎六花]　1990.11　130p　19cm　2000円
《所蔵》福岡県立図書館 911/368/S1309-3　　　　　　　　　〔文芸・画集　1289〕

成松　政幸（1922生）　なりまつ・まさゆき
◇シベリアの月―元陸軍技術軍曹の実録・ソ連抑留手記　成松政幸［著］　2版　熊本　成松政幸　1988.8　136p　21cm　1000円
《所蔵》国会図 GB554-E383　　　　　　　　　　　　　　　　　　　　〔1290〕

鳴海　英吉（1923生）　なるみ・えいきち
◇定本ナホトカ集結地にて　鳴海英吉著　東京　青磁社　1980.2　239p　20cm　2000円
《所蔵》国会図 KH431-178　　　　　　　　　　　　　　　　〔文芸・画集　1291〕

縄田　千郎（1903生）　なわた・せんろう
◇戦後ソ連で珪肺にかかった日本人俘虜たち　松藤元，縄田千郎著　[東京]　日本図書刊行会　1997.7　89p　20cm〈東京　近代文芸社（発売）年表あり〉　1000円
《所蔵》国会図 SC187-G27　　　　　　　　　　　　　　　　　　　　〔1292〕

南条　範夫（1908生）　なんじょう・のりお
◇歳月―ある軍人の生涯　南条範夫著　東京　河出書房新社　1985.11　246p　20cm　1500円
《所蔵》国会図 KH431-450，奈良県立図書情報館 913.6-ナ-151
　　　　　　　　　　　　　　　　　　　　　　　　　　　〔文芸・画集　1293〕

難波 武（1923生）　なんば・たけし
◇拉古—磨刀石の戦い・鎮江山は遙かなり　難波武著　東京　新風舎　2005.9
　123p　19cm（Shinpu books）　1100円
　《所蔵》国会図 GB554-H655　　　　　　　　　　　　　　　　〔1294〕

【に】

新潟県偕行会　にいがたけんかいこうかい
◇北海に捧げて—陸軍中将峯木十一郎追悼録　新潟県偕行会編　新潟　新潟県偕行
　会　1981.8　288p 図版4枚　22cm〈制作：新潟日報事業社〉
　《所蔵》奈良戦体 396.2-3914　　　　　　　　　　　　　　　　〔1295〕

新関 省二　にいぜき・しょうじ
◇終戦50周年記念・思い出集　新関省二，小池実編　[横浜]　白雪会　1995.11
　38p　26cm〈1995年版会報〉
　《所蔵》奈良戦体 916-1646　　　　　　　　　　　　　　　　　〔1296〕

217会　にいちしちかい
◇シベリア・217捕虜収容所　217会編　[東京]　[217会]　1994.7　803p　22cm
　〈年表：p14～25〉　非売品
　《所蔵》国会図 GB554-E1854　　　　　　　　　　　　　　　　〔1297〕

西 清　にし・きよし
◇望郷の夢　西清著　習志野　[西清]　1983.8　369p　19cm
　《所蔵》札幌中央 ＊＊　　　　　　　　　　　　　　　　　　　〔1298〕

西 毅（1922生）　にし・たけし
◇われらかく生きたれど—電信第四六聯隊行動実録とシベリア抑留　西毅著　大津
　西毅　2002.9　228p　22cm〈製作：ウインかもがわ（京都）〉
　《所蔵》国会図 GB554-H6，奈良戦体 916-1611　　　　　　　　〔1299〕

西 徳一　にし・のりいち
◇凍てつく星の下に—抑留記　西徳一著　東京　新風舎　2007.8　142p　20cm
　1400円
　《所蔵》国会図 GB554-H1106　　　　　　　　　　　　　　　　〔1300〕

西井 安治郎　にしい・やすじろう
◇シベリアの冬を越えて　西井安治郎著　[菟田野（奈良）]　[西井安治郎]
　1993.10　175p　19cm
　《所蔵》奈良戦体 369.37-4946　　　　　　　　　　　　　　　〔1301〕

西内　正幸　にしうち・せいこう
◇戦争の中の青春　西内正幸著　高知　西内正幸　1976　174p　22cm　1000円
　《所蔵》国会図 GB554-476　〔1302〕

西尾　文男　にしお・ふみお
◇北方の戦記　西尾文男著　東京　ふだん記全国グループ　1982.6　216p　19cm（ふだん記新書 106）〈附・「家族への書簡」　著者の肖像あり　略歴：p210〉
　《所蔵》国会図 GB554-1342，奈良戦体 916-1646　〔1303〕

西尾　康人（1920生）　にしお・やすと
◇シベリアに想う―強制収容所八年の記録　西尾康人著　高槻　西尾康人　1992.11　386p　20cm　2500円
　《所蔵》国会図 KH437-E561　〔文芸・画集　1304〕
◇凍土の詩―シベリア抑留八年、爪で書いた記録　西尾康人著　東京　早稲田出版　1995.6　263p　20cm〈主な参考文献：p260～261〉　1800円
　《所蔵》国会図 GB554-G186，奈良戦体 916-2746　〔1305〕

西川　裕介　にしかわ・ゆうすけ
◇ウランバートル俘囚記　西川裕介著　［東京］　日本図書刊行会　1993.8　191p　20cm〈発売：近代文芸社〉　1000円
　《所蔵》国会図 GB554-E1445　〔1306〕

西木　正明（1940生）　にしき・まさあき
◇夢顔さんによろしく　西木正明著　東京　文芸春秋　1999.7　540p　20cm　2095円
　《所蔵》国会図 KH436-G172，奈良戦体 913.6-1646　〔文芸・画集　1307〕
◇夢顔さんによろしく―最後の貴公子・近衛文隆の生涯　上　西木正明著　東京　文芸春秋　2002.10　408p　16cm（文春文庫）　629円
　《所蔵》国会図 KH436-G345　〔文芸・画集　1308〕
◇夢顔さんによろしく―最後の貴公子・近衛文隆の生涯　上　西木正明著　東京　集英社　2009.12　479p　16cm（集英社文庫　に6-6）　819円
　《所蔵》国会図 KH436-J149　〔文芸・画集　1309〕
◇夢顔さんによろしく―最後の貴公子・近衛文隆の生涯　下　西木正明著　東京　文芸春秋　2002.10　409p　16cm（文春文庫）　629円
　《所蔵》国会図 KH436-G345　〔文芸・画集　1310〕
◇夢顔さんによろしく―最後の貴公子・近衛文隆の生涯　下　西木正明著　東京　集英社　2009.12　481p　16cm（集英社文庫　に6-7）〈文献あり　年表あり〉　819円
　《所蔵》国会図 KH436-J150　〔文芸・画集　1311〕

西沢　喜八　にしざわ・きはち
◇大空と凍土に生きて―激動期の青春回想譜　西沢喜八［著］　長野　西沢喜八　1993.11　198p　21cm〈付・生活随想録　著者の肖像あり〉　非売品

西田 市次 にしだ・いちじ
◇追想の捕虜記―ある兵士の記録　西田市次著　国立　生涯学習研究社　1993.7　309p　21cm〈編集・製作：武蔵野文学舎 著者の肖像あり 付：著者略歴〉
　　《所蔵》国会図 GB554-E1732　　　　　　　　　　　　　　　　〔1313〕

二十世紀研究所 にじっせいきけんきゅうじょ
◇かくソ連を見た―ソ連帰還学徒の報告　二十世紀研究所編　東京　思索社　1949　186p　19cm〈附：ソ連を如何に認識すべきか（畑中政春）〉
　　《所蔵》国会図 a302-96　　　　　　　　　　　　　　　　　　〔1314〕

西原 明治 にしはら・あけはる
◇抑留万里―或る下士官の手記　西原明治著　［倉吉］　［西原明治］　1980.8　197p　19cm〈著者略歴：p197〉　非売品
　　《所蔵》国会図 GB554-981，奈良戦体 916-1646　　　　　　　　〔1315〕

西村 渥美 にしむら・あつみ
◇凍結　西村渥美著　東京　近代文芸社　1995.2　169p　20cm　1300円
　　《所蔵》国会図 GB554-E1974，奈良戦体 916-1646　　　　　　　〔1316〕

西村 いわお（1926生）　にしむら・いわお
◇樺太の灯―歌集　西村いわお［著］　札幌　西村巌　1986.9　217p　19cm〈著者の肖像あり〉　2000円
　　《所蔵》国会図 KH437-E61　　　　　　　　　　　　〔文芸・画集　1317〕
◇北緯五十四度―樺太恵須取育ちの著者が辿った北樺太オハ抑留記　西村巌著　［札幌］　［西村巌］　1976.12　335p　26cm　2000円
　　《所蔵》国会図 GK97-E2　　　　　　　　　　　　　　　　　　〔1318〕

西村 敏一 にしむら・としかず
◇異国の丘越えて　西村敏一著　［浦和］　［西村敏一］　1989.8　172p　21cm
　　《所蔵》国会図 GB554-E679　　　　　　　　　　　　　　　　〔1319〕

西元 宗助 にしもと・そうすけ
◇ソヴェトの真実―ソヴェト俘虜記　西元宗助著　東京　弘文堂　1953　176p 地図　19cm
　　《所蔵》国会図 302.38-N782s　　　　　　　　　　　　　　　〔1320〕
◇ソビエトの真実―俘虜記1945-49　西元宗助著　東京　教育新潮社　1980.6　210p　19cm
　　《所蔵》国会図 GB554-960　　　　　　　　　　　　　　　　　〔1321〕

西本 諦了（1918生）　にしもと・たいりょう
◇命めぐまれ、今を生きる―シベリア・ウクライナ抑留記　西本諦了著　東京　文

芸社　2002.3　125p　20cm　1000円
《所蔵》国会図 GB554-G1675，奈良戦体 916-3946　〔1322〕

西山 梅生　にしやま・うめお
◇生と死のはざまで―作品集　西山梅生著　板野町（徳島県）　西山登志子　1997.5
204p　22cm〈大阪 新風書房（製作）〉
《所蔵》国会図 GB554-G874　〔1323〕

西山 武典　にしやま・たけすけ
◇曠野の涯に―満州電々社員の敗戦記録　西山武典［ほか著］　東京　西山武典
1984.8　190p　21cm〈共同刊行：小野地光輔，福川正夫〉
《所蔵》国会図 GB554-1991　〔1324〕

西山 信義　にしやま・のぶよし
◇シベリア捕虜記―一兵士の物語　西山信義著　東京　新生出版　2009.4　210p
20cm　1200円
《所蔵》国会図 GB554-J304　〔1325〕

日刊労働通信社　にっかんろうどうつうしんしゃ
◇強制労働者と民族問題―日本人戦犯抑留者の見聞記　東京　日刊労働通信社
1958　331p　19cm（シベリヤ叢書 第12）
　内容 ソ連の民族問題とソ連人の日本人観（時元健二）　他10篇
《所蔵》国会図 366.0238-N715k，奈良県立図書情報館 366-36　〔1326〕
◇スターリン批判後のソ連政治と人間改造―日本人抑留者の体験・報告　東京　日
刊労働通信社　1958　343p　19cm（シベリヤ叢書 第10）
　内容 ソヴェトの政治と共産党（佐田正男）　他9篇
《所蔵》国会図 312.38-N715s，奈良県立図書情報館 312.3-31　〔1327〕

日ソ親善協会　にっそしんぜんきょうかい
◇生きたソ連を見る　日ソ親善協会編　東京　潮流社　1949　239p 図版　19cm
　内容 ソ同盟の文化（高柳博也）　タンボフの労働者（田鎮源一）　タンボフの町（用
辺稔）　ノルマの話（清水達夫）　シベリヤの文化（栗原康誉）　ハバロフスクの
思ひ出（須藤敬子）　幣制改革のころ（田辺稔）　新しいひとびと（小泉健二）
顔面，青帽，難（津村謙二）　俘虜が党員の家の留守番（金子俊）　汽車のなか
の出来事（津村謙二）　クラスノヴオドスク点描（有井四郎）
《所蔵》国会図 YD5-H-302.38-N87ウ　〔1328〕
◇生きたソ連を見る　日ソ親善協会，ソ連帰還者生活擁護同盟共編　東京　潮流社
1949 2版　239p 図版　19cm
　内容 ソ同盟の文化（高柳博也）　他11篇
《所蔵》国会図 302.38-N861i　〔1329〕

新田　直人（1908生）　にった・なおと
◇シベリアの歌─続シベリア抑留体験記　新田直人著　太良町（佐賀県）　新田直人　1987.6　232p　19cm〈製作：シベリア抑留者友の会（富士宮）　発売：緑星社（富士宮）〉　1000円
《所蔵》国会図 GB554-E108　〔1330〕

新田　義尚　にった・よしなお
◇望郷の群　新田義尚著　名古屋　新田義尚　1985.6　139p　19cm〈制作：丸善名古屋出版サービスセンター　付：著者略歴〉　1000円
《所蔵》国会図 GB554-2015　〔1331〕

201友の会　にひゃくいちとものかい
◇シベリヤ抑留記　徳島　201友の会　1981.12　58p　26cm〈編集：小田勝一ほか〉
《所蔵》国会図 GB554-1251　〔1332〕

日本政策研究センター　にほんせいさくけんきゅうせんたー
◇遥かなる祖国─「日本」が心の支えだった　『明日への選択』編集部編集・企画　東京　日本政策研究センター　2007.9　72p　21cm　500円
　内容　シベリア50年で知った祖国の恵み（蜂谷弥三郎）　六十年目の「仰げば尊し」（野口毅）　比島のこと、忘る能わず（伊藤正康）　内蒙古から邦人を救出した「大和魂」（畑野憲次）　九歳の少年が命懸けで越えた三十八度線（朝永清之）
《所蔵》国会図 GB554-J352　〔1333〕

【の】

野口　稔（1924生）　のぐち・みのる
◇牡丹江の候補生─出陣・シベリヤ抑留記　野口稔著　直方　芙蓉会　1980.11　400p　22cm〈折り込図1枚〉
《所蔵》国会図 GB554-1029，奈良戦体 369.37-1646　〔1334〕

野沢　清人（1907生）　のざわ・きよと
◇ソ連の乳房─捕虜から国賓へ　野沢清人著　東京　産業経済新聞社　1955　304p　図版　19cm
《所蔵》国会図 293.809-N975s，奈良県立図書情報館 293.8-11　〔1335〕

野沢　恒夫　のざわ・つねお
◇岸壁の日まで─抑留の記　野沢恒夫著　広島　佐々木印刷出版部　1986.10　229p　19cm〈著者の肖像あり〉
《所蔵》国会図 GB554-E334　〔1336〕

野島　勲　のじま・いさお
◇シベリアの銀杯　野島勲著　札幌　旭図書刊行センター　2008.4　236p　22cm

〈年譜あり〉
《所蔵》国会図 GB554-J83　　　　　　　　　　　　　　　　〔1337〕

能瀬　敏夫（1920生）　のせ・としお
◇哀しき夕陽　能瀬敏夫著　東京　新風舎　2005.7　117p　20cm　1300円
《所蔵》国会図 GB554-H607　　　　　　　　　　　　　　　〔1338〕

野中　英二（1920生）　のなか・えいじ
◇私のシベリア抑留生活　野中英二［著］　加須　野中英二　[2015]　36p　21cm　非売品
《所蔵》国会図 Y181-L9　　　　　　　　　　　　　　　　　〔1339〕

野中　光治（1907生）　のなか・みつじ
◇シベリヤ虜囚記　野中光治著　東京　五月書房　1970　362p 図版　19cm　850円
《所蔵》国会図 GB554-42　　　　　　　　　　　　　　　　〔1340〕

野村　弘康　のむら・ひろやす
◇凍原に生きる　野村弘康　園部町（京都）　野村弘康　1978.11　179p　18cm
《所蔵》奈良戦体 369.37-1646　　　　　　　　　　　　　　〔1341〕

野本　貞夫　のもと・さだお
◇幾星霜　野本貞夫, 野本泰子著　［大宮］　［野本泰子］　1996.5　391p　19cm
〈著者の肖像あり〉
《所蔵》国会図 GB554-G551　　　　　　　　　　　　　　　〔1342〕

【は】

ハイラルシベリヤ戦友会　はいらるしべりやせんゆうかい
◇ハイラル・シベリヤ戦友会　佐内正二, 袴田和子, エイコ編・印刷　［出版地不明］　［ハイラル・シベリヤ戦友会］　2009.1　46p　26cm
《所蔵》国会図 Y94-J5815　　　　　　　　　　　　　　　　〔1343〕
◇ハイラル・シベリヤ戦友会だより　安子島貞治編, ハイラル・シベリヤ戦友会監修　浜松　昭文堂　1996.12　198p　26cm
《所蔵》国会図 GB554-G1010　　　　　　　　　　　　　　〔1344〕
◇ハイラル・シベリヤ戦友会だより　安子島貞治編, ハイラル・シベリヤ戦友会監修　浜松　昭文堂　1997.12　200p　26cm〈皆川会長追悼号〉
《所蔵》国会図 GB554-G1011　　　　　　　　　　　　　　〔1345〕

萩原　長　はぎはら・あらた
◇望郷―シベリア抑留の歌　萩原長著　［琴平町（香川県）］　［萩原長］　1991.10　27p　22cm

図書（体験記・回想録）　　　　　　　　　　　　　　　　　　　　　　　　　　　　　　　**はしすめ**

　《所蔵》国会図 KH118-E246　　　　　　　　　　　　　　　　　　〔文芸・画集　1346〕

萩原　金八（1925生）　はぎはら・きんはち
◇俘虜記シベリアの詩　萩原金八著　東京　文芸社　2004.8　107p　20cm　1300円
　《所蔵》国会図 GB554-H379　　　　　　　　　　　　　　　　　　〔1347〕

萩原　善之助　はぎはら・ぜんのすけ
◇昭和激動期の潮流に生きる　萩原善之助著　東京　近代文芸社　1995.5　362p
　20cm〈参照資料：p362〉　2000円
　《所蔵》国会図 GB554-E2033，奈良戦体 916-1946　　　　　　　　〔1348〕

波木里　正吉（1920生）　はぎり・まさよし
◇オロッコ物語　波木里正吉著　東京　近代文芸社　1981.10　291p　20cm　1500円
　内容 オロッコ物語　国境　ポイント少年　女囚たちの館
　《所蔵》国会図 KH118-229　　　　　　　　　　　　　　　　　　〔文芸・画集　1349〕

萩原　泰治　はぎわら・たいじ
◇シベリア苦闘記　萩原泰治著　[東京]　[萩原泰治]　1990.11　170p　22cm〈著者の肖像あり〉
　《所蔵》国会図 GB554-E821　　　　　　　　　　　　　　　　　　〔1350〕

伯田　青竹　はくた・せいちく
◇北の蘗―敗戦捕虜物語　伯田青竹著　川口　マイ・シティじゃーなる　1995.5
　358p　19cm〈限定版〉
　《所蔵》国会図 GB554-G256，奈良戦体 369.37-1746　　　　　　　〔1351〕

橋詰　隆康　はしずめ・たかやす
◇一人で三千人―シベリア物語・苦闘四年間　橋詰隆康著　大牟田　[橋詰隆康]
　[出版年不明]　190p　22cm〈付：ロシア語集 付属資料：趣意書〉　630円
　《所蔵》札幌中央 ＊＊　　　　　　　　　　　　　　　　　　　　〔文芸・画集　1352〕
◇一人で三千人―シベリア物語・苦闘四年間　第2部　橋詰隆康著　[出版地不明]
　秀明社　1986　191p　22cm〈付：ロシア語集 付属資料：趣意書〉　630円
　《所蔵》名古屋市図書館 NF2/00742/2　　　　　　　　　　　　　〔文芸・画集　1353〕

橋爪　卓三（1924生）　はしずめ・たくみ
◇回想私のシベリア物語―抑留体験記と墓参紀行　橋爪卓三著　飯田　南信州新聞
　社出版局　1997.5　110p　19cm〈私家版 著者の肖像あり 私の軍歴：巻末〉
　《所蔵》奈良戦体 369.37-1746　　　　　　　　　　　　　　　　　〔1354〕

橋爪　敏男　はしずめ・としお
◇シベリア抑留思い出の記　橋爪敏男著　[出版地不明]　[橋爪敏男]　1991.8
　63p　21cm
　《所蔵》札幌中央 ＊＊　　　　　　　　　　　　　　　　　　　　〔1355〕

橋本　景行　はしもと・かげゆき
◇橋本隊始末記　橋本景行著　高知　橋本景行　1987.7　336p　18cm
　第1部：橋本隊始末記　第2部：私のシベリア抑留体験記
　　《所蔵》奈良戦体 916-1611　　　　　　　　　　　　　　　　　　〔1356〕

橋本　楯三　はしもと・じゅんぞう
◇虜囚日記　橋本楯三著　札幌　橋本楯三君遺稿刊行会　1969.2　239p 図版　19cm
　〈著者の肖像あり〉
　　《所蔵》札幌中央 ＊＊　　　　　　　　　　　　　　　　　　　　〔1357〕

橋本　確　はしもと・たかし
◇ソ連十年の抑留生活　橋本確　［出版地不明］　［橋本確］　1981　35p 図版3枚　19cm
　　《所蔵》奈良戦体 329.62-1646　　　　　　　　　　　　　　　　　〔1358〕

橋本　沢三　はしもと・たくぞう
◇白夜に祈る―ソ連地区抑留報告　橋本沢三，木村貴男共著　東京　中央社　1948　230p　19cm
　　《所蔵》国会図 915.9-H38ウ　　　　　　　　　　　　　　　　　　〔1359〕

橋元　等　はしもと・ひとし
◇"生き地獄"からの生還―甦るシベリア抑留痛恨の記憶　橋元等著　千葉　橋元等　2007.6　165p　19cm〈製作発売：南日本新聞開発センター（鹿児島）〉　952円
　　《所蔵》国会図 GB554-H1113　　　　　　　　　　　　　　　　　〔1360〕

蓮井　秀義　(1913生)　はすい・ひでよし
◇シベリヤの月―我が捕虜記　蓮井秀義［著］　［出版地不明］　［蓮井秀義］　［2006］　40p　21cm
　　《所蔵》国会図 KH119-J507　　　　　　　　　　　　〔文芸・画集　1361〕
◇シベリヤの月―わが捕虜記　蓮井秀義著，西岡秀子編　［出版地不明］　［西岡秀子］　2014.5　213p　21cm　1300円
　　《所蔵》国会図 GB554-L217　　　　　　　　　　　　　　　　　　〔1362〕

蓮見　新次郎　(1895生)　はすみ・しんじろう
◇極北の魁　蓮見新次郎著　府中（広島県）　至誠博　2003.7　334p　22cm
　　《所蔵》国会図 GB554-H226　　　　　　　　　　　　　　　　　　〔1363〕

長谷　信夫　はせ・のぶお
◇異国の丘　長谷信夫　静止画資料（デジタル）　広島　日本文化平和協会　1949.5　98p　18cm〈原資料所蔵機関：メリーランド大学プランゲ文庫　プランゲ文庫請求記号：D-0624〉
　　《所蔵》国会図デジタルコレクション　　　　　　　　　　　　　　〔1364〕
◇異国の丘　長谷信夫　広島　日本文化平和協会　1949.5　98p　18cm

《所蔵》札幌中央 ＊＊　　　　　　　　　　　　　　　　　　　　　　〔1365〕

長谷川　宇一（1898生）　　はせがわ・ういち
◇シベリアに虜われて―遺稿　長谷川宇一著　仙台　長谷川精一　1975　310p　図　肖像　19cm　1000円
　《所蔵》国会図　GB554-470　　　　　　　　　　　　　　　　　　〔1366〕

長谷川　吉茂　　はせがわ・きちしげ
◇長谷川吉郎従軍記　長谷川吉茂編著　東京　講談社出版サービスセンター（製作）1999.8　332p　20cm　1800円
　《所蔵》国会図　GB554-G1268　　　　　　　　　　　　　　　　　〔1367〕

長谷川　四郎（1909生）　　はせがわ・しろう
◇シベリヤ物語　長谷川四郎著　東京　筑摩書房　1952　231p　19cm
　《所蔵》国会図　915.9-H256s　　　　　　　　　　　　〔文芸・画集　1368〕
◇シベリヤ物語　長谷川四郎［著］　東京　講談社　1991.4　353p　16cm（講談社文芸文庫）〈著書目録：p350～353〉　980円
　《所蔵》国会図　KH119-E233，奈良戦体 913.6-1746　　〔文芸・画集　1369〕
◇新日本文学全集　第28巻　長谷川四郎・島尾敏雄集　荒正人等編　東京　集英社　1964　429p　図版　20cm
　内容（一部）：長谷川四郎集　シベリヤ物語
　《所蔵》国会図　913.608-Si474-A　　　　　　　　　　〔文芸・画集　1370〕
◇戦争の文学　第3　東京　東都書房　1965　356p　19cm
　内容　桜島（梅崎春生）　日の果て（梅崎春生）　ルソンの谷間（江崎誠致）　シベリヤ物語（長谷川四郎）　徳之島航海記（島尾敏雄）　脱出（駒田信二）　解説：戦争文学における内面の"敵"（尾崎秀樹）
　《所蔵》国会図　918.6-Se187　　　　　　　　　　　　〔文芸・画集　1371〕
◇筑摩現代文学大系　73　堀田善衞・長谷川四郎集　東京　筑摩書房　1977.6　491p　肖像　20cm　1600円
　内容　堀田善衞集　記念碑，方丈記私記　長谷川四郎集　シベリヤ物語，鶴　年譜　人と文学（佐々木基一）
　《所蔵》国会図　KH6-71　　　　　　　　　　　　　　〔文芸・画集　1372〕
◇ちくま日本文学全集　46　長谷川四郎―1909-1987　東京　筑摩書房　1992.12　477p　16cm　1000円
　内容（一部）：シベリヤ物語　より　年譜：p471～477
　《所蔵》国会図　KH6-E159　　　　　　　　　　　　　〔文芸・画集　1373〕
◇長谷川四郎作品集　第1　鶴，シベリヤ物語　東京　晶文社　1966　346p　20cm　800円
　《所蔵》国会図　918.6-H2562h　　　　　　　　　　　〔文芸・画集　1374〕
◇長谷川四郎集　長谷川四郎著　東京　影書房　2006.12　248p　20cm（戦後文学

| はせかわ | 図書（体験記・回想録） |

エッセイ選 2）〈肖像あり 著作目録あり〉　2200円
　内容（一部）：炭坑ビス　シベリヤの思い出
　《所蔵》国会図 KH119-H569　　　　　　　　　　　　　　　　〔文芸・画集　1375〕
◇長谷川四郎全集　第1巻　東京　晶文社　1976　332p　21cm　3000円
　内容 初期作品　回郷偶録他39編　炭坑ビス―ソ連俘虜記，二人の若いソ連人―
　　クーバレフとパーシャ　シベリヤ物語　シルカ他10編，作者のノート・1　解題
　　（福島紀幸）
　《所蔵》国会図 KH119-119　　　　　　　　　　　　　　　　　〔文芸・画集　1376〕
◇長谷川四郎全集　第2巻　東京　晶文社　1976　350p　21cm　3000円
　内容（一部）：シベリヤから還って，わたしのモデルたち，シベリヤの思い出，鶴，
　　『シベリヤ物語』作者のことば，＜私の処女作＞『シベリヤ物語』，シベリヤの春，
　　共に働き共に歌う日を，作者のノート・2　解題（福島紀幸）
　《所蔵》国会図 KH119-119　　　　　　　　　　　　　　　　　〔文芸・画集　1377〕
◇長谷川四郎全集　第4巻　東京　晶文社　1976　310p　21cm　3000円
　内容（一部）：遠近法　炭坑にて，シベリヤの日本軍
　《所蔵》国会図 KH119-119　　　　　　　　　　　　　　　　　〔文芸・画集　1378〕
◇長谷川四郎全集　第10巻　東京　晶文社　1977.7　340p　21cm　3500円
　内容（一部）：シベリヤ再発見　解題（福島紀幸）
　《所蔵》国会図 KH119-119　　　　　　　　　　　　　　　　　〔文芸・画集　1379〕
◇長谷川四郎 鶴/シベリヤ物語　長谷川四郎［著］，小沢信男編　東京　みすず書房
　　2004.6　273p　20cm（大人の本棚）　2400円
　内容 猫の歌　海坊主の歌　張徳義　鶴　選択の自由　赤い岩　兵隊の歌　シルカ
　　掃除人　ラドシュキン　ナスンボ　逃亡兵の歌　復員列車の終着駅の歌　林の
　　中の空地　正直じいさんの歌　おかし男の歌　解説（小沢信男著）
　《所蔵》国会図 KH119-H204，奈良県立図書情報館 913.6-ハセカ
　　　　　　　　　　　　　　　　　　　　　　　　　　　　　　〔文芸・画集　1380〕

長谷川 新一（1925生）　はせがわ・しんいち
◇シベリヤ物語　長谷川新一著，長谷川きね，橋本啓子，長谷川綾子編　浜松　樹
　　海社　2007.6　379p　20cm
　《所蔵》国会図 GB554-H1062　　　　　　　　　　　　　　　　　　　　〔1381〕

長谷川 芳雄　はせがわ・よしお
◇草生す大地―終戦そして抑留の記　長谷川芳雄著，福地優子編　［猪苗代町（福島
　　県）］　福地優子　1996.7　317p　20cm
　《所蔵》奈良戦体 916-1746　　　　　　　　　　　　　　　　　　　　〔1382〕

秦 彦三郎　はた・ひこさぶろう
◇苦難に堪えて　秦彦三郎著　東京　日刊労働通信社　1958　359p　19cm（シベリ
　　ヤ叢書　第3）

《所蔵》国会図 915.9-H312k 〔1383〕

畠山 正雄 はたけやま・まさお
◇回想北の島・北の大地 畠山正雄著 [琴丘町(秋田県)] [畠山正雄] 1993.9 206p 20cm〈編集製作:Office2 関連年表:p202~206〉
《所蔵》国会図 GB554-E1652 〔1384〕

畑沢 正次(1924生) はたざわ・まさつぐ
◇北天の追憶—シベリヤ抑留記 畑沢正次著 仙台 創栄出版 1999.12 293p 22cm
《所蔵》国会図 GB554-G1345 〔1385〕

畑中 馨 はたなか・かおる
◇バイカルのうた 畑中馨著 上中町(福井県) 畑中馨 1985.12 129p 18cm
《所蔵》国会図 GB554-2049,奈良戦体 369.37-1746 〔1386〕

畑谷 好治 はたや・こうじ
◇遙かなる山河茫々と 畑谷好治著 札幌 旭図書刊行センター 2002.6 295p 19cm〈肖像あり〉
《所蔵》国会図 GB554-H85 〔1387〕

八〇五石頭会 はっぴゃくごせきとうかい
◇遙なり満州シベリヤ 八〇五石頭会 豊中 [八〇五石頭会] 1994.8 97p 26cm
《所蔵》札幌中央 ** 〔1388〕

花見 武朔 はなみ・むさく
◇嗚呼!!異国の丘—ソビエト強制抑留の記録 花見武朔著 [喜多方市] [花見武朔] 1993.10 204p 21cm
《所蔵》奈良戦体 916-1746 〔1389〕
◇嗚呼、異国の丘—シベリア強制抑留の記録 [花見武朔著] [出版地不明] [花見武朔] 1998 177p 図版 21cm〈折り込み図2枚〉
《所蔵》奈良戦体 916-1611 〔1390〕
◇「嗚呼異国の丘」二等兵物語—関東軍司令部 [花見武朔著] [出版地不明] [出版者不明] 1998 177p 21cm〈折込表2枚 別書名:「嗚呼異国の丘:二等兵物語:関東軍戦争の記録」「嗚呼異国の丘:シベリア強制抑留の記録」〉
《所蔵》奈良戦体 369.37-1611 〔1391〕

羽根田 光雄 はねだ・みつお
◇シベリア捕虜物語 羽根田光雄著 東京 羽根田光雄 1996.4 179p 21cm 2000円
《所蔵》札幌中央 ** 〔1392〕

馬場 亀雄　ばば・かめお
◇シベリア抑留九か年　馬場亀雄著　仙台　馬場亀雄　1983.4　97p　22cm　非売品
《所蔵》宮城県図書館 K960/ハカ83.4　〔1393〕

馬場 新一（1921生）　ばば・しんいち
◇行き交う人々―中国出兵・シベリア抑留・労働運動に生きた50年のドキュメント　馬場新一著　大阪　日経大阪PR　2003.5　314p　19cm　2200円
《所蔵》国会図 GK41-H3　〔1394〕
◇道　馬場新一著　[長岡京]　馬場新一　1983.1　198p　19cm
《所蔵》札幌中央 **　〔1395〕

馬場 正勝　ばば・まさかつ
◇凍土の青春　馬場正勝著　大阪　[馬場正勝]　1993　75p　19cm
《所蔵》札幌中央 **　〔1396〕
◇凍土の青春　馬場正勝著　大阪　新風書房　1997.1　75p　19cm
《所蔵》奈良県立図書情報館 916/ハハマ/1993　〔1397〕

馬場 嘉光　ばば・よしみつ
◇シベリアから永田町まで―情報将校の戦後史　馬場嘉光著　東京　展転社　1987.4　286p　20cm　2000円
《所蔵》国会図 GK41-E2，奈良戦体 329.62-1746　〔1398〕

ハハトイ満鉄会　ははといまんてつかい
◇方尺の窓―満鉄社員シベリア留魂記　[福岡]　ハハトイ満鉄会　1995.10　226p　26cm〈編集：浅芝慶明　『方尺の窓』重松弘著1987年刊を含む〉
《所蔵》国会図 GB554-G281　〔1399〕

浜 庄太郎　はま・しょうたろう
◇霧立ちのぼる　浜庄太郎著　札幌　サザンクロス・トレーディング　1984.2　343p　19cm　1000円
[内容]シベリア地蔵　霧立ちのぼる　嘉府夜話　田毎の月　世はすべて事もなし　メービウスの帯
《所蔵》国会図 KH118-327　〔文芸・画集　1400〕

浜島 操（1920生）　はまじま・みさお
◇スターリンの虜囚　上巻　捕らわれて　浜島操著　東京　鵬和出版　1985.3　268p　19cm　1500円
《所蔵》国会図 KH118-324，奈良戦体 369.37-1746　〔文芸・画集　1401〕
◇スターリンの虜囚　中巻　監獄と無頼漢　浜島操著　東京　鵬和出版　1985.3　274p　19cm　1500円
《所蔵》国会図 KH118-324，奈良戦体 369.37-1746　〔文芸・画集　1402〕
◇スターリンの虜囚　下巻　囚人達の群れ　浜島操著　東京　鵬和出版　1985.4

浜砂 壮二　はますな・そうじ
◇タシケント抑留記　浜砂壮ニ[著]　[出版地不明]　[浜砂壮ニ]　1998　1冊　26cm
《所蔵》奈良戦体 916-1646
〔1404〕

浜田 唯次郎（1924生）　はまだ・ただじろう
◇忘れえぬ―日ソ戦・石頭予備士官候補生・シベリア・北朝鮮抑留・岸壁の母と私　浜田唯次郎著，吟遊舎編　改訂第2版　[足利]　[浜田唯次郎]　2000.6　162p　図版　22cm〈宇都宮：吟遊社〉
《所蔵》奈良戦体 916-3646
〔1405〕

早川 収（1919生）　はやかわ・おさむ
◇ソ連参戦とシベリア抑留　早川収著　名古屋　風媒社　1988.5　226p　19cm　1300円
《所蔵》国会図 GB554-E168
〔1406〕

早川 芳美　はやかわ・よしみ
◇一兵士の追憶　[早川芳美著]　[付知町（岐阜県）]　[早川芳美]　2000　18，19p　図版　26cm
《所蔵》奈良戦体 916-1612
〔1407〕

林 忠輔　はやし・ただすけ
◇ダモイの日まで　林忠輔著　[出版地不明]　[林忠輔]　1973　53p　26cm〈謄写版〉
《所蔵》札幌中央　＊＊
〔1408〕

林 照　はやし・てる
◇シベリア　第1部　白墓の丘　林照著　大阪　新風書房　2012.6　312p　19cm〈折り込2枚〉　1800円
《所蔵》国会図 GB554-J906
〔1409〕
◇シベリア　第2部　望郷の風雪無常　林照著　東京　新風書房　2010.6　288p　19cm〈折り込6枚〉　1800円
《所蔵》国会図 GB554-J584
〔1410〕
◇シベリア　第3部　埠頭の華　林照著　大阪　新風書房　2011.1　250p　19cm〈折り込3枚〉　1800円
《所蔵》国会図 GB554-J907
〔1411〕

林 利雄　はやし・としお
◇時痕　林利雄著　東京　近代文芸社　1995.3　362p　22cm〈著者の肖像あり〉　3000円

はやし　　　　　　図書（体験記・回想録）

　　《所蔵》国会図 GB554-E1977　　　　　　　　　　　　　　　〔1412〕

林　義雄（1925生）　はやし・よしお
◇腹の虫シベリア虜遊記　林義雄著　［新潟］　［林義雄］　1984.5　153p　18cm
　〈制作：新潟日報事業社出版部〉
　　《所蔵》国会図 GB554-1789　　　　　　　　　　　　　　　〔1413〕

林田　みや子　はやしだ・みやこ
◇かえらぬ鶴　瀬戸奈々子，林田みや子共著　東京　二見書房　1961　226p　図版　19cm
　　《所蔵》国会図 915.9-Se196k，奈良県立図書情報館 916-9　　　〔1414〕

早見　茂　はやみ・しげる
◇スコーラダモイ―もうすぐ帰れる　早見茂著　［松戸］　［早見茂］　1991.3　218p　20cm〈製作：講談社出版サービスセンター（東京）参考文献・資料：p218〉1300円
　　《所蔵》国会図 GB554-E853，奈良戦体 913.6-5612　　　　　　〔1415〕

原　次郎（1918生）　はら・じろう
◇シベリア―詩集　原次郎著　東京　新風舎　1999.1　45p　19cm　1000円
　　《所蔵》国会図 KH119-G355　　　　　　　　　　　〔文芸・画集　1416〕

原口　貞雄（1923生）　はらぐち・さだお
◇戦争は悲しい　原口貞雄，原口美恵子著　東京　文芸社　2006.1　306p　20cm　1800円
　　《所蔵》国会図 GB554-H772　　　　　　　　　　　　　　　〔1417〕

頗良笑会　はらしょうかい
◇生きていてよかった―シベリヤから生還して　名古屋　頗良笑会　1985.2　221p　22cm
　　《所蔵》国会図 GB554-2047　　　　　　　　　　　　　　　〔1418〕
◇生きていてよかった―シベリヤから生還して　第2集　名古屋　頗良笑会　1990.2　216p　22cm〈頗良笑会全国大会25周年記念文集〉　1800円
　　《所蔵》国会図 GB554-2047　　　　　　　　　　　　　　　〔1419〕

原田　耕一　はらだ・こういち
◇躓き人生を愛に生きる　原田耕一著　東京　プロデュースセンター　1988.10　210p
　　《所蔵》札幌中央＊＊　　　　　　　　　　　　　　　　　　〔1420〕

原田　茂一（1921生）　はらだ・しげいち
◇ダワイ・ダワイ―かりたてられた我が青春　シベリア抑留記　原田茂一［著］　橿原　原田茂一　1988.8　55p　21cm〈製作：自費出版センター（大阪）〉
　　《所蔵》国会図 GB554-E393　　　　　　　　　　　　　　　〔1421〕

原田 利雄（1925生）　はらだ・としお
◇シベリヤ生還記　原田利雄著　江別　原田利雄　1983.7　154p　21cm〈著者の肖像あり〉　非売品
　《所蔵》国会図 GB554-2148　　　　　　　　　　　　　　　　　〔1422〕

原田 春男　はらだ・はるお
◇暁に祈るまじ―私刑に泣いた吉村隊事件の真相　原田春男著　東京　潮出版社　1972　302p（図共）　19cm　580円
　《所蔵》国会図 GB554-167　　　　　　　　　　　　　　　　　〔1423〕
◇沈黙の時効―今だから話そう　第1集　東京　成星出版　1995.8　328p　20cm　1800円
　内容（一部）：モンゴル草毟り事件　原田春男著
　《所蔵》国会図 US41-G234　　　　　　　　　　　　　　　　　〔1424〕

原田 充雄（1918生）　はらだ・みつお
◇シベリア抑留敗虜の歌　原田充雄著　［札幌］　［原田充雄］　1980.6　87p　26cm
　《所蔵》国会図 GB554-1055　　　　　　　　　　　　　　　　〔1425〕
◇シベリア抑留 虜囚の詩　原田充雄著　滝川　田中タイプ印刷　1984.6　203p　26cm
　《所蔵》北海道立図書館 767.08/R　　　　　　　　　　　　　〔1426〕
◇虜囚の詩―ソ連邦・外蒙古　原田充雄編　［札幌］　［原田充雄］　1978.8　171p　26cm
　《所蔵》奈良戦体 767.6-1746　　　　　　　　　　　　　　　〔1427〕
◇虜囚の詩―シベリア抑留　原田充雄編著　札幌　芙蓉（印刷）　1999.8（第5刷）　248p　26cm　2000円
　《所蔵》国会図 GB554-G1286，奈良戦体 369.36-1646　　　　〔1428〕
◇虜囚の詩―シベリア抑留　原田充雄編著　［札幌］　［原田充雄］　2004.9（第6刷）　298p　26cm
　《所蔵》国会図 GB554-H604　　　　　　　　　　　　　　　　〔1429〕

【ひ】

東 辰巳（1912生）　ひがし・たつみ
◇ボルガに星を仰いで―ソビエト抑留記　東辰巳著　熊本　東辰巳　1970　284p　図　肖像　19cm　500円
　《所蔵》国会図 GB554-67　　　　　　　　　　　　　　　　　〔1430〕

東出 昇　ひがしで・のぼる
◇草原の果てに―モンゴル・ウランバートル捕虜抑留日記　東出昇著　青森　北の街社　1991.12　216p　図版12枚　20cm〈著者の肖像あり〉　2000円
　《所蔵》国会図 GB554-E1104，奈良戦体 369.37-1646　　　　〔1431〕

ひきあけ　　　　　　　図書（体験記・回想録）

引揚体験集編集委員会　ひきあげたいけんしゅうへんしゅういいんかい
◇生きて祖国へ　2（満洲篇 下）　満洲さ・よ・な・ら　引揚体験集編集委員会編　東京　国書刊行会　1981.4　p387〜800, 6p　20cm　2900円
　　《所蔵》国会図 GB554-1049, 奈良戦体 210.7-1646　　　　　　　〔1432〕
◇生きて祖国へ　3（シベリア篇 上）　シベリアの悪夢　引揚体験集編集委員会編　東京　国書刊行会　1981.5　301, 6p　20cm　2900円
　　《所蔵》国会図 GB554-1049, 奈良戦体 210.76-1746　　　　　　〔1433〕
◇生きて祖国へ　4（シベリア篇 下）　望郷の叫び　引揚体験集編集委員会編　東京　国書刊行会　1981.5　p306〜611, 6p　20cm　2900円
　　《所蔵》国会図 GB554-1049, 奈良戦体 210.76-1746　　　　　　〔1434〕
◇生きて祖国へ　6（樺太篇）　悲憤の樺太　引揚体験集編集委員会編　東京　国書刊行会　1981.6　320, 6p　20cm　2700円
　　《所蔵》国会図 GB554-1049　　　　　　　　　　　　　　　　　〔1435〕

樋口　昭典　ひぐち・あきのり
◇凍て付く大地に生き抜く　樋口昭典［著］　東京　研秀出版（製作）　1993.6　179p　22cm〈著者の肖像あり〉
　　《所蔵》国会図 GB554-E2041　　　　　　　　　　　　　　　　　〔1436〕

樋口　克己　ひぐち・かつみ
◇学徒出陣、ソ連抑留から奇蹟の生還　樋口克己著　さいたま　樋口克己　2014.12　45p　30cm　非売品
　　《所蔵》国会図 GB554-L326　　　　　　　　　　　　　　　　　　〔1437〕

樋口　欣一　ひぐち・きんいち
◇ウラルを越えて―若き抑留者の見たソ連　樋口欣一編　10版　東京　乾元社　1949　311p　19cm
　　内容 第1部　敗戦から帰国まで　敗戦の表情（坪山常蔵）　囚はれの生活（梶原康人）　ラーゲルの文化と思想運動（高橋隆雄）　生きんとする力（入沢俊夫）　収容所の管理（根本雄太郎）　都市素描（御手洗康）　農村（コルホーズ）　報告（富田修喜）　生還（堀江正雄）　第2部　ソ連の現実　概観（岡崎至誠）　国民性（堀江正雄）　教育（林田親夫）　経済（樋口欣一）　科学（久保忠）　農業（岡本不器男）　厚生（相良清）　芸術（入江一郎）
　　《所蔵》国会図 915.9-H449u, 奈良戦体 316.1-1746　　　　　　　〔1438〕
◇ウラルを越えて―若き抑留者の見たソ連　樋口欣一編　東京　恒文社　1977.10　319p　19cm〈ソ連・日本・世界関係年表：p301〜317〉　1200円
　　《所蔵》国会図 GB554-631　　　　　　　　　　　　　　　　　　〔1439〕

樋口　正夫　ひぐち・まさお
◇天皇島上陸者―赤い引揚者の実態を衝く!!　樋口正夫著　大阪　銀星書房　1949.9　104p　50円

《所蔵》札幌中央 ＊＊　　　　　　　　　　　　　　　　　　　　　〔1440〕

樋口 流司　ひぐち・りゅうじ
◇捕虜の悲哀　樋口流司　大阪　［樋口流司］　1947.2　102p　18cm　100円
《所蔵》札幌中央 ＊＊　　　　　　　　　　　　　　　　　　　　　〔1441〕

久永 強（1917生）　ひさなが・つよし
◇友よねむれ―シベリア鎮魂歌　久永強絵・文　東京　福音館書店　1999.4　95p　31cm　3200円
《所蔵》国会図 KC16-G1647，奈良戦体 369.37-1746　　　　〔文芸・画集　1442〕

菱田 正夫　ひしだ・まさお
◇白夜の人間模様　菱田正夫著　名古屋　名古屋図工社　1982　636p　22cm　1900円
《所蔵》札幌中央 ＊＊　　　　　　　　　　　　　　　　　　　　　〔1443〕

ピースくにたち
◇戦争の記憶　ピースくにたち編　［国立］　国立市　2004.3　104p　30cm〈年表あり〉
　内容（一部）：現役入隊からシベリヤ捕虜体験（高柳正義述）「国策として満州へ」中国残留婦人の戦後（鈴木則子述）
《所蔵》国会図 GB554-H345　　　　　　　　　　　　　　　　　　　〔1444〕

日高 国雄（1919生）　ひだか・くにお
◇わがシベリアの協奏曲　日高国雄著　東京　近代文芸社　1985.11　185p　20cm　1200円
《所蔵》国会図 GB554-1999，奈良戦体 916-3646　　　　　　　　　〔1445〕

日野 青嶺　ひの・せいれい
◇シベリアの唄―第三歌集　日野青嶺著　富良野　樹氷社　1984.4　148p　19cm　1000円
《所蔵》札幌中央 ＊＊　　　　　　　　　　　　　　　　　　　〔文芸・画集　1446〕

檜山 邦祐（1917生）　ひやま・くにすけ
◇シベリア虜囚記―石橋信夫（大和ハウス工業社長）の青春　檜山邦祐著　東京　日本実業出版社　1975.4　195p　20cm　980円
《所蔵》国会図 GB554-296，奈良戦体 916-1746　　　　　　　　　〔1447〕
◇シベリア虜囚記―大和ハウス工業社長石橋信夫の青春　檜山邦祐著　新版　東京　日本実業出版社　1988.12　197p　20cm　980円
《所蔵》奈良戦体 916-1746　　　　　　　　　　　　　　　　　　　〔1448〕

檜山 良昭（1943生）　ひやま・よしあき
◇祖国をソ連に売った36人の日本人　檜山良昭著　東京　サンケイ出版　1982.7　294p　19cm　980円

ひような　　　　　図書（体験記・回想録）

《所蔵》国会図　AZ-357-44　　　　　　　　　　　　　　　　　〔1449〕

鋲内　勇　びょうない・いさむ
◇東満逃避行とシベリヤ抑留　鋲内勇著　［出版地不明］　［鋲内勇］　1990　99p
《所蔵》札幌中央＊＊　　　　　　　　　　　　　　　　　　　〔1450〕

平出　彬（1910生）　ひらいで・あきら
◇大枯野―シベリアの日　平出彬著　東京　同時代社　1990.8　205p　19cm　1200円
　内容 七日間の戦争（大枯野）　付：参考文献
《所蔵》国会図　GB554-E889　　　　　　　　　　　　　　　〔1451〕

平出　節雄（1918生）　ひらいで・せつお
◇シベリアにうずめたカルテ　平出節雄著　東京　文芸社　2000.12　226p　20cm　1200円
《所蔵》国会図　GB554-G1467，奈良戦体　916-3746　　　　〔1452〕

平尾　英二　ひらお・えいじ
◇関東軍の新製鉄所の建設そしてソ連抑留の記　平尾英二著　［東京］　［平尾英二］　1994.11　196p　19cm
《所蔵》国会図　GB554-E1961　　　　　　　　　　　　　　〔1453〕
◇関東軍の新製鉄所の建設そしてソ連抑留の記　平尾英二著　再増補　［東京］　［平尾英二］　2000.2　209p　18cm
《所蔵》国会図　GB554-G1336　　　　　　　　　　　　　　〔1454〕

平川　秋義　ひらかわ・あきよし
◇我が青春の軌跡―花と嵐と奈落の人生　第1部（満州編）　平川秋義［著］　［枚方］　［平川秋義］　［2001］　186p　21cm
《所蔵》国会図　Y94-H1456　　　　　　　　　　　　　　　〔1455〕

平川　三郎　ひらかわ・さぶろう
◇シベリア送りから脱走して――通訳兵の軌跡　平川三郎著　［鹿児島］　平川浩文　1994.5　33p　21cm
《所蔵》国会図　GB554-E1785　　　　　　　　　　　　　　〔1456〕

ビラカンセリホーズ戦友懇話会　びらかんせりほーずせんゆうこんわかい
◇虜囚そのいわれは―下級兵士の記録　［国分寺町（香川県）］　ビラカン・セリホーズ戦友懇話会　1991.1　182p　27cm
《所蔵》国会図　GB541-E91，奈良戦体　916-1746　　　　　〔1457〕
◇虜囚そのいわれは―下級兵士の記録　続　［国分寺町（香川県）］　ビラカン・セリホーズ戦友懇話会　1996.4　46p　26cm
《所蔵》国会図　GB541-E91　　　　　　　　　　　　　　　〔1458〕

開 勇　ひらき・いさむ
◇関東軍、シベリヤに消ゆ　開勇著　横浜　開勇　[1989]　60p　26cm〈附・湖南の会戦　参考資料：p60〉　非売品
　　《所蔵》国会図 GB541-E46　　　　　　　　　　　　　　　　　　　　〔1459〕
◇昭和二十年八月十五日―ジャリコーウォ日ソ停戦協定の謎？　開勇編　[横浜]　[開勇]　1987.8　60p　26cm〈第八号〉　非売品
　　《所蔵》国会図 GB554-E201　　　　　　　　　　　　　　　　　　　〔1460〕
◇昭和二十年八月二十三日―武装解除―シベリヤ抑留―復員　開勇編　横浜　開勇　[1987]　60p　26cm〈第九号〉　非売品
　　《所蔵》国会図 GB554-E202　　　　　　　　　　　　　　　　　　　〔1461〕

平坂 謙二　ひらさか・けんじ
◇遠いナホトカへの道　平坂謙二著　岡山　平坂謙二　1983.5　105p　19cm〈『捕虜の遺跡』続編〉　600円
　　《所蔵》国会図 GB554-1496, 奈良戦体 369.37-1746　　　　　　　　〔1462〕
◇なぜ―集成捕虜の遺跡　平坂謙二[著]　[岡山]　平坂謙二　1987.11　87p　21cm　非売品
　　《所蔵》国会図 GB554-E174　　　　　　　　　　　　　　　　　　　〔1463〕
◇捕虜の遺跡　平坂謙二著　岡山　平坂謙二　1979.5　239p　19cm　2000円
　　《所蔵》国会図 GB554-902, 奈良戦体 369.37-1746　　　　　　　　　〔1464〕

平沢 是曠（1921生）　ひらさわ・よしひろ
◇哲学者菅季治　平沢是曠著　東京　すずさわ書店　1998.3　287p　20cm　2800円
　　《所蔵》国会図 HA165-G12　　　　　　　　　　　　　　　　　　　〔1465〕

平田 角平　ひらた・かくへい
◇シベリヤの歌―歌集　平田角平著　[新十津川]　新十津川短歌会　1974.4　73p　18cm
　　《所蔵》札幌中央　＊＊　　　　　　　　　　　　　　　　　　〔文芸・画集　1466〕

平田 有一　ひらた・ゆういち
◇エラブカーソ連抑留スケッチ集 1946-1947　平田有一著　[出版地不明]　平田有一　1993　22p　21×30cm
　　《所蔵》札幌中央　＊＊　　　　　　　　　　　　　　　　　　〔文芸・画集　1467〕
◇親鸞と共に歩く―心のあしあと　平田有一著　熊本　[平田有一]　1995.3　182p　19cm
　　《所蔵》札幌中央　＊＊　　　　　　　　　　　　　　　　　　　　　〔1468〕

平塚 政教　ひらつか・まさのり
◇風雪の回想記　平塚政教著　別府　平塚政教　1987.12　1冊　26cm〈奥付の書名：風雪を回想　著者の肖像あり〉
　　《所蔵》国会図 GK52-E23　　　　　　　　　　　　　　　　　　　　〔1469〕

ひらの　　　　　　　　　図書（体験記・回想録）

◇風雪の回想記―悲惨・シベリア捕虜生活：ソ連国捕虜・シベリア生活記録　平塚政教著　［別府］　［平塚政教］　［1989.8］　40，34p　26cm〈電子複写100部発行〉
《所蔵》国会図 GK52-E23　〔1470〕

平野　謙（1907生）　ひらの・けん
◇戦争文学全集　6　平野謙［等］編　東京　毎日新聞社　1972　366p　20cm　950円
　内容 シベリヤ物語（長谷川四郎）　人間の羊（大江健三郎）　大義の末（城山三郎）　輝ける闇（開高健）　待伏せ（石原慎太郎）　プレオー8の夜明け（古山高麗雄）　解説（村上兵衛）
《所蔵》国会図 KH6-33，奈良戦体 918.6-0000　〔文芸・画集　1471〕

平野　貞美（1923生）　ひらの・さだみ
◇赤い吹雪―わがシベリア抑留記　復刻　平野貞美著　塩尻　平野貞美　1995.8　216p　19cm
《所蔵》国会図 GB554-G218，奈良戦体 369.37-1646　〔1472〕
◇永続する平和をこの手に―戦後わたしの五十年　平野貞美著　塩尻　平野貞美　1995.4　160p　21cm〈自家版〉
《所蔵》国会図 GB554-E2123，奈良戦体 916-1646　〔1473〕
◇ツンドラの解ける日は―シベリア抑留の謎　平野貞美著　［塩尻］　平野貞美　2001.6　324p　21cm
《所蔵》国会図 GB554-G1698　〔1474〕
◇鳩よ羽ばたけ―戦後わたしの50年　平野貞美著　［松本］　電算出版企画　1995.8　174p　22cm〈著者の肖像あり〉　1000円
《所蔵》国会図 GB554-G369，奈良戦体 289-1646　〔1475〕
◇鳩よ羽ばたけ―戦後わたしの五十年　追補　平野貞美著　［塩尻］　平野貞美　1996.12　p177〜260　22cm
《所蔵》国会図 GB554-G369　〔1476〕

平原　茂　ひらはら・しげる
◇軍旗の下で滅私奉公御国に捧げし我が青春　平原茂著　［出版地不明］　［平原茂］　2006.5　240p　22cm〈年譜あり〉
《所蔵》国会図 GB554-J599　〔1477〕

平原　敏夫　ひらはら・としお
◇極寒に生きる―私のシベリア抑留記　平原敏夫著　新潟　新潟日報事業社　1990.10　197p　19cm
《所蔵》札幌中央＊＊　〔1478〕

平原　竹次　ひらばる・たけじ
◇ウランバートルへの道―私の"暁に祈る"　平原竹次著　下関　赤間関書房　1975　163p　図　19cm　1000円

《所蔵》国会図 GB554-405 〔1479〕

平松 達夫（1950生）　ひらまつ・たつお
◇戦場へ行った絵具箱―香月泰男「シベリア・シリーズ」を読む　平松達夫著　福岡　海鳥社　2003.2　237p　20cm　2300円
《所蔵》国会図 KC229-H11 〔文芸・画集　1480〕

広沢 栄太郎　ひろさわ・えいたろう
◇ある捕虜の記録―シベリヤ抑留記　広沢栄太郎著　［いわき］　［広沢栄太郎］　1973.11　50p　26cm　非売品
《所蔵》札幌中央＊＊ 〔1481〕

広瀬 宗真　ひろせ・そうしん
◇シベリヤの涙―一兵卒の手記　広瀬宗真著　［浜北］　広瀬宗真　1995.11　112p　図版4枚　20cm〈著者の肖像あり〉
《所蔵》奈良戦体 369.37-1746 〔1482〕

広瀬 忠司（1922生）　ひろせ・ちゅうじ
◇エラブカ第97捕虜収容所―川柳に見るシベリア抑留生活　広瀬忠司［著］　［葉山町（神奈川県）］　広瀬忠司　1992.1　183p　21cm〈著者の肖像あり〉　非売品
《所蔵》国会図 GB554-E1081 〔文芸・画集　1483〕

広瀬 英美（1923生）　ひろせ・ひでみ
◇嗚呼シベリア抑留記―平和の祈りを込めて　広瀬英美著　田辺　紀伊民報社（印刷）　［1998］　131p　21cm〈折り込1枚〉　1200円
《所蔵》国会図 GB554-G1231，奈良戦体 369.37-1646 〔1484〕

広瀬 和一郎（1923生）　ひろせ・わいちろう
◇極限に生きる―シベリア抑留記　広瀬和一郎著　［京都］　広林書房　1983.3　16, 298p　18cm
《所蔵》国会図 GB554-1504 〔1485〕

広田 稔（1916生）　ひろた・みのる
◇わが敗戦―平和への祈りをこめて　広田稔著　［北九州］　つきだ短文芸の会　1981.8　74p　21cm（つきだ短文芸の会　第7集）
《所蔵》国会図 GB554-E894，奈良戦体 916-1746 〔1486〕

広中 一成（1978生）　ひろなか・いっせい
◇語り継ぐ戦争―中国・シベリア・南方・本土「東三河8人の証言」　広中一成著　東京　えにし書房　2014.8　229p　20cm〈文献あり　年表あり〉　1800円
《所蔵》国会図 GB554-L266 〔1487〕

【ふ】

冨岳会　ふがくかい
◇紅炎・白蓮　冨岳会　東京　冨岳会　1967.8　262p 図版4枚　21cm
　《所蔵》奈良戦体 310.4-1746　　　　　　　　　　　　　　　　〔1488〕

深林　広吉　ふかばやし・こうきち
◇躍進のかてと　深林広吉著　増補新版　札幌　宝石の玉屋　1979　289p 図版　21cm　300円
　《所蔵》札幌中央 K159/フ　　　　　　　　　　　　　　　　　〔1489〕

深谷　安男　ふかや・やすお
◇アングレン物語──記者の描く捕虜のロマン　深谷安男編著　東京　人間の科学社　1979.4　183p　19cm　980円
　《所蔵》国会図 GB554-757　　　　　　　　　　　　　　　　　〔1490〕

吹浦　忠正　ふきうら・ただまさ
◇聞き書日本人捕虜　吹浦忠正著　東京　図書出版社　1987.5　261p　20cm　1500円
　《所蔵》国会図 GB554-2310，奈良戦体 329.6-0046　　　　　　〔1491〕

福井　信吾　ふくい・しんご
◇我が敗戦の記　福井信吾著　伊達　福井信吾　1988.3　86p　19cm
　《所蔵》奈良戦体 369.37-1646　　　　　　　　　　　　　　　〔1492〕

福嶋　三郎　ふくしま・さぶろう
◇弱兵の捕虜記　福嶋三郎著　川崎　福嶋三郎　1985.10　188p　19cm
　《所蔵》札幌中央 ＊＊　　　　　　　　　　　　　　　　　　　〔1493〕

福島　茂徳　ふくしま・しげのり
◇凍土に呻く──シベリア抑留歌集　福島茂徳著　東京　近代文芸社　1996.9　296p　20cm　1800円
　《所蔵》国会図 KH158-G86，奈良戦体 911.1-0046　〔文芸・画集　1494〕

福島　俊夫（1914生）　ふくしま・としお
◇雑草と雑兵──敗残の満州、シベリヤの野末で　福島俊夫編著　八王子　百水社　2003.9　123p　19cm〈東京 星雲社（発売）〉　1000円
　《所蔵》国会図 GB554-H214　　　　　　　　　　　　　　　　〔1495〕

福田　恵山　ふくだ・けいざん
◇ソ連邦人民の自由と人権の訴え──ソ連抑留12年の実録　福田恵山著　札幌　福田恵山　1980.3　115p　26cm〈告発人：辻義治〉　1000円

図書（体験記・回想録）　　　　　　　　　　ふけ

《所蔵》札幌中央　＊＊　　　　　　　　　　　　　　　　〔1496〕

福田　正（1922生）　ふくだ・ただし
◇失われた青春の記録―東満国境からシベリヤの想い出　福田正［著］　［文字資料（手稿）―その他］　［生駒］　［福田正］　1987.8　208p　26cm〈折り込み図1枚　自筆本〉
　《所蔵》奈良戦体 916-1620　　　　　　　　　　　　　〔1497〕
◇失われた青春の記録　福田正［著］　［東京］　朝日カルチャーセンター（製作）　2001.7　192p　22cm〈折り込2枚〉
　《所蔵》国会図 GB554-G1832, 奈良戦体 289-1611　　　　　〔1498〕
◇失われた青春の記録　福田正［著］　増補版　［生駒］　［福田正］　2009.10　313p　22cm〈折り込3枚〉
　《所蔵》国会図 GB554-J440, 奈良戦体 289-1611　　　　　〔1499〕

福田　善之　ふくだ・よしゆき
◇白樺の林に友が消えた―福田善之戯曲集　福田善之著　東京　冬芽社　1986.1　342p　20cm　2000円
　内容 白樺の林に友が消えた　ゆめ地獄―お花の逆襲　夢童子ゆめ草紙　解説　菅孝行著
　《所蔵》国会図 KH158-424, 奈良県立図書情報館 912.6-266　〔文芸・画集　1500〕

福富　行夫　ふくとみ・ゆきお
◇一兵卒のシベリア抑留記　福富行夫著　［出版地不明］　福富行夫　2007.8　182p　18cm〈製作：丸善名古屋出版サービスセンター（名古屋）〉
　《所蔵》国会図 GB554-H1110　　　　　　　　　　　　　〔1501〕

福間　行信（1922生）　ふくま・ゆきのぶ
◇シベリア抑留画集　福間行信画・文　平田　報光社（印刷）　1995.8　1冊（ページ付なし）　22×31cm　1700円
　《所蔵》国会図 GB554-G860　　　　　　　　〔文芸・画集　1502〕

福山　琢磨　ふくやま・たくま
◇孫たちへの証言　第9集（次代へ語り継ぐ私の戦争）　福山琢磨編　大阪　新風書房　1996.8　281p　19cm　1200円
　《所蔵》国会図 GB554-E374, 奈良戦体 916-3900　　　　　〔1503〕

福山　甫山　ふくやま・ほざん
◇ラーゲリの人間超極限―虜囚在ソ十二年　福山甫山著　［出版地不明］　［福山甫山］　1975.3　305p　26cm
　《所蔵》札幌中央　＊＊　　　　　　　　　　　　　　　　〔1504〕

福家　勇（1897生）　ふけ・いさむ
◇南樺太はどうなったか―一村長の敗戦始末記　福家勇著　福岡　葦書房　1982.9

ふけ　　　　　　　図書（体験記・回想録）

282p　19cm〈著者の肖像あり〉　1500円
《所蔵》国会図 GB554-1376　　　　　　　　　　　　　　　　〔1505〕

福家　延夫　　ふけ・のぶお
◇写仏と私　福家延夫[著]　鳥取　福家延夫　1989.1　128p　18cm
《所蔵》国会図 GB554-E706，奈良戦体 369.37-1646　　　　　〔1506〕

富士　虔吾　　ふじ・けんご
◇俘虜・ソヴエートより還る─モスコー・シベリヤ・鉄のカーテンひらく　堀清，富士虔吾共著　東京　逍遥書院　1948　219p　19cm
　内容　第1部　シベリヤにて（堀清）　第2部　ヨーロッパ・ロシヤにて（富士虔吾）
《所蔵》国会図 YD5-H-915.9-H87ウ　　　　　　　　　　　　〔1507〕

富士　毘出夫　　ふじ・ひでお
◇変てこりん物語　富士毘出夫著　上山　富士毘出夫　1988.6　367p　21cm
《所蔵》国会図 GK56-E13，奈良戦体 289-3900　　　　　　　　〔1508〕

藤居　一郎（1941生）　ふじい・いちろう
◇イワン・チャイの花　藤居一郎著　尼崎　風来舎　2002.3　91p　21cm（Furai-sha visual press 2)〈他言語標題：Ivan-Chai flowers〉　1600円
《所蔵》国会図 GE485-H9　　　　　　　　　　　　　　　　　〔1509〕

藤井　三郎（1908生）　ふじい・さぶろう
◇吾が俘虜記　藤井三郎[著]　横浜　藤井三郎　1986.9　126p　19cm　非売品
《所蔵》国会図 GB554-E1683　　　　　　　　　　　　　　　　〔1510〕

藤井　長市　　ふじい・ちょういち
◇満蒙開拓義勇軍少年の十六年─義勇軍生活・ソ連収容所脱走・中国解放軍従軍・人民大学学生の日々　藤井長市著　西宮　甌岩書房　1993.8　177p　18cm（甌岩新書）〈著者の肖像あり〉　980円
《所蔵》国会図 GK56-E60　　　　　　　　　　　　　　　　　〔1511〕

藤川　公成（1911生）　ふじかわ・こうせい
◇ヘンな兵隊　藤川公成著　東京　近代ジャーナル出版部　1970　295p　図版　地図　19cm　470円
《所蔵》国会図 GB554-38　　　　　　　　　　　　　　　　　〔1512〕
◇ヘンな兵隊　[2]　八方破れのシベリア　藤川公成著　東京　近代ジャーナル　1970　307p　図　19cm　470円
《所蔵》国会図 GB554-38　　　　　　　　　　　　　　　　　〔1513〕

藤川　与吉　　ふじかわ・よきち
◇捕虜抑留記　藤川与吉著　[宇久町（長崎県）]　[藤川憲吉]　1989.12　176p　19cm〈製作：丸善京都河原町店出版サービスセンター　著者の肖像あり　略歴：

　　　　　　　　図書（体験記・回想録）　　　　　　　　**ふしやま**

　p175～176〉　800円
　　《所蔵》国会図 GB554-E666　　　　　　　　　　　　　〔1514〕

藤沢 幸雄（1928生）　ふじさわ・ゆきお
◇遙かなる大地　藤沢幸雄著　［松本］　［藤沢幸雄］　2000.5　315p　22cm
　　《所蔵》国会図 GB554-G1420　　　　　　　　　　　　〔1515〕

藤田 八束　ふじた・やつか
◇択捉従軍始末　藤田八束著　札幌　［藤田八束］　1993.5　220p　22cm
　　《所蔵》札幌中央 ＊＊　　　　　　　　　　　　　　　〔1516〕

藤野 明（1920生）　ふじの・あきら
◇虜愁記　藤野明著　富山　藤野明　1995.7　105p　22cm〈著者の肖像あり〉
　　《所蔵》国会図 GB554-G157，奈良戦体 916-1746　　　　〔1517〕

藤野 達善（1929生）　ふじの・たつぜん
◇もうひとつの抑留―ウズベキスタンの日本人捕虜　藤野達善著　京都　文理閣
　2004.7　180p　19cm　1800円
　　《所蔵》国会図 EG71-H52　　　　　　　　　　　　　〔1518〕

藤平 正平　ふじひら・しょうへい
◇シベリア抑留実記　藤平正平著　東京　創栄出版　1996.8　277p　19cm
　　《所蔵》国会図 GB554-G686　　　　　　　　　　　　〔1519〕

藤村 春夫　ふじむら・はるお
◇シベリヤ春秋―歌集　藤村春夫著　羽茂町（新潟県）　藤村春夫　2000　268p
　22cm〈新潟市委嘱〉
　　《所蔵》新潟県立図書館 N/911.1/F63　　　　　〔文芸・画集　1520〕

藤本 酉三　ふじもと・とりぞう
◇エラブカラーゲル川柳抄　藤本酉三著　東京　笠間書院　1976　126p　19cm
　1500円
　　《所蔵》国会図 KG351-14　　　　　　　　　　〔文芸・画集　1521〕

藤森 隆行　ふじもり・たかゆき
◇戦火と青春―時は流れて…いま　藤森隆行著　［広島］　［藤森隆行］　1991.12
　413p　19cm〈著者の肖像あり〉
　　《所蔵》国会図 GB554-E1161　　　　　　　　　　　　〔1522〕

富士山 のぼる　ふじやま・のぼる
◇シベリア抑留・悲恋物語　富士山のぼる著　東京　新風舎　2006.11　111p
　19cm　1200円
　　《所蔵》国会図 KH166-H576　　　　　　　　　〔文芸・画集　1523〕

藤原 克己　ふじわら・かつみ
◇最后の関東軍　藤原克己著　東京　平書房　1950　274p 図版　19cm〈八木町（奈良県）：近畿図書（発売）〉
　《所蔵》国会図 a914-342, 奈良戦体 210.75-1501　　　　　　　　　　〔1524〕

藤原 金八（1916生）　ふじわら・きんはち
◇シベリヤ抑留記　藤原金八［著］　［仙台］　［藤原金八］　［1985］　54p　26cm〈付（図1枚）〉
　《所蔵》国会図 GB554-2242, 奈良戦体 369.37-1746　　　　　　　　〔1525〕

藤原 春男　ふじわら・はるお
◇酷寒の異境に詠む—シベリヤ抑留中の短歌集　藤原春男　北滝川町（北海道）　［藤原春男］　1995.4　150p　22cm
　《所蔵》札幌中央　＊＊　　　　　　　　　　　　　　〔文芸・画集　1526〕

藤原 雅英　ふじわら・まさひで
◇果てしなき山河に—終焉と黎明の鮮中ソ国境を行く　藤原雅英著　［東京］　［藤原雅英］　1977.12　251p　19cm
　《所蔵》国会図 GB554-630　　　　　　　　　　　　　　　　　　　〔1527〕

布施 功（1920生）　ふせ・いさお
◇シベリア逃亡記　布施功著　東京　国書刊行会　1982.2　253p　20cm（シベリア抑留叢書 2）〈『シベリア逃亡の記録』（国鉄労組全国施設協議会昭和44年刊）の改題再刊〉　2500円
　《所蔵》国会図 GB554-1213, 奈良戦体 916-1746　　　　　　　　　〔1528〕

二葉 要　ふたば・かなめ
◇シベリヤに居る日本俘虜の実情　二葉要著　東京　一洋社　1947　191p　19cm
　《所蔵》国会図 329.42-H874s　　　　　　　　　　　　　　　　　〔1529〕
◇シベリヤ捕虜の手記　二葉要著　東京　大元社　1947　194p　19cm
　《所蔵》国会図 YD5-H-915.9-F97ウ　　　　　　　　　　　　　　〔1530〕

札場 悟　ふだば・さとる
◇ソ連強制抑留記—終戦—抑留—帰郷　札場悟著　宇部　札場悟　1995.10　129p　21cm
　《所蔵》国会図 GB554-G332, 奈良戦体 916-1746　　　　　　　　　〔1531〕

舩越 滋（1919生）　ふなこし・しげる
◇四重柵—わが抑留の記　舩越滋著　大阪　創元社　2015.7　158p　20cm〈年譜あり〉　1200円
　《所蔵》国会図 GB554-L442　　　　　　　　　　　　　　　　　　〔1532〕

図書（体験記・回想録）　　　　　　　　　　ふるみ

舟崎　淳（1917生）　ふなざき・あつし
◇ラーゲルの性典―女軍医とにせ狂人　舟崎淳著　東京　日本週報社　1957　269p　19cm
　《所蔵》国会図 915.9-H838r　　　　　　　　　　　　　　　　　　　　〔1533〕

船水　清　ふなみず・きよし
◇恐るべき旅路―一民間人のソ連抑留記　船水清著　弘前　柴田学園　1991.10　170p　19cm
　《所蔵》奈良戦体 916-2746　　　　　　　　　　　　　　　　　　　　　〔1534〕

振角　重利　ふりかど・しげとし
◇異国の山河　振角重利著　夢前町（兵庫県）　［振角重利］　1996.8　206p　18cm
　《所蔵》札幌中央 ＊＊　　　　　　　　　　　　　　　　　　　　　　　〔1535〕

古川　薫　ふるかわ・かおる
◇シベリアの豆の木―香月泰男ものがたり　古川薫文，石井昭影絵　東京　新日本教育図書　1996.4　1冊　25cm（影絵ものがたりシリーズ 1）　1200円
　《所蔵》国会図 Y18-11495　　　　　　　　　　　　　　　　　〔文芸・画集　1536〕

古川　和夫（1921生）　ふるかわ・かずお
◇シベリア抑留―試練の八年間　古川和夫著　郡山　アクト　2004.5　293p　22cm
　《所蔵》国会図 GB554-H346　　　　　　　　　　　　　　　　　　　　〔1537〕
◇シベリア抑留―試練の八年間　古川和夫著　東京　文芸社　2008.1　302p　19cm〈年譜あり〉　1500円
　《所蔵》国会図 GB554-J22　　　　　　　　　　　　　　　　　　　　　〔1538〕

古川　重徳　ふるかわ・しげのり
◇シベリヤ物語　古川重徳著　松茂町（徳島県）　［古川重徳］　1990.11　177p　22cm〈著者の肖像あり〉
　《所蔵》奈良戦体 916-1746　　　　　　　　　　　　　　　　　　　　　〔1539〕

古田　耕三　ふるた・こうぞう
◇曠野の青春　古田耕三著，古田耕三遺稿刊行会編　広島　古田みつ子　1979.3　365p　20cm〈制作：家の光出版サービス　著者の肖像あり〉　1500円
　《所蔵》国会図 GB554-801　　　　　　　　　　　　　　　　　　　　　〔1540〕

古館　修　ふるだて・おさむ
◇第二十二捕虜収容所―北樺太オハ抑留記　古館修著　札幌　古館修　1996.6　240p　21cm
　《所蔵》札幌中央 K916/フ　　　　　　　　　　　　　　　　　　　　　〔1541〕

古海　忠之（1900生）　ふるみ・ただゆき
◇獄中の人間学―対談　古海忠之，城野宏著　東京　竹井出版　1982.6　187p

シベリア抑留関係基本書誌　169

ふるや　　　　　　　　　図書（体験記・回想録）

20cm　1200円
　《所蔵》国会図 GB511-129　　　　　　　　　　　　　　　　　　　　〔1542〕
◇獄中の人間学　古海忠之, 城野宏著　新装版　東京　致知出版社　2004.6　217p　20cm　1400円
　《所蔵》国会図 GB511-H66　　　　　　　　　　　　　　　　　　　　〔1543〕
◇忘れ得ぬ満洲国　古海忠之著　東京　経済往来社　1978.6　288p　20cm〈著者の肖像あり〉　2500円
　《所蔵》国会図 GE357-81　　　　　　　　　　　　　　　　　　　　〔1544〕

古谷　巌（1926生）　ふるや・いわお
◇シベリア回想記　［古谷巌著］　三原　古谷巌　2003.1　58p　30cm
　《所蔵》国会図 KC16-H246　　　　　　　　　　　　　　　〔文芸・画集　1545〕

【へ】

平和祈念事業特別基金　へいわきねんじぎょうとくべつききん
◇シベリア強制抑留者が語り継ぐ労苦　平和祈念事業特別基金編　東京　平和祈念事業特別基金　1991.3　357p　21cm（平和の礎）
　《所蔵》国会図 GB554-E874，奈良戦体 916-1646　　　　　　　　　　〔1546〕
◇シベリア強制抑留者が語り継ぐ労苦　2　平和祈念事業特別基金編　東京　平和祈念事業特別基金　1992.3　393p　21cm（平和の礎）
　《所蔵》国会図 GB554-E874，奈良戦体 916-1646　　　　　　　　　　〔1547〕
◇シベリア強制抑留者が語り継ぐ労苦　3　平和祈念事業特別基金編　東京　平和祈念事業特別基金　1993.3　370p　21cm（平和の礎）
　《所蔵》国会図 GB554-E874，奈良戦体 916-1646　　　　　　　　　　〔1548〕
◇シベリア強制抑留者が語り継ぐ労苦　4　平和祈念事業特別基金編　東京　平和祈念事業特別基金　1994.3　113p　21cm（平和の礎）
　《所蔵》国会図 GB554-E874，奈良戦体 916-1646　　　　　　　　　　〔1549〕
◇シベリア強制抑留者が語り継ぐ労苦　5　平和祈念事業特別基金編　東京　平和祈念事業特別基金　1995.3　433p　21cm（平和の礎）
　《所蔵》国会図 GB554-E874，奈良戦体 916-1646　　　　　　　　　　〔1550〕
◇シベリア強制抑留者が語り継ぐ労苦　6　平和祈念事業特別基金編　東京　平和祈念事業特別基金　1996.3　422p　21cm（平和の礎）
　《所蔵》国会図 GB554-E874，奈良戦体 916-1646　　　　　　　　　　〔1551〕
◇シベリア強制抑留者が語り継ぐ労苦　7　平和祈念事業特別基金編　東京　平和祈念事業特別基金　1997.3　410p　21cm（平和の礎）
　《所蔵》国会図 GB554-E874，奈良戦体 916-1646　　　　　　　　　　〔1552〕
◇シベリア強制抑留者が語り継ぐ労苦　8　平和祈念事業特別基金編　東京　平和祈

念事業特別基金　1998.3　408p　21cm（平和の礎）
　《所蔵》国会図 GB554-E874，奈良戦体 916-1646
〔1553〕
◇シベリア強制抑留者が語り継ぐ労苦　9　平和祈念事業特別基金編　東京　平和祈念事業特別基金　1999.3　358p　21cm（平和の礎）
　《所蔵》国会図 GB554-E874，奈良戦体 916-1646
〔1554〕
◇シベリア強制抑留者が語り継ぐ労苦　10　平和祈念事業特別基金編　東京　平和祈念事業特別基金　2000.3　636p　21cm（平和の礎）
　《所蔵》国会図 GB554-E874，奈良戦体 916-1646
〔1555〕
◇シベリア強制抑留者が語り継ぐ労苦　11　平和祈念事業特別基金編　東京　平和祈念事業特別基金　2001.3　562p　21cm（平和の礎）
　《所蔵》国会図 GB554-E874，奈良戦体 916-1646
〔1556〕
◇シベリア強制抑留者が語り継ぐ労苦　12　平和祈念事業特別基金編　東京　平和祈念事業特別基金　2002.3　736p　21cm（平和の礎）
　《所蔵》国会図 GB554-E874，奈良戦体 916-1646
〔1557〕
◇シベリア強制抑留者が語り継ぐ労苦　13　平和祈念事業特別基金編　東京　平和祈念事業特別基金　2003.3　479p　21cm（平和の礎）
　《所蔵》国会図 GB554-H91，奈良戦体 916-1646
〔1558〕
◇シベリア強制抑留者が語り継ぐ労苦　14　平和祈念事業特別基金編　東京　平和祈念事業特別基金　2004.3　444p　21cm（平和の礎）
　《所蔵》国会図 GB554-H290，奈良戦体 916-1646
〔1559〕
◇シベリア強制抑留者が語り継ぐ労苦　15　平和祈念事業特別基金編　東京　平和祈念事業特別基金　2005.3　575p　21cm（平和の礎）
　《所蔵》国会図 GB554-H544，奈良戦体 916-1646
〔1560〕
◇シベリア強制抑留者が語り継ぐ労苦　16　平和祈念事業特別基金編　東京　平和祈念事業特別基金　2006.3　472p　21cm（平和の礎）
　《所蔵》国会図 GB554-H830，奈良戦体 916-1646
〔1561〕
◇シベリア強制抑留者が語り継ぐ労苦　17　平和祈念事業特別基金編　東京　平和祈念事業特別基金　2007.3　353p　21cm（平和の礎）
　《所蔵》国会図 GB554-H1083，奈良戦体 916-1646
〔1562〕
◇シベリア強制抑留者が語り継ぐ労苦　18　平和祈念事業特別基金編　東京　平和祈念事業特別基金　2008.7　453p　21cm（平和の礎）
　《所蔵》国会図 GB554-J156，奈良戦体 916-1646
〔1563〕
◇シベリア強制抑留者が語り継ぐ労苦　19　平和祈念事業特別基金編　東京　平和祈念事業特別基金　2009.3　345p　21cm（平和の礎）
　《所蔵》国会図 GB554-J288，奈良戦体 916-1646
〔1564〕
◇戦後強制抑留史　第1巻　戦後強制抑留史編纂委員会編　東京　平和祈念事業特別基金　2005.3　245p　22cm
　《所蔵》国会図 GB531-H186，奈良戦体 329.62-3746
〔1565〕

◇戦後強制抑留史　第2巻　戦後強制抑留史編纂委員会編　東京　平和祈念事業特別基金　2005.3　249p　22cm
《所蔵》国会図 GB531-H187, 奈良戦体 329.62-3746　〔1566〕
◇戦後強制抑留史　第3巻　戦後強制抑留史編纂委員会編　東京　平和祈念事業特別基金　2005.3　257p　22cm
《所蔵》国会図 GB531-H188, 奈良戦体 329.62-3746　〔1567〕
◇戦後強制抑留史　第4巻　戦後強制抑留史編纂委員会編　東京　平和祈念事業特別基金　2005.3　264p　22cm
《所蔵》国会図 GB531-H189, 奈良戦体 329.62-3746　〔1568〕
◇戦後強制抑留史　第5巻　戦後強制抑留史編纂委員会編　東京　平和祈念事業特別基金　2005.3　416p　22cm
《所蔵》国会図 GB531-H190, 奈良戦体 329.62-3746　〔1569〕
◇戦後強制抑留史　第6巻　戦後強制抑留史編纂委員会編　東京　平和祈念事業特別基金　2005.3　309p　22cm
《所蔵》国会図 GB531-H191, 奈良戦体 329.62-3746　〔1570〕
◇戦後強制抑留史　第7巻（資料編）　戦後強制抑留史編纂委員会編　東京　平和祈念事業特別基金　2005.3　651p　22cm〈付属資料：地図6枚〉
《所蔵》国会図 GB531-H192, 奈良戦体 329.62-3746　〔1571〕
◇戦後強制抑留史　第8巻（年表・索引編）　戦後強制抑留史編纂委員会編　東京　平和祈念事業特別基金　2005.3　210p　22cm
《所蔵》国会図 GB531-H193, 奈良戦体 329.62-3746　〔1572〕

紅粉 勇　べにこ・いさむ

◇人生の嵐を越えて―北朝鮮抑留七年間の真実　紅粉勇著　神戸　ベラカ出版　2007.8　231p　19cm〈年表あり〉　1238円
《所蔵》国会図 GK41-J2　〔1573〕

辺見 じゅん（1940生）　へんみ・じゅん

◇ダモイ遥かに　辺見じゅん著　東京　メディアパル　2008.4　247p　20cm　1500円
《所蔵》国会図 KH129-J69, 奈良県立図書情報館 913.6-ヘンミ
〔文芸・画集　1574〕
◇収容所から来た遺書　辺見じゅん著　東京　文芸春秋　1989.6　270p　20cm　1500円
《所蔵》国会図 GB554-E451, 奈良戦体 369.37-1746　〔1575〕
◇収容所から来た遺書　辺見じゅん著　東京　文芸春秋　1992.6　297p　16cm（文春文庫）　420円
《所蔵》国会図 GB554-E1155, 奈良戦体 916-1746　〔1576〕
◇レクイエム・太平洋戦争―愛しき命のかたみに　辺見じゅん著　東京　PHP研究所　1994.10　226p　20cm　1400円
《所蔵》国会図 KH129-E535, 奈良戦体 916-3900　〔文芸・画集　1577〕

◇レクイエム・太平洋戦争──愛しき命のかたみに　辺見じゅん著　東京　PHP研究所　1997.8　244p　15cm（PHP文庫）〈1994年刊の増訂〉　514円
　《所蔵》国会図 KH129-G193，奈良戦体 916-3900　　　　〔文芸・画集　1578〕

【ほ】

伯耆　源作（1918生）　ほうき・げんさく
◇シベリア抑留記─手記　伯耆源作著　［舞鶴］　［伯耆源作］　1993.4　129p　21cm
　《所蔵》国会図 GB554-E1774　　　　〔1579〕

北条　秀一（1904生）　ほうじょう・ひでいち
◇道は六百八十里─満洲から日本へ　北条秀一著　東京　引揚者団体全国連合会出版部　1948　165p　19cm
　《所蔵》国会図 915.6-H736m　　　　〔1580〕

砲友会　ほうゆうかい
◇旧満州第四三七〇部隊第一装甲列車隊隊員の手記　［東京］　砲友会　1987.7　315p　22cm　非売品
　《所蔵》国会図 GB554-E162，奈良戦体 369.37-1646　　　　〔1581〕

穂苅　甲子男（1924生）　ほかり・かしお
◇シベリア俘虜記──一兵士の過酷なる抑留体験　穂苅甲子男著　東京　光人社　2009.10　227p　16cm（光人社NF文庫　ほN-620）〈『シベリア抑留記』（新信州社昭和37年刊）の改題〉　657円
　《所蔵》国会図 GB554-J409　　　　〔1582〕
◇シベリア抑留記　穂苅甲子男著　松本　新信州社　1962　321p 図版　19cm
　《所蔵》国会図 915.9-H6163s，奈良戦体 916-1746　　　　〔1583〕

北辰会　ほくしんかい
◇シベリヤ鴉─北辰会記念誌　北辰会　［出版地不明］　［北辰会］　1995.5　54p　26cm〈陸航士53期・陸経2期ソ連関係者〉
　《所蔵》奈良戦体 916-0046　　　　〔1584〕

北斗会（1974年）　ほくとかい
◇北斗星と共に　北斗会編　第2版　三鷹　北斗会　1996.9　592p　26cm
　《所蔵》国会図 GB554-G704　　　　〔1585〕

北友会　ほくゆうかい
◇スコーラ・ダモイ─間もなく帰る　北友会編　小樽　小樽北友会　1984.8　165p　21cm〈折り込図1枚〉　2000円
　《所蔵》国会図 GB554-1826　　　　〔1586〕

保科　徳蔵　　ほしな・とくぞう
◇凍土の奴隷―シベリヤ抑留記　保科徳蔵著　［白鷹町（山形県）］　［保科徳蔵］
　1981.6　70p　21cm〈著者の肖像あり　折り込み図1枚　著者略歴：p67～68〉
　《所蔵》国会図　GB554-1118　　　　　　　　　　　　　　　　　　　　〔1587〕

細江　実　　ほそえ・みのる
◇強制抑留八百十余日の日記―わが青春の記　其の2　細江実著　飯田　南信州新聞
　社出版局　1996.11　142p　21cm〈著者の肖像あり〉
　《所蔵》国会図　GB554-G475　　　　　　　　　　　　　　　　　　　　〔1588〕

細川　健児　（1922生）　ほそかわ・けんじ
◇ラーゲル二年―ソ連邦ラーダ、エラブカの抑留生活　細川健児著　川崎　細川和
　子　2000.12　182p　21cm
　《所蔵》国会図　GB554-G1843　　　　　　　　　　　　　　　　　　　〔1589〕

細川　呉港　（1944生）　ほそかわ・ごこう
◇草原のラーゲリ　細川呉港著　東京　文芸春秋　2007.3　471p　20cm〈文献あり
　年譜あり〉　2476円
　《所蔵》国会図　GK344-H7　　　　　　　　　　　　　　　　　　　　　〔1590〕

細川　庄三郎　（1924生）　ほそかわ・しょうざぶろう
◇あゝシベリヤ赤い雪　細川庄三郎著　角田　細川庄三郎　1978　229p　19cm
　《所蔵》宮城県図書館　K960/ホ2　　　　　　　　　　　　　　　　　　〔1591〕
◇死生彷徨―シベリア青春賦　細川庄三郎著　角田　やつや書房　1989.1　120p
　20×21cm
　《所蔵》国会図　KH841-L168　　　　　　　　　　　　　　〔文芸・画集　1592〕
◇シベリアの碑―私の見たソ連　細川庄三郎著　角田　やつや書房　1983　166p
　22cm
　《所蔵》宮城県図書館　K960/ホ2　　　　　　　　　　　　　　　　　　〔1593〕

北海道高等学校教職員組合　　ほっかいどうこうとうがっこうきょうしょくいんくみあい
◇北海道の高校生に語る教師の戦争体験　NO.2　北海道高等学校教職員組合編集
　札幌　北海道高等学校教職員組合　1986.11　88p　21cm　300円
　《所蔵》奈良戦体　916-3600　　　　　　　　　　　　　　　　　　　　〔1594〕

北海道高齢者等9条の会　　ほっかいどうこうれいしゃとうきゅうじょうのかい
◇明日への伝言―戦火を生き抜いた31人の証言　戦争体験（戦場と銃後）の記録
　「戦争体験（戦場と銃後）の記録」編集委員会編　札幌　北海道高齢者等9条の会
　2008.11　117p　21cm〈共同刊行：札幌北区年輪9条の会　発行所：旭図書刊行セ
　ンター〉
　《所蔵》国会図　GB554-J246　　　　　　　　　　　　　　　　　　　　〔1595〕

北海道新聞社　ほっかいどうしんぶんしゃ
◇はるかなシベリア―戦後50年の証言　北海道新聞社編　札幌　北海道新聞社
　1995.7　251p　19cm　1500円
　《所蔵》国会図 GB554-G47，奈良戦体 916-1646　　　　　　　　　　　〔1596〕
◇はるかなシベリア―戦後50年の証言　続　北海道新聞社編　札幌　北海道新聞社
　1995.9　230p　19cm　1500円
　《所蔵》国会図 GB554-G47，奈良戦体 916-1646　　　　　　　　　　　〔1597〕

北海道新聞労働組合　ほっかいどうしんぶんろうどうくみあい
◇記者たちの戦争　北海道新聞労働組合著　東京　径書房　1990.7　248p　20cm
　〈年表：p240〜243〉　1854円
　《所蔵》国会図 UC176-E32　　　　　　　　　　　　　　　　　　　　〔1598〕

堀田　清一（1913生）　ほった・せいいち
◇軍靴の跡　堀田清一著　［藤沢］　［堀田清一］　1978.7　248p　20cm〈編集：金子幸人　監修：山本卓弥〉
　《所蔵》国会図 GB554-703　　　　　　　　　　　　　　　　　　　　〔1599〕
◇軍靴の跡　続　堀田清一著　［藤沢］　［堀田清一］　1991.2　255p　20cm
　《所蔵》国会図 GB554-E757　　　　　　　　　　　　　　　　　　　〔1600〕

歩兵231聯隊第3機関銃中隊　ほへいにひゃくさんじゅういちれんたいだいさんきかんじゅうちゅうたい
◇我が青春の中国・ソ聯を偲んで　［福山］　歩兵231聯隊第3機関銃中隊　2001.10
　89p　19×26cm
　《所蔵》国会図 GB554-G1831　　　　　　　　　　　　　　　　　　　〔1601〕

歩兵砲中隊戦記委員会　ほへいほうちゅうたいせんきいいんかい
◇③虎の子奮戦記―歩兵第二百三十一聯隊歩兵砲中隊　歩兵砲中隊戦記委員会［編］
　広島　歩兵砲中隊会　1974.9　398p　22cm
　《所蔵》札幌中央　＊＊　　　　　　　　　　　　　　　　　　　　　　〔1602〕

ボーヤンキ会　ぼーやんきかい
◇ボーヤンキ収容所の想い出　［市原］　ボーヤンキ会　1982.10　399p　22cm
　《所蔵》国会図 GB554-1393　　　　　　　　　　　　　　　　　　　　〔1603〕

洞口　十四雄（1925生）　ほらぐち・としお
◇「ひとつ星」の戦記　洞口十四雄著　上田　洞口十四雄　1993.8　164p　22cm
　〈私家版〉
　《所蔵》国会図 GB554-E1649，奈良戦体 369.37-1646　　　　　　　　　〔1604〕

堀　清　ほり・きよし
◇愛情にくずれゆく魂―赤い引揚者の告白　堀清著　東京　新胎社　1949　208p
　19cm

《所蔵》国会図 a914-256 〔1605〕
◇白きラーゲルに叫ぶ　堀清著　東京　国書刊行会　1982.2　188p　20cm〈シベリア抑留叢書 5〉〈『愛情にくずれゆく魂』(新胎社昭和24年刊)の改題再刊〉　2200円
《所蔵》国会図 GB554-1228，奈良戦体 916-1746 〔1606〕
◇俘虜・ソヴエートより還る―モスコー・シベリヤ・鉄のカーテンひらく　堀清，富士慶吾共著　東京　逍遥書院　1948　219p　19cm
内容 第1部　シベリヤにて(堀清)　第2部　ヨーロッパ・ロシヤにて(富士慶吾)
《所蔵》国会図 YD5-H-915.9-H87ウ 〔1607〕

堀 のぼる （ほり・のぼる）
◇捕虜とシベリヤ　堀のぼる著　芽野　白樺社　1994.6　55p　21cm〈別書名「堀のぼると戦友の手記」〉
《所蔵》奈良戦体 369.37-1646 〔1608〕

堀 満 （ほり・みつる）
◇七重の鉄扉―他四編　東京　日刊労働通信社　1958　248p　19cm（シベリヤ叢書第9）
内容 氷地十一年(氷地修)　七重の鉄扉(堀満)　囚人列車ストロイピン(竹矢清吉)　鬼畜ソ連軍の暴行を訴う(遠藤正信)　ハバロフスク事件の顛末(畑谷好治)
《所蔵》国会図 915.9-Si576 〔1609〕

堀内 秀雄 （1910生）　ほりうち・ひでお
◇地図にない道―八十三年間の自分を振り返って　堀内秀雄著　国分寺　武蔵野書房　1993.9　183p　20cm〈著者の肖像あり〉　1800円
《所蔵》国会図 GK53-E92 〔1610〕

堀場 襄 （1925生）　ほりば・のぼる
◇捕虜の記念品　堀場襄著　二宮町(神奈川県)　蒼天社　2004.8　126p　19cm〈東京　文芸書房(発売)〉　1400円
《所蔵》国会図 GB554-H396 〔1611〕

本田 一 （ほんだ・はじめ）
◇戦後五十年を過ぎて　本田一著　東京　講談社出版サービスセンター　1999.1　202p　20cm　1200円
《所蔵》国会図 GB554-G1124 〔1612〕

本田 晴光 （1911生）　ほんだ・はるみつ
◇有刺鉄線　本田晴光著　熊本　もぐら書房　1978.8　127p　19cm　1500円
《所蔵》国会図 KH152-202 〔文芸・画集　1613〕

本斗小学校斗校陵会 （ほんとしょうがっこうとこうりょうかい）
◇望郷わがふるさと　第2集　広島町(北海道)　樺太公立本斗小学校『斗校陵会』　1993.8　286p　21cm〈第2集の副書名：斗校陵会結成二十周年記念誌　樺太公立本

斗小学校尋常科第三〇会・高等科第二三回卒業生回想録〉
　　《所蔵》国会図 US41-E660　　　　　　　　　　　　　　　　　　　　　　〔1614〕

【ま】

舞鶴引揚記念館　まいづるひきあげきねんかん
◇私の引き揚げ―引揚手記　上・下　舞鶴引揚記念館編　舞鶴　舞鶴引揚記念館
　1992.3，1994.3　2冊（497p，456p）　26cm
　　《所蔵》奈良戦体 916-3647　　　　　　　　　　　　　　　　　　　　　　〔1615〕

前川　武雄　まえかわ・たけお
◇凍土からの生還―わがシベリア強制抑留記　前川武雄著　［松任］　［前川武雄］
　1992.5　89p　19cm
　　《所蔵》国会図 GB554-E1216　　　　　　　　　　　　　　　　　　　　　〔1616〕

前芝　宗三郎　まえしば・そうさぶろう
◇捕虜物語―戦争と平和　前芝宗三郎著　福岡　前芝宗三郎　1986.12　171p　19×
　24cm〈著者の肖像あり〉　非売品
　　《所蔵》国会図 GB554-E134，奈良戦体 916-3646　　　　　　　　　　　　〔1617〕

前田　一男　まえだ・かずお
◇想い出のカラカンダ―菅さんを偲ぶ　前田一男編　［出版地不明］　十一会
　1982.3　407p　19cm〈菅季治の肖像あり〉
　　《所蔵》奈良戦体 369.37-1746　　　　　　　　　　　　　　　　　　　　〔1618〕

前田　正次　まえだ・しょうじ
◇凍てつく町―或るナリャーチックの回想　前田正次著　東京　西田書店　1993.11
　210p　20cm　1500円
　　《所蔵》国会図 GB554-E1635　　　　　　　　　　　　　　　　　　　　　〔1619〕

前田　武一　まえだ・たけいち
◇激動の昭和を吾かく歩めり　前田武一　大阪　アートクロ　1992.4　591p　22cm
　　《所蔵》奈良戦体 289-1911　　　　　　　　　　　　　　　　　　　　　　〔1620〕

前田　徳四郎　まえだ・とくしろう
◇シベリア抑留の疑惑　前田徳四郎［著］　東京［中野］　［前田徳四郎］　1994.5
　663p　20cm
　　《所蔵》札幌中央 ＊＊　　　　　　　　　　　　　　　　　　　　　　　　〔1621〕

前田　藤恵（1918生）　まえだ・ふじえ
◇存亡の果てまで　前田藤恵著　東京　原書房　1985.2　254p　20cm〈著者の肖像
　あり〉　1500円

《所蔵》国会図 GB554-1830，奈良戦体 916-2746　　　　　　　　　〔1622〕

前田　正道　　まえだ・まさみち
◇命のふるい　前田正道著　［小浜］　前田正道　1996.6　43p　22cm〈著者の肖像あり　折込図2枚〉
　　《所蔵》奈良戦体 369.37-1746　　　　　　　　　　　　　　　　〔1623〕

前田　保仁（1924生）　　まえだ・やすひと
◇遠くなつた昭和のあの日あのころ　前田保仁著　東京　日本叙勲者協会　2010.11　315p　19cm
　　《所蔵》国会図 GB554-J647　　　　　　　　　　　　　　　　　〔1624〕

前野　茂（1897生）　　まえの・しげる
◇生ける屍―ソ連獄窓十一年の記録　第1　前野茂著　東京　春秋社　1961　285p　20cm
　　《所蔵》国会図 915.9-M142i　　　　　　　　　　　　　　　　　〔1625〕
◇生ける屍―ソ連獄窓十一年の記録　第2　前野茂著　東京　春秋社　1961　317p　20cm
　　《所蔵》国会図 915.9-M142i　　　　　　　　　　　　　　　　　〔1626〕
◇生ける屍―ソ連獄窓十一年の記録　第3　前野茂著　東京　春秋社　1961　221p　20cm
　　《所蔵》国会図 915.9-M142i　　　　　　　　　　　　　　　　　〔1627〕
◇ソ連獄窓十一年　1　前野茂［著］　東京　講談社　1979.8　253p　15cm（講談社学術文庫）　360円
　　《所蔵》国会図 GB554-788，奈良戦体 916-1750　　　　　　　　〔1628〕
◇ソ連獄窓十一年　2　前野茂［著］　東京　講談社　1979.8　334p　15cm（講談社学術文庫）　400円
　　《所蔵》国会図 GB554-788，奈良戦体 916-1750　　　　　　　　〔1629〕
◇ソ連獄窓十一年　3　前野茂［著］　東京　講談社　1979.9　361p　15cm（講談社学術文庫）　440円
　　《所蔵》国会図 GB554-788，奈良戦体 916-1750　　　　　　　　〔1630〕
◇ソ連獄窓十一年　4　前野茂［著］　東京　講談社　1979.10　310p　15cm（講談社学術文庫）　400円
　　《所蔵》国会図 GB554-788，奈良戦体 916-1750　　　　　　　　〔1631〕

前野　光好　　まえの・みつよし
◇私の歩んだ道　前野光好［著］　［宇部］　［前野光好］　［1984］　50p　27cm〈著者の肖像あり〉
　　《所蔵》国会図 GB554-E840　　　　　　　　　　　　　　　　　〔1632〕

前原　正作（1916生）　　まえはら・しょうさく
◇異国の丘を歩み続けて　前原正作著　［東京］　［前原正作］　1979.6　144p

19cm〈著者の肖像あり〉
《所蔵》国会図 GB554-837

〔1633〕

牧島 久夫（1916生）　まきしま・ひさお
◇回想のシベリア　牧島久夫著　大鹿村（長野県）　牧島久夫　1993.8　111p　20cm　〈著者の肖像あり〉　非売品
《所蔵》国会図 GB554-E1515

〔1634〕

升川 善家　ますかわ・よしいえ
◇万年初年兵　升川善家著　［南陽］　［升川善家］　2002.11　243p　19cm
《所蔵》国会図 GB554-H122

〔1635〕

増田 昭雄　ますだ・あきお
◇大陸に燃えた日々――開拓義勇軍とシベリア抑留　思い出の画集　増田昭雄画，呼蘭会編　松本　呼蘭会　1997.8　116p　21×30cm
《所蔵》奈良戦体 916-2640

〔文芸・画集　1636〕

益田 泉　ますだ・いずみ
◇わたしの杯――クリスチャン　シベリア女囚の手記　益田泉著　東京　いのちのことば社　1966　182p 図版　18cm　250円
《所蔵》国会図 Y76-611

〔1637〕

益田 高　ますだ・たかし
◇シベリア抑留・雑草と岩塩――自分史　益田高著　［横浜］　［益田高］　1993.5　176p　21cm
《所蔵》国会図 GK79-E49

〔1638〕

増田 要明（1911生）　ますだ・ようめい
◇ああ北満洲思慕 そして応召のチャムス十野航――思はざりきシベリヤ抑留　増田要明著　［東京］　［増田要明］東京・上野印刷　1986.1　21p　26cm
《所蔵》奈良戦体 916-1946

〔1639〕

升谷 正吉　ますたに・しょうきち
◇ソ連強制抑留生活を綴る　升谷正吉［著］　一関　升谷正吉　1990.3　25p　21cm
《所蔵》奈良戦体 916-1646

〔1640〕

麻谷 春治　またに・はるじ
◇ダモイ上等兵　麻谷春治著　東京　みや企画出版印刷　1978.5　180p　19cm　〈付：私の略歴〉　非売品
《所蔵》国会図 GB554-1124

〔1641〕

松井 功（1925生）　まつい・いさお
◇青春を埋めた初年兵の抑留記　松井功著　国立　生涯学習研究社　1995.7　97p　19cm

《所蔵》国会図 GB554-G419 〔1642〕
◇青春を埋めた初年兵の抑留記　松井功著　東京　近代文芸社　1995.9　99p
　　20cm　1500円
《所蔵》国会図 GB554-G60 〔1643〕

松井　弘次　まつい・こうじ
◇望郷の日日　松井弘次,松井雪子著　[桐生]　松井尚樹　1989.4　430p　20cm
　　〈著者の肖像あり〉　非売品
《所蔵》国会図 GB554-E532,奈良戦体 916-1646 〔1644〕

松井　秀夫（1926生）　まつい・ひでお
◇地獄を見た男達—シベリア抑留者の記録 極光の集い　第4号　松井秀夫編　[京都]　[松井秀夫]　1995.1　131p　26cm
《所蔵》国会図 GB554-E2105,奈良戦体 916-3646 〔1645〕
◇地獄を見た男達—戦争で失った青春 極光の集い　第7号　松井秀夫編　[京都]　[松井秀夫]　1998.4　121p　26cm〈奥付のタイトル：地獄を見た男たち〉　1200円
《所蔵》国会図 GB554-E2105,奈良戦体 916-3646 〔1646〕
◇地獄を見た男達—戦争で失った青春 極光の集い 文集　第8号　松井秀夫[編]　[京都]　[松井秀夫]　1999.4　100p　26cm　1000円
《所蔵》国会図 GB554-E2105,奈良戦体 916-3646 〔1647〕
◇地獄を見た男達—戦争で失った青春 極光の集い　第9号　松井秀夫編　[京都]　[松井秀夫]　2000.3　122p　26cm　1000円
《所蔵》国会図 GB554-E2105,奈良戦体 916-3646 〔1648〕
◇地獄を見た男達—戦争で失った青春 極光の集い　第10号　松井秀夫編　[京都]　[松井秀夫]　[2001]　115p　26cm　1000円
《所蔵》国会図 GB554-E2105,奈良戦体 916-3646 〔1649〕
◇地獄を見た男達—戦時中の同窓会 極光の集い　臨時増刊号　[松井秀夫編]　京都　松井秀夫　[2001]　115p　26cm　1000円
《所蔵》国会図 GB554-H14,奈良戦体 916-3646 〔1650〕
◇地獄を見た男達—戦争が憎い 全国極光の集い一〜十五号まで　特集号　京都　松井秀夫　2009.4　163p　26cm　2000円
《所蔵》国会図 GB554-J308,奈良戦体 916-3646 〔1651〕
◇ヨッポイマーチ　松井秀夫著　京都　松井秀夫　1982.12　210p　19cm〈限定版〉　非売品
《所蔵》国会図 GB554-1480 〔1652〕

松尾　堅太郎　まつお・けんたろう
◇シベリヤ俘虜雑記—元一兵士の追憶　松尾堅太郎著　函館　松尾堅太郎　1999　90p　26cm
《所蔵》北海道立図書館 390.4/SH 〔1653〕

図書（体験記・回想録）　　　　　　　　まつさき

松尾　武雄（1909生）　まつお・たけお
◇シベリアの鉄鎖　松尾武雄著　東京　国書刊行会　1983.9　358p　20cm〈著者の肖像あり〉　1800円
　《所蔵》国会図 AR5-711-10，奈良戦体 916-2746　　　　　　　　　　　　　〔1654〕

松岡　俊一　まつおか・しゅんいち
◇凍てつく北満の大地―私の回想録1　松岡俊一著　［北見］　柏の国工房　1993.10　113p　21cm〈著者の肖像あり〉　1000円
　《所蔵》国会図 GB554-G469，奈良戦体 916-1911　　　　　　　　　　　　　〔1655〕

松岡　将（1935生）　まつおか・すすむ
◇松岡二十世とその時代―北海道、満洲、そしてシベリア　松岡将著　東京　日本経済評論社　2013.8　846p　22cm〈索引あり〉　4800円
　《所蔵》国会図 GK184-L56，奈良県立図書情報館 289.1-マツオ　　　　　　　〔1656〕

松岡　正之　まつおか・まさゆき
◇シベリヤ捕虜収容所から舞鶴へ　松岡正之［著］　［鴨島町（徳島県）］　［松岡正之］　［19--］　40p　22cm〈電子複写 和綴〉
　《所蔵》奈良戦体 916-1746　　　　　　　　　　　　　　　　　　　　　　　〔1657〕
◇シベリヤ抑留懐古　松岡正之著　［鴨島町（徳島）］　［松岡正之］　1994.6後書　47p　26cm〈電子複写 和綴じ〉
　《所蔵》奈良戦体 916-1646　　　　　　　　　　　　　　　　　　　　　　　〔1658〕

松岡　美樹　まつおか・よしき
◇凍野の兵卒―シベリア抑留の軌跡　松岡美樹著　［松前町（愛媛県）］　［松岡美樹］　2007.8　262p　19cm
　《所蔵》国会図 GB554-J514　　　　　　　　　　　　　　　　　　　　　　　〔1659〕

松木　佶　まつき・ただし
◇ウラルの彼方 道遠く　松木佶著　［出版地不明］　［松木佶］　［出版年不明］　21枚　25×36cm〈謄写版〉
　《所蔵》札幌中央 ＊＊　　　　　　　　　　　　　　　　　　　　　　　　　〔1660〕

松崎　移翠　まつざき・いすい
◇シベリヤの詩　松崎移翠著　本庄　松崎移翠　1972　242p 図　21cm〈著者は本庄市在住〉
　《所蔵》埼玉県立浦和図書館 SA913/マ　　　　　　　　　　　　〔文芸・画集　1661〕

松崎　禅戒（1924生）　まつざき・ぜんかい
◇絵であかす戦争の素顔　松崎禅戒著　東京　地湧社　1993.4　125p　20cm　1500円
　《所蔵》国会図 GB554-E1360，奈良戦体 916-3910　　　　　　　〔文芸・画集　1662〕

松崎 吉信　まつざき・よしのぶ
◇白い牙　松崎吉信著　東京　叢文社　1979.8　377p　19cm　1800円
《所蔵》国会図 GB554-802，奈良戦体 916-1646　　　　　　　　〔1663〕

松下 隆司　（1923生）　まつした・たかし
◇蟻の如くに歩み来たり記——元憲兵のシベリア抑留記　松下隆司著　大阪　サカエ印刷（印刷）　2005.1　155p　22cm〈肖像あり〉　1500円
《所蔵》国会図 GB554-H510，奈良戦体 916-1646　　　　　　　　〔1664〕

松下 忠　（1922生）　まつした・ただし
◇最後の鎮魂シベリヤ物語　松下忠著　東京　光人社　1996.3　266p　20cm　1600円
《所蔵》国会図 KH346-G29，奈良戦体 913.6-1646　　〔文芸・画集　1665〕

松下 秀雄　まつした・ひでお
◇シベリア抑留生活記　松下秀雄著　磐田　松下亘　2002.9　191p　22cm〈第3回静岡県自費出版大賞応募作品〉
《所蔵》静岡県立中央図書館 5088/ジヒ3　　　　　　　　　　〔1666〕

松島 トモ子　（1945生）　まつしま・ともこ
◇母と娘の旅路　松島トモ子著　東京　文芸春秋　1993.3　291p　20cm　1500円
《所蔵》国会図 KD655-E272，奈良戦体 772.1-2647　　　　　　　〔1667〕

松嶋 英雄　まつしま・ひでお
◇嗚呼極寒の地シベリアに戦友が眠る　松嶋英雄著　東京　デジプロ　2008.9　187p　21cm〈発売：星雲社（東京）〉　1400円
《所蔵》国会図 GB554-J176　　　　　　　　　　　　　　　　　〔1668〕

松田 静偲　（1920生）　まつだ・せいし
◇サハリン抑留七百九十八日　松田静偲著　東京　文芸社　2007.12　242p　19cm　1400円
《所蔵》国会図 GB554-J4　　　　　　　　　　　　　　　　　　〔1669〕

松田 昇　（1915生）　まつだ・のぼる
◇そして、ダモイ　松田昇著　［名古屋］　吉本節子　2009.3　259p　21cm〈制作：丸善名古屋出版サービスセンター（名古屋）〉
《所蔵》国会図 GB554-J280　　　　　　　　　　　　　　　　　〔1670〕

松田 利一　（1921生）　まつだ・りいち
◇シベリアの勲章——松田利一戦記　松田利一著　東京　文芸社　2013.4　490p　15cm　800円
《所蔵》国会図 GB554-L56　　　　　　　　　　　　　　　　　　〔1671〕

松谷 みよ子　（1926生）　まつたに・みよこ
◇現代民話考　2　軍隊　松谷みよ子［著］　東京　立風書房　1985.10　418p　20cm

1800円
　　内容 徴兵検査・新兵のころ・歩哨と幽霊・戦争の残酷
　　《所蔵》国会図 KG745-189，奈良戦体 388.1-0000
　　　　　　　　　　　　　　　　　　　　　　　　　　　〔1672〕

松永 佑紀（1922生）　まつなが・ゆうき
◇シベリア収容所の日々　松永佑紀著　熊本　熊本日日新聞情報文化センター（制作）　1998.7　135p　19cm　1000円
　　《所蔵》国会図 GB554-G1039
　　　　　　　　　　　　　　　　　　　　　　　　　　　〔1673〕

松藤 元　まつふじ・はじめ
◇戦後ソ連で珪肺にかかった日本人俘虜たち　松藤元，縄田千郎著　〔東京〕　日本図書刊行会　1997.7　89p　20cm〈東京　近代文芸社（発売）年表あり〉　1000円
　　《所蔵》国会図 SC187-G27
　　　　　　　　　　　　　　　　　　　　　　　　　　　〔1674〕

松前 宏（1923生）　まつまえ・ひろし
◇亀裂のとき　松前宏著　東京　近代文芸社　1995.3　138p　20cm　1300円
　　内容 アムールでのあとさき　ポプラの浜．地虫の鳴く頃　亀裂のとき　しゃも二等兵
　　《所蔵》国会図 KH341-E445　　　　　　　　〔文芸・画集　1675〕

松本 悦子　まつもと・えつこ
◇ダワイ！　ダワイ！―生きる誇りを奪われて　松本悦子著　名古屋　松本悦子　1992.8　130p　20cm〈編集・製作：朝日新聞名古屋本社編集制作センター〉　1800円
　　《所蔵》国会図 GB554-E1218
　　　　　　　　　　　　　　　　　　　　　　　　　　　〔1676〕
◇ダワイ！　ダワイ！―十一歳の少女の目で綴る"満洲・敗戦実態"　まつもとえつこ著　東京　文芸社　2005.4　138p　19cm　1200円
　　《所蔵》国会図 GB554-H543
　　　　　　　　　　　　　　　　　　　　　　　　　　　〔1677〕

松本 久良　まつもと・ひさよし
◇青春の追憶　松本久良著　〔宮崎〕　〔松本久良〕　1983.2　181p　19cm〈著者の肖像あり〉　非売品
　　《所蔵》国会図 GB554-1580
　　　　　　　　　　　　　　　　　　　　　　　　　　　〔1678〕

松本 宏（1917生）　まつもと・ひろし
◇告発シベリア抑留―国民に隠された真相　松本宏著　東京　碧天舎　2004.2　211p　20cm　1000円
　　《所蔵》国会図 GB531-H67，奈良戦体 210.75-0046
　　　　　　　　　　　　　　　　　　　　　　　　　　　〔1679〕
◇最後のシベリヤ捕虜記―実体験から「抑留問題」を問う　松本宏著　東京　MBC21　1993.7　286p　20cm〈発売：東京経済〉　1700円
　　《所蔵》国会図 GB554-E1591，奈良戦体 916-1946
　　　　　　　　　　　　　　　　　　　　　　　　　　　〔1680〕
◇シベリヤ捕虜記―私の軍隊と捕虜の記録　松本宏著　東京　開発社　1988.1　145p　19cm　1000円

《所蔵》国会図 GB554-E72 〔1681〕
◇真相シベリア抑留―ヤルタ協定に基づく現物賠償であった　松本宏著　東京　碧天舎　2005.1　127p　20cm〈「告発シベリア抑留」続編〉　1000円
《所蔵》国会図 GB531-H117 〔1682〕

松本　基之　まつもと・もとゆき
◇シベリア抑留記―雪原の苦闘　松本基之　大村　松本基之　1989.6　64p　図版　19cm
《所蔵》奈良戦体 916-1746 〔1683〕

松本　安次郎　まつもと・やすじろう
◇飢と寒さの苦境から免れ満三十年を記念して―シベリア抑留記　松本安次郎著　中津村　松本安次郎　1978　32p
《所蔵》和歌山県立図書館 マ75B916/19/78 〔1684〕

松本　暘介　まつもと・ようすけ
◇抑留―歌集　松本暘介著　[日出町（大分県）]　[松本暘介]　1995.10　131p　22cm
《所蔵》国会図 KH341-G29 〔文芸・画集　1685〕

松山　吾一　まつやま・ごいち
◇死線を越えて―強制収容所雑記帳　松山吾一著　岡山　松山吾一　1992.7　148p　19cm〈製作・出版：丸善岡山支店出版サービスセンター〉　2500円
《所蔵》国会図 GB554-E1320 〔1686〕

松山　文生　（1921生）　まつやま・ふみお
◇軍医が診た日本軍―ハイラルからシベリアへ　松山文生著　長崎　松山文生　1991.12　228p　21cm〈製作：朝日新聞社西部事業開発室編集出版センター（福岡）〉
《所蔵》国会図 GB554-E1115 〔1687〕
◇満州ハイラル戦記　松山文生著　長崎　松山文生　1994.3　230p　22cm〈『軍医が診た日本軍』(1991年刊)の改訂　著者の肖像あり〉　1300円
《所蔵》国会図 GB554-E1704 〔1688〕

増淵　俊一　まぶち・しゅんいち
◇貨車のギニョール―句集　増淵俊一編　宇都宮　[増淵俊一]　1963.1　149p　19cm　非売品
《所蔵》札幌中央 ＊＊ 〔文芸・画集　1689〕

真弓　一郎　（1922生）　まゆみ・いちろう
◇虜囚の果てに―シベリア抑留体験記　真弓一郎著　守口　真弓一郎　1986.1　198p　21cm〈制作：新聞印刷自費出版センター（大阪）　著者略歴：p198〉
《所蔵》国会図 GB554-2181，奈良戦体 916-1746 〔1690〕

丸井 大陸　まるい・たいりく
◇回想の譜　丸井大陸　東京　［丸井大陸］　1981.6　265p　18cm
　《所蔵》札幌中央 ＊＊　　　　　　　　　　　　　　　　　　　　　〔1691〕

丸尾 俊介（1926生）　まるお・しゅんすけ
◇語りかけるシベリア―ひとつの抑留体験から　丸尾俊介著　東京　三一書房　1989.1　186p　20cm　1400円
　《所蔵》国会図 GB554-E338　　　　　　　　　　　　　　　　　　　〔1692〕

丸岡 暁風　まるおか・ぎょふう
◇私のシベリア雑兵物語　丸岡暁風著　［鹿児島］　丸岡暁風　1996　86p　21cm
　〈著者肖像あり〉
　《所蔵》奈良戦体 369.37-1646　　　　　　　　　　　　　　　　　　〔1693〕

丸茂 耕一　まるも・こういち
◇祖国えの道―シベリア抑留記　丸茂耕一　茅野　丸茂耕一　1996.9　226p　22cm
　〈別書名「祖国への道」〉
　《所蔵》奈良戦体 369.37-1746　　　　　　　　　　　　　　　　　　〔1694〕

丸山 重（1925生）　まるやま・しげる
◇樺太戦とサハリン捕虜の記　丸山重著　東京　文芸社　2012.3　241p　15cm〈東京図書出版会2005～2006年刊の改訂再版〉　640円
　内容 樺太戦記　1200日のサハリン捕虜記
　《所蔵》国会図 GB554-J852　　　　　　　　　　　　　　　　　　　〔1695〕
◇1200日のサハリン捕虜記　丸山重著　［東京］　東京図書出版会　2006.4　153p　19cm〈発売：リフレ出版（東京）〉　1300円
　《所蔵》国会図 GB554-H818　　　　　　　　　　　　　　　　　　　〔1696〕

丸山 八郎　まるやま・はちろう
◇虜囚　丸山八郎　東京　［丸山八郎］　1982.2　168p　20cm
　《所蔵》札幌中央 ＊＊　　　　　　　　　　　　　　　　　　　　　〔1697〕

丸山 正衛　まるやま・まさる
◇時の流れに棹さして―満州・シベリヤ・祖国に生きて　丸山正衛　函館　丸山正衛　1992.12　204p　19cm
　《所蔵》奈良戦体 916-3946　　　　　　　　　　　　　　　　　　　〔1698〕

丸山 瑞穂　まるやま・みずほ
◇飢餓の兵　丸山瑞穂著　飯山　丸山瑞穂　1982.3　352p　19cm
　《所蔵》札幌中央 ＊＊　　　　　　　　　　　　　　　　　　　　　〔1699〕

満月会　まんげつかい
◇満州第五五六部隊とその終焉―輜重兵第八連隊 会員の思い出　満月会　秋田　満

月会　1986.3　156p　19cm　非売品
　　《所蔵》国会図 GB554-E3，奈良戦体 396.7-1610　　　　　　　　〔1700〕

満州第336部隊思い出の記山形県睦会編集委員会　まんしゅうだいさんびゃくさんじゅうろくぶたいおもいでのきやまがたけんむつみかいへんしゅういいんかい
◇満州第三三六部隊思い出の記　山形　満州第三三六部隊思い出の記山形県睦会編集委員会　1983.3　325p　22cm　非売品
　　《所蔵》国会図 GB554-1460　　　　　　　　　　　　　　　　　〔1701〕

満州第201部隊戦記刊行会　まんしゅうだいにひゃくいちぶたいせんきかんこうかい
◇満州第201部隊の悲劇―興安嶺、車輛を捨てて悲劇の行軍　盛岡　満州第201部隊戦記刊行会　1978.10　267p　19cm〈参考文献：p267〉　2800円
　　《所蔵》国会図 GB554-729　　　　　　　　　　　　　　　　　〔1702〕

満州二六三九部隊部隊史編集委員会　まんしゅうにろくさんきゅうぶたいぶたいしへんしゅういいんかい
◇北満とシベリアの轍―満州二六三九部隊史 第十七野戦自動車廠回想録　［大府］　満州二六三九部隊部隊史編集委員会　1988.10　559p 図版　22cm
　　《所蔵》奈良戦体 396.7-1620　　　　　　　　　　　　　　　　〔1703〕
◇北満とシベリアの轍―満州2639部隊史 第十七野戦自動車廠回想録　［大府］　満州二六三九部隊部隊史編集委員会　1989.7　567p　22cm
　　《所蔵》国会図 GB611-E50，奈良戦体 396.7-1601　　　　　　　　〔1704〕

満ソ殉難者慰霊顕彰会　まんそじゅんなんしゃいれいけんしょうかい
◇満ソ殉難記　満ソ殉難者慰霊顕彰会編　熊本　満ソ殉難者慰霊顕彰会　1980.8　2冊（別冊とも）　22cm〈編集責任：泉可畏翁 付（図・表6枚）別冊：満ソ殉難者名簿〉　3000円
　　《所蔵》国会図 GB554-1032，奈良戦体 222.5-1611　　　　　　　〔1705〕

満蒙同胞援護会　まんもうどうほうえんごかい
◇満蒙終戦史　満蒙同胞援護会編　東京　河出書房新社　1962　924p 図版 地図　22cm
　　《所蔵》国会図 210.75-M176m　　　　　　　　　　　　　　　　〔1706〕
◇満蒙同胞援護会便覧　満蒙同胞援護会　東京　［満蒙同胞援護会］　1947.6　［頁付なし］　18cm〈謄写版〉
　　《所蔵》札幌中央 ＊＊　　　　　　　　　　　　　　　　　　　〔1707〕

満蒙引揚文化人聯盟　まんもうひきあげぶんかじんれんめい
◇シベリヤ抑留スケッチ集　満蒙引揚文化人聯盟［編］著　大阪　満蒙引揚文化人聯盟　1948.2　24p　19×18cm
　　《所蔵》奈良戦体 369.37-1746　　　　　　　　　　　　〔文芸・画集　1708〕

【み】

三浦 道雄 みうら・みちお
◇シベリア珍談―抑留生活の思い出のなかから　三浦道雄記　［出版地不明］　［三浦道雄］　［1995］　45p　26cm
　《所蔵》国会図 Y93-L212　　　　　　　　　　　　　　　　　　　　　〔1709〕

三浦 庸（1913生）　みうら・よう
◇シベリヤ抑留記―一農民兵士の収容所記録　三浦庸著　東京　筑摩書房　1984.12　327p　20cm　1600円
　《所蔵》国会図 GB554-1795，奈良戦体 369.37-1646　　　　　　　　　　〔1710〕
◇シベリヤ抑留記―一農民兵士の収容所記録　三浦庸著　東京　筑摩書房　1990.9　403p　15cm（ちくま文庫）　690円
　《所蔵》国会図 GB554-E663，奈良戦体 369.37-1646　　　　　　　　　　〔1711〕
◇生命の極限―シベリア抑留記　三浦庸著　尾花沢　三浦庸　1978.12　359p　22cm〈著者略歴：p358～359〉　非売品
　《所蔵》国会図 GB554-872　　　　　　　　　　　　　　　　　　　　　〔1712〕

三浦 芳吉　みうら・よしきち
◇大東亜戦争従軍史―シベリヤ抑留実録　［三浦芳吉著］，斎藤清市編　由利町（秋田県）　［三浦芳吉］　1976　165p　21cm
　《所蔵》札幌中央 ＊＊　　　　　　　　　　　　　　　　　　　　　　　〔1713〕

三上 一次　みかみ・いちじ
◇1945～1949・マガダン―極東北シベリア・マガダン凍土下に眠る戦友の御霊に捧ぐ　三上一次編　青森　三上一次　1994.4　298p 図版3枚　21cm　非売品
　《所蔵》国会図 GB554-E1791，奈良戦体 369.37-1746　　　　　　　　　〔1714〕

見上 悦郎　みかみ・えつろう
◇戦争体験記　見上悦郎著　手稲　［見上悦郎］　1985.10　138p　22cm
　《所蔵》札幌中央 ＊＊　　　　　　　　　　　　　　　　　　　　　　　〔1715〕

三沢 道行　みさわ・みちゆき
◇満州の野とシベリアの空と―満蒙開拓青少年義勇軍訓練生から日ソ開戦による現地召集で関東軍二等兵として参戦敗戦によりソ連に抑留された五年二箇月の手記　三沢道行著　見附　三沢道行　2005.8　75p　26cm　非売品
　《所蔵》国会図 GB554-H721　　　　　　　　　　　　　　　　　　　　〔1716〕

三品 隆以　みしな・たかゆき
◇どん底からみたクレムリン―抑留四千十八日の記録　三品隆以著　東京　三品隆

以著作刊行会　1984.3　218p　22cm〈著者の肖像あり〉　3000円
　　《所蔵》国会図 GG851-80，奈良戦体 916-1746　　　　　　　　〔1717〕

水井 利正（1915生）　みずい・としまさ
◇追憶のシベリヤ―我が想い出のうた　水井利正著，小森千鶴子編　福岡　図書出版のぶ工房　2001.5　110p　21cm　1200円
　　《所蔵》国会図 GB554-G1654　　　　　　　　　　　　　　　〔1718〕

水谷 洷司（1911生）　みずたに・えいじ
◇赤い凍土　水谷洷司著　東京　原書房　1969　279p　19cm（原書房・100冊選書）480円
　　《所蔵》国会図 KH366-1　　　　　　　　　　　　　　　　　〔1719〕
◇シベリア日本人捕虜収容所　水谷洷司著　東京　自由国民社　1974　246p　19cm　900円
　　《所蔵》国会図 GB554-264，奈良戦体 916-1746　　　　　　　〔1720〕
◇棄てられた日本人　水谷洷司著　東京　未央社　1976　253p　18cm〈発売：啓明書房（東京）〉　900円
　　《所蔵》国会図 KH366-149，奈良県立図書情報館 916-110　　　〔1721〕

水谷 久幸　みずたに・ひさゆき
◇北極星に守られて―…満州…シベリヤ…そして祖国　水谷久幸著　［河内長野］［水谷久幸］　2005.6　164p　21cm　非売品
　　《所蔵》国会図 GB554-H745　　　　　　　　　　　　　　　〔1722〕

水谷 優（1924生）　みずたに・まさる
◇風化させてたまるか―元ソ連抑留捕虜が語る　水谷優著　［帯広］［水谷優］　2001.10　131p　22cm
　　《所蔵》国会図 GB554-G1814　　　　　　　　　　　　　　　〔1723〕

水野 皖司　みずの・きよし
◇遙かなる大地―わが戦記と俘虜記　水野皖司著　東京　水工サービス（印刷）　1985.8　455p　19cm
　　《所蔵》国会図 GB554-G1048　　　　　　　　　　　　　　　〔1724〕

水野 つね　みずの・つね
◇ソ連軍と女のたたかい―逃避行十か月・悲劇の一二〇〇粁　水野つね著　［飯岡町（千葉県）］　第七国守・歩兵第三中隊戦友会弥生会　1993.6　15p　26cm〈『ほくもんちん』第31号別冊　編集：「ほくもんちん」編集部〉
　　《所蔵》国会図 GB554-E1521　　　　　　　　　　　　　　　〔1725〕

水野 治一（1922生）　みずの・はるいち
◇はるかなるシベリア　水野治一著　一宮　水野治一　1994.8　236p　19cm
　　《所蔵》国会図 GB554-E1879，奈良戦体 369.37-1646　　　　〔1726〕

図書（体験記・回想録）　　　　　　　　　　　みとも

水本 清晴（1919生）　みずもと・きよはる
◇運か定めか我が人生―あの時死んだと思えば… 手記　水本清晴［著］，青木通弘編纂　［出版地不明］　水本豪　2008.6　135p　26cm〈肖像あり〉　非売品
　《所蔵》国会図 GK85-J20，奈良戦体 289-3900
〔1727〕

三谷 孝（1945生）　みたに・たかし
◇戦争と民衆―戦争体験を問い直す　三谷孝編集代表　東京　旬報社　2008.4　325p　22cm（一橋大学大学院社会学研究科先端課題研究叢書 3）〈文献あり〉　4500円
　内容（一部）：総論戦争体験を問い直す　〈戦争体験〉―その全体像をめぐる〈人間〉の営み（浜谷正晴）　ある「シベリア抑留」のライフストーリー（佐藤美弥）
　《所蔵》国会図 GB531-J14
〔1728〕

三田村 治代　みたむら・はるよ
◇シベリヤ捕虜収容所からのたより集　三田村治代文，望月治津子絵　［鯖江］［三田村治代］　2005.1　28枚　21×30cm
　《所蔵》国会図 GB554-H528
〔文芸・画集　1729〕

三橋 辰雄　みつはし・たつお
◇闇からの脱出―俘虜記 カムチャッカ物語　三橋辰雄著　東京　太陽への道社　1996.12　385p　19cm（太陽の道 第16巻）〈（緑新書 21）発売：星雲社〉　2000円
　《所蔵》国会図 GB554-G523
〔1730〕
◇闇からの脱出―カムチャッカ物語 俘虜記　上　三橋辰雄著　東京　太陽への道社　1990.4　191p　19cm（太陽への道 no.7）〈（緑新書 10）発売：星雲社〉　1000円
　《所蔵》国会図 GB554-E579
〔1731〕
◇闇からの脱出―カムチャッカ物語 俘虜記　下　三橋辰雄著　東京　太陽への道社　1990.7　219p　19cm（太陽への道 no.8）〈（緑新書 12）発売：星雲社〉　1000円
　《所蔵》国会図 GB554-E579
〔1732〕

三矢 正健　みつや・まさのり
◇俎上の鯉　三矢正健　［出版地不明］　庄内日報社　1995.5　147p 図版4枚　22cm
　《所蔵》奈良戦体 369.37-1646
〔1733〕

水戸部 広治（1910生）　みとべ・ひろじ
◇関東軍の転進―三三六部隊泥の転進酷寒のシベリヤレンゲル収容所　水戸部広治著　天童　水戸部広洋　1978.6　144p　22cm　3000円
　《所蔵》国会図 GB554-L109
〔1734〕

三友 一男　みとも・かずお
◇細菌戦の罪―イワノボ将官収容所虜囚記　三友一男著　東京　泰流社　1987.4　270p　20cm　1400円
　《所蔵》国会図 GB554-2298
〔1735〕

皆川　太郎　みなかわ・たろう
◇ダモイ―シベリアからの帰還　皆川太郎著　東京　光陽出版社　2006.2　269p　20cm〈他言語標題：Домой　肖像あり〉　1714円
　《所蔵》国会図 GB554-H801　〔1736〕

南　丁己知　みなみ・ていきち
◇ゴーリン　南丁己知著　東京　南丁己知　1978.4　130p　25cm　非売品
　《所蔵》札幌中央　＊＊　〔1737〕

南　信四郎　(1916生)　みなみ・のぶしろう
◇捕虜通訳記　南信四郎著　東京　ナウカ社　1949.2　2, 3, 234p　19cm　150円
　《所蔵》国会図 YD5-H-a914-157（マイクロフィッシュ）　〔1738〕

南　雅也　(1925生)　みなみ・まさや
◇肉弾学徒兵戦記　南雅也著　東京　鱒書房　1956　208p 図版　18cm（戦記シリーズ）
　《所蔵》国会図 915.9-M489n、奈良戦体 377.21-1611　〔1739〕

南　裕介　みなみ・ゆうすけ
◇シベリアから還ってきたスパイ　南裕介著　横浜　成文社　2005.8　337p　20cm　1600円
　《所蔵》国会図 KH353-H350　〔文芸・画集　1740〕

南林　謙吉　(1923生)　みなみばやし・けんきち
◇シベリア抑留の記録　南林謙吉[著]　[高岡]　南林倭文子　1993.10　160p　22cm〈著者の肖像あり〉
　《所蔵》国会図 GB554-E1644　〔1741〕

三根生　久大　(1926生)　みねお・きゅうだい
◇参謀本部の暴れ者―陸軍参謀朝枝繁春　三根生久大著　東京　文芸春秋　1992.5　358p　20cm　1600円
　《所蔵》国会図 GK38-E27、奈良戦体 289-1927　〔1742〕

美映会　みはえるかい
◇美映（ミハエル）―あるシベリア収容所の記録　美映会　[出版地不明]　美映会　1995　212p　26cm〈折込図1枚 ロシア・ソ連史略年報：p4-5 美映会会員名簿：p51-68〉
　《所蔵》奈良戦体 369.37-1646　〔1743〕

美原　紀華　みはら・のりか
◇きみにありがとう―零下40度のシベリア捕虜収容所で交した約束　美原紀華文，永井泰子絵　東京　グラフ社　2005.7　125p　19cm　952円
　《所蔵》国会図 GB554-H650　〔文芸・画集　1744〕

三原　録郎　　みはら・ろくろう
◇元独歩四一九大隊三原部隊野砲中隊　三原録郎［ほか著］　［出版地不明］　［出版者不明］　［19--］　39p 図版　26cm〈和装　袋綴じ〉
　内容 ソ連（三原録郎）　回想録について（上村宗平）　地獄の抑留生活にたえて（古屋一雄）　ソ連強制抑留の実態（田中栄太郎）　私の俘虜記（西村重夫）
　《所蔵》奈良戦体 916-1746　　　　　　　　　　　　　　　　　　　　　　〔1745〕

三村　清　　みむら・きよし
◇少年二等兵のサハリン俘虜記　三村清著　東京　三村清　1995.11　62p　26cm
　《所蔵》札幌中央 KR916/ミ　　　　　　　　　　　　　　　　　　　　　　〔1746〕

宮井　盈夫　　みやい・みつお
◇老後の思索の旅から—小文とソ連抑留・回想詩　宮井盈夫著　金沢　栄光プリント　2008.8　91p　21cm
　《所蔵》国会図 GK85-J17　　　　　　　　　　　　　　　　　　　　　　　〔1747〕

宮内　省一　　みやうち・しょういち
◇最後の初年兵—ソ満国境守備隊　関東軍最後の砲兵隊、勝鬨に在りて　宮内省一著　［仙台］　宮内省一　1994.7　110p　21cm
　《所蔵》奈良戦体 396.6-1611　　　　　　　　　　　　　　　　　　　　　　〔1748〕
◇最後の初年兵—ソ満国境守備隊　宮内省一著　東京　光陽出版社　2009.7　214p　20cm　1600円
　《所蔵》国会図 GB554-J355　　　　　　　　　　　　　　　　　　　　　　〔1749〕
◇シベリヤ抑留記—続『最後の初年兵』　宮内省一著　仙台　宮内省一　1996.7　117p　21cm　頒価不明
　《所蔵》宮城県図書館 K960/ミ8-2　　　　　　　　　　　　　　　　　　　〔1750〕

宮崎　静夫　（1927生）　みやざき・しずお
◇絵を描く俘虜　宮崎静夫著　福岡　石風社　1999.7　264p　20cm　2000円
　《所蔵》国会図 US41-G2573，奈良戦体 914.6-0000　　　　　　　　　　　　〔1751〕
◇十五歳の義勇軍—満州・シベリアの七年　宮崎静夫著　福岡　石風社　2010.11　275p　20cm　2000円
　《所蔵》国会図 GB554-J667　　　　　　　　　　　　　　　　　　　　　　〔1752〕

宮崎　進　（1922生）　みやざき・しん
◇鳥のように—シベリア記憶の大地　宮崎進著　東京　岩波書店　2007.5　150，4p　22cm　2300円
　《所蔵》国会図 KC229-H205，奈良県立図書情報館 723.1-ミヤサ
　　　　　　　　　　　　　　　　　　　　　　　　　　　　　〔文芸・画集　1753〕
◇宮崎進画集—私のシベリア　森と大地の記憶　宮崎進著　東京　文芸春秋　1998.11　235p　31cm〈他言語標題：The arts of Shin Miyazaki　年譜あり　文献あり〉

17143円
《所蔵》国会図 KC16-G1436 〔文芸・画集 1754〕
◇宮崎進展―シベリアからサンパウロまで　酒田　酒田市美術館　2005　7枚　26cm〈他言語標題：Shin Miyazaki-from Siberia to Sao Paulo 付属資料：1枚 ロシア語併記〉
《所蔵》国会図 Y93-H2655 〔文芸・画集 1755〕

宮沢　喜平 （1924生）　みやざわ・きへい
◇シベリア捕虜抑留記―戦後五十七年平和を願う戦争体験 七十九歳の記録への挑戦　上巻　宮沢喜平著　草加　松風書房　2003.6　103p　19cm〈折り込1枚〉　1000円
《所蔵》国会図 GB554-H237 〔1756〕
◇シベリア捕虜抑留記―戦後五十七年平和を願う戦争体験 七十九歳の記録への挑戦　下巻　宮沢喜平著　草加　松風書房　2003.9　118p　19cm　1000円
《所蔵》国会図 GB554-H238 〔1757〕

宮沢　正巳　みやざわ・まさみ
◇心の墓標―シベリヤ及満洲開拓に散った友に捧ぐ 詩集　宮沢正巳著　新潟　宮沢正巳　1992.8　124p　22cm〈製作・発売：新潟日報事業社〉　3000円
《所蔵》国会図 KH366-E594 〔文芸・画集 1758〕

宮田　慈子　みやた・いつこ
◇散華　宮田慈子著　[出版地不明]　鉄道図書刊行会　1954　128p
《所蔵》札幌中央＊＊ 〔1759〕

宮田　栄一 （1924生）　みやた・えいいち
◇還ってきた…シベリアの舞い鶴が今―苦節4年有半の強制抑留の姿 手記　宮田栄一[著]　[下松]　[宮田栄一]　1995　71p　26cm
《所蔵》国会図 GB554-G857 〔1760〕

宮永　次雄　みやなが・つぎお
◇捕虜実話しらみの歌　宮永次雄著　東京　大空社　1999.12　247p　22cm（叢書俘虜・抑留の真実 第3巻）〈シリーズ責任表示：山下武/監修 朝日書房昭和25年刊の複製〉　5500円
《所蔵》国会図 GB554-G1207 〔1761〕

宮西　作太郎　みやにし・さくたろう
◇ソ連軍に捕らわれて　宮西作太郎著　[高松]　[宮西作太郎]　1991.9　196p　19cm〈著者の肖像あり〉　1000円
《所蔵》国会図 GB554-E1291 〔1762〕
◇ソ連軍に捕らわれて　宮西作太郎著　東京　近代文芸社　1995.2　196p　20cm〈著者の肖像あり〉　1400円
《所蔵》国会図 GB554-E1976，奈良戦体 916-1746 〔1763〕

宮西 武佳　みやにし・たけよし
◇戦災と抑留　宮西武佳　札幌　［宮西武佳］　1993.4　26cm
《所蔵》札幌中央　＊＊
〔1764〕

宮野 泰（1926生）　みやの・やすし
◇タムガ村600日—キルギス抑留の記録　宮野泰著　新潟　新潟日報事業社　2013.10　326p　21cm〈文献あり〉　2000円
《所蔵》国会図 GB554-L184
〔1765〕

宮本 慧一　みやもと・けいいち
◇北馬と氷原—わたしたちの戦争体験　宮本慧一著　［三水村（長野県）］　［宮本慧一］　1994.4　237p　22cm〈著者の肖像あり〉
《所蔵》国会図 GB554-E1725
〔1766〕

宮本 惇　みやもと・つとむ
◇宮本惇画集—晩秋の極東シベリア　宮本惇著　［横浜］　［宮本惇］　1992.9　48p　25×26cm　24000円
《所蔵》札幌中央　＊＊
〔文芸・画集　1767〕

宮本 信夫　みやもと・のぶお
◇関東憲兵隊の最後　宮本信夫著　［西宮］　［宮本信夫］　1981.1　252p　19cm　2000円
《所蔵》国会図 GB554-1058
〔1768〕

宮脇 昌三　みやわき・しょうぞう
◇ソ連抑留と日本回帰　宮脇昌三著　東京　国民文化研究会　1993.3　338p　18cm（国文研叢書 no.34）　950円
《所蔵》国会図 GB554-E1435, 奈良戦体 916-1646
〔1769〕

三好 実三　みよし・じつぞう
◇ダモイへの遍歴—私の終戦前後史　三好実三［著］　倉吉　三好実三　1986.8　324p　19cm〈著者の肖像あり〉
《所蔵》国会図 GB554-2344
〔1770〕

【む】

六車 正太郎　むぐるま・しょうたろう
◇山海関事件・拉致—六車正太郎遺稿集　六車正太郎著　高松　六車幸子　1983.11　174p　19×24cm〈著者の肖像あり 六車正太郎略歴：p30〉　非売品
《所蔵》国会図 GB554-1642, 奈良戦体 916-1611
〔1771〕

むひなせ　　　　　　　　図書（体験記・回想録）

ムヒナ戦友会　　むひなせんゆうかい
◇我が想い出―ムヒナ体験記　ムヒナ戦友会編　［出版地不明］　ムヒナ戦友会
　　1993.10　97p 図版　26cm〈住所録：p93-94〉
　　《所蔵》奈良戦体 369.37-1946　　　　　　　　　　　　　　　　〔1772〕

村井　太郎　　むらい・たろう
◇シベリヤの戦后は終っていない　村井太郎著　［大阪］　［村井太郎］　1992.6
　　90p　21cm〈「氷点下四十度の炎」姉妹編〉
　　《所蔵》奈良戦体 916-1746　　　　　　　　　　　　　　　　　〔1773〕
◇氷点下四十度の炎　村井太郎著　大阪　村井太郎　1985.7　126p　21cm
　　《所蔵》奈良戦体 916-1746　　　　　　　　　　　　　　　　　〔1774〕

村井　勉（1924生）　むらい・つとむ
◇青春の足跡―抑留日記　村井勉著　名古屋　村井勉　1995.7　106p　26cm
　　《所蔵》国会図 GB554-G622　　　　　　　　　　　　　　　　〔1775〕

邑井　操（1912生）　むらい・みさお
◇収容所列島の人間学　邑井操著　東京　新人物往来社　1974　238p　20cm　1300円
　　《所蔵》国会図 GB554-255，奈良戦体 916-1646　　　　　　　　〔1776〕

村井　峯二　　むらい・みねじ
◇タシケントの河　村井峯二著　名古屋　作家社　1978.6　271p　19cm　1600円
　　《所蔵》国会図 GB554-657　　　　　　　　　　　　　　　　　〔1777〕

村上　敬一　　むらかみ・けいいち
◇逃亡記―三十三年目の敗戦回想　村上敬一著　［気仙沼］　［村上敬一］　1978.7
　　168p　19cm〈著者の肖像あり 自家版 限定版〉　2000円
　　《所蔵》国会図 GB554-755　　　　　　　　　　　　　　　　　〔1778〕

村上　重利　　むらかみ・しげとし
◇動乱の遺跡　村上重利著　美唄（北海道）　［村上重利］　1980.10　286p
　　《所蔵》札幌中央 ＊＊　　　　　　　　　　　　　　　　　　　〔1779〕

村上　新三郎　　むらかみ・しんざぶろう
◇あゝシベリヤ同志逝く―体験記　村上新三郎著　［苫小牧］　村上新三郎　1989.7
　　65p　26cm　頒価不明
　　《所蔵》奈良戦体 369.37-1746　　　　　　　　　　　　　　　　〔1780〕

村上　兆平（1905生）　むらかみ・ちょうべい
◇ウクライナの捕虜　村上兆平著　［友部町（茨城県）］　［村上兆平］　1985.3　iX,
　　164p　19cm〈村上兆平（長兵衛）略年譜：p160-164 肖像〉
　　《所蔵》奈良戦体 916-1946　　　　　　　　　　　　　　　　　〔1781〕

村上　徳治　　むらかみ・とくじ
◇捕われた命　村上徳治著　東京　南江堂　1968.1　126p　18cm　200円
　《所蔵》札幌中央 ＊＊　　　　　　　　　　　　　　　　　　　〔文芸・画集　1782〕

村上　教俊　　むらかみ・のりとし
◇ソ連回想録 虜囚三年　村上教俊著　[高岡]　[村上教俊]　1988.5　165p　19cm
　《所蔵》奈良戦体 916-1746　　　　　　　　　　　　　　　　　　　〔1783〕

村沢　三郎（1921生）　むらさわ・さぶろう
◇シベリア狂詩曲　村沢三郎著　大阪　東方出版　1992.9　221p　20cm　1400円
　《所蔵》国会図 GB554-E1239、奈良戦体 916-1746　　　　　　　　　　〔1784〕

村松　正造　　むらまつ・しょうぞう
◇白夜の紅炎―シベリヤ民主運動の実態　村松正造著　[川西]　[村松正造]
　1978.9　302p　19cm　1000円
　《所蔵》国会図 GB554-718　　　　　　　　　　　　　　　　　　　〔1785〕

村山　久郎　　むらやま・ひさお
◇タワーリシチ―札幌教育隊クルサント達の青春日記 19　村山久郎　根室　第2期
　札幌教育隊戦友会　1991.12　202p　19cm
　《所蔵》札幌中央 ＊＊　　　　　　　　　　　　　　　　　　　　　〔1786〕

村山　雅俊　　むらやま・まさとし
◇黒龍江　村山雅俊著　福岡　日本経済時報社　1974.2　444p　22cm　3500円
　《所蔵》札幌中央 ＊＊　　　　　　　　　　　　　　　　　　　　　〔1787〕

【め】

米良　湛　　めら・あつし
◇ダモイの哀歓―抑留中味わったユニークな実録　米良湛著　[東京]　日本図書刊
　行会　1997.2　69p　20cm〈発売：近代文芸社〉　1200円
　《所蔵》国会図 GB554-G555　　　　　　　　　　　　　　　　　　〔1788〕

【も】

木羊（1919生）　もくよう
◇シベリヤにて　木羊著　東京　新風舎　2005.4　46p　19cm　1000円
　内容 白い　シベリヤフルーツ
　《所蔵》国会図 KH372-H409　　　　　　　　　　　　　　〔文芸・画集　1789〕

餅井　茂（1926生）　もちい・しげる
◇かがしの兵隊　餅井茂著　第2刷改定　［金沢］　［餅井茂］　1994.3　158p　21cm
　《所蔵》国会図　GB554-E1796　　　　　　　　　　　　　　　　　　〔1790〕
◇シベリアの勲章　餅井茂著　［金沢］　［餅井茂］　［1993］　357p　21cm〈著者の肖像あり〉
　《所蔵》国会図　GB554-E1578　　　　　　　　　　　　　　　　　　〔1791〕

望月　今朝人　もちずき・けさひと
◇辺土に喘ぐ―シベリア抑留流転始末記　望月今朝人　長野　［望月今朝人］　1997.5　244p　21cm　1800円
　《所蔵》奈良戦体　369.37-1746　　　　　　　　　　　　　　　　　〔1792〕

望月　治津子　もちずき・ちずこ
◇シベリア捕虜収容所からのたより集　三田村治代文，望月治津子絵　［鯖江］　［三田村治代］　2005.1　28枚　21×30cm
　《所蔵》国会図　GB554-H528　　　　　　　　　　　　　　〔文芸・画集　1793〕

茂木　通（1918生）　もてぎ・とおる
◇虜囚のうた―歌集　茂木通著　［札幌］　［茂木通］　1986.6　154p　19cm〈特装　著者略歴：p152～153〉　非売品
　《所蔵》国会図　KH377-E21　　　　　　　　　　　　　　〔文芸・画集　1794〕

元関東軍司令部経理部友の会　もとかんとうぐんしれいぶけいりぶとものかい
◇私の戦争体験―戦後40年目の証言　第2集　元関東軍司令部経理部友の会　［出版地不明］　関経会　1986　184p　26cm
　《所蔵》防衛研究所　392.9/K　　　　　　　　　　　　　　　　　　〔1795〕
◇私の戦争体験　第3集　元関東軍司令部経理部友の会　［出版地不明］　関経会　1990　126p　26cm
　《所蔵》防衛研究所　392.9/K　　　　　　　　　　　　　　　　　　〔1796〕

本木　亨治　もとき・りょうじ
◇シベリア抑留の回想―少年兵の戦争体験記　本木亨治著　長野　本木亨治　2001.8　106p　19cm　非売品
　《所蔵》県立長野図書館　N940/380　　　　　　　　　　　　　　　〔1797〕

本島　元治　もとじま・もとはる
◇私の満州開拓とシベリア抑留記　本島元治著　東京　［本島元治］　1986　132p　22cm
　《所蔵》札幌中央　＊＊　　　　　　　　　　　　　　　　　　　　〔1798〕
◇私の満州開拓とシベリア抑留記　本島元治著　第2版　下伊那郡高森町　［本島元治］　2013.6　132p　22cm
　《所蔵》県立長野図書館　N960/413　　　　　　　　　　　　　　　〔1799〕

図書（体験記・回想録）　　　　　　　もりた

桃井 亀蔵　　ももい・かめぞう
◇戦塵の翳り　桃井亀蔵著　山形　共同出版　1980.2　346p　19cm〈編者：村山八郎　著者の肖像あり〉　2500円
　《所蔵》国会図 GB554-920　　　　　　　　　　　　　　　　　　〔1800〕

百瀬 三郎（1913生）　ももせ・さぶろう
◇オーロラの囚人　百瀬三郎著　東京　日本週報社　1958　263p　19cm　240円
　《所蔵》国会図 915.9-M752o　　　　　　　　　　　　　　　　　〔1801〕

森 辰巳（1908生）　もり・たつみ
◇シベリャ虜囚1000日　森辰巳著　高知　［森辰巳］　1987.9　185p　19cm　1200円
　《所蔵》札幌中央 ＊＊　　　　　　　　　　　　　　　　　　　　〔1802〕

森 平太郎　　もり・へいたろう
◇絶望からの生還　森平太郎著　［和歌山］　［森平太郎］　1987.10　199p　19cm
　《所蔵》国会図 GB554-E258，奈良戦体 916-2747　　　　　　　　　〔1803〕

森川 平八郎　　もりかわ・へいはちろう
◇シベリア抑留記―森川平八郎歌集「北に祈る」によせて　伊藤きよし著　下関　伊藤きよし　1991.6　28p　26cm
　《所蔵》山口県立山口図書館 Y911.1/M1　　　　　　〔文芸・画集　1804〕

森下 研（1930生）　もりした・けん
◇興安丸―33年の航跡　森下研著　東京　新潮社　1987.3　269p　20cm〈付（図1枚）：興安丸船室配置図　主要参考文献：p266〜269〉　1300円
　《所蔵》国会図 DK131-126　　　　　　　　　　　　　　　　　　〔1805〕

森下 節（1920生）　もりした・せつ
◇ヨ・ポヨマーチ「糞野郎」　森下節著　東京　彩光社　1954.11　211p　19cm　200円
　《所蔵》国会図 913.6-M8422y　　　　　　　　　　〔文芸・画集　1806〕

森田 太郎　　もりた・たろう
◇三国追憶の記　森田太郎著　東京　［森田太郎］　1955.4　274p　18cm
　《所蔵》札幌中央 ＊＊　　　　　　　　　　　　　　　　　　　　〔1807〕

森田 巳津雄　　もりた・みつお
◇凍土に生きる―シベリア抑留体験絵日記　森田巳津雄編著　［加須］　［森田巳津雄］　1990.7　46枚　21×30cm
　《所蔵》埼玉県立浦和図書館 SA72/モ　　　　　　〔文芸・画集　1808〕

森田 美比　　もりた・よしちか
◇今度の戦争あかんたい　森田美比著　水戸　森田美比　1998.1　150p　21cm　非売品

《所蔵》国会図 GB554-G947　　　　　　　　　　　　　　　　　　　〔1809〕

森田　廉　　もりた・れん
◇ヒートリーのソ連　森田廉著　［米子］　［森田廉］　1986.4　240p　22cm〈限定版〉
　《所蔵》国会図 GB554-2222　　　　　　　　　　　　　　　　　　　〔1810〕

守谷　勝吉（1914生）　もりたに・かつきち
◇シベリヤ日記―追憶ブカチャーチャー　守谷勝吉［著］　東京　守谷勝吉　1978.9　101p　26cm
　《所蔵》国会図 GB554-E1394　　　　　　　　　　　　　　　　　　〔1811〕

森野　勝五郎　もりの・かつごろう
◇我が抑留記―遺稿　森野勝五郎著，森野忠編　日野　森野忠　1997.8　163p　19cm
　《所蔵》国会図 GB554-G865，奈良戦体 916-1646　　　　　　　　　　〔1812〕
◇我が抑留記―遺稿　森野勝五郎著，森野忠編　東京　文芸社　2002.6　174p　20cm〈肖像あり〉　1000円
　《所蔵》国会図 GB554-G1713　　　　　　　　　　　　　　　　　　〔1813〕

森野　達弥　もりの・たつや
◇シベリアからの手紙―戦後強制抑留　北田滝原作，森野達弥作画　東京　平和祈念展示資料館　2012.3　64p　21cm〈監修：加藤聖文　戦後強制抑留〈関連年表〉：巻末〉
　《所蔵》奈良戦体 210.75-1746　　　　　　　　　　　　　　　　　〔1814〕

森本　千秋　もりもと・ちあき
◇忘れ得ぬかの灰色の歳月―虜囚記　森本千秋著　新宮　浜口出版社　1987.10　285p　19cm〈参考文献：p285〉
　《所蔵》国会図 GB554-E136　　　　　　　　　　　　　　　　　　〔1815〕

森本　良夫（1908生）　もりもと・よしお
◇シベリア俘虜記―死と絶望からの帰還　森本良夫著　東京　春秋社　2001.6　259p　20cm　2500円
　《所蔵》国会図 GB554-G1558，奈良戦体 916-3746　　　　　　　　　〔1816〕

門奈　鷹一郎（1928生）　もんな・たかいちろう
◇兵隊三日捕虜三年　門奈鷹一郎著　東京　新人物往来社　2009.7　287p　15cm（新人物文庫 16）〈文献あり〉　667円
　《所蔵》国会図 GB554-J358　　　　　　　　　　　　　　　　　　〔1817〕

門馬　保夫　もんま・やすお
◇ある中国抑留者の回想録　門馬保夫著　東京　鳥影社　1999.1　251p　19cm〈東京　星雲社（発売）〉　1400円
　《所蔵》国会図 GB554-G974　　　　　　　　　　　　　　　　　　〔1818〕

【や】

八重 樫安太郎　やえがし・やすたろう
◇一個のリュックサック　八重樫安太郎　札幌　八重樫安太郎　1980.10　135p　18cm
　《所蔵》札幌中央＊＊　　　　　　　　　　　　　　　　　　　　　　　　〔1819〕

八木 隆郎（1916生）　やぎ・たかお
◇シベリア民主グループ　八木隆郎著　［日の出町（東京都）］　高木ひろ子　1996.4
　219p　22cm〈肖像あり　折り込1枚〉
　《所蔵》国会図 GB554-G697　　　　　　　　　　　　　　　　　　　　　〔1820〕

八木 春雄（1910生）　やぎ・はるお
◇抑留記―未決拘留十一年　八木春雄著　宇美町（福岡県）　福岡刑務所作業課
　1978.8-1979.6　2冊　21cm　非売品
　　内容　上　ソ連篇　下　中国篇
　《所蔵》国会図 GB554-866, 奈良戦体 916-1750　　　　　　　　　　　　　〔1821〕

八木沢 旺二（1919生）　やぎさわ・おうじ
◇異国の丘の体験記―男の友情　八木沢旺二著　［今市］　［八木沢旺二］　1981.8
　156p　18cm
　《所蔵》奈良戦体 916-1746　　　　　　　　　　　　　　　　　　　　　〔1822〕

八雲 李彦　やくも・すえひこ
◇シベリア収容所の青春　八雲李彦著　［出版地不明］　［出版者不明］　19--　2冊
　（電子複写）　26cm
　《所蔵》奈良戦体 913.6-1646　　　　　　　　　　　　　　　　〔文芸・画集　1823〕

家後 国作　やご・くにさく
◇騙された兵隊　家後国作編　沼津　家後国作　1991.9　237p　20cm　非売品
　《所蔵》国会図 GB554-E991　　　　　　　　　　　　　　　　　　　　　〔1824〕

安河内 崇　やすこうち・たかし
◇粉雪舞う日に―ヤッサンのシベリヤ物語　安河内崇著　［福岡］　［安河内崇］
　1989.2　170p　20cm
　《所蔵》奈良戦体 916-1746　　　　　　　　　　　　　　　　　　　　　〔1825〕

安田 清一　やすだ・せいいち
◇絵本シベリア物語　安田清一絵・文　東京　光村印刷　2007.3　47p　20×23cm
　（Bee books）　1429円
　《所蔵》国会図 KC16-H2366　　　　　　　　　　　　　　　　〔文芸・画集　1826〕

柳田　昌男　やなぎだ・まさお
◇ムーリン河―ソ連国境/一等兵の記録　柳田昌男著　京都　ミネルヴァ書房　1970
　224p 図版 地図　20cm　580円
　《所蔵》国会図 GB554-39，奈良戦体 210.75-3511　　　　　　　　　　〔1827〕

矢野　秋穂　やの・あきほ
◇流れ去る昭和史―満州・シベリアからの生還と警察官としての戦後　矢野秋穂著
　東京　MBC21　1997.12　191p　20cm　1500円
　《所蔵》国会図 KH728-G160　　　　　　　　　　　　　　　〔文芸・画集　1828〕

矢野　亮（1910生）　やの・りょう
◇シベリアの母 通りゃんせ小路　矢野亮作詞，林伊佐緒作曲，佐藤長助編曲　矢野亮
　作詞，小町昭作曲　［楽譜］　［東京］　全音楽譜出版社　1962　楽譜1枚　26cm
　（全音流行歌謡ピース no.821）〈唄：三橋美智也〉　50円
　《所蔵》国会図 YM311-L2361　　　　　　　　　　　　　　〔文芸・画集　1829〕

矢吹　三三　やぶき・みつぞう
◇凍土（ツンドラ）の四年―海軍少年兵のシベリヤ記　矢吹三三著　［名古屋］　占守
　通信隊18年後期会　1988.10　252p　19cm　1000円
　《所蔵》名古屋市鶴舞中央図書館 N916/4128　　　　　　　　　　　　〔1830〕

矢部　忠雄　やべ・ただお
◇パミール高原の月―ソ連抑留の記録　矢部忠雄著　［西宮］　文化写真版画社
　［1975］　148p　20cm〈監修：竜田又三郎 折り込図1枚〉
　《所蔵》国会図 GB554-E963，奈良戦体 369.37-1746　　　　　　　　　〔1831〕

山浦　重三　やまうら・じゅうぞう
◇ウランバートル吉村隊―外蒙の幽囚　山浦重三，石井栄次，蒲原正二郎共著　長
　野　明日香書房　1949　194p　19cm
　内容 吉村隊生還記（蒲原正二郎）　ウランバートルの四季（石井栄次）　外蒙の幽
　　　囚（山浦重三）
　《所蔵》国会図 YD5-H-a914-172　　　　　　　　　　　　　　　　　〔1832〕

山川　速水（1915生）　やまかわ・はやみ
◇ラーゲルの軍医―シベリア捕虜記　山川速水著　東京　北風書房　1984.11　236p
　20cm〈発売：星雲社〉　1500円
　《所蔵》国会図 GB554-1762，奈良戦体 916-1646　　　　　　　　　　〔1833〕

山口　一茂　やまぐち・かずしげ
◇明日なき彷徨―異郷に眠る戦友に捧げる鎮魂の譜　山口一茂著　［出版地不明］
　山口一茂　1994.1　156p　24cm
　《所蔵》奈良戦体 916-1646　　　　　　　　　　　　　　　　　　　〔1834〕

山口　笙堂　　やまぐち・しょうどう
◇ロシア極東シベリア慰霊　山口笙堂著　［君津］　［山口笙堂］　1994.10　86p
　26cm　700円
　《所蔵》国会図 GE485-E26　　　　　　　　　　　　　　　　　　　　　〔1835〕

山口　正人　　やまぐち・まさと
◇あかざ劇団―外蒙古スフバートル収容所　山口正人著　佐世保　［山口正人］
　1981.12　189p　21cm
　《所蔵》札幌中央＊＊　　　　　　　　　　　　　　　　　　　　　　　　〔1836〕

山口　政憲　　やまぐち・まさのり
◇生きることの極限―わたしのシベリア記　山口政憲著　庄原　庄原詩話会
　1991.9　151p　22cm
　《所蔵》国会図 GB554-E1074　　　　　　　　　　　　　　　　　　　　〔1837〕

山口　三喜　　やまぐち・みき
◇一兵士の青春　山口三喜著　［出版地不明］　［山口三喜］　2009.2　389p　21cm
　《所蔵》国会図 GB554-J269　　　　　　　　　　　　　　　　　　　　　〔1838〕

山崎　寿吉　　やまざき・じゅきち
◇シベリアの悪夢・善夢―終戦から抑留・帰国まで　山崎寿吉著　東京　東京学習
　出版社　1980.12　225p　19cm　1200円
　《所蔵》札幌中央＊＊　　　　　　　　　　　　　　　　　　　　　　　　〔1839〕

山崎　俊一　（1926生）　やまざき・しゅんいち
◇中央アジア捕虜記―死線を超えて　山崎俊一著　京都　ミネルヴァ書房　1985.8
　257p　20cm　1700円
　《所蔵》国会図 GB554-1932，奈良戦体 369.37-1746　　　　　　　　　　〔1840〕

山崎　崇弘　　やまざき・たかひろ
◇秘録日本人捕虜収容所―白樺の墓標　山崎崇弘著　東京　番町書房　1972　272p
　図　肖像　19cm　560円
　《所蔵》国会図 GB554-163　　　　　　　　　　　　　　　　　　　　　〔1841〕
◇私は同胞を殺していない―恐怖のソ連強制収容所　山崎崇弘著　東京　山手書房
　1982.11　260p　18cm（山手新書）　780円
　《所蔵》国会図 GB554-1431，奈良戦体 391.4-0046　　　　　　　　　　　〔1842〕

山崎　近衛　（1913生）　やまざき・ちかえ
◇火筒のひびき―ある従軍看護婦の記録　山崎近衛著　［高知］　高知新聞社
　1978.2　254p　19cm〈発売：高新企業　著者略年表：p250～251〉　1300円
　《所蔵》国会図 GB554-848，奈良戦体 289-1921　　　　　　　　　　　　〔1843〕
◇火筒のひびき―ある従軍看護婦の記録　山崎近衛著　東京　ほるぷ総連合
　1980.11　254p　20cm（ほるぷ自伝選集　女性の自画像 3）〈原発行：高知新聞社

著者の肖像あり　著者略年表：p250～251〉
《所蔵》国会図 GB554-1105，奈良県立図書情報館 289-403-3　〔1844〕

山崎　豊子（1924生）　やまざき・とよこ
◇不毛地帯　1　山崎豊子著　東京　新潮社　2004.12　554p　20cm（山崎豊子全集 12）　4300円

内容 不毛地帯　1　エッセイ　『不毛地帯』のシベリア　インタビュー　壱岐正にみる"戦争と平和"

《所蔵》国会図 KH719-H19，奈良県立図書情報館 913.6-ヤマサ
〔文芸・画集　1845〕

山崎　博（1921生）　やまざき・ひろし
◇望郷の詩―シベリア抑留記　山崎博著　札幌　山崎博　1995.7　316p　21cm〈著者の肖像あり〉
《所蔵》国会図 GB554-G137，奈良戦体 916-1746　〔1846〕

山崎　弘貴　やまざき・ひろたか
◇老いのたわごとひとりごと　山崎弘貴著　東京　文芸社　2009.8　144p　20cm　1200円
《所蔵》国会図 GB554-J346　〔1847〕

山崎　保男　やまざき・やすお
◇ダモイ　第27号　宵待会事務局［編］　［三鷹］　宵待会事務局　1994　199p　26cm〈1号（1958）～年刊　国会図書館所蔵 16号（1982.8）～28号（1995.3）〉
《所蔵》国会図 Z24-1252　〔1848〕

山崎　倫子　やまざき・りんこ
◇回想のハルビン―ある女医の激動の記録　山崎倫子著　東京　牧羊社　1993.2　197p　20cm〈著者の肖像あり〉　1500円
《所蔵》国会図 GB554-E1337，奈良戦体 916-2631　〔1849〕

山下　幸生　やました・さちお
◇花も嵐も―わが一代記　山下幸生著　東京　文芸社　2001.1　229p　20cm　1200円
《所蔵》国会図 GK159-G41，奈良戦体 289-3946　〔1850〕

山下　静夫（1918生）　やました・しずお
◇シベリア抑留1450日―記憶のフィルムを再現する　画文集　山下静夫著　東京　デジプロ　2007.7　595p　22cm〈文献あり　年表あり　発売：東京堂出版（東京）〉　2800円
《所蔵》国会図 GB554-H1100，奈良県立図書情報館 916-ヤマシ
〔文芸・画集　1851〕

◇シベリヤの物語――一兵士の記録　山下静夫画・文　普及版/セルゲイ・クズネツォーフ/監訳，長勢了治/訳　大網白里町（千葉県）　山下静夫画集『シベリヤの

物語』刊行委員会　2006.6　207p　30cm〈他言語標題：Рассказ о Сибири ロシア語併記　年譜あり　年表あり〉
　　《所蔵》国会図 GB554-H897　　　　　　　　　　　　　　　〔文芸・画集　1852〕
◇Рассказ о Сибири—документальные записки одного японского солдата рисунки и текст Ямасита Сидзуо.　Оами，Тиба　Омура Тосия　1993. vii, 203，〔203〕p．，〔2〕　(27x21x7cm)
　　《所蔵》国会図 GB554-A116　　　　　　　　　　　　　　　〔文芸・画集　1853〕

山下　武　(1926生)　やました・たけし
◇風化させない戦争体験の記録　山下武著　東京　大空社　1999.12　36p　19cm（叢書俘虜・抑留の真実　別冊解説）
　　《所蔵》国会図 GB1-G46　　　　　　　　　　　　　　　　　　　　　　〔1854〕

山科　美里　やましな・みさと
◇ラーゲル流転—シベリア俘虜収容所の体験回想録　山科美里著　〔広島〕　〔山科美里〕　1978.7　323p　19cm　非売品
　　《所蔵》国会図 GB554-725　　　　　　　　　　　　　　　　　　　　　〔1855〕

弥益　五郎　やます・ごろう
◇ソ連政治犯収容所の大暴動—カラガンダ事件の体験記　弥益五郎著　東京　日刊労働通信社　1958　395p　19cm（シベリヤ叢書　第1）
　　《所蔵》国会図 915.9-Y456s，奈良県立図書情報館 915.9-80　　　　　　　〔1856〕

山田　明　やまだ・あきら
◇ソ同盟の生態　山田明著　東京　白文社　1949.8　190p　19cm
　　《所蔵》札幌中央 ＊＊　　　　　　　　　　　　　　　　　　　　　　　〔1857〕
◇ソ同盟の生態　山田明著　静止画資料（デジタル）　東京　白文社　1949.8　190p　19cm〈原資料所蔵機関：メリーランド大学プランゲ文庫　プランゲ文庫請求記号：DK-0006〉
　　《所蔵》国会図デジタルコレクション　　　　　　　　　　　　　　　　〔1858〕

山田　莞爾　やまだ・かんじ
◇ソ連抑留記　山田莞爾著　〔姫路〕　〔山田莞爾〕　〔1991〕　87p　21cm　非売品
　　《所蔵》国会図 GB554-E1049，奈良戦体 369.37-1746　　　　　　　　　　〔1859〕

山田　四郎　やまだ・しろう
◇黒い雪—新シベリア物語　山田四郎著　東京　新世紀社　1956　198p　図版　地図　19cm
　　《所蔵》国会図 915.9-Y197k　　　　　　　　　　　　　　　〔文芸・画集　1860〕

山田　清三郎　(1896生)　やまだ・せいざぶろう
◇ソビエト抑留紀行　山田清三郎著　東京　東邦出版社　1973　251p　19cm　680円
　　内容 ソビエト抑留紀行，馬鈴薯の皮むき，最終陳述，健太とナターシャ，ウズベ

クの娘
　《所蔵》国会図 KH694-73，奈良戦体 913.6-1746　　　　　〔文芸・画集　1861〕

山田　泰三（1915生）　やまだ・たいぞう
◇苦渋の跡　山田泰三著　大阪　新風書房　1997.6　107p　19cm
　《所蔵》国会図 US41-G1431　　　　　　　　　　　　　　　〔1862〕

山田　忠吉　やまだ・ただよし
◇興安嶺警備・ソ連抑留記　山田忠吉著　［上山］　山田忠吉　1980.3　36p　図版1枚　22cm
　《所蔵》奈良戦体 369.37-1911　　　　　　　　　　　　　〔1863〕

山田　歳男　やまだ・としお
◇私のシベリア物語　山田歳男著　［出版地不明］　［山田歳男］　1988.7　131p　19cm
　《所蔵》札幌中央 ＊＊　　　　　　　　　　　　　　　　　〔1864〕

山田　俊夫（1917生）　やまだ・としお
◇私の歩んだ道　山田俊夫著　琴平町［香川］　山田俊夫　1995.2　108p　図版16枚　22cm
　《所蔵》奈良戦体 289-1628　　　　　　　　　　　　　　　〔1865〕

山田　稔典　やまだ・としのり
◇エラブカ　山田稔典著　神戸　［山田稔典］　1972.8　28枚　25×26cm
　《所蔵》札幌中央 ＊＊　　　　　　　　　　　　　　　　　〔1866〕

山中　冬児（1918生）　やまなか・ふゆじ
◇残悲多野―絵でみるシベリア抑留始末記　山中冬児画・文　東京　リブリオ出版　1997.12　63p　26×26cm　2700円
　《所蔵》国会図 GB554-G809　　　　　　　　　　　　〔文芸・画集　1867〕

山内　一正（1919生）　やまのうち・かずまさ
◇敗残参謀奮闘記―K少佐の半生と時事放談　山内一正著　東京　共栄書房　1982.4　269p　19cm　1200円
　《所蔵》国会図 GK158-49，奈良戦体 289-1927　　　　　　〔1868〕

山原　宇顕　やまはら・うけん
◇緑なき山脈　山原宇顕著　本山町（高知県）　新嶺北文化社　1991.4　158p　19cm　〈著者の肖像あり〉　1000円
　《所蔵》国会図 GB554-E1300　　　　　　　　　　　　　　〔1869〕

山辺　慎吾　やまべ・しんご
◇ウランバートル捕虜収容病院　山辺慎吾著　東京　草思社　1991.1　370p　20cm　〈著者の肖像あり〉　2500円

《所蔵》国会図 GB554-E723，奈良戦体 916-1646

〔1870〕

山宮 正敬　　やまみや・せいけい
◇虜囚日記―外蒙ウランバードルにおける捕虜収容所の凄惨な生活体験記録　山宮正敬著　東京　博栄出版　1986.8　366p　19cm〈発売：星雲社〉　1500円
《所蔵》国会図 GB554-2129

〔1871〕

山本 泉　　やまもと・いずみ
◇シベリアの凍土―戦犯にされた機動部隊　山本泉著　静岡　山本善一郎　1988.4　361p　20cm　2000円
《所蔵》静岡県立中央図書館 S088.9/26

〔1872〕

山本 栄蔵　　やまもと・えいぞう
◇灰色の時―子どもを再び戦場に送らないために　山本栄蔵著　札幌　楡書房　1981.12　261p 図版　19cm　950円
《所蔵》奈良戦体 916-1646

〔1873〕

山本 一忠　　やまもと・かずただ
◇東京への道―シベリヤ抑留記　山本一忠著　東京　構文社　1984.10　173p　22cm　1000円
《所蔵》札幌中央 ＊＊

〔1874〕

山本 喜代四（1924生）　やまもと・きよし
◇シベリア抑留記―21世紀を拓く青少年たちへの伝言　山本喜代四著　東京　元就出版社　1999.9　179p　20cm〈肖像あり〉　1714円
《所蔵》国会図 GB554-G1347

〔1875〕

山本 七郎　　やまもと・しちろう
◇永久凍土に生きる　山本七郎著　東京　日本図書刊行会　1992.11　315p　20cm
《所蔵》奈良戦体 369.37-1746

〔1876〕

山本 清司（1920生）　やまもと・せいじ
◇シベリア俘虜記　山本清司著　東京　山本好子　2004.2　253p　20cm
《所蔵》国会図 GB554-H508

〔1877〕

山本 剛（1917生）　やまもと・つよし
◇凍原の思い出―私のシベリア体験記　山本剛著　［増毛町（北海道）］　山本剛　1990.9　155p　19cm〈折り込図3枚 付：シベリヤ抑留年表〉
《所蔵》国会図 GB554-E876

〔1878〕

山本 泰男（1923生）　やまもと・やすお
◇遙かなヨーロッパロシア―若き抑留学徒兵の見たソ連　山本泰男著　東京　ヒューマン・ドキュメント社　1989.2　199p　20cm〈発売：星雲社〉　1500円
《所蔵》国会図 GB554-E352

〔1879〕

山本　儀見　やまもと・よしみ
◇地獄のラーゲリ 恙　山本儀見　富良野　［山本儀見］　1994.12　195p　21cm
　《所蔵》札幌中央　＊＊　〔1880〕

山本　六三郎　やまもと・ろくさぶろう
◇安らかなれ大興安嶺　山本六三郎［著］　［浜中町（北海道）］　山本六三郎
　1991.7　308p　19cm〈著者の肖像あり〉
　《所蔵》国会図 GB554-E1485　〔1881〕

【ゆ】

油井　喜夫（1940生）　ゆい・よしお
◇シベリアに消えた「第二国民兵」―ある民間人の「戦死」　油井喜夫著　東京　同時代社　1995.8　229p　19cm〈付：年表〉　1600円
　《所蔵》国会図 GB554-G244　〔1882〕
◇ルポ三つの死亡日を持つ陸軍兵士　油井喜夫著　東京　本の泉社　2014.8　254p　20cm〈文献あり〉　1600円
　《所蔵》国会図 GB554-L272　〔1883〕

勇崎　作衛（1923生）　ゆうざき・さくえい
◇赤い吹雪―凍土の下で戦友が慟哭ている　スケッチ画集シベリア抑留実態記録　勇崎作衛著　東京　勇崎作衛　1999.1　92p　30cm
　《所蔵》国会図 KC16-G1925　〔文芸・画集　1884〕
◇キャンバスに蘇るシベリアの命　勇崎作衛絵，石黒謙吾構成　東京　創美社　2010.8　143p　22cm〈発売：集英社（東京）〉　2400円
　《所蔵》国会図 KC16-J1555　〔文芸・画集　1885〕
◇鎮魂シベリア日本人捕虜収容所　勇崎作衛著　東京　勇崎作衛　［出版年不明］　27p　21cm
　《所蔵》札幌中央　＊＊　〔文芸・画集　1886〕
◇凍土の下で戦友が慟哭ている―画集 悲涙凍るシベリア抑留　勇崎作衛著　東京　勇崎作衛　1993.7　115p　22×31cm　4500円
　《所蔵》国会図 YQ11-1075，奈良戦体 723.1-1746　〔文芸・画集　1887〕

悠々会（2008年）　ゆうゆうかい
◇いわれなき虜囚　別冊 3　［神戸］　悠々会　2011.10　65p　26cm〈悠々会創立三周年記念誌 年表あり〉
　内容 創立三周年記念誌（平成二十年十月―平成二十三年十月）―続〈ソ連抑留・鎮魂の歩み〉
　《所蔵》国会図 GB554-J820　〔1888〕

湯川　悦利（1924生）　ゆかわ・よしとし
◇二十歳の闘い　湯川悦利著　尼崎　湯川貴弘　2004.12　239p　22cm〈年譜あり〉
　3500円
　《所蔵》国会図 GB554-H523　　　　　　　　　　　　　　　　　　　　　〔1889〕

雪の同窓会　ゆきのどうそうかい
◇いわれなき虜囚―シベリア抑留者の記録集　神戸　雪の同窓会　1980.8-1981.5　2
　冊　21cm（雪割り草　第3号，第4号）
　《所蔵》国会図 GB554-1414，奈良戦体 916-1746　　　　　　　　　　　　〔1890〕
◇いわれなき虜囚（新編）―シベリア抑留者の記録集　［神戸］　雪の同窓会　1983.8
　402p　21cm（雪割り草　第6号）
　《所蔵》国会図 GB554-1686，奈良戦体 916-1746　　　　　　　　　　　　〔1891〕
◇いわれなき虜囚―シベリア抑留者の記録集　追補　中沢寅次郎編集責任　［出版地
　不明］　雪の同窓会　1985　391p　21cm（雪割り草　8号）
　《所蔵》奈良戦体 916-1746　　　　　　　　　　　　　　　　　　　　　〔1892〕

【よ】

宵待会事務局　よいまちかいじむきょく
◇ダモイ　第27号　宵待会事務局［編］　［三鷹］　宵待会事務局　1994　199p
　26cm〈1号（1958）～年刊　国会図書館所蔵 16号（1982.8）～28号（1995.3）〉
　《所蔵》国会図 Z24-1252　　　　　　　　　　　　　　　　　　　　　　〔1893〕

横内　平三郎　よこうち・へいざぶろう
◇生と死の境に生きて―酷寒のシベリア抑留記　横内平三郎編著　［岡谷］　横内東
　洋雄　1989.6　173p　22cm　2200円
　《所蔵》奈良戦体 916-1946　　　　　　　　　　　　　　　　　　　　　〔1894〕

横尾　肇　よこお・はじめ
◇我生還す　横尾肇著　東京　全通出版　1992.6　240p　19cm　1300円
　《所蔵》札幌中央＊＊　　　　　　　　　　　　　　　　　　　　　　　　〔1895〕

横山　乾　よこやま・けん
◇友の魂を背負って―私のシベリア抑留体験記　終戦六十周年にあたり、すべての戦
　争犠牲者の霊に鎮魂の祈りを捧ぐ　横山乾著　二宮町（栃木県）　横山乾　2005.8
　175p　26cm　非売品
　《所蔵》国会図 GB554-H693　　　　　　　　　　　　　　　　　　　　　〔1896〕

横山　光彦　よこやま・てるひこ
◇望郷―元満州国裁判官の抑留受刑記　横山光彦著　東京　サイマル出版会　1973
　239p　図　19cm　720円

《所蔵》国会図 GB554-216，奈良戦体 916-3746　　　　　　　　　　〔1897〕

吉池 正巳（1916生）　よしいけ・まさみ
◇酷寒のシベリア抑留記―激動の昭和に生きて　吉池正巳著　長野　森出版（製作）1991.8　235p　19cm〈著者の肖像あり〉　2000円
《所蔵》国会図 GB554-E1055，奈良戦体 916-3946　　　　　　　〔1898〕

吉岡 新一　よしおか・しんいち
◇満ソ抑留記　吉岡新一　京都　吉岡新一　1980.6　269p　20cm
《所蔵》奈良戦体 369.37-1746　　　　　　　　　　　　　　　〔1899〕

吉岡 武雄　よしおか・たけお
◇ツンドラ―歩兵第二十五連隊戦友誌　吉岡武雄編　［東京］　吉岡武雄　1993.8　384p　27cm　非売品
《所蔵》国会図 GB554-E1569　　　　　　　　　　　　　　　〔1900〕

吉川 三雄　よしかわ・みつお
◇九七一日の慟哭―鎮魂・ムリ三〇九九病院の手記　吉川三雄著　札幌　吉川みさを　1997.8　232p　20cm
《所蔵》国会図 GB554-G862　　　　　　　　　　　　　　　　〔1901〕

吉田 勇（1923生）　よしだ・いさむ
◇一兵士のダモイへの道―画集　吉田勇画　［五条］　［吉田勇］　1985.10　205p　22×31cm〈著者の肖像あり〉
《所蔵》奈良戦体 723.1-4646　　　　　　　　　　〔文芸・画集　1902〕
◇一兵士のダモイへの道―画集　吉田勇画　大阪　新風書房　1994.1　203p　22×31cm〈著者の肖像あり〉　3500円
《所蔵》国会図 YQ11-1143　　　　　　　　　　　〔文芸・画集　1903〕

吉田 金一　よしだ・きんいち
◇ソ聯見聞記　吉田金一著　東京　雄鶏社　1949　263p　19cm
《所蔵》国会図 a914-212，奈良県立図書情報館 293.8-3　　　　〔1904〕

吉田 謙一（1920生）　よしだ・けんいち
◇砂のつぶやき―私の生きた昭和―シベリア抑留など　吉田謙一著　東京　山波企画　1998.4　163p　21cm
《所蔵》国会図 GB554-G987　　　　　　　　　　　　　　　〔1905〕
◇砂のつぶやき　吉田謙一著　東京　文芸社　2002.7　210p　19cm　1200円
《所蔵》国会図 GB554-G1731　　　　　　　　　　　　　　〔1906〕

吉田 幸平（1919生）　よしだ・こうへい
◇シベリア捕虜の思想戦―日本人相剋の悲劇　吉田幸平著　揖斐川町（岐阜県）　ロシアとの友好親善をすすめる会　2008.5　317p　21cm〈発行所：中日出版社〉

2381円
《所蔵》国会図 GB554-J96　〔1907〕

吉田　尚　よしだ・ひさじ
◇一兵士の青春とモスクワから届いたカルテ　吉田尚著　[佐渡]　[吉田尚]　2010.8　209p　図版[10]枚　22cm
《所蔵》国会図 GB554-J614　〔1908〕

吉田　由次郎　よしだ・よしじろう
◇白夜―シベリア抑留歌集　吉田由次郎, 塩田時男共著　神岡町(吉城郡)　吉田由次郎　1954　162p　19cm
《所蔵》岐阜県図書館 G/911.6/ヨ　〔文芸・画集　1909〕

吉富　利通（1916生）　よしとみ・としみち
◇シベリア抑留記―こくりの兵隊　吉富利通著　東京　光風社出版　1981.8　229p　19cm　900円
《所蔵》国会図 KH747-222, 奈良戦体 913.6-0046　〔文芸・画集　1910〕
◇シベリア抑留記　吉富利通著　東京　光風社出版　1995.8　270p　16cm（光風社文庫）　500円
《所蔵》国会図 KH747-E546, 奈良戦体 913.6-1746　〔文芸・画集　1911〕
◇夏草　吉富利通著　東京　光風社書店　1973　227p　19cm　600円
　内容　夏草　軍紀　マホルカ　こくりの兵隊　虚妄の一生
《所蔵》国会図 KH747-58　〔文芸・画集　1912〕

吉永　勝英（1918生）　よしなが・かつひで
◇ダワイ、ダワイ！―シベリア抑留記　吉永勝英著　鹿児島　春苑堂書店　1985.8　287p　20cm　1800円
《所蔵》国会図 GB554-2283, 奈良戦体 369.37-1646　〔1913〕

吉野　五郎　よしの・ごろう
◇シベリア物語　吉野五郎著　高崎　国光　1962　154p　21cm　200円
《所蔵》札幌中央＊＊　〔1914〕

葭原　多門　よしはら・たもん
◇ヤブノロワヤ挽歌　葭原多門著　東京　文芸社　2000.4　222p　20cm　1300円
《所蔵》国会図 GB554-G1294　〔1915〕

吉福　薫　よしふく・かおる
◇シベリアの月　吉福薫著　鹿児島　吉福薫　2008.10　252p　19cm
《所蔵》国会図 GB554-J237　〔1916〕

吉村　鶴一　よしむら・かくいち
◇シベリア抑留記―戦後の記録　吉村鶴一著　長崎　新波書房　1986.5　74p

19cm　1000円
　　《所蔵》長崎県立長崎図書館 916/ヨ
　　　　　　　　　　　　　　　　　　　　　　　　　　　　〔1917〕

吉村　正雄（1911生）　よしむら・まさお
◇シベリア幽囚記――初年兵の記録　上巻　吉村正雄［著］　東大阪　吉村正雄
　　1983.3　187p　26cm
　　《所蔵》国会図 GB554-1987，奈良戦体 369.37-1746　　　　〔1918〕
◇シベリア幽囚記――初年兵の記録　下巻　吉村正雄著　東大阪　吉村久恵
　　1985.5　190p　26cm〈著者の肖像あり　はり込図1枚〉
　　《所蔵》国会図 GB554-1987，奈良戦体 369.37-1746　　　　〔1919〕

四元　義隆　よつもと・よしたか
◇望郷山河　四元義隆著　鹿児島　ジャプラン　1992.4　149p　21cm　1500円
　　《所蔵》国会図 GB554-E1165　　　　　　　　　　　　　　〔1920〕

米沢　音松（1920生）　よねざわ・おとまつ
◇我が兵隊物語・抑留物語――米沢音松自伝　満州からシベリア・中央アジアまで　米沢音松著　東京　松本光市　1999.7　359p　21cm　1500円
　　《所蔵》国会図 GB554-G1216，奈良戦体 289-1911　　　　〔1921〕

米田　栄太郎　よねだ・えいたろう
◇シベリヤ抑留の思ひで　米田栄太郎著　玉城町　米田栄太郎　1995　18p　18cm
　〈平成7年秋終戦50年〉
　　《所蔵》三重県立図書館 L289/ヨ　　　　　　　　　　　　〔1922〕

米村　済三郎　よねむら・せいざぶろう
◇でたらめ兵隊行状記――満州・北支戦線とシベリア・中国捕虜収容所　米村済三郎著　東京　共栄書房　1983.6　340p　19cm　1400円
　　《所蔵》国会図 KH734-209，奈良戦体 916-1900　　　　　〔1923〕

読売新聞社大阪本社社会部　よみうりしんぶんしゃおおさかほんしゃしゃかいぶ
◇ああシベリア　読売新聞大阪社会部編　新装　大阪　読売新聞社　1983.7　281p　19cm（新聞記者が語りつぐ戦争 8）
　　《所蔵》奈良戦体 210.75-1746　　　　　　　　　　　　　〔1924〕
◇戦争―新聞記者が語りつぐ　7　BC級戦犯　読売新聞大阪社会部編　東京　読売新聞社　1979.2　264p　19cm　850円
　　《所蔵》国会図 GB541-79　　　　　　　　　　　　　　　〔1925〕
◇戦争―新聞記者が語りつぐ　8　ああシベリア　読売新聞大阪社会部編　東京　読売新聞社　1979.8　281p　19cm　850円
　　《所蔵》国会図 GB541-79，奈良戦体 210.75-1746　　　　〔1926〕
◇戦争―新聞記者が語りつぐ　9　戦没野球人　読売新聞大阪社会部編　東京　読売新聞社　1980.2　291p　19cm　850円

《所蔵》国会図 GB541-79，奈良戦体 210.75-2900 〔1927〕
◇戦争―新聞記者が語りつぐ 10 シベリアの声 読売新聞大阪社会部編 東京 読売新聞社 1980.7 240p 19cm 850円
《所蔵》国会図 GB541-79，奈良戦体 210.75-3946 〔1928〕
◇戦争―新聞記者が語りつぐ 別冊 戦争記念館：第1回・第2回 第3回・第4回＜戦争＞展全記録 読売新聞大阪社会部編 東京 読売新聞社 1979.5-1980.8 2冊 図版 26cm〈戦友会連絡先名簿〉 850円
《所蔵》奈良戦体 210.75-3900 〔1929〕

四九〇部隊史編集委員会 よんひゃくきゅうじゅうぶたいしへんしゅういいんかい
◇凍飢行―満洲四九〇部隊の行動記録 四九〇部隊史編集委員会［編］ 名古屋 「凍飢行」委員会 1976 280p 図 19cm〈巻末：四九〇部隊名簿〉 非売品
《所蔵》国会図 GB554-463，奈良戦体 369.37-1611 〔1930〕
◇凍飢行―満洲四九〇部隊の行動記録 続 四九〇部隊史編集委員会［編］ 名古屋 「続凍飢行」委員会 1998 -p 図 21cm 非売品
《所蔵》奈良戦体 369.37-1611 〔1931〕

【る】

留守家族団体全国協議会編史刊行委員会 るすかぞくだんたいぜんこくきょうぎかいへんしかんこういいんかい
◇奪われし愛と自由を―引揚促進運動の記録 留守家族団体全国協議会編史刊行委員会編 東京 光和堂 1959.5 780p 図版 19cm〈背表紙：引揚促進運動十余年の記録〉 800円
《所蔵》国会図 369.37-R66u 〔1932〕

【ろ】

老黒山思い出会 ろうこくさんおもいでかい
◇第八十四兵站病院のあゆみ―老黒山思い出会員回想文集 老黒山思い出会 名古屋 老黒山思い出会 1982.8 214p図12p 27cm
《所蔵》奈良戦体 916-1721 〔1933〕

老黒山会 ろうこくさんかい
◇阿由知の桜―満・ソ生抜記 名古屋 "阿由知の桜" 老黒山会 1982.12 160p 図版13枚 27cm〈老黒山会誌 折り込図2枚 太平洋戦争史（抜萃）：p150〜155〉
《所蔵》国会図 GB554-1508 〔1934〕

【わ】

若尾 和子　　わかお・かずこ
◇北の流星　若尾和子［著］　［出版地不明］　［若尾和子］　19--　28p　22cm
　《所蔵》奈良戦体 916-3646
〔1935〕

若宮 由松（1921生）　わかみや・よしまつ
◇シベリアを生きる―孫たちへの伝言　若宮由松著　大阪　新風書房　1998.12
　190p　19cm　1000円
　《所蔵》国会図 GB554-G1126，奈良戦体 369.37-1946
〔1936〕

若山 勲　　わかやま・いさお
◇流転八十年　若山勲著　京都　若山勲　1992.7　80p　27cm〈附録：p80〉
　《所蔵》奈良戦体 289-1946
〔1937〕

盤木 円乗　　わぎ・えんじょう
◇シベリヤ抑留・1ケ年半　盤木円乗著　東京　秀文館　1948　136p　19cm
　《所蔵》国会図 915.9-W26s
〔1938〕

脇 本次　　わき・もとつぐ
◇私のシベリア行路　脇本次著　国立　生涯学習研究社　1993.2　134p　19cm
　〈付・へそまがりの記 編集・製作：武蔵野文学舎 著者の肖像あり〉
　《所蔵》国会図 GB554-E1733
〔1939〕

湧井 秀雄（1907生）　わくい・ひでお
◇捕虜の哲学　湧井秀雄著　蒲郡　世界共生運動普及会　1972　219p　19cm〈製作：日本教育産業センター（東京）〉　880円
　《所蔵》国会図 KH692-80
〔1940〕

分須 庄三郎（1923生）　わけす・しょうざぶろう
◇回想八十八年―満洲・シベリア、そして警察官　分須庄三郎著　三郷　御園書房　2011.6　232p　19cm　1500円
　《所蔵》国会図 GK154-J54
〔1941〕

和田 清彦（1920生）　わだ・きよひこ
◇シベリア抑留の記　和田清彦編　東京　和田清彦　1992.6　48p　26cm　非売品
　《所蔵》国会図 GB554-E1255
〔1942〕

和田 耕作（1907生）　わだ・こうさく
◇私の昭和史　和田耕作著　東京　新世紀出版社　1964.11　254p　18cm　350円
　《所蔵》国会図 GK154-G62
〔1943〕

和田 十郎　　わだ・じゅうろう
◇ソ連軍進攻から復員まで―日本陸軍最初と最後の復員 関東軍防疫給水部(七三一部隊)隊員の記録　和田十郎著　豊浦町(山口県)　和田十郎　1995.11　606p　27cm〈付(1枚)限定版 付：年表〉
　《所蔵》国会図 GB541-G27, 奈良戦体 394-1601
〔1944〕

和田 義雄　(1919生)　わだ・よしお
◇女の宿舎　和田義雄著　東京　彩光社　1954　205p　19cm
　《所蔵》国会図 913.6-W25o　　　　　　　　　　〔文芸・画集　1945〕
◇ラーゲルの欲情　和田義雄著　東京　彩光新社　1958　205p　19cm
　《所蔵》国会図 915.9-W25r
〔1946〕

渡辺 明　(1916生)　わたなべ・あきら
◇さすらいの赤い大地　渡辺明著　高崎　潮流社書店　1974.8　210p　18cm
　《所蔵》国会図 GB554-1122
〔1947〕

渡辺 一枝　　わたなべ・いちえ
◇桜を恋う人―二つの祖国に生きて　孫俊然原著，渡辺一枝著　東京　情報センター出版局　1991.2　269p　20cm　1600円
　《所蔵》国会図 GK66-E32, 奈良戦体 289-2640
〔1948〕

渡辺 喜悦　　わたなべ・きえつ
◇回顧録シベリアの銀杯　渡辺喜悦著　二本松　渡辺喜悦　1991.3　213p　21cm〈名簿：p140-148 著者の肖像あり〉
　《所蔵》奈良戦体 369.37-1646
〔1949〕

渡辺 健一　　わたなべ・けんいち
◇ああ・悲憤紙の碑(いしぶみ)　別冊3　シベリア抑留兵の手記　恩欠北海道連合会編纂　渡辺健一著　余市町(後志)　恩欠北海道連合会　[1992]　54p　26cm〈結成十五年記念誌 手書きコピー〉
　《所蔵》北海道立図書館 390.6/A/ベツ-3
〔1950〕

渡辺 謙二　　わたなべ・けんじ
◇シベリヤ物語―2054年(ママ)の現在に立って　渡辺謙二著　座間　[渡辺謙二]　1986.8　508p　18cm　3000円
　《所蔵》札幌中央 ＊＊
〔1951〕

渡辺 幸三　(1917生)　わたなべ・こうぞう
◇私のシベリヤ物語　渡辺幸三著　[村上]　[渡辺幸三]　1983.12　235p　19cm〈著者の肖像あり 著者略歴：p235〉
　《所蔵》国会図 GB554-1896
〔1952〕

わたなへ　　　　　　図書（体験記・回想録）

渡辺　祥子（1942生）　わたなべ・さちこ
◇魚と風とそしてサーシャ―わたしはサーシャ　渡辺祥子著　相模原　桜美林大学北東アジア総合研究所　2013.1　172p　18cm〈年譜あり〉　800円
　《所蔵》国会図 GB554-L37　　　　　　　　　　　　　　　　　　　　　　　〔1953〕
◇魚と風とそしてサーシャ―わたしはサーシャ　渡辺祥子著　第2版　相模原　桜美林大学北東アジア総合研究所　2013.4　191p　18cm〈年譜あり〉　800円
　《所蔵》国会図 GB554-L178　　　　　　　　　　　　　　　　　　　　　　〔1954〕

渡辺　茂一　わたなべ・しげかず
◇モーさんのシベリア記　渡辺茂一著　東京　三協工業　1992.8　99p　19cm〈発行所：ホンゴウリミテッド　著者の肖像あり〉
　《所蔵》国会図 GB554-E1266　　　　　　　　　　　　　　　　　　　　　　〔1955〕

渡辺　昭造　わたなべ・しょうぞう
◇市井人の記―シベリヤに埋めた青春　渡辺昭造著　砂川　[渡辺昭造]　2002.4　182p　21cm
　《所蔵》札幌中央 ＊＊　　　　　　　　　　　　　　　　　　　　　　　　　〔1956〕

渡辺　四郎　わたなべ・しろう
◇深山憶念録―私の戦争体験記　渡辺四郎著　[今治]　[渡辺四郎]，今治：こがね写植　1985.4　158p　19cm
　《所蔵》奈良戦体 916-1611　　　　　　　　　　　　　　　　　　　　　　　〔1957〕

渡辺　威　わたなべ・たけし
◇沿海州の春　渡辺威著，渡辺美智子編　[横浜]　[渡辺威]　1999.9　279p　22cm〈年譜あり〉
　《所蔵》国会図 GB554-G1415　　　　　　　　　　　　　　　　　　　　　　〔1958〕

渡辺　忠三郎　わたなべ・ちゅうざぶろう
◇私の捕虜日記　渡辺忠三郎著　安城　渡辺忠三郎　1978.4　206p　19cm〈制作：丸善名古屋出版サービスセンター〉
　《所蔵》国会図 GB554-629，奈良戦体 916-1746　　　　　　　　　　　　　　〔1959〕

渡辺　鶴雄　わたなべ・つるお
◇思い出のシベリアより　渡辺鶴雄著　高松　美巧社（印刷）　2001.4　256p　21cm
　《所蔵》国会図 GB554-J963　　　　　　　　　　　　　　　　　　　　　　　〔1960〕

渡辺　哲夫（1917生）　わたなべ・てつお
◇四十八年目の祖国―ロシア国籍飯島俊太郎の数奇な人生　渡辺哲夫著　東京　近代文芸社　1995.8　120p　20cm〈飯島俊太郎の肖像あり〉　1200円
　《所蔵》国会図 GK57-E53　　　　　　　　　　　　　　　　　　　　　　　〔1961〕

図書（体験記・回想録）　　　　　　　　　わたなべ

渡辺　時雄　　わたなべ・ときお
◇最果ての収容所にて―シベリア抑留・鎮魂の灯　渡辺時雄著　改訂新版　甲府　山梨ふるさと文庫　2008.4　330p　19cm　1500円
《所蔵》国会図　GB554-J112　　　　　　　　　　　　　　　　　　〔1962〕

渡辺　俊男　（1914生）　わたなべ・としお
◇凍土の約束―50年かけて果たしたラーゲリの誓い　渡辺俊男著　東京　祥伝社　2005.5　188p　20cm　1500円
《所蔵》国会図　GB554-H567　　　　　　　　　　　　　　　　　　〔1963〕

渡辺　信治　（1910生）　わたなべ・のぶじ
◇この地の続きにパリがある―下級兵士のシベリア捕虜記　渡辺信治著　東京　勁草出版サービスセンター　1983.12　193p　20cm　1800円
《所蔵》国会図　GB554-1632　　　　　　　　　　　　　　　　　　〔1964〕

渡辺　徳男　　わたなべ・のりお
◇そは誰が為めに―シベリア抑留生活の想い出　渡辺徳男著　［熊本］　［渡辺徳男］　1975　196p　肖像　地図　19cm　非売品
《所蔵》国会図　GB554-400　　　　　　　　　　　　　　　　　　〔1965〕

渡辺　弘　（1918生）　わたなべ・ひろし
◇噫呼チイホア刑務所―終戦の想い出　渡辺弘［著］　［富山］　［渡辺弘］　［1983］　119p　26cm
《所蔵》国会図　GB554-2131　　　　　　　　　　　　　　　　　　〔1966〕

渡辺　雅彬　　わたなべ・まさあき
◇「ダモイ」の虹　渡辺雅彬著　東京　新風舎　2005.1　234p　19cm　1500円
《所蔵》国会図　GB554-H499　　　　　　　　　　　　　　　　　　〔1967〕
◇「ダモイ」の虹　渡辺雅彬著　東京　文芸社　2009.8　234p　20cm　〈新風舎2005年刊の増訂〉　1500円
《所蔵》国会図　GB554-J350　　　　　　　　　　　　　　　　　　〔1968〕

渡辺　雅美　　わたなべ・まさみ
◇信太山からラーダまで　渡辺雅美著　大阪　関西図書出版　1990.7　378p　19cm
《所蔵》国会図　GB554-E673　　　　　　　　　　　　　　　　　　〔1969〕

渡辺　安衛　　わたなべ・やすえ
◇私のシベリア物語―昭和7年度卒金沢小学校同級会に寄せて　渡辺安衛著　福島　民報印刷（印刷）　2008.3　66p　21cm
《所蔵》国会図　GB554-J54　　　　　　　　　　　　　　　　　　〔1970〕

渡辺　由蔵　（1915生）　わたなべ・よしぞう
◇異国の空―シベリア抑留の絵日記　渡辺由蔵著　東京　ジャスト出版　1978.11

わたへ　　　　　　　　図書（体験記・回想録）

　　341p　21cm〈著者略歴：p2〉　1400円
　《所蔵》国会図 GB554-900
　　　　　　　　　　　　　　　　　　　　　　　　〔文芸・画集　1971〕

渡部 智倶人（1923生）　わたべ・ちぐと
◇ある医学徒の青春　渡部智倶人著　福岡　海鳥社　1994.12　298p 図版11枚　20cm　2300円
　《所蔵》国会図 GB554-E1954
　　　　　　　　　　　　　　　　　　　　　　　　〔1972〕

和仁 達美　わに・たつみ
◇戦いを生きる―残生からの報告　和仁達美著　東京　創林社　1981.5　247p　20cm〈参考文献：p243〉　1200円
　《所蔵》国会図 GB554-1041，奈良戦体 916-1646
　　　　　　　　　　　　　　　　　　　　　　　　〔1973〕

藁谷 達　わらたに・とおる
◇憎しみと愛―収容所生活の記録　藁谷達著　［いわき］　藁谷先生遺稿出版を期する会　1973.5　607p 図版　19cm〈藁谷達遺稿 限定版〉
　《所蔵》札幌中央＊＊
　　　　　　　　　　　　　　　　　　　　　　　　〔1974〕

ワールド・ジャーナル
◇シベリア生と死の記録　ワールド・ジャーナル編集　熊本　ワールド・ジャーナル　1991.1　912p 図版　31cm（昭和回顧録）
　《所蔵》奈良戦体 281-3900
　　　　　　　　　　　　　　　　　　　　　　　　〔1975〕

第 2 部

図 書（資料・研究書）

図書（資料・研究書）

【あ行】

青木　玉吉　　あおき・たまきち
◇参院院の調書による吉村隊事件の実相　青木玉吉著　東京　万世書房　1949　70p　19cm
　《所蔵》国会図 a914-364　　　　　　　　　　　　　　　　　　〔1976〕

麻田　恭一　　あさだ・きょういち
◇ラーゲリ（強制収容所）註解事典　ジャック・ロッシ著，内村剛介監修，梶浦智吉，麻田恭一訳，染谷茂校閲　東京　恵雅堂出版　1996.10　281p　22cm〈肖像あり　参考図書：p261-268〉　3500円
　《所蔵》国会図 AR5-711-H1　　　　　　　　　　　　　　　　　〔1977〕

朝日新聞社　　あさひしんぶんしゃ
◇アルバム・シベリアの日本人捕虜収容所　朝日新聞社編　東京　朝日新聞社　1990.5　151p　22cm　1550円
　《所蔵》国会図 GB531-E71，奈良戦体 369.37-3746　　　　　　〔1978〕
◇週刊昭和　no.25（昭和24年）　下山事件/三鷹・松川事件/原節子の輝き/シベリア抑留　［東京］　朝日新聞出版　2009.5　34p　30cm（週刊朝日百科）　552円
　《所蔵》国会図 Y94-J8084　　　　　　　　　　　　　　　　　　〔1979〕

味方　俊介　　あじかた・しゅんすけ
◇カザフスタンにおける日本人抑留者　味方俊介［著］　東京　東洋書店　2008.10　63p　21cm（ユーラシア・ブックレット no.127）　600円
　《所蔵》国会図 GB531-J66，奈良県立図書情報館 302.38-ユラシ　〔1980〕

阿部　軍治　（1939生）　あべ・ぐんじ
◇シベリア強制抑留の実態―日ソ両国資料からの検証　阿部軍治著　東京　彩流社　2005.10　642，45p　22cm〈折り込1枚 文献あり〉　8000円
　《所蔵》国会図 GB531-H194　　　　　　　　　　　　　　　　　〔1981〕

李　圭哲　（1925生）　い・きゅちょる
◇朝鮮人元日本兵シベリア捕虜記―1945.8～1949.5　李圭哲［著］　大分　陳謝と賠償裁判をすすめる会　［1991］　69p　19cm〈限定版〉　非売品
　《所蔵》国会図 GB554-E937　　　　　　　　　　　　　　　　　〔1982〕

いがらし　　　　　　　　図書（資料・研究書）

五十嵐　恵邦　　いがらし・よしくに
◇敗戦と戦後のあいだで―遅れて帰りし者たち　五十嵐恵邦著　東京　筑摩書房　2012.9　332p　19cm（筑摩選書 0050）〈索引あり〉　1700円
　《所蔵》国会図 GB561-J58，奈良県立図書情報館 210.76-イカラ　　　　〔1983〕

石川県東シベリア墓参団　　いしかわけんひがししべりあぼさんだん
◇イルクーツク州の日本人墓地　セルゲイ・イリーチ・クズネツォフ著，金沢ロシア語研究会，石川県東シベリア墓参団訳，石川県ロシア協会編　金沢　石川県ロシア協会　1993.6　361p　22cm〈付（1枚）：死亡者リスト・埋葬地一覧 付（1枚袋入）：イルクーツク州内の日本人抑留者埋葬地〉
　《所蔵》国会図 GB531-E197，奈良戦体 369.37-1746　　　　　　　　〔1984〕

石崎　誠一（1925生）　いしざき・せいいち
◇シベリア抑留者―大統領の謝罪と抑留問題の決着　石崎誠一著　東京　全貌社　1997.10　291p　20cm　1700円
　《所蔵》国会図 EG71-G35，奈良戦体 369.37-0046　　　　　　　　　〔1985〕

伊藤　武（1922生）　いとう・たけし
◇シベリア追善紀行　伊藤武著　［恵那］　［伊藤武］　1994.8　170p　21cm〈著者の肖像あり〉　非売品
　《所蔵》国会図 GE485-E24，奈良戦体 369.37-1646　　　　　　　　〔1986〕

いまい　げんじ（1912生）
◇山崎豊子の『盗用』事件―『不毛地帯』と『シベリヤの歌』　いまい・げんじ編著　東京　三一書房　1979.8　255p　20cm　980円
　《所蔵》国会図 AZ-615-45，奈良県立図書情報館 910.28-355　　　　〔1987〕

今立　鉄雄（1917生）　いまだて・てつお
◇日本しんぶん―日本人捕虜に対するソ連の政策　今立鉄雄編著　東京　鏡浦書房　1957.1　290p（図版共）　19cm〈付：日本新聞（縮刷10枚）〉
　《所蔵》国会図 210.75-I276n，奈良戦体 210.75-1746　　　　　　　〔1988〕

内村　剛介（1920生）　うちむら・ごうすけ
◇内村剛介著作集　第1巻　わが二十世紀茫々　内村剛介著，陶山幾朗編集・構成　東京　恵雅堂出版　2008.8　640p　22cm〈年表あり〉　5000円
　内容（一部）：＜シベリア抑留＞を読む：尾竹親『虜醜』、『赤い日記』　中村泰助『シベリアよさようなら』、『シベリア捕われの歌』　沢清兵『褪色』　長谷川伸『日本捕虜志』　若槻泰雄『シベリア捕虜収容所』　佐藤清『画文集・シベリア虜囚記』　戦時法規アンケート　幻の『日本新聞』を読む　たららひろし『極光は紅に燃えて』　堺六郎『シベリアのラーゲリを逃れて』　レトロとしてのシベリア捕虜史　辺見じゅん『収容所から来た遺書』　今からでも遅くない　梶浦智吉『スターリンとの日々』　ジョージ・ケナン『シベリアと流刑制度』　平沢是曠

『哲学者菅季治』　香月泰男のこと：画集シベリヤ　怨念・痛苦・弾劾　私のシベリヤ　あさましいから美しいのだ　人間の生き方としての絵　香月泰男追悼　我執が文化を支える　事物を直截に示す　見るべきほどのことは見つ　ソ連監獄十一年　わが身を吹き抜けたロシア革命　いしけえヘソ「境村」　私の原風景　はるかなるわが「育成」　奇妙な「玉音」　ロシアの尊厳を守った婦人　近衛文隆　わが友、ジャック・ロッシ：友、ラーゲリより来るた。かつ楽しかつ重し　"のちのち"のために　解説：内村剛介を読む（陶山幾朗）　解題（陶山幾朗）
　《所蔵》国会図 US21-J14，奈良県立図書情報館 914.6-ウチム　　〔1989〕

エッセンス
◇ソ連抑留！　苦闘動画—戦争はもうごめんだ　特撰DVD　［映像資料］　［出版地不明］　エッセンス（制作）　2013　ビデオディスク1枚：DVD
　《所蔵》国会図 YL321-L3999　　〔1990〕

エムティ出版　　えむてぃしゅっぱん
◇日本の復興　第1巻（復員と引き揚げ）-第2巻（シベリア抑留者の帰国）　エムティ出版企画　［映像資料］　［東京］　エムティ出版　［2014］　ビデオディスク 2枚（140分）：DVD（終戦直後と日本占領下の記録シリーズ　7）　20000円
　内容（一部）：DISC1〈第1巻：復員と引き揚げ〉(6)引き揚げ推進の国民大会 (7) ソ連に対する抗議集会 (8) 復員列車，DISC2〈第2巻：シベリア抑留者の帰国〉(1) 舞鶴、平桟橋 (2) 上陸から帰郷まで (3)「異国の丘」の大合唱，資料提供：米国国立公文書館　企画・制作・著作：エムティ出版
　《所蔵》国会図 YL321-L8476　　〔1991〕

エラブガ日本人墓地対策委員会　　えらぶがにほんじんぼちたいさくいいんかい
◇エラブガに眠る戦友、母国に還る—エラブガ墓参旅行団記録（最終回）　エラブガ墓参旅行団記録編集委員会編　［東京］　エラブガ日本人墓地対策委員会　1998.11　132p　26cm　非売品
　《所蔵》国会図 GG851-G5　　〔1992〕

岡田　安彦（1919生）　　おかだ・やすひこ
◇シベリアの日本人捕虜たち—ロシア側から見たラーゲリの虚と実　セルゲィ・I.クズネツォフ著，岡田安彦訳　東京　集英社　1999.7　285p　20cm　1800円
　《所蔵》国会図 GB531-G205，奈良戦体 391.4-0046　　〔1993〕

落合　東朗（1926生）　　おちあい・はるろう
◇石原吉郎のシベリア　落合東朗著　東京　論創社　1999.5　279p　20cm　2500円
　《所蔵》国会図 KG546-G68，奈良戦体 911.5-1646　　〔1994〕
◇香月泰男シベリヤ・シリーズを読む　落合東朗著　東京　論創社　1985.12　249p　20cm〈参考図書一覧　シベリヤ・シリーズ年表：p245～249〉　2200円
　《所蔵》国会図 KC229-284，奈良県立図書情報館 723.1-112　　〔1995〕

【 か行 】

垣内 久米吉（1910生）　かきうち・くめきち
◇一冊の本の歴史　垣内久米吉著　東京　新風舎　2006.9　126p　20cm　1300円
　《所蔵》国会図 GB554-H925
〔1996〕

梶浦 智吉（1913生）　かじうら・ともきち
◇ラーゲリ（強制収容所）註解事典　ジャック・ロッシ著，内村剛介監修，梶浦智吉，麻田恭一訳，染谷茂校閲　東京　恵雅堂出版　1996.10　281p　22cm〈肖像あり　参考図書：p261-268〉　3500円
　《所蔵》国会図 AR5-711-H1
〔1997〕

香月 泰男（1911生）　かずき・やすお
◇香月泰男生誕100年記念小・中・高校生のための教材制作～わたしのシベリア～──特定非営利活動法人子どもとともに山口県の文化を育てる会NPO設立10周年企画　［映像資料］　［山口］　［子どもとともに山口県の文化を育てる会］　［2011］　ビデオディスク1枚：DVD
　内容　制作：特定非営利活動法人子どもとともに山口県の文化を育てる会香月泰男DVD制作事業実行委員会
　《所蔵》国会図 YL321-J23053
〔1998〕

カタソノワ，エレーナ・L.
◇関東軍兵士はなぜシベリアに抑留されたか──米ソ超大国のパワーゲームによる悲劇　エレーナ・カタソノワ著，白井久也監訳　東京　社会評論社　2004.10　379，31p　21cm〈文献あり　年表あり〉　3800円
　《所蔵》国会図 GB531-H103
〔1999〕
◇シベリアに架ける橋──斎藤六郎全抑協会長とともに　エレーナ・L.カタソノワ著，橋本ゆう子訳，白井久也監修　東京　恒文社　1997.8　244p　20cm〈肖像あり〉　2200円
　《所蔵》国会図 GB531-G134
〔2000〕

加藤 隆（1936生）　かとう・たかし
◇検証──シベリア抑留　ウィリアム・F.ニンモ著，加藤隆訳　東京　時事通信社　1991.3　255p　20cm〈主な参考文献：p247～251〉　1400円
　《所蔵》国会図 GB531-E94，奈良戦体 210.75-0046
〔2001〕

加藤 幸広（1932生）　かとう・ゆきひろ
◇日ソ戦争への道──ノモンハンから千島占領まで　ボリス・スラヴィンスキー著，加藤幸広訳　東京　共同通信社　1999.8　552，4p　22cm〈並列タイトル USSR-Japan：on the way to war〉　4600円

《所蔵》国会図 GB531-G215　　　　　　　　　　　　　　　　　　〔2002〕

金沢ロシア語研究会　かなざわろしあごけんきゅうかい
◇イルクーツク州の日本人墓地　セルゲイ・イリーチ・クズネツォフ著，金沢ロシア語研究会，石川県東シベリア墓参団訳，石川県ロシア協会編　金沢　石川県ロシア協会　1993.6　361p　22cm〈付（1枚）：死亡者リスト・埋葬地一覧　付（1枚袋入）：イルクーツク州内の日本人抑留者埋葬地〉
《所蔵》国会図 GB531-E197，奈良戦体 369.37-1746　　　　　　　〔2003〕

カムテック
◇満洲ニュース映画　10　ソ連軍撮影映像　録音映像［映像資料］　［東京］　カムテック：コニービデオ（発売）　［2005.7］　ビデオディスク1枚（49分）：DVD（満洲アーカイブス）〈モノクロ　モノラル　スタンダード〉　5250円
内容 (1) 1931年―日本軍の爆撃をうけた中国民家，逃げている中国人　他　(2) 1932年上海―4月29日日本軍パレードでの爆弾テロ，日本軍の空襲　他　(3) 1937年上海・南京―上海を爆撃している日本軍，南京を空襲している日本軍　他　(4) 1939年ノモハン事件―ソ連軍がノロ高地を空襲，爆撃機に爆弾を積み込んでいるソ連軍，爆弾を投下しているソ連軍爆撃機　他　(5) 1945年満洲の終焉―満州へ向かうソ連軍戦車部隊，関東軍施設全滅関東軍各師団倒れる，日ソ停戦条約，日本兵捕虜の行進，ソ連軍が満州国皇帝溥儀を回収　他
《所蔵》国会図 YL321-H12105　　　　　　　　　　　　　　　〔2004〕

亀井　励（1935生）　かめい・つとむ
◇シベリア抑留者と遺族はいま　亀井励著　京都　かもがわ出版　1992.12　218p　19cm　1700円
《所蔵》国会図 GB554-E1370，奈良戦体 916-1646　　　　　　　　〔2005〕
◇シベリア抑留って？　亀井励文，木川かえる絵　京都　京都シベリア抑留死亡者遺族の会　2000.11　1冊　22cm〈京都　かもがわ出版（発売）〉　1300円
《所蔵》国会図 Y1-N00-245，奈良戦体 210.75-0046　　　　　　　〔2006〕

カルポフ，ヴィクトル（1960生）
◇ウクライナに抑留された日本人　O.ポトィリチャク，V.カルポフ，竹内高明著，長勢了治編訳　東京　東洋書店　2013.12　59p　21cm（ユーラシア・ブックレット no.188）〈文献あり〉　800円
《所蔵》国会図 GB531-L83，奈良県立図書情報館 302.38-ユラシ　　〔2007〕
◇スターリンの捕虜たち―シベリア抑留　ソ連機密資料が語る全容　ヴィクトル・カルポフ著，長勢了治訳　札幌　北海道新聞社　2001.3　373p　22cm〈文献あり　年表あり〉　2500円
《所蔵》国会図 GB531-G321　　　　　　　　　　　　　　　　　〔2008〕

木川　かえる（1923生）　きがわ・かえる
◇シベリア抑留って？　亀井励文，木川かえる絵　京都　京都シベリア抑留死亡者

遺族の会　2000.11　1冊　22cm〈京都　かもがわ出版（発売）〉　1300円
《所蔵》国会図 Y1-N00-245，奈良戦体 210.75-0046　　　　　　　〔2009〕

北原　道子（1947生）　きたはら・みちこ
◇シベリアに抑留された朝鮮人捕虜の問題に関する真相調査—中国東北部に強制動員された朝鮮人を中心に　対日抗争期強制動員被害調査及び国外強制動員犠牲者等支援委員会編，北原道子訳　［ソウル］　対日抗争期強制動員被害調査及び国外強制動員犠牲者等支援委員会　2013.3　69p　23cm〈真相調査報告書2010年12月23日議決　責任調査・報告書作成：曺健　文献あり〉
《所蔵》国会図 GB531-L29　　　　　　　　　　　　　　　　　〔2010〕

キリチェンコ，A.A.（1936生）
◇シベリア抑留死亡者名簿　A.A キリチェンコ編　仙台　東北大学東北アジア研究センター　2003.3　777p　26cm〈東北アジア研究センター叢書　第12号〉　非売品
《所蔵》国会図 GB531-H23，奈良県立図書情報館 391.207-キリチ　　〔2011〕

グシーニ会　ぐしーにかい
◇50年目の一周忌！　グシーニ墓参報告　グシーニ会現地墓参団［編］　［名古屋］　中日青写真　1996.10　67枚　21×30cm〈標題紙のタイトル：50年目の一周忌！　グシーニ墓参　期間：平成8年7月15日—22日〉　非売品
《所蔵》国会図 YQ5-469　　　　　　　　　　　　　　　　　　〔2012〕

クズネツォフ，セルゲイ・イリーチ（1956生）
◇イルクーツク州の日本人墓地　セルゲイ・イリーチ・クズネツォフ著，金沢ロシア語研究会，石川県東シベリア墓参団訳，石川県ロシア協会編　金沢　石川県ロシア協会　1993.6　361p　22cm〈付（1枚）：死亡者リスト・埋葬地一覧　付（1枚袋入）：イルクーツク州内の日本人抑留者埋葬地〉
《所蔵》国会図 GB531-E197，奈良戦体 369.37-1746　　　　　　　〔2013〕
◇シベリアの日本人捕虜たち—ロシア側から見たラーゲリの虚と実　セルゲィ・I.クズネツォフ著，岡田安彦訳　東京　集英社　1999.7　285p　20cm　1800円
《所蔵》国会図 GB531-G205，奈良戦体 391.4-0046　　　　　　　〔2014〕
◇シベリアの日本人捕虜たち—完訳　セルゲイ・I.クズネツォーフ著，長勢了治訳　美瑛町（北海道）　長勢了治　2000.10　307p　22cm　1800円
《所蔵》国会図 GB531-G294　　　　　　　　　　　　　　　　　〔2015〕

クラスノボトスク「望郷の丘」日本人墓地建設委員会　くらすのぼとすく ぼうきょうのおかにほんじんぼちけんせついいんかい
◇第四十四日本人捕虜収容所—トルクメン共和国クラスノボトスク　文集　東京　クラスノボトスク「望郷の丘」日本人墓地建設委員会　［1997］　135p　21cm〈他言語標題：Лагерь No44 для Японских Военнопденных〉
《所蔵》国会図 GE671-G13　　　　　　　　　　　　　　　　　〔2016〕

栗原　俊雄 (1967生)　くりはら・としお

◇シベリア抑留―未完の悲劇　栗原俊雄著　東京　岩波書店　2009.9　211, 3p　18cm（岩波新書　新赤版1207）〈文献あり〉　700円
　《所蔵》国会図 GB531-J91, 奈良県立図書情報館 080-18-1207　　〔2017〕

◇シベリア抑留は「過去」なのか　栗原俊雄著　東京　岩波書店　2011.3　68p　21cm（岩波ブックレット no.804）〈年表あり〉　560円
　《所蔵》国会図 GB531-J160, 奈良県立図書情報館 080-17-804　　〔2018〕

厚生省援護局　こうせいしょうえんごきょく

◇ソ連地域日本人墓地埋葬者名簿　[厚生省援護局]　[出版地不明]　[厚生省援護局]　1974　271p　25cm〈謄写版〉
　《所蔵》奈良県立図書情報館 396.21-0046　　〔2019〕

◇ソ連邦抑留死亡者名簿―翻訳　9分冊の9 その2　カザフスタン共和国　[東京]　厚生省社会・援護局　1994.4　15p　26×36cm
　《所蔵》国会図 YQ3-185　　〔2020〕

◇引揚援護の記録　[正]　引揚援護庁編　東京　引揚援護庁　1950　349p 図版16枚 地図 表9枚　27cm
　《所蔵》国会図 YD5-H-369.37-H455h（マイクロフィッシュ），奈良戦体 369.37-2747312.8/ハ/　　〔2021〕

◇引揚援護の記録　続　厚生省引揚援護局総務課記録係編　東京　厚生省　1955　202, 158, 23p 図版 表 地図　27cm〈正篇は引揚援護庁長官官房総務課記録係編　附：資料，年表〉
　《所蔵》国会図 YD5-H-369.37-Ko657h（マイクロフィッシュ），奈良戦体 369.37-2747　　〔2022〕

◇引揚援護の記録　続々　厚生省引揚援護局庶務課記録係編　東京　厚生省　1963　490p 図版 地図　27cm〈正篇は引揚援護庁長官官房総務課記録係編 続篇は引揚援護局総務課記録係編　附：資料，統計，年表〉
　《所蔵》国会図 YD5-H-369.37-Ko657h（マイクロフィッシュ），奈良戦体 369.37-2747　　〔2023〕

◇引揚援護の記録　[正]　引揚援護庁[原]編, 厚生省編　東京　クレス出版　2000.6　105, 185, 59p 図版17枚　22cm〈引揚援護庁昭和25年刊の複製　折り込7枚　年表あり〉
　《所蔵》国会図 AZ-554-G18　　〔2024〕

◇引揚援護の記録　続　厚生省引揚援護局[原]編, 厚生省編　東京　クレス出版　2000.6　202, 158, 23p　22cm〈厚生省昭和30年刊の複製　折り込5枚　年表あり〉
　《所蔵》国会図 AZ-554-G18　　〔2025〕

◇引揚援護の記録　続々　厚生省援護局[原]編, 厚生省編　東京　クレス出版　2000.6　491, 7p　22cm〈厚生省昭和38年刊の複製　折り込2枚　年表あり〉
　《所蔵》国会図 AZ-554-G18　　〔2026〕

こか　　　　　　　　　　図書（資料・研究書）

◇引揚げと援護三十年の歩み　厚生省援護局編　［東京］　厚生省　1977.10　790p　27cm〈付（図5枚）：海外同胞引揚概況図ほか　年表：p710～790〉
　《所蔵》国会図 EG71-13，奈良戦体 369.37-3700　　　　　　　　　　　　　〔2027〕
◇満洲・北鮮・樺太・千島における日本人の日ソ開戦以後の概況　［東京］　厚生省引揚援護局未帰還調査部　1959　57，20p 表 地図　26cm
　《所蔵》国会図 369.37-Ko657m　　　　　　　　　　　　　　　　　　　　　〔2028〕

古賀 政男　(1904生)　こが・まさお

◇古賀政男大ヒット大全集―決定盤 古賀政男生誕110年記念　古賀政男［作曲・編曲］　［録音資料］　［東京］　日本コロムビア　2014.10　録音ディスク 3枚（171分）：CD〈レーベル名：コロムビア〉　4500円
　内容（一部）：DISC1（3）丘を越えて（藤山一郎）　DISC2（13）シベリヤ・エレジー（伊藤久男）
　《所蔵》国会図 YMC11-L18016　　　　　　　　　　　　　　　　　〔文芸・画集　2029〕

コニービジョン

◇満洲建国と日中戦争―満洲事変から昭和の15年戦争へ　第3巻　「ソ連軍侵攻、そして終戦へ」昭和18年（1943年）-昭和20年（1945年）　録音映像［映像資料］　［東京］　コニービジョン：コニービデオ（発売）　2009.3　ビデオディスク1枚（63分）：DVD〈モノクロ モノラル 音声：日・日（ナレーション）　字幕：日〉　4725円
　内容〈昭和19年〉大陸戦場「大陸打通作戦」　汪国府主席逝去　北に儼たり防空陣　決戦出荷　桂林攻略「大陸打通作戦」　蘭花隊　この決意新京〈昭和20年〉精強国軍　決戦へ銃後は鍛へる　増産滅敵，採鉱松根油　輸送・整備国軍部隊〈昭和20年〉終戦　日本海軍　ソ連軍撮影映像　満洲の終焉1945　監督・編集：葛岡宏真　編集・選曲：中村哲　ナレーター：清水峰夫
　《所蔵》国会図 YL321-J8854　　　　　　　　　　　　　　　　　　　　　　〔2030〕

コワレンコ，イワン　(1919生)

◇対日工作の回想　イワン・コワレンコ著，清田彰訳　東京　文芸春秋　1996.12　337p　20cm〈監修：加藤昭〉　3000円
　《所蔵》国会図 A99-ZR5-G5　　　　　　　　　　　　　　　　　　　　　　〔2031〕

今日の問題社　こんにちのもんだいしゃ

◇日本のものは日本え　東京　今日の問題社　1955　40p　19cm（今日の問題　第3集）
　内容日ソ国交回復と領土問題（田村幸策）　資料，在ソ抑留同胞引揚の問題（太田長男）
　《所蔵》国会図 319.138-Ko632n　　　　　　　　　　　　　　　　　　　　〔2032〕

【 さ行 】

斎藤 六郎（1923生）　さいとう・ろくろう
◇回想のシベリア―全抑協会長の手記　斎藤六郎著　[鶴岡]　斎藤六郎　1988.8
　526p　22cm〈著者の肖像あり 付（図1枚）〉　3000円
　《所蔵》国会図 GB531-E76，奈良戦体 916-1946　　　　　　　　　　　〔2033〕
◇回想のシベリア―全抑協会長の手記　斎藤六郎著　改訂版　[鶴岡]　斎藤六郎
　1989.12　526p　22cm〈著者の肖像あり 付（図1枚 袋入）：タイシェト（七）地区
　収容所分布要図添付資料〉　3000円
　《所蔵》国会図 GB531-E81，奈良戦体 369.37-1946　　　　　　　　　　〔2034〕
◇回想のシベリア　続　斎藤六郎著　鶴岡　斎藤六郎　1990.8　406p　22cm〈附：
　日ソ・シンポ全記録 全抑協会長の手記 著者の肖像あり〉　3000円
　《所蔵》国会図 GB531-E76，奈良戦体 916-1746　　　　　　　　　　　〔2035〕
◇シベリアの挽歌―全抑協会長の手記 関東軍文書、ソ連対日戦文書一挙掲載　斎藤
　六郎著　鶴岡　終戦史料館出版部　1995.5　546p　20cm〈文献あり〉
　《所蔵》国会図 GB531-J16，奈良戦体 916-1746　　　　　　　　　　　〔2036〕
◇シベリア捕虜志―その真因と全抑協運動　斎藤六郎著　東京　波書房　1981.4
　323p　20cm〈参考文献：p315～320〉　1500円
　《所蔵》国会図 GB531-105，奈良戦体 391.4-0046　　　　　　　　　　〔2037〕
◇シベリア捕虜の請求権の研究　斎藤六郎[著]　[鶴岡]　[斎藤六郎]　1984.2
　52p　26cm
　《所蔵》国会図 Y93-H27　　　　　　　　　　　　　　　　　　　　　〔2038〕

西来路 秀彦　さいらいじ・ひでひこ
◇シベリア抑留関係図書目録―国立国会図書館等に眠る国民の記憶 抑留70周年記念
　先行試行版　西来路秀彦編著　小金井　文渓書社　2013.12　216p　26cm　4600円
　《所蔵》国会図 GB1-L5，奈良戦体 329.62-1746　　　　　　　　　　　〔2039〕

佐々木 甚一郎　ささき・じんいちろう
◇荒野に沈む赤い夕日に先導されて―シベリヤ墓参記　佐々木甚一郎著　[出版地不
　明]　[佐々木甚一郎]　1991.10　85p　19cm
　《所蔵》奈良戦体 369.37-2748　　　　　　　　　　　　　　　　　　〔2040〕

サハリン墓参団（第17次）　さはりんぼさんだん
◇戦後40年サハリン（樺太）第17次墓参思い出の記　17会文集編集委員会編　札幌
　第17次サハリン墓参団　1985.11　71p　26cm
　《所蔵》国会図 GE491-29　　　　　　　　　　　　　　　　　　　　〔2041〕

沢地 久枝（1930生）　さわち・ひさえ
◇私のシベリア物語　沢地久枝著　東京　新潮社　1988.5　333p　20cm　1300円
　《所蔵》国会図 KH537-E58，奈良戦体 916-2746
　　　　　　　　　　　　　　　　　　　　　　　　　　　　　　　〔2042〕
◇私のシベリア物語　沢地久枝著　東京　新潮社　1991.7　392p　15cm（新潮文庫）　440円
　《所蔵》国会図 KH537-E315
　　　　　　　　　　　　　　　　　　　　　　　　　　　　　　　〔2043〕

三合里戦友会　さんごうりせんゆうかい
◇三合里収容所小史　三合里収容所小史編集委員会著　東京　三合里戦友会　1995.10　181，71p　20cm　非売品
　《所蔵》国会図 GB531-G52
　　　　　　　　　　　　　　　　　　　　　　　　　　　　　　　〔2044〕

志田 行男（1916生）　しだ・ゆきお
◇シベリア抑留を問う　志田行男著　東京　勁草書房　1987.12　252p　20cm〈軍事捕虜帰還年表：p250～252〉　1900円
　《所蔵》国会図 GB554-E366
　　　　　　　　　　　　　　　　　　　　　　　　　　　　　　　〔2045〕

シベリア抑留慰霊碑建立委員会　しべりあよくりゅういれいひこんりゅういいんかい
◇シベリア抑留慰霊碑建立記念誌　松本　シベリア抑留慰霊碑建立委員会　2005.10　197p　22cm
　《所蔵》国会図 EG71-H67
　　　　　　　　　　　　　　　　　　　　　　　　　　　　　　　〔2046〕

清水 徳松　しみず・とくまつ
◇抑留死没日本人問題―戦後日本の平和と発展の人柱となった人々 置き去りにされた戦後補償にひかりを求めて　清水徳松著　［川島町（埼玉県）］　［清水徳松］　2008.8　59p　30cm〈年表あり〉
　《所蔵》国会図 EG71-J19
　　　　　　　　　　　　　　　　　　　　　　　　　　　　　　　〔2047〕

志水 速雄　しみず・はやお
◇日本人はなぜソ連が嫌いか　志水速雄著　東京　山手書房　1979.3　296p　20cm〈参考文献：p293～296〉　980円
　《所蔵》国会図 A99-ZR5-26，奈良戦体 319.1-1946
　　　　　　　　　　　　　　　　　　　　　　　　　　　　　　　〔2048〕

下斗米 伸夫（1948生）　しもとまい・のぶお
◇日ロ関係 歴史と現代　下斗米伸夫編著　［東京］　法政大学現代法研究所　2015.3　210p　22cm（法政大学現代法研究所叢書 39）〈発売：法政大学出版局〉　2800円
　内容（一部）：冷戦初期日本における菅季治の犠牲（シェルゾッド・ムミノフ著，清水美加訳）　シベリア抑留の論争問題と論点整理（富田武著）
　《所蔵》国会図 A99-ZR6-L5，奈良県立図書情報館 319.103-シモト
　　　　　　　　　　　　　　　　　　　　　　　　　　　　　　　〔2049〕

衆議院　しゅうぎいん
◇戦後強制抑留者に係る問題に関する特別措置法案（参議院提出、参法第9号）につ

いて―総務委員会参考資料　［東京］　衆議院調査局総務調査室　2010.5　77p
30cm〈第174回国会(常会)〉
《所蔵》国会図 BZ-8-J564　　　　　　　　　　　　　　　　　　　　　　　　〔2050〕

徐 焔（1951生）　じょ・えん
◇一九四五年満州進軍―日ソ戦と毛沢東の戦略　徐焔著，朱建栄訳　東京　三五館
　1993.8　253p　20cm　1600円
《所蔵》国会図 GB531-E189，奈良戦体 222.07-0000　　　　　　　　　　　　　〔2051〕

白井 久也（1933生）　しらい・ひさや
◇関東軍兵士はなぜシベリアに抑留されたか―米ソ超大国のパワーゲームによる悲
　劇　エレーナ・カタソノワ著，白井久也監訳　東京　社会評論社　2004.10　379，
　31p　21cm〈文献あり　年表あり〉　3800円
《所蔵》国会図 GB531-H103　　　　　　　　　　　　　　　　　　　　　　　〔2052〕
◇検証シベリア抑留　白井久也著　東京　平凡社　2010.3　285p　18cm（平凡社新
　書 515）〈文献あり　年表あり　索引あり〉　800円
《所蔵》国会図 GB531-J118，奈良県立図書情報館 080-ヘイホ　　　　　　　　　〔2053〕
◇シベリアに架ける橋―斎藤六郎全抑協会長とともに　エレーナ・L.カタソノワ著，
　橋本ゆう子訳，白井久也監修　東京　恒文社　1997.8　244p　20cm〈肖像あり〉
　2200円
《所蔵》国会図 GB531-G134　　　　　　　　　　　　　　　　　　　　　　　〔2054〕
◇シベリア抑留―斎藤六郎の軌跡 ドキュメント　白井久也著　東京　岩波書店
　1995.12　335,3p　20cm〈関連年表・主な参考文献：p321～332〉　2200円
《所蔵》国会図 GB554-G208，奈良戦体 289-1646　　　　　　　　　　　　　　〔2055〕

瑞慶山 茂（1943生）　ずけやま・しげる
◇法廷で裁かれる日本の戦争責任―日本とアジア・和解と恒久平和のために　瑞慶
　山茂責任編集　東京　高文研　2014.3　621p　22cm　6000円
　内容 (一部)：シベリア抑留国家賠償請求訴訟（村井豊明著）
《所蔵》国会図 AZ-554-L2　　　　　　　　　　　　　　　　　　　　　　　　〔2056〕

スラヴィンスキー，ボリス（1935生）
◇日ソ戦争への道―ノモンハンから千島占領まで　ボリス・スラヴィンスキー著，
　加藤幸広訳　東京　共同通信社　1999.8　552,4p　22cm〈並列タイトル USSR-
　Japan : on the way to war〉　4600円
《所蔵》国会図 GB531-G215　　　　　　　　　　　　　　　　　　　　　　　〔2057〕

全国強制抑留者協会　ぜんこくきょうせいよくりゅうしゃきょうかい
◇シベリア墓参紀行集―チタ州ジプヘーゲン地区　平成9年度　［全国抑留者補償協
　議会］　［出版地不明］　［出版者不明］　199-　25p　26cm〈別書名「平成9年度シ
　ベリア墓参紀行集」　電子複写　日程：1997年7月9日(水)-7月16日(水)，主催：
　(財)全国強制抑留者協会，ジプヘーゲン会 外有志〉

《所蔵》奈良戦体 916-1748　　　　　　　　　　　　　　　　　　　〔2058〕

全国抑留者補償協議会　　ぜんこくよくりゅうしゃほしょうきょうぎかい
◇国家補償をめざすシベリア裁判「解説」　［全国抑留者補償協議会編］　東京　全国抑留者補償協議会　［19--］　17p　21cm〈別書名：シベリア裁判「解説」：国家補償をめざす〉
　　《所蔵》奈良戦体 329.6-0046　　　　　　　　　　　　　　　　　　〔2059〕
◇シベリア強制労働補償請求訴訟第一審記録　鶴岡　全国抑留者補償協議会　1989.7　895p　27cm〈監修：シベリア裁判弁護団〉　30000円
　　《所蔵》国会図 AZ-316-E6　　　　　　　　　　　　　　　　　　　〔2060〕
◇シベリア遥けき墓参の旅―新しき日ソの懸け橋を求めて　［全国抑留者補償協議会編］　［東京，鶴岡］　［全国抑留者補償協議会］　［198-]　1冊　26cm〈訪ソ親善墓参団：昭和57(1982)年〉
　　《所蔵》奈良戦体 292.91-2748　　　　　　　　　　　　　　　　　〔2061〕
◇全抑協総員名簿　鶴岡　［全国抑留者補償協議会］　1984.12　1235p　27cm
　　《所蔵》奈良県立図書情報館 390.6-0000　　　　　　　　　　　　　〔2062〕
◇第一次名簿引渡し報道　全国抑留者補償協議会編　［出版地不明］　全国抑留者補償協議会　1991.2　122p　27×38cm〈付：モンゴルシンポジュームリストビヤンカ名簿公表〉
　　《所蔵》奈良戦体 210.75-1746　　　　　　　　　　　　　　　　　〔2063〕
◇氷葬―シベリヤ抑留四十年記念史　鶴岡　全国抑留者補償協議会山形県連合会　［1986］　367p　19cm〈折り込図1枚〉　1500円
　　《所蔵》国会図 GB554-E120　　　　　　　　　　　　　　　　　　〔2064〕

ソ連帰還者生活擁護同盟文化部　　それんきかんしゃせいかつようごどうめいぶんかぶ
◇真実を訴える　ソ連帰還者生活擁護同盟文化部編　東京　八月書房　1949　109p　19cm（帰還者の声　第1)
　　《所蔵》国会図 a091-153　　　　　　　　　　　　　　　　　　　〔2065〕

ソ連における日本人捕虜の生活体験を記録する会　　それんにおけるにほんじんほりょのせいかつたいけんをきろくするかい
◇四十六年目の弔辞―極東シベリア墓参報告記　高橋大造著　東京　ソ連における日本人捕虜の生活体験を記録する会　1993.8　204p　20cm
　　《所蔵》奈良戦体 916-1748　　　　　　　　　　　　　　　　　　〔2066〕

【た行】

大韓民国対日抗争期強制動員被害調査及び国外強制動員犠牲者等支援委員会
　だいかんみんこくたいにちこうそうきききょうせいどういんひがいちょうさおよびこくがい

きょうせいどういんぎせいしゃとうしえんいいんかい
◇シベリアに抑留された朝鮮人捕虜の問題に関する真相調査—中国東北部に強制動員された朝鮮人を中心に　対日抗争期強制動員被害調査及び国外強制動員犠牲者等支援委員会編，北原道子訳　［ソウル］　対日抗争期強制動員被害調査及び国外強制動員犠牲者等支援委員会　2013.3　69p　23cm〈真相調査報告書2010年12月23日議決　責任調査・報告書作成：曺健　文献あり〉
　《所蔵》国会図 GB531-L29　　　　　　　　　　　　　　　　　　　〔2067〕

高杉　一郎（1908生）　たかすぎ・いちろう
◇シベリアに眠る日本人　高杉一郎著　東京　岩波書店　1992.1　226p　16cm（同時代ライブラリー　93）　800円
　《所蔵》国会図 GB554-E1043，奈良戦体 916-0000　　　　　　　　　〔2068〕
◇征きて還りし兵の記憶　高杉一郎著　東京　岩波書店　1996.2　307p　20cm　2600円
　《所蔵》国会図 GB554-G248，奈良戦体 916-1746　　　　　　　　　　〔2069〕

高橋　大造　たかはし・たいぞう
◇四十六年目の弔辞—極東シベリア墓参報告記　高橋大造著　東京　ソ連における日本人捕虜の生活体験を記録する会　1993.8　204p　20cm
　《所蔵》奈良戦体 916-1748　　　　　　　　　　　　　　　　　　　〔2070〕

田口　庄治　たぐち・しょうじ
◇シベリアの自然に還られた同胞—平成八年タイセット地区友の会シベリア墓参　墓参記　田口庄治著　東京　篠原印刷（印刷）　1998.3　299p　21cm　非売品
　《所蔵》国会図 GE485-G15　　　　　　　　　　　　　　　　　　　〔2071〕

竹内　高明（1961生）　たけうち・たかあき
◇ウクライナに抑留された日本人　O.ポティリチャク，V.カルポフ，竹内高明著，長勢了治編訳　東京　東洋書店　2013.12　59p　21cm（ユーラシア・ブックレット　no.188）〈文献あり〉　800円
　《所蔵》国会図 GB531-L83，奈良県立図書情報館 302.38-ユラシ　　　　〔2072〕

多田　茂治（1928生）　ただ・しげはる
◇内なるシベリア抑留体験—石原吉郎・鹿野武一・菅季治の戦後史　多田茂治著　東京　社会思想社　1994.5　259p　20cm〈主な参考文献：p256～259〉　2300円
　《所蔵》国会図 KG546-E78，奈良戦体 916-1646　　　　　　　　　　〔2073〕
◇内なるシベリア抑留体験—石原吉郎・鹿野武一・菅季治の戦後史　多田茂治著　東京　文元社　2004.2　259p　19cm（教養ワイドコレクション）〈社会思想社1994年刊を原本としたOD版　文献あり　発売：紀伊国屋書店（東京）〉　3000円
　《所蔵》国会図 KG546-H59　　　　　　　　　　　　　　　　　　　〔2074〕

立花　隆（1940生）　たちばな・たかし

◇シベリア鎮魂歌―香月泰男の世界　立花隆著　東京　文芸春秋　2004.8　391p　図版32p　22cm〈年表あり〉　2667円

　　内容 再録「私のシベリヤ」（一九七〇年、文芸春秋刊）　シベリア抑留の足跡を追って　＜別稿＞絵具箱に残された十二文字　鎮魂と救済

　《所蔵》国会図 KC229-H89，奈良県立図書情報館 723.1-カスキ　　　〔2075〕

茶園　義男（1925生）　ちゃえん・よしお

◇巣鴨プリズン・シベリア日本新聞　茶園義男編・著　東京　不二出版　1986.4　245p　27cm〈茶園・巣鴨プリズン小史：p12～28〉　4800円

　《所蔵》国会図 A191-60　　　〔2076〕

東郷　和彦（1945生）　とうごう・かずひこ

◇歴史問題ハンドブック　東郷和彦，波多野澄雄編　東京　岩波書店　2015.6　265，21p　19cm（岩波現代全書 065）　2400円

　　内容（一部）：復員・引揚げ〈留用・残留日本人・遺骨収集を含む〉（浜井和史著）　戦災被害補償問題と「受忍論」（波多野澄雄著）　戦没者追悼・慰霊（中野聡著）　シベリア抑留補償（富田武著）

　《所蔵》国会図 GB531-L167，奈良県立図書情報館 210.76-トウゴ　　　〔2077〕

戸口　好太郎　とぐち・よしたろう

◇シベリア墓参旅日記　戸口好太郎著　［東京］　［戸口好太郎］　1992.7　67p　21cm〈著者の肖像あり〉　非売品

　《所蔵》国会図 GE485-E14　　　〔2078〕

◇シベリア墓参旅日記　第2編　戸口好太郎著　［東京］　［戸口好太郎］　1994.4　88p　21cm〈著者の肖像あり　付（1枚）〉　非売品

　《所蔵》国会図 GE485-E14　　　〔2079〕

◇シベリア墓参旅日記　第3編　戸口好太郎著　［東京］　［戸口好太郎］　1996.3　80p　21cm〈著者の肖像あり〉　非売品

　《所蔵》国会図 GE485-E14，奈良戦体 915.6-2748　　　〔2080〕

◇シベリア墓参旅日記　第4編　戸口好太郎著　［東京］　［戸口好太郎］　1999.3　77p　21cm　非売品

　《所蔵》国会図 GE485-E14，奈良戦体 915.6-2748　　　〔2081〕

◇シベリア墓参旅日記　第5編　戸口好太郎著　［東京］　［戸口好太郎］　2001.12　35p　21cm

　《所蔵》奈良戦体 916-2748　　　〔2082〕

富田　武（1945生）　とみた・たけし

◇コムソモリスク第二収容所―日ソの証言が語るシベリア抑留の実像　富田武編著　東京　東洋書店　2012.10　63p　21cm（ユーラシア・ブックレット No.178）〈文献あり〉　800円

《所蔵》国会図 GB531-L13，奈良県立図書情報館 302.38-ユラシ 〔2083〕
◇シベリア抑留者たちの戦後―冷戦下の世論と運動1945-56年　富田武著　京都　人文書院　2013.12　272p　20cm〈年表あり　索引あり〉　3000円
　内容　シベリア抑留概観　抑留報道と帰還者運動　共産党と帰還者運動　シベリア抑留者群像
《所蔵》国会図 GB531-L74，奈良県立図書情報館 210.75-トミタ 〔2084〕

【 な行 】

長沢　淑夫（1957生）　ながさわ・としお
◇シベリア抑留と戦後日本―帰還者たちの闘い　長沢淑夫著　東京　有志舎　2011.11　220p　20cm〈年表あり〉　2400円
《所蔵》国会図 AZ-554-J14 〔2085〕

長勢　了治（1949生）　ながせ・りょうじ
◇ウクライナに抑留された日本人　O.ポトィリチャク，V.カルポフ，竹内高明著，長勢了治編訳　東京　東洋書店　2013.12　59p　21cm（ユーラシア・ブックレット no.188）〈文献あり〉　800円
《所蔵》国会図 GB531-L83，奈良県立図書情報館 302.38-ユラシ 〔2086〕
◇シベリアの日本人捕虜たち―完訳　セルゲイ・I.クズネツォーフ著，長勢了治訳　美瑛町（北海道）　長勢了治　2000.10　307p　22cm　1800円
《所蔵》国会図 GB531-G294 〔2087〕
◇シベリア抑留全史　長勢了治著　東京　原書房　2013.8　617p　22cm〈文献あり　年表あり〉　6800円
《所蔵》国会図 GB531-L35，奈良県立図書情報館 210.75-ナカセ 〔2088〕
◇スターリンの捕虜たち―シベリア抑留　ソ連機密資料が語る全容　ヴィクトル・カルポフ著，長勢了治訳　札幌　北海道新聞社　2001.3　373p　22cm〈文献あり　年表あり〉　2500円
《所蔵》国会図 GB531-G321 〔2089〕

中西　昭雄（1941生）　なかにし・てるお
◇シベリア文学論序説　中西昭雄著　東京　寒灯舎　2010.1　368，6p　20cm〈文献あり　索引あり　発売：れんが書房新社（東京）〉　3000円
《所蔵》国会図 KP154-J10，奈良県立図書情報館 980.2-ナカニ 〔2090〕

縄田　千郎（1903生）　なわた・せんろう
◇シベリア珪肺症　縄田千郎著　［鹿児島］　［縄田千郎］　1993.12　173p　27cm〈付：文献　塵肺関係文献：p171～173〉
《所蔵》国会図 SC187-E110 〔2091〕

西村　元治　にしむら・もとじ

◇北辺シベリア墓参記―はるかなる大地に眠る戦友よ安かれ　平成3年8月6日～8月19日　西村元治編　和知町（京都府）　西村元治　1991.12　34p　26cm
　《所蔵》国会図 GE485-E21，奈良戦体 292.9-1748　〔2092〕

日刊労働通信社　にっかんろうどうつうしんしゃ

◇裁判・監獄・防諜―ソ連囚人政策の裏面　東京　日刊労働通信社　1958　289p　19cm　〈シベリヤ叢書　第11〉
　内容 裁判と監獄（松村知勝）　他8篇
　《所蔵》国会図 915.9-N715s，奈良県立図書情報館 391-4　〔2093〕

日ソ図書館　にっそとしょかん

◇チタ市とチタ州概観　東京　日ソ図書館　1991.6　12p　26cm〈ソ連地理シリーズ no.1〉〈付・島原落穂　チタの旅 抑留関係図書目録：p11～12〉　500円
　《所蔵》国会図 GE485-E8　〔2094〕

日本放送協会　にほんほうそうきょうかい

◇激動の記録　第4部　［映像資料］　［東京］　NHKエンタープライズ　2008.5　ビデオディスク1枚（43分）：DVD（NHK DVD NHK特集 激動の記録DVD box）〈モノクロ（一部カラー）　モノラル　スタンダード〉　3800円
　内容〈復興途上―日本ニュース昭和23-25年〉発シンチフス発生（大阪・東京）　お台所はイカとタラ　ソ連地区より引揚再開　ほか
　《所蔵》国会図 YL321-J18888　〔2095〕

◇引き裂かれた歳月「証言記録」シベリア抑留　［映像資料］　［東京］　NHKエンタープライズ　2011.7　ビデオディスク1枚（48分）：DVD（NHK DVD/NHKスペシャル）〈カラー（一部モノクロ）　ステレオ　ワイド〉　3990円
　内容 プロローグ　ソ連参戦とシベリア抑留　過酷な抑留生活　階級制度への反発　米ソの駆け引きと帰還の開始　アクチブの養成　「反動」を摘発せよ　帰国後、それぞれの人生　取材：太田宏一　語り：長谷川勝彦
　《所蔵》国会図 YL321-J21757　〔2096〕

◇満蒙国境知らされなかった終戦～青森県・陸軍第107師団～　［映像資料］　［東京］　NHKエンタープライズ　2010.8　ビデオディスク1枚（43分）：DVD（NHK DVD シリーズ証言記録/兵士たちの戦争DVD box）〈カラー（一部モノクロ）　ステレオ　ワイド〉　3800円
　内容 西口（シーコー）　8月15日　大興安嶺へ迂回　新京から捜索　シベリア抑留
　《所蔵》国会図 YL321-J18267　〔2097〕

ニンモ，ウィリアム・F．

◇検証―シベリア抑留　ウィリアム・F.ニンモ著，加藤隆訳　東京　時事通信社　1991.3　255p　20cm〈主な参考文献：p247～251〉　1400円
　《所蔵》国会図 GB531-E94，奈良戦体 210.75-0046　〔2098〕

野口　英次（1934生）　のぐち・えいじ
◇抑留日本兵を管理した「日本新聞」にみるソ同盟社会主義の見分　野口英次［著］
　相模原　野口英次　2014.6　80p　26cm
　《所蔵》国会図 EB61-L1　　　　　　　　　　　　　　　　　　　　　　　〔2099〕

【 は行 】

函館引揚援護局　はこだてひきあげえんごきょく
◇函館引揚援護局史　函館引揚援護局局史係編　［函館］　函館引揚援護局　1950.2
　403p　22cm〈折り込図16枚　函館引揚援護局主要事項年表：p2～23〉　非売品
　《所蔵》国会図 EG71-55　　　　　　　　　　　　　　　　　　　　　　　〔2100〕

橋爪　卓三（1924生）　はしづめ・たくみ
◇回想私のシベリア物語―抑留体験記と墓参紀行　私家版　橋爪卓三著　飯田　南信
　州新聞社出版局　1997.5　110p　19cm
　《所蔵》国会図 GB554-G823，奈良戦体 369.37-1746　　　　　　　　　　　〔2101〕

橋本　ゆう子（1953生）　はしもと・ゆうこ
◇シベリアに架ける橋―斎藤六郎全抑協会長とともに　エレーナ・L.カタソノワ著，
　橋本ゆう子訳，白井久也監修　東京　恒文社　1997.8　244p　20cm〈肖像あり〉
　2200円
　《所蔵》国会図 GB531-G134　　　　　　　　　　　　　　　　　　　　　　〔2102〕

秦　郁彦（1932生）　はた・いくひこ
◇日本人捕虜―白村江からシベリア抑留まで　下　秦郁彦著　東京　原書房
　1998.3　p297-600　20cm〈索引あり〉　1800円
　《所蔵》国会図 GB75-G7　　　　　　　　　　　　　　　　　　　　　　　〔2103〕
◇日本人捕虜―白村江からシベリア抑留まで　下　秦郁彦著　決定版　東京　中央
　公論新社　2014.7　454p　16cm（中公文庫 は36-13）〈初版：原書房 1998年刊
　索引あり〉　1200円
　内容（一部）：シベリア抑留
　《所蔵》国会図 GB521-L60　　　　　　　　　　　　　　　　　　　　　　　〔2104〕

畑谷　史代　はたや・ふみよ
◇シベリア抑留とは何だったのか―詩人・石原吉郎のみちのり　畑谷史代著　東京
　岩波書店　2009.3　201p　18cm（岩波ジュニア新書 618）〈並列シリーズ名：
　Iwanami junior paperbacks 文献あり　年譜あり〉　740円
　《所蔵》国会図 Y3-N09-J99，奈良県立図書情報館 080-14-618　　　　　　　〔2105〕

鳩山　一郎（1883生）　はとやま・いちろう
◇鳩山一郎回顧録　鳩山一郎著　東京　文芸春秋新社　1957.10　224p　図版　20cm

290円
《所蔵》国会図 310.4-H333h 〔2106〕

林 えいだい（1933生）　はやし・えいだい
◇忘れられた朝鮮人皇軍兵士―戦後五十年目の検証 シベリア脱走記　林えいだい著　福岡　梓書院　1995.9　314p　19cm〈主な参考文献：p313～314〉　1600円
《所蔵》国会図 GB554-G330 〔2107〕

「バンドーからシベリア抑留問題を考える集い」実行委員会　ばんどーからしべりあよくりゅうもんだいおかんがえるつどいじっこういいんかい
◇バンドーからシベリア抑留問題を考える集い　「バンドーからシベリア抑留問題を考える集い」実行委員会編　鳴門　「バンドーからシベリア抑留問題を考える集い」実行委員会　2003.4　42p　26cm
《所蔵》国会図 Y93-H415 〔2108〕

引揚援護庁　ひきあげえんごちょう
◇ソ連収容所地名索引簿　［東京］　［引揚援護庁］留守業務部　1951.7　296p　26cm〈書名は背による 標題紙・表紙の書名：収容所地名索引簿〉
《所蔵》国会図 GB531-G87 〔2109〕

彦坂 諦（1933生）　ひこさか・たい
◇文学をとおして戦争と人間を考える　彦坂諦著　東京　れんが書房新社　2014.10　395p　21cm〈文献あり〉　2800円
　内容（一部）：シベリア体験　石原をどう読んだか（彦坂諦，天野恵一，梶川凉子ほか述）
《所蔵》国会図 KG311-L82 〔2110〕

広部 永一　ひろべ・えいいち
◇私の人生と憲法九条―満蒙開拓団入植・敗戦・シベリア抑留　広部永一[著]　[京都]　修学院学区九条の会　2014.10　46p　21cm
《所蔵》国会図 Y93-L5990 〔2111〕

富士書苑　ふじしょえん
◇大東亜戦史　第7（満州編 下）　東京　富士書苑　1969　417p 図版　19cm　750円
《所蔵》国会図 GB541-1 〔2112〕

平和祈念事業特別基金　へいわきねんじぎょうとくべつききん
◇シベリア抑留その足跡を訪ねて―イルクーツク―タイシェット周辺 戦後強制抑留者の証言 解説字幕入　平和祈念事業特別基金企画　［映像資料］　［東京］　平和祈念事業特別基金　［2005］　ビデオカセット1巻(30分)：VHS〈カラー〉
　内容 制作：日本広報センター，現代映像株式会社
《所蔵》国会図 YL211-H4791 〔2113〕

北海道大学スラブ研究センター　ほっかいどうだいがくすらぶけんきゅうせんたー
◇日ソ戦争と戦後抑留の諸問題　札幌　北海道大学スラブ研究センター　2002.3　69p　26cm（スラブ研究センター研究報告シリーズ　no.81）
《所蔵》国会図 GB531-H3　〔2114〕

ポトィリチャク，O.（1965生）
◇ウクライナに抑留された日本人　O.ポトィリチャク，V.カルポフ，竹内高明著，長勢了治編訳　東京　東洋書店　2013.12　59p　21cm（ユーラシア・ブックレット　no.188）〈文献あり〉　800円
《所蔵》国会図 GB531-L83，奈良県立図書情報館 302.38-ユラシ　〔2115〕

ボブレニョフ，ウラジーミル・アレクサンドロビチ
◇シベリア抑留秘史—KGBの魔手に捕われて　ボブレニョフ・ウラジーミル・アレクサンドロビチ著述，ザイカ・レオニード・ミハイロビチ監修　鶴岡　終戦史料館出版部　1992.9　355p　19cm　3000円
《所蔵》国会図 GB554-J618，奈良戦体 210.75-1746　〔2116〕

堀江　則雄（1947生）　ほりえ・のりお
◇シベリア抑留—いま問われるもの　堀江則雄［著］　東京　東洋書店　2001.11　63p　21cm（ユーラシア・ブックレット　no.25）〈年表あり〉　600円
《所蔵》国会図 GB531-G336，奈良県立図書情報館 302.38-ユラシ　〔2117〕

【ま行】

舞鶴地方引揚援護局　まいづるちほうひきあげえんごきょく
◇舞鶴地方引揚援護局史　舞鶴地方引揚援護局編　［東京］　厚生省引揚援護局　1961.3　616p　図版16枚　地図　表　22cm　369.37
《所蔵》国会図 369.37-M148m，奈良県立図書情報館 369.2-56　〔2118〕

前田　徳四郎　まえだ・とくしろう
◇シベリア抑留小史　前田徳四郎［著］　改訂　東京　前田徳四郎　1995.8　205，32p　20cm〈奥付の書名：私版・シベリア抑留小史　私家版　保存版〉　非売品
《所蔵》国会図 GB531-G62，奈良戦体 369.37-3946　〔2119〕
◇シベリア抑留小史—私家版　続　前田徳四郎編　東京　前田徳四郎　1997.8　228p　20cm　非売品
《所蔵》国会図 GB531-G159，奈良戦体 369.37-3946　〔2120〕

満洲第二〇九部隊戦友会スミレ会慰霊碑建立墓参団　まんしゅうだいにひゃくくぶたいせんゆうかいすみれかいいれいひこんりゅうぼさんだん
◇満洲第二〇九部隊戦友会スミレ会慰霊碑建立墓参団報告　横浜　二〇九スミレ会慰霊碑建立委員会　1995.12　124p　26cm（すみれ会報別冊）〈書名は奥付による

標題紙の書名：慰霊碑建立墓参団報告　表紙の書名：すみれ　付（写真1枚）〉
　　《所蔵》国会図 GE485-G4　　　　　　　　　　　　　　　　　〔2121〕

三沢　正道（1925生）　　みさわ・まさみち
◇朽ちた墓標―シベリア捕虜体験と墓参の旅　三沢正道著　札幌　旭図書刊行センター　2000.12　130p 図版11枚　21cm
　　《所蔵》国会図 GB554-G1667　　　　　　　　　　　　　　　〔2122〕

村上　薫（1923生）　　むらかみ・かおる
◇太平洋戦争の史実から、今日何を学ぶか　村上薫著　東京　実業之日本社　1987.12　286p　20cm　1500円
　　《所蔵》国会図 GB531-E9，奈良戦体 210.75-0000　　　　　〔2123〕

村山　常雄（1926生）　　むらやま・つねお
◇シベリアに逝きし人々を刻す―ソ連抑留中死亡者名簿　村山常雄編著　糸魚川　村山常雄　2007.7　1053p　27cm〈年表あり　文献あり　発売：プロスパー企画（東京）〉　7143円
　　《所蔵》国会図 GB531-H355　　　　　　　　　　　　　　　〔2124〕
◇シベリアに逝きし46300名を刻む―ソ連抑留死亡者名簿をつくる　村山常雄著　東京　七つ森書館　2009.8　245p　20cm　2000円
　　《所蔵》国会図 GB531-J105　　　　　　　　　　　　　　　〔2125〕

元231聯隊シベリア遺骨収集推進委員会　もとにひゃくさんじゅういちれんたいしべりあいこつしゅうしゅうすいしんいいんかい
◇旧ソ連抑留中死亡者遺骨収集報告書―チタ州カダラ村　平成17年度　［広島］　元231聯隊シベリア遺骨収集推進委員会　［2005］　46p　30cm〈実施期間：平成17年8月22日―9月13日〉
　　《所蔵》国会図 GB531-H215　　　　　　　　　　　　　　　〔2126〕
◇ソ連抑留中死亡者チタ州カダラ第11分所附近埋葬地第2次調査報告書―平成16年度　［広島］　元231聯隊シベリア遺骨収集推進委員会　［2004］　34p　30cm〈実施期間：平成16年9月20日―10月1日〉
　　《所蔵》国会図 GB531-H106　　　　　　　　　　　　　　　〔2127〕

森田　芳夫（1910生）　　もりた・よしお
◇朝鮮終戦の記録―米ソ両軍の進駐と日本人の引揚　森田芳夫著　東京　巌南堂書店　1964　1038p 地図　22cm〈付録：p987-1034 関係年表　文献資料〉　3000円
　　《所蔵》国会図 221.06-M859t　　　　　　　　　　　　　　〔2128〕

【 や行 】

ヤゴダ会　やごだかい
◇戦没者三十三周忌法要―シベリヤブカチャーチャー地区　ヤゴダ会［編］　西宮　ヤゴダ会　［1978.11］　44p　27cm〈京都嵐山天龍寺 昭和53年10月8日〉
　《所蔵》奈良戦体 369.37-1748　〔2129〕
◇鎮魂慰霊―平成8年：祭詞、追悼のことば　［ヤゴダ会編］　［大阪］　ヤゴダ会　1996　68p（図とも）　26cm
　《所蔵》奈良戦体 369.37-1748　〔2130〕
◇ヤゴダ会法要献句・献歌　ヤゴダ会［編］　［大阪］　ヤゴダ会　［1994］　1冊　26cm〈於：京都洛西天龍寺（平成6年10月10日） 共同刊行：陸士六十一期関西俳句同好会〉
　《所蔵》奈良戦体 911.3-1746　〔文芸・画集　2131〕

山内 保良　（1927生）　やまうち・やすよし
◇墓参記録画集―北極星の下シベリアに残されたもの　［山内保良著］　宮崎　山内保良　2001.11　97p　21×30cm
　《所蔵》国会図 GE485-H5　〔2132〕

山本 草二　（1928生）　やまもと・そうじ
◇シベリア抑留訴訟事件に関する調査研究　山本草二［著］　［仙台］　［山本草二］　1983.5　60p　25cm
　《所蔵》国会図 A187-H1　〔2133〕

山本 泰夫　（1922生）　やまもと・やすお
◇シベリア珪肺―ソ連抑留の後遺症　山本泰夫著　東京　シベリア珪肺全国連絡会　1983.2　350p　22cm〈ソ連抑留と帰還の年表：p320～324 著者略歴：p350〉　非売品
　《所蔵》国会図 GB554-1512　〔2134〕
◇「シベリア珪肺」との闘い―戦後を苦しめる抑留時代の深い傷痕 その半世紀の記録　山本泰夫著　東京　ストラータコンセプト　1995.12　262p　21cm〈著者の肖像あり〉　2500円
　《所蔵》国会図 GB554-G503　〔2135〕

吉田 正　（1921生）　よしだ・ただし
◇戦場の歌―新発掘・吉田メロディー　吉田正［作曲］　［録音資料］　［東京］　JVCケンウッド・ビクターエンタテインメント　2014.8　録音ディスク 1枚（52分）：CD〈レーベル名：ビクター〉　3000円
　内容〈ビクター既発売作品〉(1) 異国の丘（竹山逸郎，中村耕造）(2) 異国の月（竹

りくした　　　　　　　図書（資料・研究書）

山逸郎）(3)雨の夜は（三浦洸一）(4)とけろ港よ（三浦洸一）(5)Suchanブルース（スーチャンブルース）（三浦洸一）〈2010年発掘―シベリア抑留時作品―（北嶋鉄之助）〉(6)帰還の日まで(7)古茂山哀歌(8)涙なんぞは〈2014年新発掘―満州兵役時作品―（大川信之）〉(9)山で暮らせば(10)昨日も今日も(11)小雨の窓(12)黄昏の戦線で〈2014年新発掘―シベリア抑留時作品―（大川信之）〉(13)思い出抱いて(14)海燕劇団の歌(15)恋慕街道(16)白い小みち
《所蔵》国会図 YMC11-L16375　　　　　　　　〔文芸・画集　2136〕

【ら行】

陸士第五十八期生エラブガ会　りくしだいごじゅうはっきせいえらぶがかい
◇エラブガに眠る同胞を訪ねて―エラブガ墓参訪ソ旅行団記録　エラブガ墓参訪ソ旅行団記録編集委員会編　［東京］　陸士第五十八期生エラブガ会　1991.10　142p　26cm〈共同刊行：エラブガ日本人墓地対策委員会〉　非売品
《所蔵》国会図 GG851-E25　　　　　　　　〔2137〕
◇友よ、ウラルの彼方に安らけく―エラブガ墓参訪ソ旅行団記録　陸士第五十八期生エラブガ会編　東京　陸士第五十八期生エラブガ会　1988.11　130p　26cm　非売品
《所蔵》国会図 GG851-E10　　　　　　　　〔2138〕

ロッシ，ジャック（1909生）
◇ラーゲリ（強制収容所）註解事典　ジャック・ロッシ著，内村剛介監修，梶浦智吉，麻田恭一訳，染谷茂校閲　東京　恵雅堂出版　1996.10　281p　22cm〈肖像あり　参考図書：p261-268〉　3500円
《所蔵》国会図 AR5-711-H1　　　　　　　　〔2139〕

【わ行】

若槻　泰雄（1924生）　わかつき・やすお
◇シベリア捕虜収容所　若槻泰雄著　東京　明石書店　1999.6　475p　20cm（世界人権問題叢書 30）〈文献あり〉　6800円
《所蔵》国会図 GB531-G222，奈良県立図書情報館 393.4-16　　　　〔2140〕
◇シベリア捕虜収容所―ソ連と日本人　上　若槻泰雄著　東京　サイマル出版会　1979　228p　19cm　1200円
《所蔵》国会図 GB531-87，奈良戦体 210.75-1746　　　　〔2141〕
◇シベリア捕虜収容所―ソ連と日本人　下　若槻泰雄著　東京　サイマル出版会　1979　p231～477　19cm〈参考文献：p463～477〉　1200円
《所蔵》国会図 GB531-87，奈良戦体 210.75-1746　　　　〔2142〕

第 3 部

雑　　誌

雑　誌

【あ行】

愛知県立大学大学院国際文化研究科論集　〔愛知県立大学大学院国際文化研究科〕
○第二次大戦後における日本兵シベリア抑留問題—収容所における「民主化政策」をめぐって（戸松建二）「愛知県立大学大学院国際文化研究科論集」(10)　2009　p171〜206

阿賀路　〔阿賀路の会〕
○私の戦後60年 シベリア抑留の記（〈特集 戦後60周年記念〉）（進藤新吉）「阿賀路」44　2006.5

あごら　〔BOC出版部〕
○明治以降の大陸侵略がもたらした災厄—日本人捕虜のシベリア抑留とは何か？（「あの戦争」を語り継ごう(1)―今も終わらぬ戦後 シベリア抑留と強制労働補償）（白井久也）「あごら」(311)　2007.4・5　p126〜143
○シベリア抑留捕虜に対する不当な差別待遇―次代の人びとに、これだけは伝えたい（「あの戦争」を語り継ごう(1)―今も終わらぬ戦後 シベリア抑留と強制労働補償）（池田幸一）「あごら」(311)　2007.4・5　p144〜148
○シベリア抑留、そして北朝鮮へ移送—飢えと寒さの中で呻吟する（「あの戦争」を語り継ごう(1)―今も終わらぬ戦後 シベリア抑留と強制労働補償）（野口富久三）「あごら」(311)　2007.4・5　p149〜153
○痛ましいシベリア抑留の思い出―全身大火傷の戦友はいずこに（「あの戦争」を語り継ごう(1)―今も終わらぬ戦後 シベリア抑留と強制労働補償）（岸本美雄）「あごら」(311)　2007.4・5　p154〜161

浅川地下壕の保存をすすめる会ニュース　〔浅川地下壕の保存をすすめる会〕
○シベリヤ墓参報告会（日高忠臣）「浅川地下壕の保存をすすめる会ニュース」38　2004.2
○父よ 安らかに ソ連抑留中死亡者名簿（岡田祇子）「浅川地下壕の保存をすすめる会ニュース」(81)　2011.4
○第15回総会記念講演 魚の父さん…私です シベリア抑留者遺族の戦後と近況 講師：渡辺祥子さん　「浅川地下壕の保存をすすめる会ニュース」(85)　2011.12

アサヒグラフ 〔朝日新聞社〕
○斎藤六郎・全国抑留者補償協議会会長─10万人を率いる"捕虜法"のエキスパート（'91人間ウオッチング）「アサヒグラフ」(3590)　1991.3.22　p28～32

アジア資料通報 〔国立国会図書館〕
○国立国会図書館所蔵シベリア抑留関係図書目録（稿）─1977～1989（西来路秀彦）「アジア資料通報」28(5)　1990.8　p2～15

○日本語図書目録─アジア全般，北アジア＜北アジア全般　シベリア　戦記・抑留記　アイヌ＞「アジア資料通報」34(4)　1996.8　p8～27

アジア太平洋研究 〔成蹊大学アジア太平洋研究センター〕
○6月1日「シベリア抑留」シンポジウム─築かれた国際的共同研究の土台（特集　シベリア抑留の実態解明へ─求められる国際交流と官民協力─公開シンポジウム「シベリア抑留の実態解明へ」の概要）（富田武）「アジア太平洋研究」（特別号）2014　p3～6

○カザフスタンの捕虜─収容から送還まで（特集　シベリア抑留の実態解明へ─求められる国際交流と官民協力─カザフスタンにおける日本人抑留）（ヌルラン・ドゥラトベーコフ）「アジア太平洋研究」（特別号）　2014　p7～10

○カザフスタンの捕虜収容所─保健衛生の実情を中心に（特集　シベリア抑留の実態解明へ─求められる国際交流と官民協力─カザフスタンにおける日本人抑留）（ヌルシャート・ジュマヂローヴア）「アジア太平洋研究」（特別号）　2014　p11～16

○日ソ戦争の日本人捕虜に関する公文書（特集　シベリア抑留の実態解明へ─求められる国際交流と官民協力─カザフスタンにおける日本人抑留）（ジャンボラート・バイムルィノフ）「アジア太平洋研究」（特別号）　2014　p17～19

○カルラーグ博物館（特集　シベリア抑留の実態解明へ─求められる国際交流と官民協力─カザフスタンにおける日本人抑留）（バヤン・ジュヌッソヴァ）「アジア太平洋研究」（特別号）　2014　p21～24

○写真で見る日本人抑留者の足跡（特集　シベリア抑留の実態解明へ─求められる国際交流と官民協力─カザフスタンにおける日本人抑留）（味方俊介）「アジア太平洋研究」（特別号）　2014　p27～32

○回想記に見るカラガンダの日本人捕虜（特集　シベリア抑留の実態解明へ─求められる国際交流と官民協力─カザフスタンにおける日本人抑留）（富田武）「アジア太平洋研究」（特別号）　2014　p33～35

○補・カラガンダ残留者阿彦哲郎（特集　シベリア抑留の実態解明へ─求められる国際交流と官民協力─カザフスタンにおける日本人抑留）（富田武）「アジア太平洋研究」（特別号）　2014　p37～40

○ソ連指導部による日本軍将兵抑留決定の動機（特集　シベリア抑留の実態解明へ─求められる国際交流と官民協力─抑留研究の現状と運動の課題）（エレーナ・カタ

ソーノヴァ）「アジア太平洋研究」(特別号)　2014　p41〜47
○未来への記憶―『カラガンダ州における日本人捕虜』刊行に寄せて（特集 シベリア抑留の実態解明へ―求められる国際交流と官民協力―抑留研究の現状と運動の課題）（ヌルラン・ドゥラトベーコフ）「アジア太平洋研究」(特別号)　2014　p49〜52
○歴史の継承へ―特措法制定3年後の課題（特集 シベリア抑留の実態解明へ―求められる国際交流と官民協力―抑留研究の現状と運動の課題）（有光健）「アジア太平洋研究」(特別号)　2014　p53〜55
○抑留研究の成果と今後の課題（特集 シベリア抑留の実態解明へ―求められる国際交流と官民協力―抑留研究の現状と運動の課題）（富田武）「アジア太平洋研究」(特別号)　2014　p57〜65
○シベリア抑留問題入門―何から読んだらよいか（特集 シベリア抑留の実態解明へ―求められる国際交流と官民協力―抑留研究の現状と運動の課題）（富田武）「アジア太平洋研究」(特別号)　2014　p67〜71

アジア遊学　〔勉誠出版〕
○二つの帝国、四つの祖国―樺太/サハリンと千島/クリル（帝国崩壊とひとの再移動―引揚げ、送還、そして残留―帝国崩壊後の様々な戦後）（中山大将）「アジア遊学」(145)　2011.9　p205〜215

明日への選択　〔日本政策研究センター〕
○人物交差点 ひと 国が国土と国民の生命を守れなくなった時にはどうなるか 帰還者が語る樺太の悲劇（小林 恒夫）「明日への選択」(355)　2015.8　p16〜21

新しい教室　〔中教出版〕
○ピオネール達と農場の子供達―ソ連抑留生活の思い出（佐々木千之）「新しい教室」4(5)　1949.5　p34〜39

アミューズ　〔毎日新聞社〕
○三波春夫―シベリア抑留を含め、語り尽くす「わが戦後50年」(Amuse Long Interview)（三波春夫）「アミューズ」48(2)　1995.1.25　p55〜60

有田：歴史と民俗　〔有田の歴史と民俗を調べる会〕
○シベリア抑留を聴いて（岩田孝）「有田：歴史と民俗」(10)　2000.10

いしがみ　〔「いしがみ」刊行会〕
○空腹と酷寒のソ連抑留生活（米谷繁治）「いしがみ」(18)　2007.12

伊那路　〔上伊那郷土研究会〕
○遺稿「とらはれの記」抄―シベリア抑留中の詠歌を中心に（沖村義見）「伊那路」46(8)通号547　2002.8
○「シベリヤ抑留抄」の短歌について（林茂樹）「伊那路」46(10)通号549　2002.10

いふんか　　　　　　　　　雑　誌

異文化　〔法政大学国際文化学部〕
○強制労働収容所(タシケント)の体験―抑留された一日本人との対談(井坂義雄)「異文化」通号7　2006　p46～74

異文化 論文編　〔法政大学国際文化学部〕
○「シベリア抑留」研究の現状と課題―日露の先行研究から(小林昭菜)「異文化 論文編」通号11　2010.4　p267～285

魚沼文化　〔魚沼文化の会〕
○太平洋戦争終結・強制抑留 第二四地区 シベリヤ原生林抑留体験記(元関東軍兵士 高橋算遺稿)(岸野長雄)「魚沼文化」(53)　2007.3

潮　〔潮出版社〕
○女形で満した「収容所」〔ハバロフスク戦犯収容所〕の生活(島村喬)「潮」通号127　1970.7　p372～377
○高校野球一〇〇周年特別企画 甲子園"延長一八回"五つの物語(第1回)「満州引き揚げ」のエース対「シベリア抑留」の監督。(松下 茂典)「潮」(675)　2015.5　p170～179

うすゐ　〔臼井文化懇話会〕
○シベリア抑留―還らぬ人たちのために(立田実)「うすゐ」(15)　1999.12

越後吉田町毛野賀多里　〔吉田町教育委員会〕
○シベリア抑留の思い出 終戦から収容所まで(五十嵐恭二)「越後吉田町毛野賀多里」7　1997.10
○シベリア抑留の思い出 (2) 収容所で(五十嵐恭二)「越後吉田町毛野賀多里」8　1998.10
○シベリア抑留の思い出 (3) 収容所で(五十嵐恭二)「越後吉田町毛野賀多里」9　1999.10
○シベリア抑留の思い出 (4) 祖国日本へ(五十嵐恭二)「越後吉田町毛野賀多里」10　2000.10

えびの　〔えびの市史談会〕
○シベリヤ抑留の思い出(谷口兵五郎)「えびの」35　2001.4
○シベリヤ俘虜抑留記(宮崎静雄)「えびの」35　2001.4

大津市歴史博物館研究紀要　〔大津市歴史博物館〕
○あるシベリア抑留兵の記録(樋爪 修)「大津市歴史博物館研究紀要」(18)　2012.3

小千谷文化　〔小千谷市総合文化協会『小千谷文化』編集委員会〕
○大淵茂さん(愛読者会員)よりの紹介記事 現役入隊―終戦―抑留―復員(引揚げ)思い出の記録 岩沢 大淵勉(平成10年作文)/よく寝て、よく食べ、よく遊ぶ 保科ツネ(ニイガタ厚生連「そよ風」より)「小千谷文化」(209)　2012.12

小田原史談　〔小田原史談会〕
○赤い夕日が沈む（5）後編―私のシベリア抑留生活（木曽正雄）「小田原史談」172　1998.1
○赤い夕日が沈む（6）後編（2）―私のシベリア抑留生活（木曽正雄）「小田原史談」174　1998.7
○赤い夕日が沈む（7）後編（3）―私のシベリア抑留生活（木曽正雄）「小田原史談」175　1998.10
○俺のシベリア俘虜記（青木英雄）「小田原史談」198　2004.7

尾上文化誌　〔尾上町郷土史研究会〕
○シベリヤ抑留の想い出（工藤政吉）「尾上文化誌」2005年度版　2006.3

小野史談　〔小野の歴史を知る会〕
○シベリア抑留者として（蓬莱由雄）「小野史談」(48)　2007.1

オール読物　〔文芸春秋〕
○水原選手抑留記―インテリの見たソ連とベース・ボールへの郷愁（対談）（獅子文六，水原茂）「オール読物」4(10)　1949.10　p52〜59

雄鶏通信　〔雄鶏社〕
○抑留所の窓から見たソ聯のメーデー―窓越しのメーデー（北村尚宏）「雄鶏通信」5(5)　1949.5　p16〜17
○抑留所の窓から見たソ聯のメーデー―ウランバートルのメーデー（清水正二郎）「雄鶏通信」5(5)　1949.5　p17〜18
○抑留所の窓から見たソ聯のメーデー―五月一日（吉田金一）「雄鶏通信」5(5)　1949.5　p18〜19

【か行】

会誌　〔日本海地誌調査研究会〕
○我がシベリア抑留記（山本孝太郎）「会誌」(9)　2010年度　p41〜74
○我がシベリア抑留記(2)（山本孝太郎）「会誌」(10)　2011年度　p57〜70
○我がシベリア抑留記（山本孝太郎）「会誌」(11)　2012年度　p53〜93
○我がシベリア抑留記（山本孝太郎）「会誌」(12)　2013年度　p116〜136

改造　〔改造社〕
○許されている宗教―抑留者の観たソ連（辻双明）「改造」30(9)　1949.9　p50〜54

開拓者　〔日本基督教青年会同盟〕
○ソヴェット同盟の真実を語る―2―極東シベリヤ抑留の記（奈良常五郎）「開拓者」44(2)　1950.2　p20〜23

学苑 〔光葉会〕
○日本人のモンゴル抑留についての基礎的研究（ボルジギン・フスレ）「学苑」（886） 2014.8 p1〜20
○日本人抑留者の帰還をめぐる国際関係についての一考察（総合教育センター・国際学科特集）（ボルジギン・フスレ（呼斯勒））「学苑」（895） 2015.5 p38〜52

歌壇 〔本阿弥書店〕
○戦争と歌人たち（第12回）森川平八のシベリア抑留詠（篠弘）「歌壇」28（9）通号328 2014.9 p76〜81

神奈川大学評論 〔神奈川大学広報委員会〕
○シベリア抑留と満蒙開拓：個々の体験と記憶・歴史の声として（特集 戦後七〇年と日本社会：歴史と未来の交点）（畑谷 史代）「神奈川大学評論」（81） 2015 p124〜131

鎌ケ谷市史研究 〔鎌ケ谷市教育委員会〕
○シベリヤ抑留を語る（栗田尚弥）「鎌ケ谷市史研究」（16） 2003.3

烏ん枕 〔伊万里市郷土研究会〕
○不戦の誓いを新たに—シベリア抑留の体験を通して（田中良雄）「烏ん枕」（86） 2011.3
○不戦の誓いを新たに（2）—シベリア抑留の体験を通して（田中良雄）「烏ん枕」（87） 2011.11

関西外国語大学研究論集 〔関西外国語大学〕
○ソ連における強制労働と建設—囚人と捕虜は、どのように労働利用されたか（村井淳）「関西外国語大学研究論集」（91） 2010.3 p117〜135

北区史を考える会会報 〔北区史を考える会〕
○第343回月例研究会 6月18日（土） シベリヤ抑留物語（槙原幸成）「北区史を考える会会報」（101） 2011.8

キネマ旬報 〔キネマ旬報社〕
○三橋達也（フロント・インタビュー）（三橋達也）「キネマ旬報」（1340） 2001.9.15 p14〜21

九州女子大学紀要 人文・社会科学編 〔九州女子大学〕
○誰か故郷を—旧ソ連抑留俳句＝高木一郎と桜井江夢の場合（阿部誠文）「九州女子大学紀要 人文・社会科学編」34（1） 1997 p29〜43
○シベリヤの陽は寒かりき—旧ソ連抑留俳句＝村上兆平・石沢洗尽の場合（阿部誠文）「九州女子大学紀要 人文・社会科学編」34（3） 1998 p77〜90
○行方なき非道の旅路—旧ソ連抑留俳句 船水以南・佐久間木耳郎（阿部誠文）「九州女子大学紀要 人文・社会科学編」35（1） 1998 p83〜100

○遺さねば言葉も冱つる―旧ソ連抑留俳句＝長谷川芋逸と楢崎六花の場合（阿部誠文）「九州女子大学紀要 人文・社会科学編」36（1） 1999 p51～70
○俘虜の日溜まり―旧ソ連抑留俳句＝川島炬士・田倉八郎の場合（阿部誠文）「九州女子大学紀要 人文・社会科学編」35（3） 1999 p79～94
○第二の人生の原点として―旧ソ連抑留俳句＝宇野犂子・松崎鉄之介・高木喬一・若木一朗・小田保の場合（阿部誠文）「九州女子大学紀要 人文・社会科学編」36（3） 2000 p69～87

郷土をさぐる 〔上富良野町郷土をさぐる会〕
○シベリヤ抑留 心に残る悲しい憶い出（打越正）「郷土をさぐる」18 2001.4
○臨時召集とシベリア抑留（水谷甚四郎）「郷土をさぐる」21 2004.4
○風化するシベリア抑留（義父の戦時体験から）（田中正人）「郷土をさぐる」(26) 2009.3

季論21 〔『季論21』編集委員会〕
○書評 富田武著 シベリア抑留者たちの戦後―冷戦下の世論と運動 1945―56年（木村英亮）「季論21」(24) 2014.春 p232～234

金曜日 〔金曜日〕
○戦後補償の現実 連合国捕虜（特集・戦後補償は終わっていない）（新美隆）「金曜日」2（30） 1994.8.12 p30
○シベリアの死者たちはいま―抑留者の埋葬地を訪ねて（高橋大造［著］，藤森治郎［写真］）「金曜日」4（18） 1996.5.17 p49～53
○『ドキュメント・シベリア抑留』白井久也著（きんようぶんか 書評）（高杉一郎）「金曜日」4（22） 1996.6.14 p52～53
○「100万人署名」はシベリア抑留問題の解決になるか（白井久也）「金曜日」5（15） 1997.4.18 p58～59
○『ファミリー・ビジネス』米谷ふみ子/『捕虜体験記』ソ連における日本人捕虜の生活体験を記録する会編/『兵戈無用』秦正流（きんようぶんか 他薦）（サミュエル・淑子，白井久也，浅井泰範）「金曜日」6（38） 1998.10.2 p55
○国際 日露が話し合うべきことは北方領土よりも人権問題（林克明）「金曜日」8（34）通号338 2000.9.15 p30
○エレーナ・カタソノワさん（『金曜日』で逢いましょう）（白井久也）「金曜日」9（17）通号369 2001.5.11 p33
○旧日本軍将校にだまされて、3年間絶望の日々 シベリアで抑留された中学生の阿部少年（特集 戦後70年 よみがえる軍国主義）（奈良林 和子）「金曜日」23（29）通号1069 2015.7.31 p26

熊野史研究　〔熊野歴史博物館設立準備室〕
○シベリヤ回想記 落日と村人の大コーラス（岡本実）「熊野史研究」(46)　1998.9

組合運動　〔勤労時報社〕
○ソ連からの引揚者（風間丈吉）「組合運動」4(8)　1949.9　p21〜24
○ソ連抑留者の実際生活―1―環境と政治思想の推移（久保悟）「組合運動」4(8)　1949.9　p25〜29
○ソ連抑留者の実際生活―2―（久保悟）「組合運動」4(9)　1949.10　p39〜43
○ソ連抑留者の実際生活―3―環境と政治思想の推移（久保悟）「組合運動」4(10)　1949.11　p48〜50, 26

暮しの手帖 第4世紀　〔暮しの手帖社〕
○ある兵士が体験した抑留生活四年二カ月の記録 シベリアの物語（山下静夫）「暮しの手帖 第4世紀」(23)　2006.夏　p160〜167

軍事史学　〔錦正社〕
○旧ソ連抑留中死亡者遺骨収集を終えて（大山晋吾）「軍事史学」29(1)　1993.6　p90〜93
○関東軍総司令部の終焉と居留民・抑留者問題―日本側資料の再検討とソ連接収文書の分析によせて（稲葉千晴）「軍事史学」31(4)　1996.3　p52〜63
○秦郁彦著『日本人捕虜―白村江からシベリア抑留まで』上・下（稲葉千晴）「軍事史学」34(2)　1998.9　p68〜71
○[軍事史学会]関西支部第八十四回例会報告 シベリア抑留者七六万人―ロシア側新史料の発見（松島芳彦）「軍事史学」45(4)通号180　2010.3　p178〜180

軍縮問題資料　〔宇都宮軍縮研究室〕
○連載特集 法廷で裁かれる日本の戦争責任(40)シベリア抑留国家賠償請求訴訟―日本政府の棄兵・棄民政策を問う（村井豊明）「軍縮問題資料」(337)　2008.12　p53〜63
○連載特集 法廷で裁かれる日本の戦争責任(44)シベリア抑留損害賠償請求訴訟1審判決批判［京都地裁2009.10.28］（黒沢誠司）「軍縮問題資料」(351)　2010.3　p62〜71

群馬歴史散歩　〔群馬歴史散歩の会〕
○シベリアの墓参に思う（山崎正）「群馬歴史散歩」(199)　2007.5

月刊asahi　〔朝日新聞社〕
○ヤルタ会談後も続いていた米ソ秘密往復書簡の中身―キリチェンコが語る「日ソ近代秘史」（「昭和陸軍の興亡」［特別編］）（アレクセイ・キリチェンコ, 保阪正康）「月刊asahi」2(12)　1990.12　p122〜130
○民間外交で切り開く日ソ新時代―「シベリア抑留」から「北方領土」へ（対談）

○（総点検・ゴルバチョフ訪日）(斎藤六郎，保阪正康)「月刊asahi」3(6) 1991.6 p36～42
○シベリア抑留とは何だったのか—祖国に見捨てられた60万人の悲劇（座談会）(斎藤六郎，高杉一郎，内村剛介)「月刊asahi」3(8)（増刊(鎮魂シベリア)）1991.7 p20～29
○シベリア抑留は誰が決めたのか—ソ連側機密文書が語る「日ソ停戦会談」の中身 (白井久也)「月刊asahi」3(8)（増刊(鎮魂シベリア)）1991.7 p30～33
○日本兵捕虜の異文化体験—ソ連・国立中央公文書館所蔵「感想文集」から(松井覚進)「月刊asahi」3(8)（増刊(鎮魂シベリア)）1991.7 p34～36
○スターリン感謝決議文運動まで高まった「民主運動」の実態とは…(白井久也)「月刊asahi」3(8)（増刊(鎮魂シベリア)）1991.7 p37～39
○浅原正基氏が語る「スパイ容疑事件」の真相—「シベリア天皇」から「戦犯」へ(浅原正基，白井久也)「月刊asahi」3(8)（増刊(鎮魂シベリア)）1991.7 p40～43
○人間は遊びなしには生きられない—タイシェト地区「新声楽劇団」の活動(松井覚進)「月刊asahi」3(8)（増刊(鎮魂シベリア)）1991.7 p44～46
○ハバロフスクでつかんだ幸せと募る故国への想い—ある残留者田中子一さんの「書かれざる手記」(坂本龍彦)「月刊asahi」3(8)（増刊(鎮魂シベリア)）1991.7 p47～49
○「根こそぎ召集」が男と女の人生を狂わせた—無告の民、帰国後の辛酸(坂本龍彦)「月刊asahi」3(8)（増刊(鎮魂シベリア)）1991.7 p50～52
○夫や父の「魂」が帰ってくる！—全国抑留者補償協議会に寄せられた遺族らの手紙から「どれだけ抑留死亡者名簿の公表を待ち望んだことか」(保阪正康)「月刊asahi」3(8)（増刊(鎮魂シベリア)）1991.7 p53～55
○わが父はフョードルフカの丘に眠る—松島トモ子さん母娘を支えた5枚の紙片(坂本龍彦)「月刊asahi」3(8)（増刊(鎮魂シベリア)）1991.7 p56～59
○あの4年はまさに「道場」だった—「浪曲」から「歌」へ芸を学ぶ一心で過ごした日々(三波春夫)「月刊asahi」3(8)（増刊(鎮魂シベリア)）1991.7 p60～61
○日本人捕虜64万人の軌跡(高橋大造)「月刊asahi」3(8)（増刊(鎮魂シベリア)）1991.7 p62～67
○北海道占領か、シベリア抑留か(昭和陸軍の興亡〔20〕)(保阪正康)「月刊asahi」4(6) 1992.6 p150～157
○斎藤「大本営発表」に異議あり—シベリア抑留問題の虚と実(保阪正康)「月刊asahi」5(8) 1993.10 p96～105
○歴史文書を改竄した「昭和の参謀」瀬島龍三氏—関東軍文書が語る日ソ終戦交渉(「シベリア抑留問題」衝撃の手記)(斎藤六郎)「月刊asahi」5(10) 1993.12 p40～50

○瀬島龍三氏に歴史を語る資格はあるか(「シベリア抑留問題」衝撃の手記)(保阪正康)「月刊asahi」5(10)　1993.12　p48～49
○歴史の根底を知れば加筆は当然だ―「シベリア抑留」問題第2弾、瀬島龍三・元大本営参謀の大反論(インタビュー)(瀬島龍三, 永栄潔)「月刊asahi」6(1)　1994.1　p92～101
○さらば、瀬島龍三元参謀―関東東文書始末記(斎藤六郎)「月刊asahi」6(2)　1994.2　p123～141
○原爆をソ連大使館に運び込め!!(「シベリア抑留」問題第4弾)(斎藤六郎)「月刊asahi」6(3)　1994.3　p94～100
○関東軍文書の目録づくりを急げ(「シベリア抑留」問題第4弾)(保阪正康)「月刊asahi」6(3)　1994.3　p100～102

月刊自治研　〔自治労サービス〕
○グラビア バム鉄道―シベリア抑留者・半世紀の軌跡(長野良市)「月刊自治研」44通号511　2002.4　p5～13

月刊自由民主　〔自由民主党〕
○凍土(ツンドラ)地帯―スターリン時代のラーゲリ4年間の体験―3―回想のなかのよろこび<ドキュメント>(勝野金政)「月刊自由民主」通号232　1975.5　p170～178
○ソ連抑留へのスタート(私と8月15日<特集>)(水原茂)「月刊自由民主」通号235　1975.7　p36～37
○対談 シベリア抑留、五十八年目の夏を迎えて―相沢英之 山口信夫(特集・終戦の日に思う)(相沢英之, 山口信夫)「月刊自由民主」通号606　2003.9　p24～41
○極限状態を生き抜いた男たち―死闘を繰り広げたシベリア抑留と『戦艦大和』の最期(終戦特集 戦禍にまみれ、彼は思ふ)(末松信介)「月刊自由民主」通号654　2007.9　p28～36

月刊総評　〔日本労働組合総評議会〕
○飢えと坑内労働に耐えて(シベリヤ抑留生活)(若い世代に訴える「私の戦争体験」<特集>)(岩切悟)「月刊総評」通号296　1982.8　p24～26

月刊日本　〔K&Kプレス〕
○歴史の真相を徹底糾明せよ シベリアで四〇万人の抑留者が殺された(安西正鷹)「月刊日本」7(2)通号70　2003.2　p24～31

月刊歴史ジャーナル　〔NPO法人尾道文化財研究所〕
○特集 シベリア捕虜回顧録(1)「月刊歴史ジャーナル」(104)　2012.8
○特集 シベリア捕虜回顧録(2)「月刊歴史ジャーナル」(105)　2012.9

研究紀要　〔世界人権問題研究センター〕
○シベリア抑留と部落問題―日本語新聞における部落問題関係記事を中心に（本郷浩二）「研究紀要」(18)　2013.3　p123～171

研究小報　〔大分市鶴崎公民館ふるさとの歴史教室〕
○シベリヤ抑留記（工藤矩雄）「研究小報」20　2003.3

言語態　〔言語態研究会〕
○失語と詩―石原吉郎とヴァルラーム・シャラーモフのシベリヤ体験と文学（安原伸一朗）「言語態」7　2007　p71～81

現代　〔講談社〕
○もう一つの昭和秘史 瀬島龍三（伊藤忠特別顧問）への公開質問状―ソ連研究五十年の元"諜報マン"が痛撃（中田光男）「現代」22(6)　1988.6　p136～161
○シベリア抑留者仲間に捧げた「長谷川宇一」の戦後（魅惑の人生、苦難の人生、私の心を動かし彼らは走り抜けた 激動の25年史―「時代の証言者たち」の軌跡 講談社ノンフィクション賞作家「競作評伝」）（辺見じゅん）「現代」25(13)　1991.12　p246～249

現代詩手帖　〔思潮社〕
○シベリアはだれの領土でもない：石原吉郎論のためのメモランダム（特集 戦後70年、痛みのアーカイヴ：いまを生きるために）（野村 喜和夫）「現代詩手帖」58(8)　2015.8　p84～91

現代農業　〔農山漁村文化協会〕
○私のシベリア抑留体験（戦後七〇年のいま伝えたいこと）（樫原 道雄）「現代農業」94(8)通号826　2015.8　p320～327

現代の理論　〔『現代の理論』編集委員会〕
○シベリア抑留問題究明はどこまで（富田武）「現代の理論」29　2011.秋　p214～222

現代俳句　〔現代俳句社〕
○ソ連抑留の句より（荒垣秀雄）「現代俳句」4(7)　1949.7　p22～25

公研　〔公益産業研究調査会〕
○私の生き方（第487回）シベリア抑留はフィールドワーク（加藤九祚，西和久）「公研」48(9)通号565　2010.9　p20～35

公評　〔公評社〕
○闇市テーゼと捕虜収容所の演劇（敗戦の演劇〔3〕）（平岡正明）「公評」35(10)　1998.11　p140～147
○ドキュメント 太平洋戦争とフクシマ(7)悲劇はなぜ繰り返されるのか シベリア抑

留と原発（片野勧）「公評」51（7）　2014.8　p108～115

神戸法学雑誌〔神戸法学会〕
○ソ連の捕虜取扱いと国際法―その労働法について（尾上正男）「神戸法学雑誌」1（1）　1951.3　p197～216

国際論集〔金沢工業大学国際問題研究所〕
○一戦中派の周辺の記録―対ソ・対米戦備要員及びシベリア捕虜の体験から（丸山要）「国際論集」(6)　1992.3　p225～264

国文学：解釈と鑑賞〔ぎょうせい〕
○シベリア抑留者の言語生活（特集 日本語のウチとソト―この百年―日本語の百年）（浅妻涼）「国文学：解釈と鑑賞」65（7）　2000.7　p61～71

国民経済雑誌〔神戸大学経済経営学会〕
○国際法とソ連の俘虜待遇（尾上正男）「国民経済雑誌」82（6）　1950　p1～25

子どものしあわせ：母と教師を結ぶ雑誌〔福音館書店〕
○親子で読める「語りつぎたい話」 私のシベリア捕虜記（嘉藤吉郎）「子どものしあわせ：母と教師を結ぶ雑誌」通号708　2010.2　p60～67

【 さ行 】

財界〔財界研究所〕
○ソ連で収容所生活も体験したネアカな証券マン―ユニバーサル証券副会長・堂嶋正男（財界WHO'S WHO）（堂嶋正男）「財界」36（6）　1988.3.1　p114～115
○シベリア抑留問題ひとつ取ってもに日本政府はどこまでソ連に主張したのか（西部邁の"真正"保守主義のすすめ）（西部邁）「財界」39（13）　1991.5.28　p18
○私の最後の仕事、シベリア抑留中に亡くなった人たちの慰霊碑を建てられて感慨無量です（主幹インタビュー）（瀬島龍三，村田博文）「財界」43（26）　1995.10.24　p58～61
○日ロ平和条約の早期締結を求めて全抑協がロシア大統領に陳情　「財界」45（28）　1997.11.4　p88～89

佐伯史談〔佐伯史談会〕
○私のシベリア抑留記（神崎辰雄）「佐伯史談」181　1999.6

佐久〔佐久史学会〕
○資料1 太平洋戦争年表/資料2 日本の領土の変遷/資料3 ソ連・外蒙古領における日本人収容所の分布（昭和21年当時）と死亡者数　「佐久」(63)　2011.8
○証言（1）「もう一つの戦後」満州からシベリア抑留へ（特集 孫たちに伝えたい

「私の戦争体験」(前)―今日も暮れゆく異国の丘に シベリア)(土屋銀司)「佐久」(63) 2011.8
〇私の戦争体験 第三篇 証言(1) シベリア抑留(荻原 輝孝)「佐久」(65) 2012.8

座談 〔文芸春秋新社〕
〇ハバロフスク特別将官収容所(北崎学)「座談」3(10) 1949.12 p52～59

サンデー毎日 〔毎日新聞社〕
〇抑留生活にみたソ連の印象(淡徳三郎)「サンデー毎日」27(39) 1948.9 p6～7
〇…朝戸外にて零下12度、室内にて零下3度、例年にない酷寒だ！ にも拘らず益々元気旺盛！ 喜べ！ 喜べ！(徳田球一未発表の手紙―獄中18年「愛する女へ」〔16〕)(田崎賜之介)「サンデー毎日」62(10) 1983.3.6 p92～95

三訪会会報 〔三成学区の歴史と自然を訪ねる会〕
〇思い起こす昭和20年(敗戦)の混乱と、その後のシベリヤ抑留 「三訪会会報」(57) 2012.7
〇思い起こす昭和20年 シベリヤ抑留 「三訪会会報」(58) 2012.9

椎名麟三：自由の彼方で 〔椎名麟三を語る会〕
〇シベリア抑留―はじめて見たソ連軍(戦争を語りつぎ平和を考える)(木下馨)「椎名麟三：自由の彼方で」(12) 2008.10 p86～93

時間．[第2次] 〔時間社〕
〇郷愁―シベリヤ詩集より―(長尾 辰夫)「時間．[第2次]」1(3) 通号3 1950.7.1 p8

重信史談 〔重信史談会〕
〇私の戦後―ロシア墓参に参加して(和田正澄)「重信史談」17 1998.11

詩人会議 〔前衛詩人連盟〕
〇モンゴリ詩抄 俘虜収容所の詩・ロシア語をはりつけた詩―[唯物論研究／衛生講話／黄金頌](〈作品〉)(新巻圭太郎)「詩人会議」3(2) 1949.8.15 p12～13
〇シベリヤ抑留者の望郷詩―鳴海英吉の場合(特集 ふるさとと詩)(石村柳三)「詩人会議」48(9) 通号576 2010.9 p24～28

思想の科学 第5次 〔思想の科学社〕
〇アンガラ会―シベリヤ捕虜の視点(集団の戦後思想史)(伊藤登志夫)「思想の科学 第5次」(115) 1971.4 p82～92

思想の科学 第8次 〔思想の科学社〕
〇戦後明らかになった日本人のソ連体験―人間の美しい収容所 石原吉郎小論(特集・日本人のソ連体験)(瀬尾育生)「思想の科学 第8次」通号38 1996.3 p64～77
〇人間の美しい収容所 石原吉郎小論(思想の科学創刊50周年記念特集―＜特集＞日

本人のソ連体験)(瀬尾育生)「思想の科学 第8次」通号38　1996.3　p64〜77

実業界　〔実業界〕
○特攻隊、シベリアから生還した強運の男(トップの素顔〔53〕)(堂嶋正男)「実業界」(688)　1986.6　p70〜74
○"歴史改ざん疑惑"で暴かれた「瀬島龍三」の危険な本性　「実業界」(782)　1994.4　p57〜59

実業の日本　〔実業之日本社〕
○ソ連で訓練される抑留日本人の実相(ボブロウスキー)「実業の日本」56(2)　1953　p86〜87

史滴　〔早稲田大学文学部東洋史学専修室〕
○講演 日本人のモンゴル抑留について(彙報 早稲田大学東洋史懇話会事歴 第三九回大会 平成二六年三月二二日)(青木 雅浩)「史滴」(36)　2014.12　p282〜284

社会科学研究　〔中京大学社会科学研究所〕
○私のシベリア抑留生活(戦争と平和のかげに—3—<特集>)(稲垣兼一)「社会科学研究」通号特別号　1993.3　p33〜59

社会評論　〔ナウカ社〕
○第3収容所—シベリア抑留ノート(阿部敬三)「社会評論」5(6)　1948.9　p28〜35
○ソ連国民の音楽生活—抑留音楽家の体験(井上頼豊)「社会評論」5(9)　1948.12　p27〜32

史友　〔東京史蹟史談会〕
○シベリア抑留史 餡ころ餅のこと(川島勝美)「史友」1　1997.8

自由　〔自由社〕
○若槻泰雄著「シベリア捕虜収容所—ソ連と日本人(上下)」　「自由」22(1)　1980.1　p168〜170
○「敗戦・悪魔の侵略」—満州・シベリヤは生地獄だった《「ラジオ日本」の特別番組》「自由」24(10)　1982.10　p135〜137
○シベリア抑留者・考(1)旧ソ連抑留者は捕虜ではない(石崎誠一)「自由」42(2)通号480　2000.2　p136〜147
○シベリア抑留者は捕虜ではない(2)捕虜補償と抑留賠償の違い(石崎誠一)「自由」42(3)通号481　2000.3　p133〜142
○シベリア抑留者は捕虜ではない(3)終戦直後のソ連の不法行為—ポツダム宣言は対日終戦処理の最高法規である。(石崎誠一)「自由」43(6)通号496　2001.6　p144〜157
○シベリア抑留者は捕虜ではない(4)ポツダム宣言とソ連の姿勢—若槻泰雄氏は

「シベリア抑留者は捕虜である」といわれた。しかし私はその見解に同調出来ない。その根拠を提示する（石崎誠一）「自由」43（7）通号497　2001.7　p130〜142
○シベリア抑留者は捕虜ではない（5）ソ連の対日参戦と終戦処理策―日ソ両国とも"中立条約"を尊重し表面的には友好関係を保持した。しかし、ドイツ・日本の敗色が強まるなかで、ソ連は変わっていった。（石崎誠一）「自由」43（8）通号498　2001.8　p140〜151
○シベリア抑留者は捕虜ではない（6）日本の和平模索とソ連参戦（石崎誠一）「自由」43（9）通号499　2001.9　p146〜157
○シベリア抑留者は捕虜ではない（7）終戦時におけるソ連の暴行（石崎誠一）「自由」43（10）通号500　2001.10　p147〜162
○ソ連の対日工作責任者との対談（2）日本兵は捕虜である―イワンコワレンコ，石崎誠一（イワン・コワレンコ，石崎誠一）「自由」44（3）通号505　2002.3　p112〜119
○ソ連の対日工作責任者との対談（完）抑留者か捕虜か―混乱のなかでつくられた歴史（イワン・コワレンコ，石崎誠一）「自由」44（4）通号506　2002.4　p120〜128

週刊朝日　〔朝日新聞出版〕
○あれから40年有余年…日独の元捕虜たちが初の体験交流「不戦の誓い」新たに「週刊朝日」93（13）　1988.4.1　p32〜34
○「私はコミの収容所で死ぬ」―抑留秘話、45年ぶりに伝えられた日本人の遺言「週刊朝日」96（11）　1991.3.15　p30〜31
○幻の活動写真「何が彼女をそうさせたか」奇跡の生還―ロシアで発見され、64年ぶりに銀幕復帰！　「週刊朝日」99（23）　1994.6.17　p36〜39

週刊現代　〔講談社〕
○20代でシベリア抑留、40歳で大争議の矢面―王子製紙・河毛二郎社長（トップが語る）（河毛二郎）「週刊現代」31（3）　1989.1.21　p150〜151

週刊サンケイ　〔扶桑社〕
○スターリンの遺産（シベリア抑留者「38年目の昭和史」〔1〕）（田司健人）「週刊サンケイ」32（23）　1983.5.26　p164〜167
○悲劇の序曲（シベリア抑留者「38年目の昭和史」〔2〕）（田司健人）「週刊サンケイ」32（24）　1983.6.2　p158〜161
○苛酷な日々への怨念（シベリア抑留者「38年目の昭和史」〔3〕）（田司健人）「週刊サンケイ」32（25）　1983.6.9　p170〜173
○心の傷あと（シベリア抑留者「38年目の昭和史」〔4〕）（田司健人）「週刊サンケイ」32（26）　1983.6.16　p146〜149
○大国のエゴイズム（シベリア抑留者「38年目の昭和史」〔5〕）（田司健人）「週刊サンケイ」32（28）　1983.6.23　p146〜149

○終わらぬ戦後（シベリア抑留者「38年目の昭和史」〔6〕）（田司健人）「週刊サンケイ」32（29）　1983.6.30　p148～151

週刊時事 〔時事通信社〕
○墓石のない墓地で慰霊祭を行った今年の北方領土墓参（TREND）「週刊時事」32（35）　1990.9.22　p19
○シベリア抑留死者名簿の引き渡しで外務省が"横やり"（TREND）「週刊時事」33（4）　1991.2.2　p17～18
○ゴルバチョフ来日で浮上する日・ソの"トゲ"「シベリア抑留問題」―「シベリア抑留死没者名簿」返還の裏側（御田重宝）「週刊時事」33（12）　1991.3.30　p26～29
○一味違う真剣さ、シベリア抑留問題解決目指し草の根レベルで「国際相互理解協会」を設立（海外リポート・ソ連）（名越健郎）「週刊時事」33（29）　1991.8.3　p50～52
○"えん罪"晴れても心境は複雑な元シベリア抑留者たち（TREND）「週刊時事」33（38）　1991.10.12　p21
○厳寒のシベリア遺骨収集にチタ州赤十字の温かい協力（TREND）「週刊時事」33（41）　1991.11.2　p17
○一味違ったクラスノボック収容所（アワドントルクメニスタン―シルクロード大使館繁盛記〔28〕）（緒方修）「週刊時事」34（43）　1992.11.7　p68～69
○変化に富んでいた抑留生活（アワドントルクメニスタン―シルクロード大使館繁盛記〔29〕）（緒方修）「週刊時事」34（44）　1992.11.14　p68～69
○なぜ旧日本軍捕虜は抑留されたか（ソ連秘密文書は語る―裏舞台の日ソ関係史〔8〕）（名越健郎）「週刊時事」36（25）　1994.7.9　p54～55
○相次いだラーゲリ内の抵抗（ソ連秘密文書は語る―裏舞台の日ソ関係史〔9〕）（名越健郎）「週刊時事」36（26）　1994.7.16　p54～55

週刊新潮 〔新潮社〕
○『ソ連墓参団』の狙い―今頃80年前の墓に（政治）「週刊新潮」31（28）　1986.7.17　p26
○特集・シベリア抑留64万人で「瀬島龍三」神話の書き直し　「週刊新潮」35（26）　1990.7.5　p134～138
○特集・瀬島龍三氏手記「戦後最大の空白」に二つの嘘「週刊新潮」35（33）　1990.8.30　p38～42
○特集・エリツィンの哀悼でまた火がついた「シベリア」と「瀬島龍三」「週刊新潮」38（41）　1993.10.28　p138～142
○シベリア抑留公文に「手を入れた」瀬島龍三（常識の裏側）「週刊新潮」38（43）　1993.11.11　p139～140

○ロシア新資料で明かされたシベリア抑留日本兵の「密告者」（敗戦54年目の驚愕秘話）「週刊新潮」44（34）通号2217　1999.9.9　p147〜148
○劇団四季ミュージカルになった「シベリア抑留」（TEMPO）「週刊新潮」46（40）通号2322　2001.10.25　p38
○「シベリア抑留」11年余草地貞吾氏が貫いた信念（墓碑銘）「週刊新潮」46（46）通号2328　2001.12.6　p145
○ソ連抑留「近衛文麿」長男の「謎の死」（工藤美代子）「週刊新潮」53（32）通号2658　2008.8.28　p140〜143
○戦後64年「シベリア抑留体験」異聞 特掃班「糞尿係」奮戦記（笹幸恵）「週刊新潮」54（31）通号2706　2009.8.13・20　p42〜44
○シベリア抑留から生還した黒幕「瀬島龍三」がフラれた「寂光院の女」（週刊新潮55年を彩った「数奇な人生」棺を蓋いて定まらず）「週刊新潮」56（8）通号2781　2011.2.24　p46〜48

週刊東洋経済 〔東洋経済新報社〕
○シベリア抑留中にスパイ罪43年ぶりの無罪証明──いま日ソ合作映画に最後の情熱、河西武（人生二毛作〔19〕）（日高邦夫）「週刊東洋経済」（5034）　1991.11.16　p84〜85

週刊文春 〔文芸春秋〕
○日本の参謀・瀬島龍三氏のあばかれたシベリア体験　「週刊文春」29（15）　1987.4.16　p152〜155
○瞼の父、シベリアの荒野に眠る──涙と感動のドキュメント（松島トモ子）「週刊文春」32（20）　1990.5.31　p47〜53
○シベリアの恨みは骨髄、瀬島龍三（オピニオンワイド・こいつだけは許せない！）（胡桃沢耕史）「週刊文春」33（17）　1991.5.2・09　p51〜52
○シベリアの大地に父の墓標を〔1〕（松島トモ子、母と娘の旅路）（松島トモ子）「週刊文春」34（15）　1992.4.16　p158〜164
○シベリアの地に眠る父を尋ねて（松島トモ子母と娘の旅路〔13〕）（松島トモ子）「週刊文春」34（27）　1992.7.16　p78〜82
○抑留者の会で歌ったシベリア夜曲（松島トモ子母と娘の旅路〔最終回〕）（松島トモ子）「週刊文春」34（29）　1992.7.30　p80〜84
○瀬島龍三、公文書改竄事件の真相（保阪正康）「週刊文春」35（44）　1993.11.18　p54〜57
○西木正明が暴いたシベリア「最後の残虐」（UPDATE）「週刊文春」41（30）通号2040　1999.8.5　p29
○私の読書日記──日仏協調、満州、ラーゲリ（文春図書館）（鹿島茂）「週刊文春」41（35）通号2045　1999.9.16　p138〜139

○私の読書日記―小話・文章術・抑留者（文春図書館）（米原万里）「週刊文春」43
　（35）通号2144　2001.9.20　p158〜159
○五木寛之 近著『運命の足音』で初めて明かしたソ連兵の暴虐と家族の非業の死―
　「もう書いていいのよ」という母の声が最近どこからともなくきこえるようになっ
　た。「週刊文春」44（32）通号2190　2002.8.15・22　p214〜217
○新 家の履歴書（328）松島トモ子（女優・歌手）生後すぐ満州から引き揚げ。シベ
　リアに抑留された父とは生前に一度も会えなかった。（松島トモ子）「週刊文春」
　55（9）通号2713　2013.2.28　p110〜113

週刊宝石　〔光文社〕
○シベリア抑留日本兵―日本にいる娘にひと目会いたい（グラビア）「週刊宝石」13
　（23）　1993.6.24
○シベリア抑留の夫と待ち続けた妻…51年ぶりに再会した夫婦の「変わらぬ愛」
　「週刊宝石」17（16）　1997.5.1　p46〜49

自由と正義　〔日本弁護士連合会〕
○人権侵害の根絶をめざして―33―シベリア抑留補償と韓国人差別（武村二三夫）
　「自由と正義」42（9）　1991.9　p142〜145

出版ニュース　〔出版ニュース社〕
○ブックハンティング2009 未完の悲劇 シベリア抑留 著・栗原俊雄（中川隆介）「出
　版ニュース」通号2190　2009.10.下旬　p32〜33

ジュリスト　〔有斐閣〕
○ソ連に抑留中の夫との離婚訴訟棄却事件（中川善之助）「ジュリスト」通号68
　1954.10　p2〜5
○シベリア長期抑留による損害と国家補償（憲法）（小山剛）「ジュリスト」通号
　1135（臨増（平成9年度重要判例解説））　1998.6.10　p16〜17

情況 第二期　〔情況出版〕
○「歴史の空白」とされたシベリア抑留（特集 終らぬ戦後―現代の争点）（菅孝行）
　「情況 第二期」9（11）　1998.12　p112〜117

上智史学　〔上智大学史学会〕
○太平洋戦争下日本軍による捕虜虐待の史的背景に関する一考察―日本における赤
　十字思想の展開と凋落（小菅信子）「上智史学」通号37　1992.11　p79〜100

情緒障害教育研究紀要　〔北海道教育大学情緒障害教育学会〕
○菅季治『文芸的心理学への試み』序説（その7）（小田切正）「情緒障害教育研究紀
　要」（20）　2001　p265〜274

諸君！　〔文芸春秋〕
○"天皇島"への敵前上陸（昭和史ウラばなし・10）（保阪正康）「諸君！」16（8）

1984.8　p162～167
○文学と国際世論（平川祐弘）「諸君！」19（11）　1987.11　p224～244
○勇気を与える言葉とは何か──辺見じゅん氏に聞く（BOOK PLAZA）（吉原敦子）「諸君！」22（5）　1990.5　p174～175
○シベリア残留日本人捕虜の45年（滝沢一郎）「諸君！」22（11）　1990.11　p198～203
○ユートピアに刺さったトゲ──「シベリア抑留」擁護論の系譜（悪魔払いの戦後史──なぜ「知識人」は誤ったのか〔1〕）（稲垣武）「諸君！」24（7）　1992.7　p148～167
○悪魔払いの戦後史──1──ユートピアに刺さったトゲ──「シベリア抑留」擁護論の系譜（稲垣武）「諸君！」24（7）　1992.7　p148～167
○目撃したシベリア抑留者の確執──これじゃ戦友は浮かばれない（石崎誠一）「諸君！」24（12）　1992.12　p86～94
○これじゃ戦友は浮かばれない──目撃したシベリア抑留者の確執（石崎誠一）「諸君！」24（12）　1992.12　p86～94
○シベリアのサムライたち（アレクセイ・キリチェンコ［著］，名越健郎［訳］）「諸君！」25（7）　1993.7　p188～198
○シベリア抑留8年・夫と妻（遠い日近いひと〔9〕）（沢地久枝）「諸君！」28（11）　1996.11　p180～190
○通説「抑留60万人虐殺6万人」を覆す──シベリア抑留100万人虐殺40万人の衝撃（歴史の真実とは何か）（滝沢一郎）「諸君！」32（8）　2000.8　p232～244
○スターリンの「拉致」も早く解決せよ──「シベリア抑留」「北方領土」"ならず者"はもう一人いた（青木泰三，上坂冬子）「諸君！」36（1）　2004.1　p202～212
○「シベリア抑留」「北方領土」──"ならず者"はもう一人いた　スターリンの「拉致」も早く解決せよ（青木泰三，上坂冬子）「諸君！」36（1）　2004.1　p202～212
○『シベリア強制抑留の実態──日ソ両国資料からの検証』阿部軍治著──クレムリンの犯罪に迫る（BOOK PLAZA──書評）（滝沢一郎［評］）「諸君！」38（2）　2006.2　p292～293

女性詩　〔日本女詩人会〕
○ウクライナの墓標（〈新刊詩集紹介〉）（矢野克子）「女性詩」（3）　1951.6.1　p14

書評　〔関西大学生活協同組合「書評」編集委員会〕
○鈴木祥蔵著「シベリア捕虜収容所『ラーゲル』の中の青春──一学徒兵55年目の回想」（特集　読書案内）（田中欣和）「書評」通号115　1999.12　p7～9

市立市川歴史博物館館報　〔市立市川歴史博物館〕
○資料紹介　在外同胞抑留者シベリア地区引揚促進運動回顧録（小野英夫）「市立市川歴史博物館館報」2003年度　2005.3

○思い出の記―シベリア抑留から帰還まで（山田慶太郎，小野英夫）「市立市川歴史博物館館報」2009年度　2011.3

新経済　〔新経済社〕
○アルマ・アタ収容所の3年―ソ連抑留記断章（金沢覚太郎）「新経済」9(1)　1948.12　p15〜17

人権と部落問題　〔部落問題研究所〕
○世界の人権問題　ウズベキスタンの日本人捕虜―戦争と人権（藤野達善）「人権と部落問題」57(9)通号734　2005.8　p62〜67

神女大史学　〔神戸女子大学史学会〕
○シベリヤ抑留記（浅田芳朗）「神女大史学」(3)　1984.12　p3

新星　〔新星社〕
○ソ連抑留生活の記録―帰還した新聞記者は語る（座談会）（天野良和，東信夫，美濃谷善三郎［他］）「新星」2(4)　1948.12　p20〜29

新潮45　〔新潮社〕
○「シベリア抑留」で見た銃殺の悪夢（特集 人生で「地獄」を見た時）（相沢英之）「新潮45」19(8)通号220　2000.8　p83〜86

新ふるさと袋井　〔［袋井市地方史研究会］〕
○シベリア抑留（ハバロフスク地方）（第一部 会員の研究発表集）（安間 正）「新ふるさと袋井」(26)　2012.1

新聞研究　〔日本新聞協会〕
○歴史をあるがままに見る―連載企画「シベリア抑留」（受賞報告）（昭和61年度新聞協会賞編集部門受賞者・授賞理由・受賞報告）（御田重宝）「新聞研究」通号423　1986.10　p12〜14

人民戦線　〔人民戦線社〕
○雪原に俘虜となりて―シベリヤ帰還兵の手記（石田昇）「人民戦線」4(29)　1948.12　p41〜49

人民の歴史学　〔東京歴史科学研究会〕
○書評 長沢淑夫著『シベリア抑留と戦後日本 帰還者たちの闘い』（千地健太）「人民の歴史学」(194)　2012.12　p42〜44

須高　〔須高郷土史研究会〕
○シベリア抑留記（成田倍斗）「須高」(61)　2005.10　p92〜98
○シベリヤ抑留記(2)（成田倍斗）「須高」(62)　2006.4　p93〜100

政界往来　〔政界往来社〕
○「シベリア抑留者の戦後処理はまだ終わっていない」（中村芳平）「政界往来」56

(11)　1990.11　p114～117

政界ジャーナル 〔行政通信社〕
○「シベリア抑留者名簿」公開で官・民対立騒動（話題を追う）「政界ジャーナル」24（4）　1991.4　p32～34

政財界ジャーナル 〔行政通信社〕
○未処理のシベリア抑留者「強制労働補償」―北方領土とともに日ソ間に刺さった"もう1つのトゲ"（話題を追う）「政財界ジャーナル」24（7）　1991.7　p22～25

青春と読書 〔集英社〕
○"戦争"は過去のことか？―「シベリアの日本人捕虜たち」によせて（岡田安彦）「青春と読書」34（8）通号273　1999.8　p68～71

正論 〔産経新聞社〕
○抑留者を狙え（祖国をソ連に売った36人の日本人〔3〕）（檜山良昭）「正論」（100）　1982.1　p176～195
○ソ連（孤島の土となるとも―BC級戦犯概史〔41〕）「正論」（219）　1990.11　p370～380
○ゴルバチョフ"人道外交"のウソ（特集・断末魔のソ連）（中川八洋）「正論」（224）　1991.4　p160～167
○シベリア抑留―収容所群島に生きた日本人（昭和史の謎を追う〔最終回〕）（秦郁彦）「正論」（241）　1992.9　p328～343
○大虚報を撃つ―「捕虜使役報道」はまったくのウソ（草地貞吾）「正論」（254）　1993.10　p88～101
○シベリア抑留・文書改竄問題のバカ騒ぎ―「大虚報を撃つ」〔2〕（草地貞吾）「正論」（258）　1994.2　p150～170
○「シベリア抑留」関東軍密約説を再度撃つ（草地貞吾）「正論」（261）　1994.5　p150～165
○旧ソ連強制抑留者のステータス―モスクワ・日露シンポジウムの白熱論争から（石崎誠一）「正論」（286）　1996.6　p118～128
○グラビア フォトギャラリー（1）シベリア抑留　「正論」通号376　2003.10　p21～27
○『内村剛介ロングインタビュー 生き急ぎ、感じせく 私の二十世紀』陶山幾朗編集・構成―ソ連獄11年、ロシア人の心を洞察（読書の時間）（鈴木肇）「正論」通号440　2008.11　p340～341
○内村剛介が語ったシベリア抑留者の無念（プーチンの微笑には騙されない）（陶山幾朗）「正論」通号448　2009.7　p126～135
○書き下ろし110枚！　ソ連軍の侵攻で地獄と化した満洲。命を賭して同胞救難に立ち上がった女性がいた　満洲の墓標「お町は日本の女でございます」（「正論」傑作

選 戦後70年 大東亜戦争：民族の記憶として）（加藤 康男）「正論」(525)（臨増）2015.9　p204〜244
○大東亜戦争を語り継ぐ会（第8回）ソ満国境の激戦、シベリア抑留：いまなお荒野に眠る戦友の遺骨を求めて（初秋特大号）（荒木 正則，井上 和彦）「正論」(527)　2015.10　p348〜360

世界　〔岩波書店〕

○子供たちへの願い（シリーズ対談・語りつぐべきこと）（沢地久枝，佐藤忠良）「世界」通号500　1987.4　p306〜323
○ウランバートル吉村隊の悲劇（戦後史—その虚妄と実像を歩く〔7〕）（井出孫六）「世界」通号525　1989.3　p280〜289
○菅季治の受難（戦後史—その虚妄と実像を歩く〔8〕）（井出孫六）「世界」通号526　1989.4　p189〜200
○シベリア抑留裁判最高裁へ（レンズ・オン・ザ・ワールド）（坂本龍彦）「世界」通号582　1993.5　p188〜189
○関東軍文書発見の衝撃（氷雪の碑—斎藤六郎とシベリア抑留〔1〕）（白井久也）「世界」通号595　1994.5　p202〜213
○氷雪の碑—斎藤六郎とシベリア抑留—1—関東軍文書発見の衝撃（白井久也）「世界」通号595　1994.5　p202〜213
○氷雪の碑—斎藤六郎とシベリア抑留—2—国体護持の画策（白井久也）「世界」通号596　1994.6　p275〜287
○氷雪の碑—斎藤六郎とシベリア抑留—3—スターリンの犯罪〔含 資料〕（白井久也）「世界」通号597　1994.7　p286〜299
○氷雪の碑—斎藤六郎とシベリア抑留—4—庄内に生まれて（白井久也）「世界」通号598　1994.8　p272〜284
○氷雪の碑—斎藤六郎とシベリア抑留—5—満州で虜囚に（白井久也）「世界」通号599　1994.9　p308〜320
○氷雪の碑—斎藤六郎とシベリア抑留—6—厳寒・飢餓・重労働（白井久也）「世界」通号600　1994.10　p282〜296
○氷雪の碑—斎藤六郎とシベリア抑留—7—民主運動，勝利と挫折（白井久也）「世界」通号602　1994.12　p294〜307
○氷雪の碑—斎藤六郎とシベリア抑留—8—裁かれた戦犯，その実態（白井久也）「世界」通号603　1995.1　p286〜299
○氷雪の碑—斎藤六郎とシベリア抑留—9—故国の土を踏んで（白井久也）「世界」通号605　1995.2　p274〜287
○氷雪の碑—斎藤六郎とシベリア抑留—10—逮捕・裁判・無罪（白井久也）「世界」通号606　1995.3　p290〜303

○氷雪の碑―斎藤六郎とシベリア抑留―11―全抑協運動，統一と分裂（白井久也）「世界」通号607　1995.4　p300〜314
○氷雪の碑―斎藤六郎とシベリア抑留―12完―国家補償求めて法廷闘争（白井久也）「世界」通号608　1995.5　p304〜318
○最終決着が急がれるシベリア抑留補償（世界の潮）（白井久也）「世界」(760)　2007.1　p29〜32
○世界の潮　最終決着が急がれるシベリア抑留補償（白井久也）「世界」(760)　2007.1　p29〜32
○朝鮮人元シベリア抑留兵は訴える（白井久也）「世界」(793)　2009.7　p234〜242
○世界の潮　シベリア抑留問題―個人補償のハードルを越えられるか（栗原俊雄）「世界」(800)　2010.1　p37〜40

世界週報　〔時事通信社〕
○『シベリアの日本人捕虜たち』セルゲイ・I・クズネツォフ著（BOOKs）「世界週報」80(33)通号3916　1999.9.14　p72

前衛　〔日本共産党中央委員会〕
○論点　シベリア抑留者への補償で問われるもの―いまこそ立法措置で解決を（平井浩一）「前衛」通号806　2006.7　p181〜183
○シベリア抑留への補償と謝罪をただちに（本吉真希）「前衛」通号855　2010.4　p153〜156

前進　〔板垣書店〕
○鉛筆と階級意識―私のソ連抑留記（水原茂）「前進」通号26　1949.9　p66〜69

戦争責任研究　〔日本の戦争責任資料センター〕
○『捕虜体験記』ソ連における日本人捕虜の生活体験を記録する会編（松居竜五）「戦争責任研究」(25)　1999.秋季　p46〜49
○拒否された「シベリア抑留補償」（江口十四一）「戦争責任研究」(56)　2007.夏季　p47〜55，65
○「戦後強制抑留者特別措置法」（シベリア特措法）制定の経過と今後の課題（特集 日本の軍隊と戦後処理の諸相）（有光健）「戦争責任研究」(69)　2010.秋季　p14〜24
○シベリア抑留の法的・道義的責任―国際法と人道の視点から（スガモ特集）（富田武）「戦争責任研究」(78)　2012.冬季　p32〜40

戦争と民衆　〔戦時下の小田原地方を記録する会〕
○聞き取り　満鉄、軍隊、そしてシベリア抑留へ　話し手・金子信男　「戦争と民衆」(58)　2007.3

宣伝　〔綜合宣伝社〕
○抑留者のみたソ連の宣伝（英賀重夫）「宣伝」3(5)　1948.10　p18〜19

旋風 〔白文社〕
○ソ連の俘虜収容所全貌　「旋風」3(2)　1950.1　p14～17

ソヴェト映画 〔世界映画社〕
○「私はシベリヤの捕虜だつた」は反日本人映画である（うすいせいぞう）「ソヴェト映画」3(4)　1952.4　p28～29

ソヴェト文化 〔ソヴェト文化社〕
○ソ連帰還者手記のいろいろ（尾形昭二）「ソヴェト文化」通号16　1949.3　p24～25

相馬郷土 〔相馬郷土研究会〕
○ソ連抑留中の思い出（鈴木寛）「相馬郷土」(26)　2011.3

祖国と青年 〔日本協議会〕
○シベリア抑留の真実―隠蔽されたソ連による日本人大虐殺（鎮魂・ソ連侵攻の悲劇に斃れた人々）（亀谷治）「祖国と青年」(299)　2003.8　p38～47
○ソ連抑留体験を語る―満洲国陸軍軍官学校七期生とブカチャーチャ炭鉱（茨木治人，小池礼三，細谷弘治）「祖国と青年」(383)　2010.8　p22～35
○戦後六十七年、ソ連抑留犠牲者遺児と戦友の出会い（小沼仁）「祖国と青年」(415)　2013.4　p48～51

ソ連研究 〔ソ連問題研究会〕
○ソ連獄中記（菅原道太郎）「ソ連研究」4(12)　1955.10
○帰還者にきく近着ソ連ばなし（座談会）（佐々木正利［他］）「ソ連研究」5(2)　1956.1

【 た行 】

体育学研究 〔日本体育学会〕
○シベリアの日本兵捕虜収容所における体育・スポーツ活動：「日本新聞」を手がかりに（山田理恵）「体育学研究」46(6)　2001.11　p537～552

大社の史話 〔大社史話会〕
○帰らばや君が故郷に帰らばや―シベリア遺骨収集に参加して（春木芳子）「大社の史話」120　1999.8
○終戦後のソ連抑留（福島勉）「大社の史話」(141)　2004.12

ダイヤモンド 〔ダイヤモンド社〕
○囚人と捕虜の国・ソ連（種村佐孝）「ダイヤモンド」40(17)　1952.5　p152～176

大陸 〔大陸社〕
○シベリヤ抑留記―3―（服部治夫）「大陸」2(10)　1951.11　p31～33

○シベリヤ抑留雑記―1―（滝本濤民）「大陸」3（2）　1952.2　p21～24
○シベリヤ抑留雑記―2―（滝本濤民）「大陸」3（3）　1952.3　p9～11
○シベリヤ抑留雑記―3―（滝本濤民）「大陸」3（4）　1952.4　p5～7
○シベリヤ抑留雑記―4―（滝本濤民）「大陸」3（5）　1952.5　p12～14
○シベリヤ抑留雑記―5―（滝本濤民）「大陸」3（6）　1952.6　p8～11

大陸問題　〔大陸問題研究所〕
○ソ連は捕虜に何を求めたか―ソ連抑留記―1―（種村佐孝）「大陸問題」2（1）
　1953.1　p44～48
○ソ連抑留者新名簿への疑問（長谷川宇一）「大陸問題」4（11）　1955.11　p40～45
○外蒙から引揚げて（須佐誠）「大陸問題」5（4）　1956.4　p35～41
○シベリヤ帰還報告（伊藤弘［他］）「大陸問題」6（4）　1957.4　p8～22
○日本社会党議員団ハバロフスク収容所来訪記（櫛形麓夫）「大陸問題」6（5）
　1957.5　p63～67
○私の体験したソ連―1―（松村知勝）「大陸問題」7（1）　1958.1　p50～57
○私の体験したソ連―2―（松村知勝）「大陸問題」7（2）　1958.2　p32～41

鷹巣地方史研究　〔鷹巣地方史研究会〕
○回想のハルビン（長岐瑞彦）「鷹巣地方史研究」44　1999.3

伊達の風土　〔伊達郷土史研究会〕
○シベリア捕虜と賠償金（斉藤芳信）「伊達の風土」（28）　2009.12

丹波史　〔丹波史懇話会〕
○千島択捉島守備隊回想記（芦田史朗）「丹波史」（29）　2009.6

知識　〔彩文社〕
○シベリア抑留捕虜の写真―説明も歴史評価もいいかげんなヨイショ（メディア批評・新聞）（本城靖久）「知識」通号89　1989.5　p24～25

地上　〔家の光協会〕
○シベリアの捕虜は帰国した（坂町登）「地上」6（6）　1952.6　p96～102

中央公論　〔中央公論新社〕
○炭坑ビス―ソ連俘虜記（長谷川四郎）「中央公論」65（5）　1950.5　p160～165
○やっと来たシベリアの死者鎮魂の日（OPINION 社会）（徳岡孝夫）「中央公論」
　104（12）　1989.12　p58～59
○ラーゲリの恋―手記「望郷57年、スターリン粛清を生き抜いた日本人共産党員」
　〔後〕（寺島儀蔵）「中央公論」108（7）　1993.6　p186～208
○ナボイ劇場 日本人抑留者の建てた歴史の大舞台―タシケント市民に「日本」を印

象づけた2つの出来事（孫崎享）「中央公論」111（13）　1996.11　p124〜133
○『極光のかげに―シベリア俘虜記』著・高杉一郎（1908.7.17〜2008.1.9 享年99）（遺書、拝読〔51〕）（長薗安浩［文］）「中央公論」123（3）通号1487　2008.3　p296〜298
○遺書、拝読（51）『極光のかげに―シベリア俘虜記』著・高杉一郎（長薗安浩）「中央公論」123（3）通号1487　2008.3　p296〜298
○早坂隆の鎮魂の旅（第8回）埋もれた史実「モンゴル抑留」の実態―ウランバートルに隠された悲話（早坂隆）「中央公論」127（16）通号1549　2012.12　p198〜209

中帰連：戦争の真実を語り継ぐ 〔「中帰連」発行所〕

○証言 シベリア抑留記（上）強制労働・極寒・慢性飢餓・人間不信…、四重苦の世界に生きる（絵鳩毅）「中帰連：戦争の真実を語り継ぐ」通号24　2003.春　p46〜65
○証言 シベリア抑留記（中）強制労働・極寒・慢性飢餓・人間不信の四重苦の世界に生きる（絵鳩毅）「中帰連：戦争の真実を語り継ぐ」通号25　2003.夏　p66〜73
○証言 シベリア抑留記（下）強制労働・極寒・慢性飢餓・人間不信の四重苦の世界に生きる（絵鳩毅）「中帰連：戦争の真実を語り継ぐ」通号26　2003.秋　p64〜73
○戦後責任情報 シベリア抑留特措法成立 その意義と課題（栗原俊雄）「中帰連：戦争の真実を語り継ぐ」通号48　2010.11　p50〜55
○シベリアではなく中央アジアに送られた（1）（特集 抑留）（大河原孝一）「中帰連：戦争の真実を語り継ぐ」(51)　2012.12　p11〜16
○私の抑留記―朝鮮からシベリア・サマルカンドへ（1）（特集 抑留）（小川仁夫）「中帰連：戦争の真実を語り継ぐ」(51)　2012.12　p17〜26
○私のシベリア抑留記（特集 抑留）（鹿田正夫）「中帰連：戦争の真実を語り継ぐ」(51)　2012.12　p27〜36
○ロシア資料が語る抑留―ソ連・モンゴル（特集 抑留）（富田武）「中帰連：戦争の真実を語り継ぐ」(51)　2012.12　p37〜42
○私の抑留記―朝鮮からシベリア・サマルカンドへ（2）（小川仁夫）「中帰連：戦争の真実を語り継ぐ」(52)　2013.4　p94〜107
○私の抑留記―朝鮮からシベリア・サマルカンドへ（3）（小川仁夫）「中帰連：戦争の真実を語り継ぐ」(53)　2013.10　p96〜106
○私の抑留記―朝鮮からシベリア・サマルカンドへ（4）（小川仁夫）「中帰連：戦争の真実を語り継ぐ」(54)　2014.4　p71〜79
○私の抑留記：朝鮮からシベリア・サマルカンドへ（5）（小川 仁夫）「中帰連：戦争の真実を語り継ぐ」(55)　2014.11　p50〜59
○彷徨 シベリア編（第5回）（沢田 二郎）「中帰連：戦争の真実を語り継ぐ」(55)　2014.11　p60〜74
○私の抑留記：朝鮮からシベリア・サマルカンドへ（最終回）（小川 仁夫）「中帰

連：戦争の真実を語り継ぐ」(56) 2015.3 p62～69
- ○彷徨 シベリア編（第6回）（沢田 二郎）「中帰連：戦争の真実を語り継ぐ」(56) 2015.3 p71～81
- ○彷徨 シベリア編（第7回）（沢田 二郎）「中帰連：戦争の真実を語り継ぐ」(57) 2015.6 p76～85
- ○ベルリン歳時記(41)ドイツ兵捕虜ザッセが残したシベリア抑留の写真と回顧録（梶村 太一郎）「中帰連：戦争の真実を語り継ぐ」(57) 2015.6 p92～99

津久見史談 〔津久見史談会〕
- ○カザフスタン抑留記（児玉利美）「津久見史談」(9) 2005.3

テアトロ 〔カモミール社〕
- ○戯曲 ダモイ―収容所（ラーゲリ）から来た遺書（ふたくちつよし）「テアトロ」通号765 2005.7 p116～155

逓信協会雑誌 〔逓信協会〕
- ○誌蹟つむぎ(66)「石の花」―シベリヤの捕虜祭典（森川宗弘）「逓信協会雑誌」通号1083 2001.8 p50～53

鉄道ジャーナル 〔鉄道ジャーナル社〕
- ○特別企画 天国と地獄の旅路(1) 果てしなき大草原をゆく―北京→大同→ウランバートル1,607km（竹島紀元）「鉄道ジャーナル」34(1) 通号399 2000.1 p115～134

展望 〔筑摩書房〕
- ○街の掃除婦―シベリヤ俘虜生活の思い出（長谷川四郎）「展望」通号54 1950.6 p127～138
- ○シベリアの俘虜生活〔遺稿〕（菅季治）「展望」通号55 1950.7 p31～42
- ○失語と沈黙―原体験・東シベリヤ強制収容所（人間回復をめざす言語（特集））（石原吉郎）「展望」通号141 1970.9 p115～122

道 〔どう出版〕
- ○今に語り継ぐ戦時を生きた知恵と心 終戦から始まった戦禍―8月9日ソ連侵攻～引き揚げまで（木村孝）「道」(178) 2013.秋 p46～49

東北アジア研究 〔東北大学東北アジア研究センター〕
- ○シベリアの外国人労働者としての抑留日本人（山田勝芳）「東北アジア研究」(8) 2003 p171～176

時の法令 〔朝陽会〕
- ○法令解説 シベリア抑留者の救済を図る―戦後強制抑留者に係る問題に関する特別措置法（畦地堅司）「時の法令」通号1875 2011.2.15 p6～12

独立　〔昭和書院〕

- バビロン捕囚より還りて―ソ連抑留記（喜多川篤典）「独立」通号5　1949.3　p52〜66

土佐史談　〔土佐史談会〕

- シベリヤ抑留と遺骨送還（上）（安岡精治）「土佐史談」204　1997.3
- シベリア抑留と遺骨送還（下）（安岡精治）「土佐史談」205　1997.8
- 精鋭・関東軍を偲ぶ―日露戦争よりシベリア抑留までの見聞記（橋田稔）「土佐史談」（230）　2005.12

鳥取県立博物館研究報告　〔鳥取県立博物館〕

- 史料紹介『シベリヤ曠野に咲く花』―抑留者の手記（石田敏紀）「鳥取県立博物館研究報告」（41）　2004　p15〜76
- 『シベリヤ曠野に咲く花』―抑留者の手記（石田敏紀）「鳥取県立博物館研究報告」（41）　2004.3

【 な行 】

和海藻　〔下関市豊北町郷土文化研究会〕

- ソ連邦タタール共和国抑留と故郷への便り（熊井清雄，西島秀夫）「和海藻」（24）　2009.4

21世紀社会デザイン研究　〔立教大学大学院21世紀社会デザイン研究科〕

- ウズベキスタンにあるシベリア抑留者に関するモニュメントと「戦争」の記憶継承：集合的記憶論の視点から（教員推薦寄稿論文）（仲田由紀美）「21世紀社会デザイン研究」（13）　2014　p145〜155

西日本文化　〔西日本文化協会〕

- 虜囚の丘―シベリア抑留生活の回想（大窪清吉）「西日本文化」353　1999.7
- ソ連で捕虜となった朝鮮人たち　「日本の戦争」の記憶（10）もうひとつのシベリア抑留（渡辺考）「西日本文化」通号438　2009.4
- シベリア抑留からの帰国者を迎えた大分県産歌「北海越えて」悲話（西日本文化協会創立50周年記念論文）（白土康代）「西日本文化」（458）　2012.8

二松学舎大学国際政経論集　〔二松学舎大学国際政治経済学部〕

- 日本人抑留記にみるロシア人―阿部軍治『シベリア強制抑留の実態』を読んで（木村英亮）「二松学舎大学国際政経論集」（12）　2006.3　p159〜167

日経ビジネス　〔日経BP社〕

- 極限状態にあっても希望を捨てず―『収容所から来た遺書』（辺見じゅん）（私の一冊）（石田博）「日経ビジネス」（611）　1991.10.21　p142

日経ベンチャー 〔日経BP社〕
○山口信夫・旭化成工業会長〔2〕——酷寒のロシアの捕虜生活で人間の強さも弱さも知った(社長大学)(山口信夫)「日経ベンチャー」通号162　1998.3　p66～68
○社長大学(第2回)酷寒のロシアの捕虜生活で人間の強さも弱さも知った(山口信夫)「日経ベンチャー」通号162　1998.3　p66～68

日本及日本人 〔J&Jコーポレーション〕
○ソ連帰還者の手記(近藤晃[他])「日本及日本人」5(2)　1954.2　p27～34
○ソ連抑留者の実相と日ソ交渉(長谷川宇一)「日本及日本人」6(9)通号1356　1955.9　p12～21
○抑留者の観たソ連の横顔(伊藤弘)「日本及日本人」8(3)通号1373　1957.3　p60～67
○ソ連行刑用語物語——2—二〇世紀は収容所の時代—計画的集団殺戮の組織—グラーグ(内村剛介)「日本及日本人」通号1562　1981.4　p24～32
○ソ連行刑用語物語——5—祖国(ロージナ)という名の監獄—母の名を騙って子を投獄するという国家(内村剛介)「日本及日本人」通号1565　1982.1　p86～95
○ソ連行刑用語物語——6—「話を落せば命を落す」はなし—舌禍の道は収容所へ通じる(内村剛介)「日本及日本人」通号1566　1982.4　p24～31
○ソ連行刑用語物語——7—戦犯という名の労働力—シベリヤの強制労働はソ連の復讐行為(内村剛介)「日本及日本人」通号1567　1982.7　p70～78
○シベリア黙示録—地獄のような捕虜収容所の体験から(小松茂朗)「日本及日本人」通号1567　1982.7　p112～120
○怨みは深しシベリア抑留—わが体験的ソ連暴戻の実相(小松茂朗)「日本及日本人」通号1620　1995.10　p147～151

日本史攷究 〔日本史攷究会〕
○シベリア抑留の授業実践—体験者から次世代へ、そして現代の生徒への継承を目指して(教育実践ノート)(中山敬司)「日本史攷究」(29)　2005.11　p60～77

日本の科学者 〔日本科学者会議〕
○戦後50年と捕虜問題(シベリア抑留問題と東北農民の戦後50年<特集>)(藤田勇)「日本の科学者」30(10)　1995.10　p517～522
○「満州開拓」移民と東北農村(シベリア抑留問題と東北農民の戦後50年<特集>)(楠本雅弘)「日本の科学者」30(10)　1995.10　p523～528
○満州農業移民の営農実態と漢族・朝鮮族—A氏「三股流物語—或る満州開拓団員の青春行伏記」を素材として(シベリア抑留問題と東北農民の戦後50年<特集>)(坂下明彦)「日本の科学者」30(10)　1995.10　p529～532
○ソ連抑留と東北の兵たち(シベリア抑留問題と東北農民の戦後50年<特集>)(斎

藤六郎)「日本の科学者」30(10)　1995.10　p533〜537

ニューエイジ　〔毎日新聞社〕
○ソ連の日独俘虜(高見達夫)「ニューエイジ」2(7)　1950.7　p22〜25

ニューリーダー　〔はあと出版〕
○大志を抱いた最強のリーダー——大和ハウス工業創業者・石橋信夫(9)惨憺たるシベリア抑留地獄　偽りの民主化運動で追放へ(野口均)「ニューリーダー」21(12)通号254　2008.12　p80〜83
○"一隅を照らす"経営を貫いたリーダー——旭化成・山口信夫(第6回)「残業は無制限」、「休日はなし」リーダーは一番つらいところに立て——陸軍士官学校・シベリア抑留(上)(大野誠治)「ニューリーダー」25(1)通号291　2012.1　p80〜83
○"一隅を照らす"経営を貫いたリーダー——旭化成・山口信夫(第7回)生死の境いで学び、胸に刻んだチャレンジ精神と不撓不屈の心——陸軍士官学校・シベリア抑留(下)(大野誠治)「ニューリーダー」25(2)通号292　2012.2　p84〜87

二歴研　〔二本松歴史研究会〕
○画文集シベリヤ虜囚記(井和ふじ)「二歴研」(16)　2003.2

人間　〔目黒書店〕
○極光のかげに——シベリア俘虜記(1)(高杉一郎)「人間」5(8)　1950.8　p6〜128
○極光のかげに——シベリア俘虜記(2)(高杉一郎)「人間」5(9)　1950.9　p145〜164
○極光のかげに——シベリア俘虜記(3)(高杉一郎)「人間」5(10)　1950.10　p151〜180
○極光のかげに——シベリア俘虜記(4)(高杉一郎)「人間」5(11)　1950.11　p43〜65
○極光のかげに——シベリア俘虜記(5)(高杉一郎)「人間」5(12)　1950.12　p53〜72

人間文化研究：京都学園大学人間文化学会紀要　〔京都学園大学人間文化学会〕
○香月泰男の『シベリヤ・シリーズ』との出会い(山 愛美)「人間文化研究：京都学園大学人間文化学会紀要」(33)　2014.12　p1〜18

人間文化創成科学論叢　〔お茶の水女子大学大学院人間文化創成科学研究科〕
○石原吉郎のナルシシズム——詩の源泉について(小浜聖子)「人間文化創成科学論叢」12　2009　p2-1〜9

怒麻　〔大西町史談会事務局〕
○シベリアの抑留生活を振返って(片上節男)「怒麻」(31)　2009.7

沼津市明治史料館通信　〔沼津市明治史料館〕
○シリーズ 市民が語る戦争体験(1) 私のシベリア抑留 星野喜一さんの体験談 「沼

津市明治史料館通信」(101)　2010.4

【 は行 】

俳句往来　〔泰光堂〕
○ソ連抑留者の俳句―マルシャンスク「白夜句会」のこと（船水清）「俳句往来」3(8)　1952.8　p34〜37

秦史談　〔秦史談会〕
○戦史12 シベリア抑留日本兵の軌跡（1）―その背景を考える（毛利 俊男）「秦史談」（170）　2012.8
○戦史13 シベリア抑留日本兵の軌跡（2）―その背景を考える（毛利 俊男）「秦史談」（171）　2012.9
○戦史14 シベリア抑留日本兵の軌跡（3）―子どもたちの集団（毛利 俊男）「秦史談」（172）　2012.12

波濤　〔兵術同好会〕
○回想記 激動の樺太回想記（1）（飯田和夫）「波濤」30（1）通号172　2004.5　p61〜66
○回想記 激動の樺太回想記（2）（飯田和夫）「波濤」30（2）通号173　2004.7　p68〜74
○回想記 激動の樺太回想記（3）（飯田和夫）「波濤」30（3）通号174　2004.9　p82〜89
○回想記 激動の樺太回想記（4）（飯田和夫）「波濤」30（4）通号175　2004.11　p57〜64
○回想記 激動の樺太回想記（5）（飯田和夫）「波濤」30（5）通号176　2005.1　p75〜82
○回想記 激動の樺太回想記（6）（飯田和夫）「波濤」30（6）通号177　2005.3　p86〜93
○回想記 激動の樺太回想記（7）（飯田和夫）「波濤」31（1）通号178　2005.5　p75〜82
○回想記 激動の樺太回想記（8）（飯田和夫）「波濤」31（2）通号179　2005.7　p65〜71
○回想記 激動の樺太回想記（9）（飯田和夫）「波濤」31（3）通号180　2005.9　p77〜84
○回想記 激動の樺太回想記（10）（飯田和夫）「波濤」31（4）通号181　2005.11　p51〜58

判例タイムズ 〔判例タイムズ社〕
○ソ聯抑留者の妻と離婚　「判例タイムズ」5(6)　1954.8　p475〜479

ピープルズ・プラン 〔ピープルズ・プラン研究所〕
○書評 長沢淑夫著『シベリア抑留と戦後日本—帰還者たちの闘い』(本庄十喜)「ピープルズ・プラン」(58)　2012.7　p169〜171

氷見春秋 〔氷見春秋会〕
○父、重孝のソ連邦抑留記(浜本誠一)「氷見春秋」(53)　2006.5

評論 〔河出書房〕
○新しいソ連—抑留生活の経験を通して(対談)(淡徳三郎，畑中政春)「評論」通号29　1949.1　p18〜33

日和城 〔高城の昔を語る会〕
○シベリア抑留4年間の生活あれこれ(久保定雄)「日和城」(13)　2006.1

史 〔現代史懇話会〕
○四年ぶりのシベリア墓参の旅(上)(古沢襄)「史」(113)　2003　p21〜28
○四年ぶりのシベリア墓参の旅(下)(古沢襄)「史」(114)　2004　p17〜23

部落解放 〔解放出版社〕
○シベリア抑留国賠訴訟(人権キーワード2010—平和・戦争責任)(黒沢誠司)「部落解放」(630)(増刊)　2010　p154〜157

ふるさと袋井 〔〔袋井市地方史研究会〕〕
○シベリア抑留罵声に耐え自らを無に(安間正)「ふるさと袋井」16　2001.11

ふるさとみまた 〔三股郷土史研究会〕
○ソ連邦強制抑留回想記(坂元哲郎)「ふるさとみまた」(20)　2002.11

文学界 〔文芸春秋〕
○C.クズネツォフ『シベリアの日本人捕虜たち』(高杉一郎)「文学界」53(9)　1999.9　p364〜368

文芸春秋 〔文芸春秋〕
○シベリア抑留を歌う(大内与五郎)「文芸春秋」47(8)　1969.8　p254〜262
○「君達は同胞の肉を食べるのか」〔シベリア抑留中(1946)の出来事〕(戦争と人間(特集))(加藤九祚)「文芸春秋」48(8)　1970.8　p186〜200
○〔シベリヤ怨歌(安藤実)，雑詠(高田晴彦)，俳句(大西富郎)〕(シベリア強制収容所)「文芸春秋」60(11)　1982.9　p17，23，252〜253
○劇団員をクビになる(シベリア強制収容所—私のシベリア体験)(三波春夫)「文芸春秋」60(11)　1982.9　p37

○馬鹿な指揮官のために（シベリア強制収容所―私のシベリア体験）（永田力）「文芸春秋」60(11)　1982.9　p51
○ドイツ人の豪胆さ（シベリア強制収容所―私のシベリア体験）（小沼文彦）「文芸春秋」60(11)　1982.9　p95
○ロシアの尊厳を守った婦人（シベリア強制収容所―私のシベリア体験）（内村剛介）「文芸春秋」60(11)　1982.9　p119
○前衛劇団（シベリア強制収容所―私のシベリア体験）（坂東春之助）「文芸春秋」60(11)　1982.9　p131
○断固拒否した署名（シベリア強制収容所―私のシベリア体験）（相沢英之）「文芸春秋」60(11)　1982.9　p159
○ハバロフスクからの歌（シベリア強制収容所―私のシベリア体験）（青木光一）「文芸春秋」60(11)　1982.9　p177
○日本人上官に殺された友（シベリア強制収容所―私のシベリア体験）（米山正夫）「文芸春秋」60(11)　1982.9　p197
○ロシア語で生命を救う（シベリア強制収容所―私のシベリア体験）（梅村清明）「文芸春秋」60(11)　1982.9　p235
○ペチカで遺骨を焼く（シベリア強制収容所―私のシベリア体験）（宇野宗佑）「文芸春秋」60(11)　1982.9　p259
○日本人にとって「シベリア捕虜体験」とは何か（シベリア強制収容所）（山本七平，佐藤忠良）「文芸春秋」60(11)　1982.9　p12～23
○"監獄列車"荒野を行く―収容所まで（シベリア強制収容所―読者の手記177篇）（松井喜一郎［他］）「文芸春秋」60(11)　1982.9　p24～33
○スターリン収容所群島を生き抜く―収容所の衣食住（シベリア強制収容所―読者の手記177篇）（成瀬之治［他］）「文芸春秋」60(11)　1982.9　p34～56，60～113
○「不毛地帯」のシベリア（シベリア強制収容所―間奏曲）（山崎豊子）「文芸春秋」60(11)　1982.9　p58～59
○「シベリア体験を記録する会」のこと（シベリア強制収容所―間奏曲）（高橋大造）「文芸春秋」60(11)　1982.9　p86～87
○対ソ誓約者たちの顔（シベリア強制収容所―間奏曲）（檜山良昭）「文芸春秋」60(11)　1982.9　p114～115
○苛酷な大自然の中の労働―シベリアの風土（シベリア強制収容所―読者の手記177篇）（森泰男［他］）「文芸春秋」60(11)　1982.9　p116～135，152～183
○「シベリア抑留記録」一〇〇冊（シベリア強制収容所―間奏曲）（細川実）「文芸春秋」60(11)　1982.9　p136～138
○降伏することの難しさ―非情な米ソ戦略の間で（シベリア強制収容所―間奏曲）（半藤一利）「文芸春秋」60(11)　1982.9　p147～149

ふんけい　　　　雑　誌

- 留守家族の一員として（シベリア強制収容所―間奏曲）（袴田茂樹）「文芸春秋」60(11)　1982.9　p184～185
- "スターリン収容所列島"の日本人―読者投稿「シベリア強制収容所の記録」を中心に(37年目の夏，「シベリア体験」へ！＜特集＞)（内村剛介［他］）「文芸春秋」60(10)　1982.9　p184～197
- 共産党員は嫌い，ロシア人は好き―ロシア人との交流（シベリア強制収容所―読者の手記177篇）（長岡喜春［他］）「文芸春秋」60(11)　1982.9　p186～205，208～226
- ラーゲルの君が代(37年目の夏，「シベリア体験」へ！＜特集＞―読者投稿「シベリア強制収容所の記録」優秀作5篇)（白倉清二）「文芸春秋」60(10)　1982.9　p199～201
- 戦友埋葬(37年目の夏，「シベリア体験」へ！＜特集＞―読者投稿「シベリア強制収容所の記録」優秀作5篇)（川竹嵯峨夫）「文芸春秋」60(10)　1982.9　p201～204
- 馬鈴薯とロシア夫人(37年目の夏，「シベリア体験」へ！＜特集＞―読者投稿「シベリア強制収容所の記録」優秀作5篇)（樋口力）「文芸春秋」60(10)　1982.9　p204～206
- 「収容所群島」の日本人（シベリア強制収容所―間奏曲）（木村浩）「文芸春秋」60(11)　1982.9　p206～207
- 捕虜苦役三年三十日(37年目の夏，「シベリア体験」へ！＜特集＞―読者投稿「シベリア強制収容所の記録」優秀作5篇)（畑半二）「文芸春秋」60(10)　1982.9　p206～209
- 仮面の同志(37年目の夏，「シベリア体験」へ！＜特集＞―読者投稿「シベリア強制収容所の記録」優秀作5篇)（矢部明）「文芸春秋」60(10)　1982.9　p209～211
- 「シベリア出兵」からの歴史（シベリア強制収容所―間奏曲）（高橋治）「文芸春秋」60(11)　1982.9　p228～229
- 民主運動と残酷物語か―日本人同士の争い（シベリア強制収容所―読者の手記177篇）（姉川笹男［他］）「文芸春秋」60(11)　1982.9　p230～247，254～268
- 「心のシベリア」を描き続ける―三十年の歳月がやっと絵を描く気持にさせた（シベリア強制収容所）（勝山俊一，佐藤清，関豊）「文芸春秋」60(11)　1982.9　p248～251，図p7～9
- シベリア強制収容所体験投稿者名簿（シベリア強制収容所）「文芸春秋」60(11)　1982.9　p269～273
- 瀬島龍三の研究―新資料で追及する"昭和の参謀"の実像（保坂正康）「文芸春秋」65(6)　1987.5　p272～297
- ラーゲリからの遺書配達人（辺見じゅん）「文芸春秋」65(13)　1987.10　p348～368
- 収容所で生まれた奇跡―あらゆる記録が没収されたシベリアでなぜ？（もう一つ

○のドキュメント—新・大宅賞受賞作家）（辺見じゅん）「文芸春秋」68（6）　1990.5　p338〜342
○日本人よ、我々は自己批判する、あの参戦・抑留！ 非はわがソ連にあり—いまソ連が初めて認める「非合法参戦」の真相（アレクセイ・キリチェンコ，岩上安身［インタビュー・構成］）「文芸春秋」68（8）　1990.7　p94〜108
○非はわがソ連にあり—日本人よ，我々は自己批判する，あの参戦・抑留！—いまソ連が初めて認める「非合法参戦」の真相（アレクセイ・キリチェンコ，岩上安身）「文芸春秋」68（8）　1990.7　p94〜108
○続・非はわがソ連にあり—抑留問題のシンポジウムを終えて私は考える（アレクセイ・キリチェンコ，岩上安身）「文芸春秋」68（9）　1990.8　p126〜134
○「手記検証」直撃インタビュー・シベリア抑留の「密約」説を糾す—理不尽な強制労働は"国家賠償"だったのか（瀬島龍三，半藤一利）「文芸春秋」68（10）　1990.9　p104〜117
○シベリア抑留の「密約」説を糾す（「手記検証」直撃インタビュー）（たった1人の証人 沈黙を破る）（瀬島竜三，半藤一利，文芸春秋編集部）「文芸春秋」68（10）　1990.9　p104〜117
○ソ連の非を許せるか（シベリア抑留体験者の手記）（山川速水［他］）「文芸春秋」68（12）　1990.11　p372〜388
○ソ連の非を許せるか—続—（シベリア抑留体験者の手記）（余郷勇治［他］）「文芸春秋」68（13）　1990.12　p408〜417
○シベリア抑留・怨念がにじむ60万人の名簿—遠い道を歩き、今明らかになる抑留者の全貌（インタビュー）（特集・ゴルビーがやって来る！）（斎藤六郎）「文芸春秋」69（2）　1991.2　p128〜141
○ゴ大統領とシベリア抑留者に捧げる幻のセレナーデ（グラビア・PEOPLE）「文芸春秋」69（3）　1991.3
○戦後初のシベリア墓参団に参加した遺族の見た"異国の丘"—昭和36年（35人の日ソ史）「文芸春秋」69（5）（臨増（迷走するソ連 ゴルバチョフ大研究））　1991.4　p165〜166
○たったひとりの証人・瀬島龍三は真実を語ったか—平成2年（35人の日ソ史）「文芸春秋」69（5）（臨増（迷走するソ連 ゴルバチョフ大研究））　1991.4　p201〜202
○瀬島龍三・シベリアの真実—ソ連対日工作最高責任者が証言する（加藤昭）「文芸春秋」70（2）　1992.2　p104〜136
○瀬島氏よなぜ答えない—事は個人の問題でなく国の信義に関わるのだ（保阪正康）「文芸春秋」70（3）　1992.3　p164〜173
○瀬島龍三が沈黙する理由—彼が隠したかった労働刑25年の罪名とは（インタビュー）（斎藤六郎，保阪正康）「文芸春秋」70（5）　1992.5　p130〜142

へつさつ　　　　　　　　　　雑　誌

○シルクロードの"日本人伝説"（鳶信彦）「文芸春秋」80（4）　2002.4　p90〜92
○シベリア抑留者は捕虜なのか？（特別企画 父が子に教える昭和史［戦後編］—「マッカーサーが民主主義を広めたの？」と子供に聞かれたら）（西木正明）「文芸春秋」82（1）　2004.1　p268〜270
○「シベリア抑留」貨車は北上した（戦後60周年総力特集・1945 新証言、秘話満載の完全保存版）（高杉一郎）「文芸春秋」83（2）　2005.2　p310〜311
○謂れなき虜囚と日本の言葉—シベリア抑留五十年、私は日本語を忘れなかった（言葉の力—生かそう日本語の底力—「読む、書く、話す、聞く」全篇書下ろし 95人の言葉の使い方—特別手記 言葉といのち—極限の中で日本語を守り、生きぬいた人々の感動の手記）（蜂谷弥三郎）「文芸春秋」83（4）（臨増）　2005.3　p63〜69
○「肉攻」とシベリア抑留（運命の八月十五日 56人の証言—完全保存版 ついに明かされる新事実、秘話、語り継がれる体験談）（梅沢正之進）「文芸春秋」83（12）　2005.9　p186〜188
○シベリア抑留者 最後の座談会 恩讐の彼方に結ばれた絆（大型特集 太平洋戦争七十年 憎悪と怨念を越えて これだけは知っておきたい戦争の真実）（大塚武，菊地敏雄，加藤金太郎）「文芸春秋」92（11）　2014.9　p328〜336

別冊太陽：日本のこころ　〔平凡社〕
○手放さなかった絵具箱、握りつづけた絵筆—召集、ハイラル、そしてシベリア抑留（香月泰男—〈私の地球〉を描き続けた—召集、そして抑留）（木本信昭）「別冊太陽：日本のこころ」通号188　2011.9　p28〜31

別冊東洋経済　〔東洋経済新報社〕
○ソ連抑留の今昔談（対談）（榎本弘，富岡基喬）「別冊東洋経済」通号1　1954.3　p61〜65

別府史談　〔別府史談会〕
○シベリア抑留で「二十五年」の判決を受ける（加藤一英）「別府史談」(16)　2002.12

法学教室　〔有斐閣〕
○抑留・強制労働に対する補償・損害賠償請求—シベリア抑留訴訟上告審判決（最高裁判決平成9.3.13）（成嶋隆）「法学教室」通号206　1997.11　p96〜97

法学研究　〔慶応義塾大学法学研究会〕
○「シベリア抑留」の起源（横手慎二）「法学研究」83（12）　2010.12　p29〜56

宝石　〔光文社〕
○40年ぶり発掘「幻の日本新聞」が暴く、ソ連が日本人に強制した「洗脳」の恐怖（内村剛介）「宝石」12（8）　1984.8　p110〜129
○シベリアの凍土に眠る戦友との再会—手記・シベリア抑留者遺骨収集の旅路（柳

瀬義一）「宝石」20（2）　1992.2　p220～231
○元大本営参謀・朝枝繁春、シベリア抑留問題の真実を語る―54万同胞を地獄に追いやったのは断じて関東軍ではない（三根生久大）「宝石」21（12）　1993.12　p194～209

法曹時報　〔法曹会〕
○1.シベリア抑留者が日本国とソヴィエト社会主義共和国連邦との共同宣言6項後段に定める請求権放棄により受けた損害につき憲法29条3項に基づき国に対して補償を請求することの可否 2.シベリア抑留者が長期にわたる抑留と強制労働により受けた損害につき憲法11条、13条、14条、17条、18条、29条3項及び40条に基づき国に対して補償を請求することの可否 3.国が連合国最高司令官総司令部の発した覚書に従い南方地域から帰還した日本人捕虜に対して抑留期間中の労働賃金を決裁する措置を講じてきたことを理由としてシベリア抑留者が憲法14条に基づき国に対して抑留期間中の労働賃金の支払を請求することの可否（最高裁判所判例解説（平成9年2・3・6・11月分））「法曹時報」52（3）　2000.3　p863～895

法律のひろば　〔ぎょうせい〕
○最近の判例から　シベリア抑留者賃金補償等請求訴訟上告審判決（最高裁判決平成9.3.13）（大野重国）「法律のひろば」50（9）　1997.9　p66～71

発喜のしほり　〔発喜会〕
○ソ連抑留中死亡者遺骨収集（1）（九十歩利春）「発喜のしほり」94　2000.1
○ソ連抑留中死亡者遺骨収集（2）（九十歩利春）「発喜のしほり」95　2000.4
○ソ連抑留中死亡者遺骨収集（3）（九十歩利春）「発喜のしほり」96　2000.7
○シベリア抑留記（九十歩利春）「発喜のしほり」97　2000.10

北大史学　〔北大史学会〕
○戦後樺太からの引揚者と北海道：都市部と炭鉱都市を中心に（木村由美）「北大史学」（54）　2014.12.20　p40～70

鉾田の文化　〔鉾田市郷土文化研究会〕
○シベリア抑留時の文化活動（松井知治）「鉾田の文化」22　1998.5

ほない歴史通信　〔遊史の会〕
○シベリア抑留関係展示会を参観して　「ほない歴史通信」(48)　2008.9

本　〔講談社〕
○シベリア抑留者に導かれて（鏑木蓮）「本」31（9）通号362　2006.9　p58～60

【 ま行 】

毎日グラフ 〔毎日新聞社〕
○'90夏終戦特集・未だ終わらない戦後！ 追跡35年目のシベリア抑留者―国家と歴史に翻弄され、心の傷は深く、ソ連側の公表死者数、これまでの16倍 「毎日グラフ」43(31)　1990.8.19　p56～65

窓 〔ナウカ〕
○大竹博吉とその時代(2)シベリア体験―日本軍は何をしていたか（森本良男）「窓」通号103　1997.12　p27～32

みちしるべ 〔尼崎郷土史研究会〕
○シベリア抑留記（公手博）「みちしるべ」(39)　2011.3

民主評論 〔民主評論社〕
○シベリア俘虜の民主化闘争（横尾満男）「民主評論」4(9)　1948.9　p24～26

民主文学 〔日本民主主義文学会〕
○46年目の弔辞―私のシベリア抑留記―1―（高橋大造）「民主文学」(314)通号364　1992.1　p122～127
○46年目の弔辞―私のシベリア抑留記―2―（高橋大造）「民主文学」(315)通号365　1992.2　p152～157
○46年目の弔辞―私のシベリア抑留記―3―（高橋大造）「民主文学」(316)通号366　1992.3　p150～155
○46年目の弔辞―私のシベリア抑留記―4―（高橋大造）「民主文学」(317)通号367　1992.4　p164～170
○46年目の弔辞―私のシベリア抑留記―5―（高橋大造）「民主文学」(318)通号368　1992.5　p179～185
○46年目の弔辞―私のシベリア抑留記―6―（高橋大造）「民主文学」(319)通号369　1992.6　p178～184
○46年目の弔辞―私のシベリア抑留記―7―（高橋大造）「民主文学」(320)通号370　1992.7　p190～196
○46年目の弔辞―私のシベリア抑留記―8―（高橋大造）「民主文学」(321)通号371　1992.8　p243～249
○46年目の弔辞―私のシベリア抑留記―9―（高橋大造）「民主文学」(322)通号372　1992.9　p178～184
○46年目の弔辞―私のシベリア抑留記―10―（高橋大造）「民主文学」(323)通号373　1992.10　p177～183

- ○46年目の弔辞―私のシベリア抑留記―11―（高橋大造）「民主文学」(324) 通号374　1992.11　p178～183
- ○46年目の弔辞―私のシベリア抑留記―12完―（高橋大造）「民主文学」(325) 通号375　1992.12　p178～185
- ○シベリア抑留と「ラテン語の手紙」―井上ひさし『一週間』に寄せて（石井正人）「民主文学」(545) 通号595　2011.3　p124～127

明治学院論叢　〔明治学院大学〕
- ○捕虜の権利に関する人道国際慣習法の成立―シベリア抑留補償事件に関する一審判決の検討（広瀬善男）「明治学院論叢」通号452　1989.12　p1～107
- ○戦争損害と国際人道法―シベリア抑留捕虜の労賃請求権に関する二審判決の考察（広瀬善男）「明治学院論叢」通号535　1994.1　p1～51

メディア史研究　〔ゆまに書房〕
- ○シベリア抑留前期の捕虜郵便と検閲（特集 検閲の諸相）（内藤陽介）「メディア史研究」32　2012.9　p64～82

もろかた：諸県　〔都城史談会〕
- ○シベリア抑留者体験談（立元久夫）「もろかた：諸県」(42)　2008.11

問題小説　〔徳間書店〕
- ○帰還（ダモイ）―シベリア抑留と日比谷公会堂（久保尚之）「問題小説」28(3) 通号318　1994.3　p312～331

【 や行 】

油谷のささやき　〔油谷町郷土文化会〕
- ○私の八月十五日 (3) シベリヤ抑留編（楢崎潔）「油谷のささやき」(28)　2010.4
- ○私の八月十五日 (4) シベリヤ抑留編 (2)（楢崎潔）「油谷のささやき」(29)　2011.4
- ○私の八月十五日 (5) ダモイ（帰国）編（楢崎 潔）「油谷のささやき」(30)　2012.4

ユーラシア研究　〔ユーラシア研究所〕
- ○「シベリア特措法」制定3年―政府の課題・私たちの課題（特集 シベリア抑留問題を考える）（有光健）「ユーラシア研究」(48)　2013.5　p2～6
- ○新聞報道に見るシベリア抑留―米ソ協調から冷戦へ 1945―1950年（特集 シベリア抑留問題を考える）（富田武）「ユーラシア研究」(48)　2013.5　p7～13
- ○ハバロフスク事件考―石田三郎の回想とソ連公文書史料を基に（特集 シベリア抑留問題を考える）（小林昭菜）「ユーラシア研究」(48)　2013.5　p14～19
- ○日本人捕虜のシベリア移送―チタ再訪の記（特集 シベリア抑留問題を考える）（山内伊三男）「ユーラシア研究」(48)　2013.5　p20～24

よみうり　　雑誌

○証言 私はシベリアで「洗脳工作」に加担させられた（特集 シベリア抑留問題を考える）（藤木伸三）「ユーラシア研究」(48)　2013.5　p25～29

読売ウイークリー　〔読売新聞東京本社〕
○人間ドキュメント/手紙の中の日本人 シベリア収容所からの「俘虜用郵便葉書」「読売ウイークリー」63(9)通号2908　2004.2.29　p29～31

世論と経済　〔永末世論研究所〕
○シベリヤの俘虜生活―7―（山下康）「世論と経済」3(9)　1948.9　p28～32
○シベリヤの俘虜生活―8―（山下康）「世論と経済」3(10)　1948.10　p28～32
○シベリヤの俘虜生活―11―（山下康）「世論と経済」4(1)　1948.12　p16～20

【ら行】

ラメール：海と船の雑誌　〔日本海事広報協会〕
○引き揚げとシベリア抑留の歴史を伝える 舞鶴引揚記念館（特集 海フェスタ京都―京都と結ぶ海の道）「ラメール：海と船の雑誌」39(4)通号227　2014.7・8　p16～19

立法と調査　〔参議院事務局〕
○シベリア抑留者に特別給付金―議員立法の戦後強制抑留者法が成立（特集 第174回国会の論議の焦点(3)）（広松彰彦）「立法と調査」通号308　2010.9　p3～15

立命館大学国際平和ミュージアムだより　〔立命館大学国際平和ミュージアム〕
○ミュージアムおすすめの一冊 畑谷史代著『シベリア抑留とは何だったのか―詩人・柴田吉郎のみちのり』（岩波ジュニア新書 2009年刊）（君島東彦）「立命館大学国際平和ミュージアムだより」19(1)通号53　2011.8

リプレーザ　〔リプレーザ社〕
○「シベリア文学論」序説(1)日本人抑留者手記をドストエフスキー的に読む（中西昭雄）「リプレーザ」(1)　2006.12　p170～198

リベラルタイム　〔リベラルタイム出版社〕
○敗戦―満州追想（第11回）シベリア抑留者の帰還（岩見隆夫）「リベラルタイム」11(11)通号126　2011.11　p42～44
○敗戦―満州追想（第12回）終わらない「シベリア抑留者の闘い」（岩見隆夫）「リベラルタイム」11(12)通号127　2011.12　p44～46
○敗戦―満州追想（第13回）「シベリア抑留」の理由（岩見隆夫）「リベラルタイム」12(1)通号128　2012.1　p44～46

歴史科学と教育 〔歴史科学と教育研究会〕
○シベリア抑留の概要(長沢淑夫)「歴史科学と教育」(25)　2006.11　p1～25

歴史春秋 〔歴史春秋社〕
○中国・ソ連再訪墓参の旅(小平里美)「歴史春秋」(32)　1990.11　p47～64

歴史地理教育 〔歴史教育者協議会〕
○続 私記「北方墓参・ふるさと択捉は今」(特集 となりの国ロシアを探る)(松本尚志)「歴史地理教育」(705)　2006.10　p28～33,6
○シベリア抑留をどう捉えるか──研究成果を踏まえ、未来に継承するために(特集 シベリア抑留とは何だったのか?)(富田武)「歴史地理教育」(823)　2014.8　p10～19
○シベリア抑留補償裁判が提起したこと(特集 シベリア抑留とは何だったのか?)(長沢淑夫)「歴史地理教育」(823)　2014.8　p20～25
○香月泰男とシベリア・シリーズ(特集 シベリア抑留とは何だったのか?)(万屋健司)「歴史地理教育」(823)　2014.8　p26～29
○シベリア抑留の跡を訪ねる──ハバロフスク・ウラジオストックの日本人墓地(特集 シベリア抑留とは何だったのか?)(渡辺明)「歴史地理教育」(823)　2014.8　p30～35,1
○実践プラン/高校・日本史 シベリア抑留の授業づくりに向けて(特集 シベリア抑留とは何だったのか?)(江連恭弘)「歴史地理教育」(823)　2014.8　p36～41

歴史と旅 〔秋田書店〕
○シベリア抑留生活でも旧軍隊の階級は生きていた(証言でつづる終戦秘史──わたしの終戦体験)(三宅清)「歴史と旅」27(12)(増刊)　2000.9・10　p96～100
○ナホトカの駅で歌わされた「赤旗の歌」(わたしの終戦体験)(内海巧)「歴史と旅」27(12)(増刊(証言でつづる終戦秘史))　2000.9.10　p107～110

歴史評論 〔校倉書房〕
○ソ連極東地方1937年──朝鮮人強制移住と日本(日中戦争50年＜特集＞)(木村英亮)「歴史評論」通号447　1987.7　p18～29

労働運動研究 〔労働運動研究所〕
○書評 富田武著『シベリア抑留者たちの戦後──冷戦下の世論と運動1945─1956年』(有光健[評])「労働運動研究」(421)　2014.4　p67～69

ロシアNIS調査月報 〔ロシアNIS貿易会〕
○研究所長日誌(第22回)元シベリア抑留者への補償問題がようやく解決へ(遠藤寿一)「ロシアNIS調査月報」55(8)通号946　2010.8　p101～103

ロシア史研究 〔ロシア史研究会〕
○黒島伝吉小論—シベリア体験と反戦文学（シベリアにおける革命と反革命）（島田孝夫）「ロシア史研究」通号20　1973.4　p22〜28
○日米ソ公文書に見るシベリア抑留—研究の現状と課題（2011年度大会特集）（富田武）「ロシア史研究」（90）　2012　p66〜87
○共通論題 戦後66年シベリア抑留を問う—急がれる公文書開示と実態解明 一九四五年ソ日戦争の日本人捕虜に対するソ連国家の政策（2011年度大会特集）（セルゲイ・И・クズネツォーフ，富田武［訳］）「ロシア史研究」（90）　2012　p108〜115
○書評 長勢了治著『シベリア抑留全史』（富田武）「ロシア史研究」（94）　2014　p27〜32

【 わ行 】

わたし達の防衛講座：日本は安全か 〔日本郷友連盟東京都郷友会〕
○英霊の顕彰・殉職自衛隊員の慰霊 シベリア抑留者慰霊の旅（東京都郷友会創立60周年記念特集号—平成25年の歩み）（佐藤和夫）「わたし達の防衛講座：日本は安全か」　2014　p120〜123

【 ABC 】

Aera 〔朝日新聞社〕
○全国抑留者補償協議会会長・斎藤六郎—外務省と戦うシベリア捕虜の一念（現代の肖像）（保阪正康）「Aera」4(18)　1991.4.23　p53〜57

Asahi journal 〔朝日新聞社〕
○『シベリアに眠る日本人』を書いた高杉一郎さん—繰り返し語るわがシベリア体験（こんにちは）（中川六平）「Asahi journal」34(8)　1992.2.28　p59

Helicopter Japan 〔タクト・ワン〕
○ヘリにまつわる私記 忘れ得ぬ人々(33)瀬島龍三・激流に挑む波乱万丈の人生—シベリア抑留・伊藤忠商事・臨時行政調査会（戦後編）（森田正）「Helicopter Japan」(157)　2007.11　p40〜43

Kakushin 〔民社党本部新聞局〕
○「民主分子」が煽った共産化革命…シベリア抑留の悲劇を歌った『岸壁の母』（歌謡曲の昭和史〔16〕）「Kakushin」通号236　1990.4　p36

Meme 〔富士総合研究所〕
○ロシアとの20世紀(6)シベリア抑留者からの手紙（前編）ラーゲリに消えた貴公

子・近衛文隆（内田義雄）「Meme」(2)　2002.6　p52〜55
○ロシアとの20世紀(7) シベリア抑留者からの手紙（後編）「捕虜の人権」回復を求めて（内田義雄）「Meme」(3)　2002.7　p52〜55

News letter　〔近現代東北アジア地域史研究会〕
○日本人のモンゴル抑留に関するモンゴルの公文書史料について（青木雅浩）「News letter」(25)　2013.12　p19〜28

Newsweek　〔阪急コミュニケーションズ〕
○美術 甦れ、収容所アート　「Newsweek」16(46)通号785　2001.11.28　p72〜73

Sapio　〔小学館〕
○全国抑留者補償協議会会長・斎藤六郎—ゴルバチョフの「謝罪」で日本人の反ソ感情は解消されるか（人物四季報）「Sapio」3(2)　1991.1.24　p35
○旧日本領サハリン—「祖国帰還」と「別離」（日本特別編〔3〕）（黙視録—神が死んだ後に…〔16〕）（桃井和馬）「Sapio」11(9)通号228　1999.5.26　p60〜63

Север　〔ハルビン・ウラジオストクを語る会〕
○想い出のハルビン 回想録 心を残して（広谷一男）「Север」(26)　2010.3　p94〜99
○書評 富田武著『コムソモリスク第二収容所—日ソの証言が語るシベリア抑留の実像』（トルストグゾフ・セルゲイ）「Север」(29)　2013.3　p103〜105

This is　〔読売新聞社〕
○「収容所から来た遺書」の辺見じゅんさん—"シベリアの仲間"の記憶が届けた「死者の書」（著者インタビュー）（辺見じゅん，大輪盛登）「This is」6(9)　1989.9　p290〜295

Voice　〔PHP研究所〕
○「昭和」を語り継ぐ心（21世紀へのコンセプト）（インタビュー）（辺見じゅん，中田浩二）「Voice」(149)　1990.5　p40〜49
○妻の歳月—シベリア抑留の夫を待ちつづけた山本モジミの生涯（来世紀への遺書〔2〕）（辺見じゅん）「Voice」(190)　1993.10　p246〜259
○シベリア抑留の真相を語ろう（21世紀へのコンセプト）（インタビュー）（瀬島龍三，田久保忠衛）「Voice」(194)　1994.2　p40〜49
○日本一幸せな妻—厳寒のシベリアに十年間収容された赤羽文子の運命（来世紀への遺書〔7〕）（辺見じゅん）「Voice」(195)　1994.3　p248〜261

X　〔文映社〕
○ソ連抑留記（芦谷光久）「X」3(6)　1949.5.1　p28〜29

書名索引（図書）

【あ行】

書名	番号
嗚呼!!異国の丘（花見武朔）	1389, 1390
「嗚呼異国の丘」二等兵物語（花見武朔）	1391
嗚呼「ウランバートル」（大町敏夫）	0325
あ、北満州（越川三郎）	0641
ああ北満洲思慕 そして応召のチャムス十野航（増田要明）	1639
嗚呼極寒の地シベリアに戦友が眠る（松嶋英雄）	1668
ああサガレンの秋たけて（小松功）	0672
ああシベリア（読売新聞社大阪本社社会部）	1924
嗚呼シベリア抑留記（広瀬英美）	1484
嗚呼シベリヤ（市川正良）	0158
あ、シベリヤ赤い雪（細川庄三郎）	1591
あ、シベリヤ同志逝く（村上新三郎）	1780
ああ！シベリア捕虜収容所（忠平利太郎）	1094
噫呼チイホア刑務所（渡辺弘）	1966
嗚呼中千島（中千島戦友会）	1251
噫々ハイラル（多田秀雅）	1092
あ、ハイラル「第八国境守備隊」顛末記（志賀清茂）	0824
ああ・悲憤紙の碑（いしぶみ）（恩欠北海道連合会）	0395
ああ・悲憤紙の碑（いしぶみ）（渡辺健一）	1950
ああボーヤンキ（白木奎二）	0895
相川春喜小伝（相川春喜）	0001
哀愁のシベリア劇団（岡崎正義）	0334
愛情にくずれゆく魂（堀清）	1605
蒼い目の日本兵（ジャスパー井上）	0886
赤い医務室（阿曽沼秀）	0051
赤い英雄の街（内海忠）	0245
赤い壁の穴（中村百合子）	1278
赤い国から 或る兵士の脱走記（岡田映児）	0335
赤い大陸の話（唐木田博）	0489
赤い月（沢井明）	0813
赤い凍土（浅井住夫）	0031
赤い凍土（水谷洪司）	1719
赤い白夜（島村喬）	0876
赤い吹雪（平野貞美）	1472
赤い吹雪（勇崎作衛）	1884
赤い星の下に陽を求めて（小池照彦）	0619
赤い星の下で（今村匡平）	0212
赤い鞭はなる（武田延）	1077
赤い夕日の果てに（久保舜）	0595
赤い夕日の満洲（小林伝三郎）	0665
赤い牢獄（菅原道太郎）	0916, 0917
あかがみ（荒井勝蔵）	0074
あかざ劇団（山口正人）	1836
暁に祈る（有賀藤市）	0080
暁に祈る（神戸新聞社）	0636
暁に祈るまじ（原田春男）	1423
悪夢（中村光次）	1276
朝が来て知る捕虜の命（佐藤友治）	0805
あしおと（甘楽軍次）	1145
阿爾山陸軍病院の夕映（阿爾山陸軍病院の夕映え編集委員会）	0045
明日への伝言（北海道高齢者等9条の会）	1595
明日なき彷徨（山口一茂）	1834
東勇集（東勇）	0046
アムール日記（大原一雄）	0322
アムールの流血（北原茂衛）	0547
阿由知の桜（老黒山会）	1934
新たにシベリア抑留と大テロルを問う（石井豊喜）	0124, 0125
アラナープの思い出（アラナープ会）	0077
荒野にて（石川徳郎）	0128
蟻の如くに歩み来たり記（松下隆司）	1664
ある医学徒の青春（渡部智倶人）	1972
歩く（亀山茂弘）	0486
ある作戦参謀の回想手記（池谷半二郎）	0113
ある戦中派の記録（石井良明）	0126
ある中国抑留者の回想録（門馬保夫）	1818
異国の丘（新宮富士郎）	0901
アルバム・シベリアの日本人捕虜収容所（朝日新聞社）	1978
あるB・C級戦犯の戦後史（富永正

三)	1195, 1196	異国の丘越えて(西村敏一)	1319
或る兵士の手記(大川完二)	0289	異国の丘で(植田稔)	0224
ある兵隊の回顧(榎本弘)	0263	異国の丘の体験記(八木沢旺二)	1822
ある捕虜の記録(広沢栄太郎)	1481	異国の傷跡(加藤保)	0443
あれから五十年わたしのソ連抑留(緒方壮一郎)	0338	異国の山河(振角重利)	1535
		異国の山河に(金子貫次)	0459
アングレン・捕虜日記(加賀谷常治)	0403	異国の空(渡辺由蔵)	1971
アングレン物語(深谷安男)	1490	異国の我が青春(佐藤功)	0786
アングレン虜囚劇団(池田幸一)	0107	異国より帰りて(沢田四郎作)	0815, 0816
生かされて(青木信夫)	0011	医師として人間として(稲田竜一)	0180
錨(いかり)と星とモンペの青春(秋元清一)	0027	医者の解剖するソ連(富沢一夫)	1192
		石原吉郎「昭和」の旅(多田茂治)	1090
生き急ぐ(内村剛介)	0241, 0242	石原吉郎のシベリア(落合東朗)	1994
行き交う人々(馬場新一)	1394	一期一会の海(石原吉郎)	0146
"生き地獄"からの生還(橋元等)	1360	一日生涯(相沢英之)	0003
生きたソ連を見る(ソ連帰還者生活擁護同盟)	1002	市井人の記(渡辺昭造)	1956
		一兵士の青春(山口三喜)	1838
生きたソ連を見る(日ソ親善協会)	1328, 1329	一兵士の青春とモスクワから届いたカルテ(吉田尚)	1908
生きていてよかった(頗良笑会)	1418, 1419	一兵士のダモイへの道(吉田勇)	1902, 1903
生きている戦犯(帰山則之)	0400	一兵士の追憶(早川芳美)	1407
生きて帰ったダメな兵隊(大木達治)	0291	一問一答(阿部真之助)	0063
生きて還って(いまいげんじ)	0198	一塊のパン(上尾龍介)	0473, 0474
生きて来た(津島岳雄)	1144	一個のリュックサック(八重樫安太郎)	1819
生きて祖国へ(引揚体験集編集委員会)	1432〜1435	一冊の本の歴史(垣内久米吉)	1996
生きながらえて夢(坂間文子)	0743	一週間(井上ひさし)	0191
生きぬいて(笹之内亥三男)	0781	一等兵が語る追憶の譜(大塚茂)	0312
生き抜いて祖国へ(岡本昇)	0344	一兵卒のシベリア抑留記(福富行夫)	1501
生き抜くために(小林茂雄)	0661	一本の花を求めて(北星志)	0530
生きる(金井三郎)	0453	凍て付く大地に生き抜く(樋口昭典)	1436
生きることの極限(山口政憲)	1837	凍てつく大地の彼方から(創価学会)	0982
生きるために(田口庄治)	1064	凍てつく北満の大地(松岡俊一)	1655
幾山河(瀬島龍三)	0958	凍てつく星の下に(西徳一)	1300
幾星霜(野本貞夫)	1342	凍てつく町(前田正次)	1619
生ける屍(前野茂)	1625〜1627	生命ある灯(春日行雄)	0420
生ける屍の記(沖野亦男)	0354	いのちの証言(今崎暁巳)	0210
生ける証言(全国抑留者協議会)	0969	命のふるい(前田正道)	1623
異国に生きた日々(小島俊)	0368	生命の野草(滝田隆)	1062
異国の丘(神馬文男)	0909	いのち羽ばたく空(市原麟一郎)	0160
異国の丘(玉垣正義)	1121	命ひろいて(坂本芳亮)	0752
異国の丘(長谷信夫)	1364, 1365	命めぐまれ、今を生きる(西本諦了)	1322
異国の丘を歩み続けて(前原正作)	1633	いま真実を明かそう(衛藤豊久)	0260

書名索引（図書）　　　　　えらふか

いま真実を明かそう（瀬島龍三）　0959	ウスリー草原のヤポンスキー（中岡準治）　1225
いまだ還らぬ戦友（とも）よいずこ（赤羽忠二）　0018	短歌で辿るソ連抑留記（清水俊夫）　0882
今、なぜシベリアか（楠裕次）　0581	内なるシベリア抑留体験（多田茂治）　2073, 2074
今にして想えば（黒田隆）　0615	内村剛介著作集（内村剛介）　1989
イラストシベリア抑留記（川崎増雄）　0503	奪われし愛と自由を（留守家族団体全国協議会編史刊行委員会）　1932
イルクーツク州の日本人墓地（石川県東シベリア墓参団）　1984	奪われしわが青春（小高壯松）　0371
イルクーツク州の日本人墓地（金沢ロシア語研究会）　2003	奪われた青春（戦時強制捕虜補償要求推進協議会）　0978
イルクーツク州の日本人墓地（クズネツォフ）　2013	馬と私の軌跡（阿曽浩史）　0049
イルクーツク抑留記（小原康二）　0393	裏切られた兵隊（田鎖源一）　1063
いわれなき虜囚（斎藤豊）　0720～0724	ウラジオストック物語（中村信一）　1273
いわれなき虜囚（第1～27号、別冊2）（シベリアを語る会）　0840～0865	ウラルを越えて（鎌塚堅）　0472
会誌いわれなき虜囚全号目次集（シベリアを語る会）　0866	ウラルを越えて（樋口欣一）　1438, 1439
いわれなき虜囚（内藤清春）　1200～1215	ウラルの彼方 道遠く（松木倍）　1660
いわれなき虜囚（中沢寅次郎）　1233～1237	ウラルの彼方道遠く（エラブカ会）　0273
いわれなき虜囚（悠々会）　1888	ウランバートルへの道（平原竹次）　1479
いわれなき虜囚（雪の同窓会）　1890～1892	ウランバートルの灯みつめて五十年（春日行雄）　0421
イワン・チャイの花（藤居一郎）　1509	ウランバートル俘囚記（西川裕介）　1306
飢えと寒さと望郷と（今井新吉）　0205	ウランバートル捕虜収容病院（山辺慎吾）　1870
飢と寒さの苦境から免れ満三十年を記念して（松本安次郎）　1684	ウランバートル吉村隊（石井栄次）　0122
飢える草原（大原富枝）　0323	ウランバートル吉村隊（蒲原正二郎）　0466
ウクライナに抑留された日本人（カルポフ）　2007	ウランバートル吉村隊（山浦重三）　1832
ウクライナに抑留された日本人（竹内高明）　2072	運か定めか我が人生（水本清晴）　1727
ウクライナに抑留された日本人（長勢了治）　2086	運命の舞台（石橋信夫）　0138
ウクライナに抑留された日本人（ポティリチャク）　2115	運命は切りひらくもの（岸見勇美）　0526
ウクライナの捕虜（村上兆平）　1781	永久凍土地帯（小田原金一）　0373
失われた樺太と満州の想い出（永井正三郎）　1217	永久凍土に生きる（山本七郎）　1876
失われた青春の記録（福田正）　1497～1499	永久凍土の暑い夏（梅原勇）　0252
失われた時をたどって（小野陽一）　0383, 0384	衛生兵物語（天牛将富）　1165
ウズベック共和国に於ける私の青春（江口三郎）　0258	永続する平和をこの手に（平野貞美）　1473
	絵入シベリア収容所（竹内錦司）　1070
	絵を描く俘虜（宮崎静夫）　1751
	絵であかす戦争の素顔（松崎禅戒）　1662
	択捉従軍始末（藤田八束）　1516
	えとろふ島―紗那―を偲ぶ（えとろふ会）　0261
	絵本シベリア物語（安田清一）　1826
	エラブカ（神戸エラブカ会）　0635

シベリア抑留関係基本書誌　291

エラブカ(平田有一)	1467
エラブカ(山田稔典)	1866
エラブカ座(エラブカ座有志)	0274
エラブカ第97捕虜収容所(広瀬忠司)	1483
エラブガに眠る戦友、母国に還る(エラブガ日本人墓地対策委員会)	1992
エラブガに眠る同胞を訪ねて(陸士第五十八期生エラブガ会)	2137
エラブガ物語(川上浪治)	0496
エラブカラーゲル川柳抄(藤本西三)	1521
沿海州の春(渡辺威)	1958
老いのたわごとひとりごと(山崎弘貴)	1847
欧ソ抑留記(近藤文夫)	0700
大枯野(高木一郎)	1019
大枯野(平出彬)	1451
大空と凍土に生きて(西沢喜八)	1312
恐るべき旅路(船水清)	1534
お陽さんぽつんと赤かった(高木啓太郎)	1021
おほうとう物語(岡本功司)	0342
オホーツク海を越えて(石坂英夫)	0133
想い出(桜木保)	0762
思い出・体験記ダモイ(伊藤秋市)	0166
思い出乃形見(有賀千代吉)	0079
想い出のカラカンダ(前田一男)	1618
想い出の記(佐久間恒三)	0757
想ひの記 捕はれの記(海老沢義道)	0268
想い出の記録(田辺二郎)	1108
思い出のシベリアより(渡辺鶴雄)	1960
思い出のロシア(桔梗吉弥)	0519
俺たちは捕虜じゃない(工藤張雄)	0584
俺は生きていた(菅原純)	0915
俺は生きている(桜井左忠)	0760
俺は終戦一等兵(大塚茂)	0313
オロッコ物語(波木里正吉)	1349
オーロラの下で(生田清)	0098
オーロラの下に(中島倉治)	1240
オーロラの囚人(百瀬三郎)	1801
女の宿舎(和田義雄)	1945

【 か行 】

外交官の決断(都倉栄二)	1182
回顧録シベリアの銀杯(渡辺喜悦)	1949
会誌いわれなき虜囚全号目次集(斎藤豊)	0725
会誌いわれなき虜囚全号目次集(シベリアを語る会)	0866
回想北の島・北の大地(畠山正根)	1384
回想・軍隊と抑留体験(菊地卯一)	0520
回想シベリア抑留とその背景(田中源次)	1100
回想誕生からシベリア抑留まで(曽禰正之)	0996
回想のアルバム(島田福司)	0875
回想のシベリア(斎藤六郎)	2033〜2035
回想のシベリア(牧島久夫)	1634
回想の強制収容所(小林敏明)	0666
回想のハルビン(山崎倫子)	1849
回想の譜(三三九の会)	0820
回想の譜(丸井大陸)	1691
回想八十八年(分須庄三郎)	1941
回想私のシベリア物語(橋爪卓三)	1354, 2101
外蒙帰還者の手記(公安調査庁)	0627
外蒙抑留の思い出(泉博之)	0150
還ってきた…シベリアの舞い鶴が今(宮田栄一)	1760
かえらぬ鶴(瀬戸奈々子)	0961
かえらぬ鶴(林田みや子)	1414
火焔樹(諫早北高地区留守家族同盟)	0118
火焔樹(諫早青年同盟)	0119
火焔樹(長崎県在外同胞帰還促進同盟)	1232
かがしの兵隊(餅井茂)	1790
かくソ連を見た(二十世紀研究所)	1314
学徒出陣、ソ連抑留から奇蹟の生還(樋口克己)	1437
影の父(土居哲秋)	1167
カザフスタンにおける日本人抑留者(味方俊介)	1980

書名	番号
貨車のギニヨール（増淵俊一）	1689
香月泰男（岩田礼）	0219
香月泰男シベリア画文集（香月泰男）	0422
香月泰男《シベリア・シリーズ》（香月泰男）	0423
香月泰男＜シベリア・シリーズ＞展（香月泰男）	0424
香月泰男シベリヤ・シリーズ（香月泰男）	0425
香月泰男シベリヤ・シリーズを読む（落合東朗）	1995
「香月泰男＜シベリヤ・シリーズ＞」展図録（香月泰男）	0426
香月泰男生誕100年記念小・中・高校生のための教材制作～わたしのシベリア～（香月泰男）	1998
カスピアンナイト（銭田万右衛門）	0979
化石人放浪記（千葉良文）	1136
家族（篠原正美）	0833
家族（篠原美代子）	0834
語られざる真実（菅季治）	0511～0513
語りかけるシベリア（丸尾俊介）	1692
語り継がれる戦争の記憶（三枝義浩）	0732
語り継ぐ札幌市民100人の戦争体験（札幌市）	0785
語り継ぐ戦争（広中一成）	1487
語りつぐ抑留（武雄シベリア会）	1073
渦中の人々（寺田英一）	1163
活字の私刑台（池田重善）	0108
哀しき夕陽（能瀬敏夫）	1338
画文集 シベリア虜囚記（佐藤清）	0788
カマの舟唄（鬼川太刀雄）	0515
カムチャッカ抑留記（田村正一）	1124
カラガンダ第八分所（川堀耕平）	0510
果羅の旅（鶴海寛治）	1155
樺太工兵第八十八連隊誌（樺太工兵第八十八連隊戦友会）	0490
樺太戦とサハリン捕虜の記（丸山重）	1695
樺太の灯（西村いわお）	1317
樺太の道は忘れじ（阿部一男）	0056
樺太防衛の思い出（鈴木康生）	0939, 0940
樺太は熱かった（上田秋男）	0223
樺太わが故郷（高瀬藤作）	1034
樺太わが故郷（佐藤亘）	0807
カランチン（善木武夫）	0966
雁が南へ飛んでゆく（池田毅）	0109
感謝にいきる（佐多岩雄）	0783
関東軍作戦参謀草地貞吾回想録（草地貞吾）	0573
関東軍作戦参謀の証言（草地貞吾）	0574
関東軍参謀（小松茂朗）	0675
関東軍、シベリヤに消ゆ（開勇）	1459
関東軍終戦始末（楳本捨三）	0254
関東軍の新製鉄所の建設そしてソ連抑留の記（平尾英二）	1453, 1454
関東軍の転進（水戸部広治）	1734
関東軍兵士・九年の足跡（竹定政一）	1074
関東軍兵士はなぜシベリアに抑留されたか（カタソノワ）	1999
関東軍兵士はなぜシベリアに抑留されたか（白井久也）	2052
関東憲兵隊の最後（宮本信夫）	1768
岸壁の日まで（野沢恒夫）	1336
亀覚記（岡田亀蔵）	0336
飢餓との闘い（後藤四郎）	0648
飢餓と望郷の五ケ年（木下美知夫）	0554
飢餓の兵（丸山瑞穂）	1699
帰還ダモイ（滝春樹）	1058
帰還ダモイ（永島武雄）	1242
帰還20周年（白雪会）	0897
帰還40周年（白雪会）	0898
聞き書き ある憲兵の記録（土屋芳雄）	1151, 1152
聞き書き井上頼豊（井上頼豊）	0192
聞き書き「地域の"戦争の時代"」（青柳忠良）	0014
聞き書日本人捕虜（吹浦忠正）	1491
菊水隊（香取ふみ子）	0448
菊と日本刀（鵜野晋太郎）	0246, 0247
帰国の日まで（安食精一）	0086
帰国の日まで（佐藤治郎）	0795
記者たちの戦争（北海道新聞労働組合）	1598
汽車よ東へ走れ（田副敏郎）	1089
喜寿の足跡（河西秀夫）	0508
傷痕は癒えず（朝岡武男）	0035

奇跡のシベリア収容所（小林重次郎）　0662
北への旅立ち（木村七二）　0557〜0559
北を駈ける（所武雄）　1184
北千島回想記（重吉藤男）　0827
北千島とシベリア抑留の日々（風間末治郎）　0415
北千島にわかれて（小松会）　0681
北千島の遥かなる日々（岩下幸一）　0218
北中国極東シベリヤ秘密戦回顧の旅（扇貞雄）　0277
北朝鮮・沿海州に拘留されて（伊達彰）　1095
北国雷（重光忠信）　0826
北の果てシベリア俘虜（高田晴彦）　1038
北の果ての青春（栗原茂）　0607
北の蘖（伯田青竹）　1351
北の憂鬱（秋保正人）　0026
北の流星（若尾和子）　1935
北本一等兵に春はこない（荒木忠三郎）　0076
木下義夫の新生ロシア・シベリア紀行（木下義夫）　0555
厳しさに耐えて（岩佐博）　0217
きみにありがとう（永井泰子）　1220
きみにありがとう（美原紀華）　1744
棄民の詩（戸田俊巳）　1186
虐殺収容所（清水正二郎）　0878
キャンバスに蘇るシベリアの命（勇崎作衛）　1885
旧ソ連抑留中死亡者遺骨収集報告書（元231聯隊シベリア遺骨収集推進委員会）　2126
九七一日の慟哭（吉川三雄）　1901
旧満洲第四三七〇部隊第一装甲列車隊隊員の手記（砲友会）　1581
旧満洲本渓湖の街と人びと（塚原静子）　1137
共産地獄（葛西純一）　0413
強制抑留八百十余日の日記（細江実）　1588
強制労働者と民族問題（日刊労働通信社）　1326
極限状態の心理（坂田一）　0741
極限に生きる（広瀬和一郎）　1485
極限の日日（全国抑留者補償協議会）　0971

極北の魁（蓮見新次郎）　1363
極北の凍原で描く慮愁の挽歌（土肥忠男）　1166
極光のかげに（高杉一郎）　1029〜1032
極光の下に（大内与五郎）　0287
極光は紅に燃えて（たららひろし）　1126
きらめく北斗星の下に（シベリア抑留画集出版委員会）　0869
霧立ちのぼる（浜庄太郎）　1400
キルピーチ会記念誌（キルピーチ会）　0567
亀裂のとき（松前宏）　1675
記録満州国の消滅と在留邦人（佐久間真澄）　0759
草生す大地（長谷川芳雄）　1382
苦渋の跡（山田泰三）　1862
朽ちた墓標（三沢正道）　2122
愚直の青春二、一二八日間（小川之夫）　0352
苦斗回顧録（宇田義雄）　0236
苦闘の回想録（白井卯三朗）　0892
苦難に堪えて（秦彦三郎）　1383
苦難の一千日（北瀬富男）　0539
苦難の回想（柿原修）　0408
苦難のシベリア抑留記（カバレロ会）　0467, 0468
国破れて山河在り（阿部友治郎）　0066
苦悩のなかをゆく（浅原正基）　0039
苦力に変して（北川正夫）　0533
苦しかった戦後シベリアの抑留生活（丹羽伝吉）　1128
クレムリン秘密文書は語る（名越健郎）　1283
黒い雪（山田四郎）　1860
黒パン俘虜記（胡桃沢耕史）　0611
軍医が診た日本軍（松山文生）　1687
軍靴に踏みにじられた俺たちの青春（遠藤守正）　0276
軍靴の跡（堀田清一）　1599, 1600
軍靴のさすらい（諏訪正凱）　0947
軍旗の下で滅私奉公御国に捧げし我が青春（平原茂）　1477
軍国の中学生たち（倉掛喜八郎）　0601
軍隊生活とシベリア抑留記（神保武

夫）	0910	心のかけはし（安斎政江）	0084
激史 終戦50年目の節目（栗林白岳）	0605	心の墓標（宮沢正巳）	1758
激動の記録（日本放送協会）	2095	50年目の一周忌！ グシーニ墓参報告（グシーニ会）	2012
激動の昭和を吾かく歩めり（前田武一）	1620	古代に生きる（打田昇）	0238
激動の中の青春（園田重雄）	0998	国会写真史（国会）	0644
激浪の青春（高見正夫）	1055	国家補償をめざすシベリア裁判「解説」（全国抑留者補償協議会）	2059
決死の飛行（扇広）	0278	酷寒シベリヤ抑留記（竹田正直）	1078, 1079
研究と経験（窪野英夫）	0598	酷寒と飢えの日々（五味省三）	0683
現在と過去と忘却と（佐々木乾定）	0769	極寒に生きる（平原敏夫）	1478
検証—シベリア抑留（加藤隆）	2001	酷寒の異境に詠む（藤原春男）	1526
検証—シベリア抑留（ニンモ）	2098	酷寒のシベリア抑留記（吉池正巳）	1898
検証シベリア抑留（白井久也）	2053	酷寒乃地に生き抜いて（全国抑留者補償協議会）	0972
現代民話考（松谷みよ子）	1672	極寒の地の悲劇（大館新報社）	0307
興安丸（森下研）	1805	酷寒不毛の地で生きのびた8年（近藤弘）	0699
興安嶺への挽歌（三三九の会）	0821	国境守備隊一兵士の戦争と抑留生活（黒田清）	0614
興安嶺警備・ソ連抑留記（山田忠吉）	1863	国境の街にて（後藤隆之）	0652
興安嶺よさらば（須田亘）	0943	粉雪舞う日に（安河内崇）	1825
紅炎・白蓮（冨岳会）	1488	この石が食べれたら（酒井雄）	0735
狡猾で、怖いロシア（梅室圭三）	0253	近衛家七つの謎（工藤美代子）	0585
高原千里（富田貞雄）	1193	近衛文隆追悼集（近衛正子）	0660
興南工場の終焉とソ連抑留（大石武夫）	0283	この叫び父の胸にとどけ（板垣正）	0152
荒野に沈む赤い夕日に先導されて（佐々木甚一郎）	2040	この地の続きにパリがある（渡辺信治）	1964
曠野の青春（古田耕三）	1540	このベルトと共に（河口昇）	0499
曠野の涯に（小野地光輔）	0386	仔羊たちの戦場（谷口佶）	1113
曠野の涯に（西山武典）	1324	コムソモリスク第二収容所（富田武）	2083
香蘭凍星の曠野よ（梶田誠二）	0417	ゴーリン（南丁己知）	1737
荒涼たる酷寒の果てに（河合清）	0492	虎林にて（千嶋正夫）	1129〜1133
声なき声に応えよう（市川茂夫）	0156	コルホーズ生活三年（高崎謙三）	1027
凍りの掌（て）（おざわゆき）	0366, 0367	今度の戦争あかんたい（森田美比）	1809
氷の星（柏谷信一）	0419	混沌の日々（阿部一男）	0057
凍るアムール河（中下信好）	1239	こんな事が有りました（佐伯房治）	0731
凍れる河（石川徳郎）	0129	困憊の日々（稲垣康）	0178
古賀政男大ヒット大全集（古賀政男）	2029		
故郷への旅路（佐藤忠孝）	0800		
獄中の人間学（城野宏）	0889, 0890		
獄中の人間学（古海忠之）	1542, 1543	【 さ行 】	
告発シベリア抑留（松本宏）	1679		
黒龍江（村山雅俊）	1787	細菌戦の罪（三友一男）	1735
黒竜江附近（大貫喜也）	0319		
凍える大地（上野邦彦）	0226		

歳月（南条範夫）	1293
歳月流星の如し（坂本武人）	0747
最后の関東軍（藤原克己）	1524
最後のシベリヤ捕虜記（松本宏）	1680
最後の初年兵（宮内省一）	1748, 1749
最後の戦犯は語る（斎藤美夫）	0726
最後の鎮魂シベリヤ物語（松下忠）	1665
在ソ同胞の生死と徳田要請問題の真相（岡元義人）	0345
さいはての流れ星（石森武男）	0143
最果ての収容所にて（渡辺時雄）	1962
裁判・監獄・防諜（日刊労働通信社）	2093
魚と風とそしてサーシャ（渡辺祥子）	1953, 1954
朔風のなかの俘虜（北原茂衛）	0548
朔風裡（清水健）	0881
朔北の声（今井員雄）	0197
朔北の道草（朔北会）	0754, 0755
朔北の夢（斉藤貞吉）	0715
桜を恋う人（孫俊然）	1015
桜を恋う人（渡辺一枝）	1948
さすらいの赤い大地（渡辺明）	1947
雑草と雑兵（福島俊夫）	1495
雑草の如く（稲生武義）	0177
ザ・バイカル抑留記（捜索第一〇七連隊戦友会）	0989
樺太・シベリアに生きる（小川峡一）	0353
サハリン抑留七百九十八日（松田静偲）	1669
残悲多野（山中冬児）	1867
ザフトラ＜明日＞（嶋田信弘）	0874
さらばシベリヤ（鬼川太刀雄）	0516
サラリーマン社長人間学（井谷弘）	0154
早蕨のうた（小熊均）	0358
山河ありき（石黒達之助）	0132
山海関事件・拉致（六車正太郎）	1771
参議院の調書による吉村隊事件の実相（青木玉吉）	1976
散華（宮田慈子）	1759
三合里収容所小史（三合里戦友会）	2044
三合里に消えた兄（竹田正直）	1080
残酷史（中内富太郎）	1222
三国追憶の記（森田太郎）	1807
三十三回忌の墓碑銘（土岐慶哉）	1177
燦たり石門幹候隊！（第十一期甲種幹部候補生）	1017
三年半（喜多健次）	0529
参謀本部の暴れ者（三根生久大）	1742
地獄を見た男達（松井秀夫）	1645〜1651
地獄のシベリヤ抑留記（井上三次郎）	0189
地獄のラーゲリ 苦（山本儀見）	1880
地獄遍路（草地貞吾）	0575
色丹の想ひ出（河合清）	0493
醜の御楯と忍辱のシベリア抑留記（大饗健太郎）	0280
時痕（林利雄）	1412
四重柵（舩越滋）	1532
四十八年目の祖国（渡辺哲夫）	1961
死生彷徨（細川庄三郎）	1592
死線を越えて（松山吾一）	1686
死線からの逃避行（創価学会）	0983
時代がうすれ行く（笠原正）	0414
時代の波濤をこえて（北村博見）	0550
七重の鉄扉（堀満）	1609
実録・シベリアの日本人（岡崎哲夫）	0333
実録シベリア抑留記（竹田正直）	1081
実録 ショウワ・タクランケ（佐藤侃宏）	0801
詩と歌と涙で綴るシベリア抑留哀史（田口政夫）	1065
死の家の記録（蝦名熊夫）	0270
信太山からラーダまで（渡辺雅美）	1969
信太山同年兵の記録（信太山同年兵の会事務局）	0832
死の峠（国府田光子）	0588
死のラーゲリから生還して（徳山光夫）	1181
シベリア（池長弘）	0115
シベリア（諏訪弥佐吉）	0948
シベリア（林照）	1409〜1411
シベリア（原次郎）	1416
シベリア哀歌（大饗健太郎）	0281
シベリア哀史（中根義雄）	1260
シベリアいろは加留多（上津原美夫）	0225
シベリアいろは加留多（中沢寅次郎）	1238
シベリア印象記 私が見た終戦（海老名	

きぬ)	0269	シベリア収容所生活(大西清高)	0318
シベリア印象記 私が見た終戦(海老名光雄)	0271	シベリア収容所太陽を喰う男(笹目恒雄)	0782
シベリア、ウクライナ私の捕虜記(後藤敏雄)	0653	シベリア収容所の青春(八雲李彦)	1823
シベリアへの旅路我が父への想い(角田和夫)	0945	シベリア収容所の人々(島紀彦)	0872
シベリア・エレジー(片岡薫)	0435	シベリア収容所の日々(松永佑紀)	1673
シベリア怨歌(北瀬富男)	0540	西比利亜収容所列島抑留記(岩井利夫)	0216
シベリアを生きる(若宮由松)	1936	シベリア生と死の記録(全国抑留者補償協議会)	0973
シベリア狼の遠ぼえ聞こゆ(辻安雄)	1143	シベリア生と死の記録(ワールド・ジャーナル)	1975
シベリア送りから脱走して(平川三郎)	1456	シベリア・1945〜(中村一宣)	1265
シベリア回顧録(窪谷好信)	0599	シベリア大地を彷徨う(国松弘)	0589
シベリア回想(小川昇)	0348	シベリア鎮魂歌(菊池春雄)	0523
シベリア回想記(田部井要)	1119	シベリア鎮魂歌(立花隆)	2075
シベリア回想記(古谷巖)	1545	シベリア珍談(三浦道雄)	1709
シベリアから還ってきたスパイ(南裕介)	1740	シベリア追善紀行(伊藤武)	1986
シベリアから永田町まで(馬場嘉光)	1398	シベリア凍土の歌(高橋一二三)	1051
シベリアからの手紙(北田滝)	0542	シベリア逃亡記(布施功)	1528
シベリアからの手紙(森野達弥)	1814	シベリア涙の追憶(北沢富夫)	0537
シベリアからの道(高田晴彦)	1039	シベリアに生きた一老兵(薄衣菊三郎)	0235
シベリア記(加藤九祚)	0441	シベリアに生きていた句集(世良一)	0964, 0965
シベリア狂詩曲(村沢三郎)	1784	シベリアに生きる(川友勝)	0491
シベリア強制収容所(シベリア体験を記録する会)	0867	シベリアにうずめたカルテ(平出節雄)	1452
シベリア強制抑留者が語り継ぐ労苦(平和祈念事業特別基金)	1546〜1564	シベリアにうたふ(川手清三)	0507
シベリア強制抑留の実態(阿部軍治)	1981	シベリアに想う(西尾康人)	1304
シベリア強制労働補償請求訴訟第一審記録(全国抑留者補償協議会)	2060	シベリアに架ける橋(カタソノワ)	2000
シベリア苦闘記(萩原泰治)	1350	シベリアに架ける橋(白井久也)	2054
シベリア・グルジア抑留記考(清水昭三)	0879	シベリアに架ける橋(橋本ゆう子)	2102
シベリア珪肺(山本泰夫)	2134	シベリアに消えた青春(佐藤俊夫)	0803
シベリア珪肺症(縄田千郎)	2091	シベリアに消えた「第二国民兵」(油井喜夫)	1882
「シベリア珪肺」との闘い(山本泰夫)	2135	シベリア日記「生きるがゆえに」(岩本信伊)	0221
シベリア決死行(岡崎渓子)	0332	シベリアに虜われて(長谷川宇一)	1366
シベリア 極寒を生き抜いて(一色恒唯)	0163	シベリアに眠る日本人(高杉一郎)	2068
シベリア最後の軍医(多田久男)	1091	シベリア・217捕虜収容所(217会)	1297
シベリアさすらいの記(佐藤千一)	0798	シベリア日本人捕虜収容所(水谷決司)	1720
		シベリアに逝きし人々を刻す(村山常	

雄）	2124	シベリアの日本人捕虜たち（長勢了治）	2087
シベリアに逝きし46300名を刻む（村山常雄）	2125	シベリアの残火（田中さんじゅ）	1101
シベリアに抑留された朝鮮人捕虜の問題に関する真相調査（北原道子）	2010	シベリアの母 通りゃんせ小路（矢野亮）	1829
シベリアに抑留された朝鮮人捕虜の問題に関する真相調査（大韓民国対日抗争期強制動員被害調査及び国外強制動員犠牲者等支援委員会）	2067	シベリアの春（大谷いわお）	0308
		シベリアの挽歌（斎藤六郎）	2036
		シベリアの碑（細川庄三郎）	1593
シベリアの悪夢（田島教司）	1088	シベリアの冬を越えて（西井安治郎）	1301
シベリアの悪夢・善夢（山崎寿吉）	1839	シベリアの星の下で（石原繁）	0140
シベリアの唄（日野青嶺）	1446	シベリアの墓標（金沢美代策）	0456
シベリアの歌（大串石蔵）	0294	シベリアの豆の木（石井昭）	0121
シベリアの歌（新田直人）	1330	シベリアの豆の木（古川薫）	1536
シベリアの丘を越えて（曽根原正巳）	0997	シベリアの夕映え（中川芳夫）	1228
シベリアの音楽生活（井上頼豊）	0193	シベリアのラーゲリを逃れて（堺六郎）	0737
シベリアの影（金山承生）	0457	シベリアの虜囚（近藤馨）	0694
シベリアの風（千葉光一）	1134	シベリア遥けき墓参の旅（全国抑留者補償協議会）	2061
シベリアの技師（久我通生）	0569	シベリア番外地（長友基）	1257
シベリアの銀杯（野島勲）	1337	シベリア漂流（大島幹雄）	0303
シベリアの鉄鎖（松尾武雄）	1654	シベリア俘虜記（酒井東吾）	0736
シベリアの勲章（松田利一）	1671	シベリア俘虜記（中内富太郎）	1223
シベリアの勲章（餅井茂）	1791	シベリア俘虜記（穂苅甲子男）	1582
シベリアの自然に還られた同胞（田口庄治）	2071	シベリア俘虜記（森本良夫）	1816
シベリアの呪縛（竹原素子）	1084	シベリア俘虜記（山本清司）	1877
シベリアの静寂、いまだ遠く（斎藤四郎）	0712	シベリア俘虜生活日記（七木田麻簀臣）	1286
シベリアの生と死（坂本龍彦）	0748	シベリア俘虜の記憶（下村吉訓）	0885
シベリアの空に響いた五百人の歌声（滝沢宗三郎）	1059	シベリア文学論序説（中西昭雄）	2090
シベリアの月（成松政幸）	1290	シベリア墓参紀行集（全国強制抑留者協会）	2058
シベリアの月（吉福薫）	1916	シベリア墓参旅日記（戸口好太郎）	2078〜2082
シベリアの慟哭（全国抑留者補償協議会）	0974	シベリア捕虜回想伝記（高田あおい）	1036
シベリアの凍土（山本泉）	1872	シベリア捕虜記（菊池敬一）	0521
シベリアの凍土に眠る墓標をたずねて（千葉真）	1135	シベリア捕虜記（西山信義）	1325
シベリアのトランペット（岡本嗣郎）	0343	シベリア捕虜紀行（信田守夫）	0830
シベリアの『日本新聞』（落合東朗）	0376	シベリア捕虜志（斎藤六郎）	2037
シベリアの日本人捕虜たち（岡田安彦）	1993	シベリア捕虜収容所（草間重雄）	0579
シベリアの日本人捕虜たち（クズネツォフ）	2014, 2015	シベリア捕虜収容所（若槻泰雄）	2140〜2142
		シベリア捕虜収容所回想録（鈴木忠）	

蔵)　　　　　　　　　　　　　0930
シベリア捕虜収容所『ラーゲル』の中
　の青春(鈴木祥蔵)　　　　　　0928
シベリア捕虜生活(中村忠良)　　1272
シベリア捕虜生活回想記(佐藤重作)　0794
シベリア捕虜日記(加藤直四郎)　0445
シベリア捕虜の記(相沢秀秋)　　0002
シベリア捕虜の記憶(高田あおい)　1037
シベリア捕虜の思想戦(吉田幸平)　1907
シベリア捕虜の請求権の研究(斎藤六
　郎)　　　　　　　　　　　　2038
シベリア捕虜物語(羽根田光雄)　1392
シベリア捕虜抑留(宮沢喜平)　1756, 1757
シベリア民主グループ(八木隆郎)　1820
シベリア無宿放浪記(木屋隆安)　0563
しべりあ・ものがたり(井上光二)
　　　　　　　　　　　　0187, 0188
シベリア物語(井谷弘)　　　　　0155
シベリア物語(長田正男)　　0363, 0364
シベリア物語(信藤謙蔵)　　　　0907
シベリア物語(吉野五郎)　　　　1914
シベリア幽囚記(後藤脩博)　　　0647
シベリア幽囚記(吉村正雄)　1918, 1919
シベリア抑留(御田重宝)　　0396, 0397
シベリア抑留(栗原俊雄)　　　　2017
シベリア抑留(佐藤清)　　　　　0789
シベリア抑留(白井久也)　　　　2055
シベリア抑留(長勢了治)　　　　1247
シベリア抑留(古川和夫)　　1537, 1538
シベリア抑留(堀江則雄)　　　　2117
シベリア抑留 一千四百余日(田村万
　里)　　　　　　　　　　　　1125
シベリア抑留生命(いのち)の足掻き
　(坂口喜代光)　　　　　　　　0739
シベリア抑留慰霊碑建立記念誌(シベ
　リア抑留慰霊碑建立委員会)　　2046
シベリア抑留絵日記(天野節)　　0071
シベリア抑留を問う(志田行男)　2045
シベリア抑留思い出の記(橋爪敏男)　1355
シベリア抑留回顧(佐崎正治)　　0776
シベリア抑留回顧(寺西岬骨)　　1164
シベリア抑留回顧記(越沢幸三)　0642
シベリア抑留回顧録(稲葉武男)　0181

シベリア抑留画集(福間行信)　　1502
シベリア抑留画展(金沢草彦)　　0455
シベリア抑留関係図書目録(西来路秀
　彦)　　　　　　　　　　　　2039
シベリア抑留記(青池寛一)　　　0009
シベリア抑留記(阿部清美)　　　0058
シベリア抑留記(板倉久勝)　　　0153
シベリア抑留記(伊藤きよし)　　0164
シベリア抑留記(伊藤四郎左衛門)　0167
シベリア抑留記(上口信雄)　　　0222
シベリア抑留記(加津佐町シベリア
　会)　　　　　　　　　　　　0433
シベリア抑留記(鎌田正三郎)　　0471
シベリア抑留記(川島馨)　　　　0504
シベリア抑留記(北川光雄)　　　0535
シベリア抑留記(国松弘)　　　　0590
シベリア抑留記(倉沢勇)　　　　0602
シベリア抑留記(栗原繁男)　　　0606
シベリア抑留記(後藤治夫)　　　0654
シベリア抑留記(小峰国保)　　　0684
シベリア抑留記(近藤毅夫)　　　0698
シベリア抑留記(佐々木定次)　　0774
シベリア抑留記(柴田栄蔵)　　　0835
シベリア抑留記(鈴木克己)　　　0924
シベリア抑留記(中川茂夫)　　　1227
シベリア抑留記(伯耆源作)　　　1579
シベリア抑留記(穂苅甲子男)　　1583
シベリア抑留記(松本基之)　　　1683
シベリア抑留記(森川平八郎)　　1804
シベリア抑留記(山本喜代四)　　1875
シベリア抑留記(吉富利通)　1910, 1911
シベリア抑留記(吉村鶴一)　　　1917
シベリア抑留犠牲者遺族の手記(愛媛
　シベリアを語る会)　　　　　　0272
シベリア抑留九か年(馬場亀雄)　1393
シベリア抑留・雑草と岩塩(益田高)　1638
シベリア抑留実記(藤平正平)　　1519
シベリア抑留死亡者名簿(キリチェン
　コ)　　　　　　　　　　　　2011
シベリア抑留者(石崎誠一)　　　1985
シベリア抑留写真集(シベリア抑留
　会)　　　　　　　　　　　　0868
シベリア抑留者たちの戦後(富田武)　2084

シベリア抑留者と遺族はいま(亀井励)	2005	シベリア抑留の記(田川徳蔵)	1057
シベリア抑留者の慟哭(岸川文蔵)	0525	シベリア抑留の記(和田清彦)	1942
シベリア抑留抄(井上隆晴)	0190	シベリア抑留の軌跡(川島一芳)	0505
シベリア抑留小史(前田徳四郎)	2119, 2120	シベリア抑留の記録(加藤照広)	0444
シベリア抑留初期の述懐(青山源治)	0016	シベリア抑留の記録(南林謙吉)	1741
シベリア抑留生活記(松下秀雄)	1666	シベリア抑留の疑惑(前田徳四郎)	1621
シベリア抑留生活の断想(大谷正春)	0311	シベリア抑留敗虜の歌(原田充雄)	1425
シベリア抑留全史(長勢了治)	2088	シベリア抑留八年(鏡清蔵)	0402
シベリア抑留1000日(佐野巖)	0810	シベリア抑留秘史(ボブレニョフ)	2116
シベリア抑留1000日(佐野みな子)	0811	シベリア抑留・悲恋物語(富士山のぼる)	1523
シベリア抑留1450日(山下静夫)	1851	シベリア抑留捕虜の戦い(阿部清美)	0059
シベリア抑留訴訟事件に関する調査研究(山本草二)	2133	シベリア抑留 虜囚の詩(原田充雄)	1426
シベリア抑留その足跡を訪ねて(平和祈念事業特別基金)	2113	シベリア抑留は「過去」なのか(栗原俊雄)	2018
シベリア抑留体験記(片岡藤雄)	0436	シベリアよさようなら(中村泰助)	1270
シベリア抑留体験記(菊池謙治)	0522	シベリア四年の回想(池田満正)	0111
シベリア抑留体験記(斎藤四郎)	0713	シベリア・ラザレートに生きる(高木俊一郎)	1022
シベリア抑留体験記(シベリア抑留の体験を語り継ごう会)	0870	シベリア・流離(難波江昇)	1287
シベリア抑留体験記(西濃地区ダモイ会)	0949	シベリア虜囚記(佐藤清)	0790
シベリア抑留体験記(全抑協中央連合会)	0981	シベリア虜囚記(高木正秀)	1024
		シベリア虜囚記(檜山邦祐)	1447, 1448
シベリア抑留って?(亀井励)	2006	シベリア虜囚の祈り(佐藤清)	0791
シベリア抑留って?(木川かえる)	2009	シベリア虜囚の記(中村有一)	1277
シベリア抑留凍土の果てに(永友敏)	1255, 1256	シベリア虜囚の真実(石森武男)	0144
シベリア抑留と戦後日本(長沢淑夫)	2085	シベリア虜囚半世紀(坂本龍彦)	0749
シベリア抑留と吾が人生(伊藤千次)	0169	シベリア零下40度(小坂井盛雄)	0640
シベリア抑留とは何だったのか(畑谷史代)	2105	シベリヤ(香月泰男)	0427
シベリア抑留日記(田中薫)	1096	シベリヤ(小松重男)	0674
シベリア抑留の一兵卒の手記(阿部達男)	0065	死辺狸夜回想(工藤吉喜)	0586
シベリア抑留の思い出(安達隆夫)	0052, 0053	シベリヤ画集(香月泰男)	0428
シベリア抑留の思い出(全国抑留者補償協議会)	0975	シベリヤ鴉(北辰会)	1584
シベリア抑留の想い出(安蔵忠)	0088	シベリヤからの生還(井上勇)	0184
シベリア抑留の思い出記(杉本四郎)	0921	シベリヤ記(久保不可止)	0596
シベリア抑留の回想(本木亨治)	1797	シベリヤ雲の流れる様に(上原司)	0230
		シベリヤ最後の帰還兵(小松茂朗)	0676
		シベリヤ詩(小野田邦美)	0387
		シベリヤ詩集(長尾辰夫)	1224
		シベリヤ愁訴(磯部太郎右エ門)	0151
		シベリヤ春秋(藤村春夫)	1520
		シベリヤ生還記(原田利雄)	1422
		シベリヤ戦犯収容所(高瀬豊)	1035

シベリヤ鎮魂歌・遠きダモイ(小松茂朗)	0677	シベリヤ黙示録(小松茂朗)	0678
シベリヤ鎮魂の記(池上弘)	0105	シベリヤ物語(佃則純)	1140
シベリヤで(川口正次郎)	0498	シベリヤ物語(長谷川四郎)	1368, 1369
シベリヤに生きて(全国抑留者補償協議会)	0976	シベリヤ物語(長谷川新一)	1381
シベリヤに居る日本俘虜の実情(二葉要)	1529	シベリヤ物語(古川重徳)	1539
		シベリヤ物語(渡辺謙二)	1951
シベリヤ日記(沢田四郎作)	0817	シベリヤヤポンスキーサルダート(井戸辺正則)	0176
シベリヤ日記(守谷勝吉)	1811		
シベリヤにて(木羊)	1789	シベリヤ抑留・1ケ年半(盤木円乗)	1938
シベリヤの歌(いまいげんじ)	0199〜0201	シベリヤ抑留懐古(松岡正之)	1658
シベリヤの歌(中瀬精一)	1246	シベリヤ抑留記(大門正吉)	0288
シベリヤの歌(平田角平)	1466	シベリヤ抑留記(大野延翁)	0321
シベリヤの詩(松崎移翠)	1661	シベリヤ抑留記(神谷菊二郎)	0479
シベリヤの記録(井上郷)	0186	シベリヤ抑留記(河野卓男)	0632
シベリヤの勲章(鈴木敏夫)	0931〜0934	シベリヤ抑留記(甲羽良平)	0634
しべりやノスタルジア(天路のぼる)	0069	シベリヤ抑留記(小林嘉吉)	0668
シベリヤの戦后は終っていない(村井太郎)	1773	シベリヤ抑留記(菰田元一)	0685
		シベリヤ抑留記(今野銀也)	0702
シベリヤの月(蓮井秀義)	1361, 1362	シベリヤ抑留記(斎野茂雄)	0729
シベリヤの土(田辺政一)	1109	シベリヤ抑留記(瀬野修)	0962, 0963
シベリヤの鉄格子の中で(小池義人)	0621	シベリヤ抑留記(高橋惇)	1043
シベリヤの涙(広瀬宗真)	1482	シベリヤ抑留記(中井雄次)	1221
シベリヤの肌(北崎学)	0536	シベリヤ抑留記(201友の会)	1332
シベリヤの墓標(田淵久)	1117	シベリヤ抑留記(藤原金八)	1525
しべりやの捕虜記(鈴木孝一)	0927	シベリヤ抑留記(三浦庸)	1710, 1711
シベリヤの物語(長勢了治)	1248	シベリヤ抑留記(宮内省一)	1750
シベリヤの物語(山下静夫)	1852	シベリヤ抑留こぼれ話(金光学園高24期同窓会有志)	0692
シベリヤの四年(沢田実男)	0814		
シベリヤ俘虜記(石川誠一郎)	0127	シベリヤ抑留こぼれ話(永田潔)	1249
シベリヤ俘虜記(絵鳩毅)	0264, 0265	シベリヤ抑留十年の追想(片倉達郎)	0438
シベリヤ俘虜記(小田保)	0369, 0370	シベリヤ抑留少年俘虜記(小畠直行)	0391
シベリヤ俘虜雑記(松尾堅太郎)	1653	シベリヤ抑留スケッチ集(満蒙引揚文化人聯盟)	1708
シベリヤ捕虜記(松本宏)	1681		
シベリヤ捕虜収容所からのたより集(三田村治代)	1729	シベリヤ抑留生活の想い出(池辺晴登)	0116
シベリヤ捕虜収容所からのたより集(望月治津子)	1793	シベリヤ抑留生活の想い出(今井琢郎)	0206
シベリヤ捕虜収容所から舞鶴へ(松岡正之)	1657	シベリヤ抑留体験記(大槻佐一)	0315
		シベリヤ抑留の思いで(米田栄太郎)	1922
シベリヤ捕虜の手記(二葉要)	1530	シベリヤ抑留の記(佐藤善吉)	0799
シベリヤ捕虜物語(栗原康誉)	0608, 0609	シベリヤ抑留兵よもやま物語(斎藤邦雄)	0706〜0708
		シベリヤ抑留物語(四条紫雷)	0829

シベリヤ抑留4年の記録（白石豊）	0894	白樺記（岩本士良）	0220
シベリヤより祖国への書（伊東六十次郎）	0174	白樺の椅子（合津武文）	0628
シベリヤ虜行（稲見正）	0182	白樺の歌（東二三雄）	0047
シベリヤ虜囚記（野中光治）	1340	白樺の灯（柴内貞夫）	0837
シベリャ虜囚1000日（森辰巳）	1802	白樺の林に友が消えた（福田善之）	1500
青春の軌跡（熊坂吉郎）	0600	しらかば牢獄記（大村皖一）	0326～0328
弱兵の捕虜記（福嶋三郎）	1493	知られざる抑留8年の記（朝倉喜祐）	0036, 0037
色古丹島とシベリヤの思い出（大久保繁雄）	0296	白い牙（松崎吉信）	1663
写仏と私（福家延夫）	1506	白い谷間（高橋勇）	1044
ジャラガラント収容所（佐加保夫）	0734	白きアンガラ河（伊藤登志夫）	0170, 0171
週刊昭和（朝日新聞社）	1979	白きラーゲルに叫ぶ（堀清）	1606
従軍追憶の道（佐々木武雄）	0772	深山憶念録（渡辺四郎）	1957
従軍とソ連抑留記（中村正平）	1268	真実を訴える（ソ連帰還者生活擁護同盟文化部）	2065
十五歳の義勇軍（宮崎静夫）	1752	新知島山吹会戦史（新知島山吹会）	0905
銃殺から生還の軌跡（工藤新造）	0583	人生「三万日」の軌跡（川畑晶資）	0509
十七歳・開拓義勇隊員のシベリヤ抑留記（坂爪四八郎）	0740	人生の嵐を越えて（紅粉勇）	1573
十七歳のシベリア（田坂満夫）	1086	人生の彩り（鶴山好男）	1156
囚人護送車ストルイピン（関口弘治）	0952	人生はぐれ者（竹嶋ひとし）	1076
終戦（鈴木道蔵）	0938	真相シベリア抑留（松本宏）	1682
終戦50周年記念・思い出集（小池実）	0620	新日本文学全集（長谷川四郎）	1370
終戦50周年記念・思い出集（白雪会）	0899	神秘（中村文厚）	1275
終戦50周年記念・思い出集（新関省二）	1296	新編私の昭和史（東京12チャンネル）	1171
収容所列島の人間学（邑井操）	1776	親鸞と共に歩く（平田有一）	1468
出征・兵役・シベリヤ抑留（渋谷謹一）	0838	巣鴨プリズン・シベリア日本新聞（茶園義男）	2076
証言長友基（長友基）	1258	過ぎし青春千五百日（池徳一）	0101
証言私の昭和史（東京12チャンネル）	1170	スコーラ・ダモイ（北友会）	1586
少年二等兵のサハリン俘虜記（三村清）	1746	スコーラダモイ（早見茂）	1415
昭和激動期の潮流に生きる（萩原善之助）	1348	荒ぶ大陸（曽根男）	0995
昭和・遠い日近いひと（沢地久枝）	0818	スターリンへの感謝状（志賀重八郎）	0825
昭和二十年八月十五日（開勇）	1460	スターリン獄の日本人（内村剛介）	0243
昭和二十年八月二十三日（開勇）	1461	スターリンとの日々（梶浦智吉）	0416
昭和の遺言十五年戦争（仙田実）	0980	スターリンの生贄（小枝まもる）	0638
女囚の谷間（安芸順）	0022	スターリンの給食（安藤治）	0089
初年兵と虜囚物語（高杉荘一郎）	1033	スターリンの捕虜たち（カルポフ）	2008
ジョロンベットの冬春（関口元次）	0953	スターリンの捕虜たち（長勢了治）	2089
白樺（助川武夫）	0922	スターリンの虜囚（浜島操）	1401～1403
		スターリン批判後のソ連政治と人間改造（日刊労働通信社）	1327
		棄てられた日本人（水谷洸司）	1721
		砂に描く（飯里珪次郎）	0094

書名	番号
砂のつぶやき（吉田謙一）	1905, 1906
すばしいば（伊沢博）	0120
素裸にしたソ連（永富直明）	1254
ズバノーク（加藤行一）	0442
松花江を曳かれて（石井正）	0123
生還（高津光市）	1040
正義と人道の世紀を（田中賢一）	1099
青春を埋めた初年兵の抑留記（松井功）	1642, 1643
青春の足跡（北島敏明）	0538
青春の軌跡（加納和雄）	0463
青春の足跡（村井勉）	1775
青春の追憶（松本久良）	1678
青春の峠（岡部末式）	0341
生と死 シベリア（石原繁美）	0139
生と死の境に生きて（横内平三郎）	1894
生と死の谷間（当真荘平）	1173
生と死の谷間の中で（阪田泰正）	0742
生と死のはざまで（西山梅生）	1323
生命の極限（三浦庸）	1712
赤軍の人びと（後藤春吉）	0655
「石頭会報」縮刷版（石頭会）	0954
瀬島龍三 日本の証言（瀬島龍三）	0960
雪原地帯 抑留記（内田芳之）	0240
雪原にひとり囚われて（坂間文子）	0744
絶望からの生還（森平太郎）	1803
戦火と青春（藤森隆行）	1522
1945〜1949・マガダン（三上一次）	1714
一九四五年満州進軍（徐焔）	2051
一九二〇年代に生れて（奥出通夫）	0356
「戦後」への挑戦（末次一郎）	0911
戦後強制抑留史（平和祈念事業特別基金）	1565〜1572
戦後強制抑留者に係る問題に関する特別措置法案（参議院提出、参法第9号）について（衆議院）	2050
戦後五十年を過ぎて（本田一）	1612
戦後五十年の回想（青森県アルシャン戦友会）	0013
戦後40年サハリン（樺太）第17次墓参思い出の記（サハリン墓参団）	2041
戦後ソ連で珪肺にかかった日本人俘虜たち（縄田千郎）	1292
戦後ソ連で珪肺にかかった日本人俘虜たち（松藤元）	1674
戦災と抑留（宮西武佳）	1764
戦時下の惜春（天谷小之吉）	0072
戦場へ行った絵具箱（平松達夫）	1480
戦場体験（朝日新聞社）	0041, 0042
戦場と捕虜と警察官（竹島英雄）	1075
戦場の歌（吉田正）	2136
戦塵の翳り（桃井亀蔵）	1800
千辛万苦（加茂虎雄）	0487
戦陣夜話（飯田彦三郎）	0096
戦争（読売新聞社大阪本社社会部）	1925〜1929
戦争そして抑留（小岩道男）	0625
戦争体験記（見上悦郎）	1715
戦争とダモイと青春と（池浦忠太郎）	0104
戦争と北方少数民族（田中了）	1106
戦争と捕虜（津田登）	1147
戦争と民衆（三谷孝）	1728
戦争と私（大迫輝通）	0301
戦争の思い出（宇部辰男）	0251
戦争の記憶（ピースくにたち）	1444
戦争の中の青春（西内正幸）	1302
戦争の文学（長谷川四郎）	1371
戦争文学全集（平野謙）	1471
戦争・抑留体験記（坂本正雄）	0751
戦争は悲しい（原口貞雄）	1417
1200日のサハリン捕虜記（丸山重）	1696
洗脳の人生（国友俊太郎）	0587
戦没者三十三周忌法要（ヤゴダ会）	2129
全抑協総員名簿（全国抑留者補償協議会）	2062
一四四九ロシア陸軍病院（麻生国雄）	0050
戦旅（久後地平）	0572
ソヴェトの真実（西元宗助）	1320
草原の彼方（北村新蔵）	0549
草原の果てに（「草原の果てに」刊行委員会）	0988
草原の果てに（東出昇）	1431
草原のラーゲリ（細川呉港）	1590
四十二（そうろくふたろい）炭坑（高橋幸一）	1046
祖国えの道（丸茂耕一）	1694

そこくえ　　　書名索引（図書）

祖国への道（須藤次郎）　0944
祖国をソ連に売った36人の日本人（檜山良昭）　1449
祖国はるか（門脇朝秀）　0449〜0451
そして、ダモイ（松田昇）　1670
俎上の鯉（三矢正健）　1733
ソ同盟の生態（山田明）　1857, 1858
ソビエトの真実（西元宗助）　1321
ソビエト抑留紀行（山田清三郎）　1861
素描画文集私のシベリア抑留記（小黒終平）　0361
ソ満国境虎頭要塞の戦記（全国虎頭会）　0967
ソ満国境・15歳の夏（田原和夫）　1116
ソ満抑留記（北川正夫）　0534
ソ連回想録 虜囚三年（村上教俊）　1783
ソ聯から帰って（佐々木一珍）　0766
ソ連から帰って（佐々木一珍）　0767
ソ連監獄日記（高橋清四郎）　1047
ソ連強制収容所（榛葉英治）　0908
ソ連強制抑留記（札場悟）　1531
ソ連強制抑留生活を綴る（升谷正吉）　1640
ソ連禁固刑二十五年（上野正夫）　0228
ソ連9年抑留記（高木力三）　1025
ソ連軍が満州に侵入した日（大西敦子）　0317
ソ連軍進攻から復員まで（和田十郎）　1944
ソ連軍と女のたたかい（水野つね）　1725
ソ連軍に捕らわれて（宮西作太郎）　1762, 1763
ソ連軍満州侵入とシベリヤ抑留生活（桑原清三九）　0617
ソ聯見聞記（吉田金一）　1904
ソ連獄窓十一年（前野茂）　1628〜1631
ソ連参戦とシベリア抑留（早川収）　1406
ソ聯参戦より引揚完了まで四百日の記録（浅島希一）　0038
ソ連十年の抑留生活（橋本確）　1358
ソ連収容所地名索引簿（引揚援護庁）　2109
ソ連生活点描（高木力三）　1026
ソ連政治と人間改造（徳永笹一）　1180
ソ連政治犯収容所の大暴動（弥益五郎）　1856

ソ連戦犯十一年（古池一郎）　0618
ソ連地域日本人墓地埋葬者名簿（厚生省援護局）　2019
ソ連における強制労働（アメリカ合衆国文化交換局）　0073
ソ連の乳房（野沢清人）　1335
ソ連俘虜見聞記（川口浩）　0500
ソ連邦人民の自由と人権の訴え（福田恵山）　1496
ソ連邦抑留死亡者名簿（厚生省援護局）　2020
ソ抑留回顧（桜見助就）　0764
ソ連抑留記（家村隆治）　0097
ソ連抑留記（新谷謙吾）　0906
ソ連抑留記（山田莞爾）　1859
ソ連抑留！ 苦闘動画（エッセンス）　1990
ソ連抑留手記（魚沢清太郎）　0232
ソ連抑留スケッチ集（勝山俊一）　0440
ソ連抑留中死亡者チタ州カダラ第11分所附近埋葬地第2次調査報告書（元231聯隊シベリア遺骨収集推進委員会）　2127
ソ連抑留と日本回帰（宮脇昌三）　1769
ソ連抑留俳句（阿部誠文）　0064
ソ連虜囚の歌（内田英雄）　0239
そは誰が為めに（渡辺徳男）　1965
存亡の果てまで（前田藤恵）　1622

【 た行 】

第一次名簿引渡し報道（全国抑留者補償協議会）　2063
第一装甲列車隊（浅海弥一郎）　0033
タイガとマローズの中で（宇田川哲）　0237
タイガーの下で（須賀宮吉）　0912
大興安の嶺越えて（木村晃二）　0556
泰山（柏熊静）　0418
第四十四日本人捕虜収容所（クラスノボトスク「望郷の丘」日本人墓地建設委員会）　2016
大正生まれの青春（中嶋敬三）　1241
大正じいさんの満州・シベリア・日本奮闘記（佐藤公一）　0793

大脱走記(佐々木勝男)	0768	ダモイへの遍歴(三好実三)	1770
大東亜戦史(富士書苑)	2112	ダモイ《帰還》(落合利夫)	0375
大東亜戦争従軍史(三浦芳吉)	1713	ダモイ(帰国)(小松茂朗)	0680
大東亜戦争・鎮魂の旅(名越二荒之助)	1284	ダモイ上等兵(麻谷春治)	1641
第二十二捕虜収容所(古舘修)	1541	ダモイ・トウキョウ(宇野宗佑)	0248, 0249
対日工作の回想(コワレンコ)	2031	ダモイ・トウキョウ(宇野宗佑)	0250
第八十四兵站病院のあゆみ(老黒山思い出会)	1933	ダモイトーキョー(泉忍)	0149
第八中隊思い出の記(今井茂)	0204	ダモイに終った私の青春(小納正次)	0658
第百七師団史(太田久雄)	0305	ダモイの哀歓(米良湛)	1788
太平洋戦争の史実から、今日何を学ぶか(村上薫)	2123	ダモイのうた(高橋鉄心)	1050
太陽の裏側(小原和雄)	0669	ダモイの記(田中清男)	1097
大陸から戻ってきた男(北出すみお)	0543	「ダモイ」の虹(渡辺雅彬)	1967, 1968
大陸に春はくるか(後藤孝敏)	0650, 0651	ダモイの日まで(林忠輔)	1408
大陸に燃えた日々(増田昭雄)	1636	ダモイの道は遠かった(大塚茂)	0314
大陸の孤島(新宮富士郎)	0902, 0903	ダモイの道は遠く(越智利男)	0374
大陸の青春(長門太郎)	1253	ダモイ遙かに(辺見じゅん)	1574
大連港へ(大原英雄)	0324	ダモイ列車の仲間への哀歌(飯塚清太郎)	0095
高砂丸に泣く(塚本義隆)	1138, 1139	タルコフスキーとルブリョフ(落合東朗)	0377
タシケントの河(村井峯二)	1777	誰がために無駄苦労昔話(奥寺信一)	0357
タシケント抑留記(浜砂壮二)	1404	誰も「戦後」を覚えていない(鴨下信一)	0488
ダスビダーニヤ さようなら(赤羽文子)	0019	ダワイ、ダワイ!(吉永勝英)	1913
タタァルの森から(相沢英之)	0004	ダワイ・ダワイ(原田茂一)	1421
戦いを生きる(和仁達美)	1973	ダワイ!ダワイ!(松本悦子)	1676, 1677
戦いはまだ終わらない(佐々木三郎)	0770	ダワイ・ヤポンスキー(鈴木省五郎)	0929
闘ふ捕虜(石川正雄)	0131	タワーリシチ(村山久郎)	1786
たった一人の闘い(岡田新一)	0337	丹沢を駆け抜けた戦争(生命の環むすびの衆)	0195
田中武一郎シベリヤ収容所遺作画集(田中武一郎)	1105	男装の捕虜(加倉井文子)	0411
斧(大屋正吉)	0329〜0331	断念の海から(石原吉郎)	0147
騙された兵隊(家後国作)	1824	血を吐く黒龍(門脇朝秀)	0452
魂を売った男たち(小松茂朗)	0679	筑摩現代文学大系(長谷川四郎)	1372
タムガ村600日(宮野泰)	1765	ちくま日本文学全集(長谷川四郎)	1373
ダモイ(安藤嘉久男)	0090	千島からシベリアへ(朝比奈仙一)	0043
ダモイ(池谷兼吉)	0112	地図にない道(堀内秀雄)	1610
ダモイ(北川孝一)	0531	赤塔(チタ)(田倉八郎)	1067
ダモイ(皆川太郎)	1736	チタ市とチタ州概観(日ソ図書館)	2094
ダモイ(山崎保男)	1848	父と娘のシベリア鎮魂歌(滝沢宗三郎)	1060
ダモイ(宵待会事務局)	1893	父と娘のシベリア鎮魂歌(田中すみ子)	1102
帰国(ダモイ)(金山正直)	0458		

書名	番号
父の一手（江戸健一）	0259
父の戦記（進収三郎）	0942
血と涙追憶の大地（大野好助）	0320
地の果てに生きる（谷相弘）	1111
地表（川添一郎）	0506
中央アジア捕虜記（山崎俊一）	1840
中国から帰った戦犯（島村三郎）	0877
中国勤務、シベリア抑留の体験記（菊池洋）	0524
中国服の青春（近藤昌三）	0696
彫刻家佐藤忠良（市瀬見）	0159
朝鮮終戦の記録（森田芳夫）	2128
朝鮮人元日本兵シベリア捕虜記（李圭哲）	1982
徴兵最後の初年兵（田辺泰作）	1110
鎮魂（苫前町遺族会）	1190
鎮魂慰霊（ヤゴダ会）	2130
鎮魂・西海に、比島に、そしてシベリアへ（大口光威）	0295
鎮魂シベリア（佐々木義正）	0779
鎮魂シベリア日本人捕虜収容所（勇崎作衛）	1886
沈黙の時効（原田春男）	1424
沈黙の大地／シベリア（新正卓）	0078
追憶（朝枝繁春）	0034
追憶（井林清長）	0196
追憶（杉村俊一）	0920
追憶（田口幸安）	1066
追憶 オビ川への道（城戸登）	0551
追憶のカラカンダ（富永茂）	1194
追憶のシベリヤ（水井利正）	1718
追憶の日々（関清人）	0950
追憶の譜（佐久間秀雄）	0758
追憶の抑留生活（小口智郷）	0355
追憶のわれ等の軌跡（竹内政信）	1072
追想の捕虜記（西田市次）	1313
痛恨のシベリア抑留から50年 1945-1995（全国郵政OBシベリア抑留者の会）	0968
痛恨の覆水（斎藤立）	0728
月に祈る（いまいげんじ）	0202, 0203
月は光を放たず（辻薦）	1142
伝えたい記憶（秋田魁新報社）	0025
角笛（武知仁）	1083
つぼみ（記念誌つぼみ編集委員会）	0552
躓き人生を愛に生きる（原田耕一）	1420
鶴岡の想い出（小野陽一）	0385
鶴の天罰（天野春吉）	0070
ツンドラ（吉岡武雄）	1900
ツンドラの解ける日は（平野貞美）	1474
凍土（ツンドラ）の四年（矢吹三三）	1830
ディアスポラ社会の構造と対権力関係（大阪大学大学院言語文化研究科）	0300
槙幹（石頭会）	0955
槙幹 続（石頭会）	0956
定本生き急ぐ（内村剛介）	0244
定本ナホトカ集結地にて（鳴海英吉）	1291
でたらめ兵隊行状記（米村済三郎）	1923
哲学者菅季治（平沢是曠）	1465
丁稚と虜囚の覚書（斎藤伝次郎）	0716
鉄のカーテン（草場晴美）	0578
転進 瀬島龍三の「遺言」（新井喜美夫）	0075
転生（高橋房男）	1052
天に祈る ソ連抑留記（川窪正二）	0501
天皇島上陸（一川多仏）	0157
天皇島上陸者（樋口正夫）	1440
天皇の踏絵（小川三雄）	0351
天のシベリア（神瀬芳男）	0633
凍飢行（四九〇部隊史編集委員会）	1930, 1931
東京への道（山本一忠）	1874
東京ダモイ（鏑木蓮）	0469, 0470
東京ダモイ（棚橋嘉信）	1107
トウキョウダモイ（帰国）（上野俊三）	0227
東京ダモイの夢（中橋久麿）	1263
凍結（西村渥美）	1316
凍結の青春（宍戸伊勢五郎）	0828
凍結の森（紺野英成）	0703
凍原に生きる（野村弘康）	1341
凍原の思い出（山本剛）	1878
慟哭と陽炎（佐々木賀一）	0777
慟哭のシベリア抑留（阿部軍治）	0062
慟哭の大地（葵貴隆）	0008
慟哭の大地（宗田池泥）	0992
慟哭の大地をあとにして（創価学会）	0984

東条英機の軍服を作った男の記録（仲井正和）	1218
凍土（黒籔次男）	0616
凍土（シベリヤ会）	0871
凍土（中村毅）	1271
凍土からの声（浅見淑子）	0044
凍土からの生還（前川武雄）	1616
凍土地帯（勝野金政）	0439
凍土との斗い（小山辰巳）	0690
凍土とまみれて（廿楽軍次）	1146
凍土に生きる（森田巳津雄）	1808
凍土に呻く（福島茂徳）	1494
凍土に散る華（椚義広）	0591
凍土に春を待つ（江川守久）	0257
凍土に萌えて（アンガラ会）	0083
凍土のあしあと（おおあさシベリアの会）	0282
凍土の上に（宗前鉄男）	0990
凍土の詩（西尾康人）	1305
凍土の下で戦友が慟哭している（勇崎作衛）	1887
凍土の下に（清嶋正十）	0566
凍土の青春（栗田義一）	0604
凍土の青春（馬場正勝）	1396, 1397
凍土の奴隷（保科徳蔵）	1587
凍土の果てに（上原正一）	0229
凍土の悲劇（佐藤悠）	0808
凍土の墓標（有賀万之助）	0081
凍土の墓標（小野正）	0382
凍土の約束（渡辺俊男）	1963
東寧二〇七会十年史（東寧二〇七会事務局）	1172
逃亡記（村上敬一）	1778
逃亡一〇〇〇キロ（小林正）	0664
東方田学校（落合東朗）	0378
東満逃避行とシベリア抑留（鈬内勇）	0514
東満逃避行とシベリヤ抑留（鈬内勇）	1450
東満における戦塵録と抑留体験（伊藤四郎左衛門）	0168
東満の防人（安藤覚）	0091
東満の兵営と抑留記（関野豊）	0957
凍野の兵卒（松岡美樹）	1659
動乱の遺跡（村上重利）	1779
遠い空（岡本良三）	0346
遠いナホトカへの道（平坂謙二）	1462
遠き日の旅の記憶（大木幹雄）	0293
遠くつらい無駄な旅（蘇武演）	0999
遠くなつた昭和のあの日あのころ（前田保仁）	1624
時の流れに棹さして（丸山正衛）	1698
徳江昇創作集（徳江昇）	1178
特務将校の弁（飛永重寿）	1189
独立歩兵第25大隊第4中隊史（独立歩兵第25大隊第4中隊戦友会）	1183
とけない雪（竹内勝美）	1069
どっこい俺は生きている（高島正雄）	1028
飛びゆく雲（斎藤美夫）	0727
共に歩んで（小岩ハシメ）	0624
共に帰国の朝を（斎藤博）	0717
友の魂を背負って（横山乾）	1896
友よ、ウラルの彼方に安らけく（陸士第五十八期生エラブガ会）	2138
友よねむれ（久永強）	1442
捕われた命（村上徳治）	1782
捕われの青春（中牧保博）	1264
トランスワール小史（トランスワール会）	1198
鳥のように（宮崎進）	1753
ドレビヤンの記憶（ドレビヤン会）	1199
泥まみれの第四十五野戦道路隊顚末記（小原京三）	0673
どん底からみたクレムリン（三品隆以）	1717

【 な行 】

長い旅の記録（寺島儀蔵）	1160, 1161
長き不在の後に（佐々木武四郎）	0773
中千島ウルップ島の防禦とシベリヤの抑留生活（菅原円次郎）	0914
中千島出征からシベリヤ抑留の手記（佐々木伸吉）	0775
流れ去る昭和史（矢野秋穂）	1828
流れ星（中村竜一）	1279
なぜ（平坂謙二）	1463

なせわれ　　　書名索引（図書）

なぜわれわれはソ連に抑留されたか
　（池田毅）　　　　　　　　　　0110
夏草（吉富利通）　　　　　　　1912
夏そひく（大木達治）　　　　　0292
夏服でシベリアへ（今渡彰）　　0693
ナホトカの人民裁判（津村謙二）1154
ナホトカの日記（小林繁治）　　0663
涙にうるむ舞鶴港（創価学会）　0985
憎しみと愛（藁谷達）　　　　　1974
肉弾学徒兵戦記（南雅也）　　　1739
二十世紀に生を享けて（石田真）0137
二重の窓（アンゼルスカヤ会）　0087
日ロ関係 歴史と現代（下斗米伸夫）2049
日ソ戦争への道（加藤幸広）　　2002
日ソ戦争への道（スラヴィンスキー）2057
日ソ戦争と戦後抑留の諸問題（北海道
　大学スラブ研究センター）　　2114
二等兵なる故に（佐山輝雄）　　0812
二等兵は死なず（豊田穣）　　　1197
日本しんぶん（今立鉄雄）　　　1988
日本人捕虜（秦郁彦）　　2103, 2104
日本人はなぜソ連が嫌いか（志水速
　雄）　　　　　　　　　　　　2048
日本の復興（エムティ出版）　　1991
日本の俘虜はソ連でどんな生活をした
　か（竹内錦司）　　　　　　　1071
日本のものは日本え（今日の問題社）2032
にわとりになった特攻隊要員（足立道
　誠）　　　　　　　　　　　　0054
人間教育と戦場（池徳一）　　　0102
人間の限界（赤井良平）　　　　0017
人間の夢（今井宏明）　　　　　0207
人間廃業十一年（香川重信）　　0404
忍従シベリア強制労働（庄子一郎）
　　　　　　　　　　　　0887, 0888
残り火（黒川実）　　　　　　　0612
野眩しく戦声なし（池内昭一）　0103
ノーモアシベリア（全国抑留者補償協
　議会）　　　　　　　　　　　0977
ノンジャンの丘（島田四郎）　　0873

【は行】

灰色の時（山本栄蔵）　　　　　1873
バイカル湖の水は旨かった（愛洲武
　夫）　　　　　　　　　　　　0006
バイカルのうた（畑中馨）　　　1386
敗残参謀奮闘記（山内一正）　　1868
敗戦時の奉天と、奉天市民シベリヤ抑
　留悲録（亀谷治）　　　0482〜0485
敗戦と戦後のあいだで（五十嵐恵邦）1983
敗走ここに幾千里（佐藤千代治）0802
ハイラル国境守備隊顛末記（潮書房）0234
ハイラル・シベリヤ戦友会（ハイラル
　シベリヤ戦友会）　　　　　　1343
ハイラル・シベリヤ戦友会だより（安
　子島貞治）　　　　　　0029, 0030
ハイラル・シベリヤ戦友会だより（ハ
　イラルシベリヤ戦友会）1344, 1345
ハイラル挽歌（金子正義）　　　0461
追撃第十五大隊回顧録（小浜重良）0392
禿鷹よ、心して舞え（黒沢嘉幸）0613
函館引揚援護局史（函館引揚援護局）2100
橋本隊始末記（橋本景行）　　　1356
長谷川吉郎従軍記（長谷川吉茂）1367
長谷川四郎作品集（長谷川四郎）1374
長谷川四郎集（長谷川四郎）　　1375
長谷川四郎全集（長谷川四郎）1376〜1379
長谷川四郎 鶴／シベリヤ物語（長谷川
　四郎）　　　　　　　　　　　1380
裸足の幸福（滑川七夫）　　　　1288
はだしの聖者（神渡良平）0480, 0481
二十才で見た夢（佐々木甚一郎）0771
二十歳の闘い（湯川悦利）　　　1889
八十八年の哀歓（草地貞吾）　　0576
果てしなき山河に（藤原雅英）　1527
鳩山一郎回顧録（鳩山一郎）　　2106
鳩よ羽ばたけ（平野貞美）1475, 1476
花と兵隊よもやま物語（斎藤邦雄）0709
花の幻（安芸基雄）　　　　　　0023
花も嵐も（山下幸生）　　　　　1850
母と娘の旅路（松島トモ子）　　1667

308　シベリア抑留関係基本書誌

書名索引（図書） ふりよそ

パミール高原の月（矢部忠雄）	1831
バム鉄道の霧（菅波大十一）	0913
破滅への道（上村伸一）	0477
腹の虫シベリア虜遊記（林義雄）	1413
波瀾坂（斎藤一男）	0705
遥か青春シベリア（鈴木良男）	0941
はるかなシベリア（北海道新聞社）	1596, 1597
遙かなヨーロッパロシア（山本泰男）	1879
遙かなりアングレン（小林泰紀）	0667
遙かなり故国よ（市原麟一郎）	0161
はるかなりシベリア（渋谷謙二郎）	0839
遙かなり望郷の軌跡（伊拉哈会）	0214
遙なり満州シベリヤ（八〇五石頭会）	1388
遙なり！吾等がシベリア虜囚史（エニセイ偲友会）	0262
遙かなる山河茫々と（畑谷好治）	1387
はるかなるシベリア（水野治一）	1726
遙かなる祖国（日本政策研究センター）	1333
遙かなる大地（藤沢幸雄）	1515
遙かなる大地（水野皖司）	1724
遙かなる日本（上利正臣）	0021
春なき二年間（鈴木雅雄）	0937
ハルローハ、イキテイル（落合東朗）	0379
反動下士抑留記（谷口忠吾）	1114
バンドーからシベリア抑留問題を考える集い（「バンドーからシベリア抑留問題を考える集い」実行委員会）	2108
光ある間に（川上直之）	0495
ピーカリ物語（阿部又右衛門）	0067
引揚援護の記録（厚生省援護局）	2021〜2026
引揚記録・昇平大阪開拓団（昇平会）	0891
引揚げと援護三十年の歩み（厚生省援護局）	2027
引き裂かれた歳月「証言記録」シベリア抑留（日本放送協会）	2096
引き裂かれた地平線（逢坂正雄）	0279
ひげの寒暖計（木元正二）	0562
悲惨な「シベリア」抑留とおまけの人生（名田敏雄）	1285
人を殺して死ねよとは（猪熊得郎）	0194
ひとつの歴史（入江好之）	0215
「ひとつ星」の戦記（洞口十四雄）	1604
一人で三千人（橋詰隆康）	1352, 1353
ヒートリーのソ連（森田廉）	1810
白夜（塩田時男）	0822
白夜（吉田由次郎）	1909
白夜に祈る（木村貴男）	0560
白夜に祈る（橋本沢三）	1359
白夜の丘を越えて（楠忠之）	0580
白夜の紅炎（村松正造）	1785
白夜の人間模様（菱田正夫）	1443
白夜乃夢（朔北会）	0756
ビュンスクの歌声（青柳ひろ江）	0015
ビュンスクの歌声（近藤文夫）	0701
氷海のクロ（北野美子）	0545
氷海のクロ（神津良子）	0629
評価額日当「弐百四拾円也」（北田嶋男）	0541
氷葬（全国抑留者補償協議会）	2064
氷点下四十度の炎（村井太郎）	1774
氷紋（片倉進）	0437
平壌終戦（玉置正夫）	1120
秘録日本人捕虜収容所（山崎崇弘）	1841
貧乏くじを押しつけたソ連（田上惟敏）	1054
封印されたシベリア抑留史（中嶋嘉隆）	1245
風化させてたまるか（水谷優）	1723
風化させない戦争体験の記録（山下武）	1854
風雪に耐えて（樺山会）	0464, 0465
風雪の回想記（平塚政教）	1469, 1470
撫順戦犯管理所の6年（絵鳩毅）	0266
ふたつの荒野（尾崎茂夫）	0362
不凍港（児玉兵衛）	0643
不忘志誌（寺島利鏡）	1162
不毛地帯（山崎豊子）	1845
冬将軍（楢崎六花）	1289
冬空の記録（新庄成吉）	0904
俘虜記シベリアの詩（萩原金八）	1347
俘虜行（桜井徹長）	0761
俘虜生活四ケ年の回顧（酒巻和男）	0745
俘虜・ソヴエートより還る（富士慶	

書名索引（図書）

書名	番号
吾）	1507
俘虜・ソヴエートより還る（堀清）	1607
俘虜追想記（清水豊吉）	0883
俘虜の軍隊日記（永田泰嶺）	1250
俘虜六〇年の追憶（市村彦二）	0162
不忘古研新（小野田良次）	0389
フレップの島遠く（創価学会）	0986
文学をとおして戦争と人間を考える（彦坂諦）	2110
禪を被った女（竹森敏）	1085
兵士の記憶（白岩秀康）	0900
兵生活と樺太脱走記（長岡徠三）	1226
兵卒無情（古山新三）	0689
兵隊三日捕虜三年（門奈鷹一郎）	1817
平太郎のシベリア抑留ものがたり（遠山あき）	1174
兵の歩いた道（田部円三）	1118
平和を作る人たち（安芸基雄）	0024
平和をつむぐ（大内進）	0285
平和と繁栄の裏に涙あり（井上勇）	0185
へそまがりの人生（土屋正彦）	1150
変てこりん物語（富士毘出夫）	1508
辺土に喘ぐ（望月今朝人）	1792
ヘンな兵隊（藤川公成）	1512, 1513
望郷（金井三郎）	0454
望郷（クラスノ会）	0603
望郷（高木猛）	1023
望郷（中村茂）	1266
望郷（萩原長）	1346
望郷（横山光彦）	1897
望郷・五〇〇〇キロ（近藤次郎）	0697
望郷山河（四元義隆）	1920
望郷と海（石原吉郎）	0148
望郷二年（柿本公資）	0410
望郷の詩（山崎博）	1846
望郷の叫び（中村紀雄）	1274
望郷のサハリン（斉藤兵治）	0718
望郷の島々（創価学会）	0987
望郷の日日（垣内久米吉）	0407
望郷の日日（松井弘次）	1644
望郷の群（新田義尚）	1331
望郷の夢（西清）	1298
望郷わがふるさと（本斗小学校斗校陵会）	1614
方尺の窓（ハハトイ満鉄会）	1399
法廷で裁かれる日本の戦争責任（瑞慶山茂）	2056
北緯50度に生きて（小山健次郎）	0688
北緯五十四度（西村いわお）	1318
北欧の空（景浦泰三）	0412
北槎記略（香川文雄）	0406
北支から満州へそして地獄のシベリア抑留（秋元正俊）	0028
北鮮・シベリア戦友録（遠藤真夫）	0275
北鮮・シベリヤ・中央アジヤ抑留報告（小松原豊彦）	0682
北天の追憶（畑沢正次）	1385
北斗七星（外蒙太郎会）	0399
北斗七星（北川千里）	0532
北斗星と共に（北斗会）	1585
北斗の下に（太田豊）	0306
北斗の下で（宗前鉄男）	0991
北斗は冴えて山河遙けし（武井知）	1068
僕のソ聯日記（戸泉弘爾）	1168
北馬と氷原（宮本慧一）	1766
北辺シベリア墓参記（西村元治）	2092
北辺の記（大坂安通）	0299
北辺の青春（清水宝一）	0880
北満で迎えた私の終戦（鳥羽恒雄）	1188
北満とシベリアの轍（満州二六三九部隊部隊史編集委員会）	1703, 1704
墓参記録画集（山内保良）	2132
火筒のひびき（山崎近衛）	1843, 1844
牡丹江の候補生（野口稔）	1334
牡丹江の流れ忘れえず（川上安人）	0497
北海道の高校生に語る教師の戦争体験（北海道高等学校教職員組合）	1594
北海に捧げて（新潟県偕行会）	1295
北境記（大久保利美）	0297, 0298
北極星に守られて（水谷久幸）	1722
北極の餓鬼（草野虎一）	0577
没後30年香月泰男展図録（香月泰男）	0429
北方の戦記（西尾文男）	1303
没有法子（鵜川真）	0233
ポートワニの丘（佐藤隆子）	0809
炎・青木泰三の生涯（青木泰裕）	0012

炎と雪(中北亘)	1229, 1230	公文書館)	1187
墓標(中村戴樹)	1269	真白き大地の中で(岡安勇)	0347
ボーヤンキ収容所の想い出(ボーヤンキ会)	1603	松岡二十世とその時代(松岡将)	1656
捕虜(大谷敬二郎)	0309, 0310	窓のない旅へ(小野田邦美)	0388
捕虜実話しらみの歌(宮永次雄)	1761	マホルカ(伊藤政夫)	0173
捕虜生活(谷川順一)	1112	マホルカは人種を越えて(大島一郎)	0302
捕虜青春記(染谷昭一)	1000, 1001	③虎の子奮戦記(歩兵砲中隊戦記委員会)	1602
捕虜体験記(ソ連における日本人捕虜の生活体験を記録する会)	1005〜1013	マローズ(345会)	0819
捕虜体験記(中村茂)	1267	"凍寒"に歌う(高野晴彦)	1042
捕虜通訳記(南信四郎)	1738	漫画シベリヤ抑留物語(斎藤邦雄)	0710, 0711
捕虜とシベリヤ(堀のぼる)	1608	満州回想(後藤春吉)	0656
捕虜日記(岡野喜二)	0340	満州からシベリアへ(高岡一男)	1018
捕虜の遺跡(平坂謙二)	1464	満洲からソ連抑留連行7,500キロ(石山進)	0145
捕虜の記念品(堀場裹)	1611	満洲建国と日中戦争(コニービジョン)	2030
捕虜の戦い(阿部清美)	0060	満洲シベリヤ二千日(小和田光)	0394
捕虜の哲学(湧井秀雄)	1940	満州=修羅の群れ(後藤蔵人)	0646
捕虜の悲哀(樋口流司)	1441	満州第五五六部隊とその終焉(満月会)	1700
捕虜の見たシベリヤ(相見利嗣)	0007	満州第三三六部隊思い出の記(満州第336部隊思い出の記山形県睦会編集委員会)	1701
捕虜のユーモレスク(今村清)	0213	満州第201部隊の悲劇(満州第201部隊戦記刊行会)	1702
捕虜漫歩(田原豊)	1127	満洲第二〇九部隊戦友会スミレ会慰霊碑建立墓参団報告(満洲第二〇九部隊戦友会スミレ会慰霊碑建立墓参団)	2121
捕虜物語(前芝宗三郎)	1617		
捕虜抑留記(藤川与吉)	1514		
ボルガに星を仰いで(東辰巳)	1430		
ボルガ虜愁(高木一郎)	1020		
ボルガは遠く(相沢英之)	0005	満洲とシベリア抑留千五百日(小畑邦雄)	0390
ホロンバイルからシベリヤへ(堺六郎)	0738	満洲ニュース映画(カムテック)	2004
本音と建前(佃則純)	1141	満洲の野とシベリアの空と(三沢道行)	1716

【ま行】

		満州ハイラル戦記(松山文生)	1688
舞鶴地方引揚援護局史(舞鶴地方引揚援護局)	2118	満洲・北鮮・樺太・千島における日本人の日ソ開戦以後の概況(厚生省援護局)	2028
魔界のシベリヤ抑留記(徳永瑛士)	1179		
マガダン強制収容所(赤間武史)	0020		
槇の木(鈴木玉虬)	0926	満州、我が心の故郷(坂本俊雄)	0750
負けてたまるか(今川順夫)	0208	満ソ殉難記(満ソ殉難者慰霊顕彰会)	1705
孫たちへの証言(福山琢磨)	1503	満ソ抑留記(吉岡新一)	1899
まこもの馬は天高く(加藤春代)	0447	万年初年兵(升川善家)	1635
孫や子に伝えたい戦争体験(鳥取県立			

万年二等兵（池戸進）	0114	モンゴルの砂塵（長山義弘）	1282
満蒙開拓義勇軍少年の十六年（藤井長市）	1511	モンゴルの果てに生きて（阿部宥蔵）	0068
満蒙開拓青少年義勇軍とシベリア抑留の記録（玉田貞喜）	1123	モンゴル俘虜生活八〇〇余日（長島秀夫）	1243
満蒙国境知らされなかった終戦〜青森県・陸軍第107師団〜（日本放送協会）	2097	モンゴル抑留記（ウランバートル戦友会）	0256
満蒙終戦史（満蒙同胞援護会）	1706	モンゴル抑留記（桜田虎男）	0763
満蒙同胞援護会便覧（満蒙同胞援護会）	1707	モンゴル虜囚（久保田設司）	0597

【 や行 】

道（馬場新一）	1395
道は六百八十里（北条秀一）	1580
緑なき山脈（山原宇顕）	1869
南樺太はどうなったか（福家勇）	1505
美映（ミハエル）（美映会）	1743
宮崎進画集（宮崎進）	1754
宮崎進展（宮崎進）	1755
宮本惇画集（宮本惇）	1767
民間人捕虜（ていほうしょうり）	1157
民族のいのち（伊東六十次郎）	0175
息子がよむ父のシベリア遺書（後藤護）	0657
無抵抗の抵抗（石田三郎）	0135, 0136
無念・屈辱・憤怒のシベリア（石田明）	0134
霧氷に祈る（小泉末也）	0622
村からの出征兵士（伊藤孝治）	0165
ムーリン河（柳田昌男）	1827
明治人の生きざま（甲田一誠）	0630
明と暗の青春（岸本半蔵）	0527, 0528
没法子（塩谷信彦）	0823
もう一輪の花（小堀宗慶）	0671
蒙古・ソ連・満州逃亡三千キロ（仲井清）	1216
もうひとつの戦場（北原悦朗）	0546
もうひとつの抑留（藤野達善）	1518
黙すだけですむか（朝井博一）	0032
黙すだけですむか（河本美知夫）	0637
モクのない川（飯岡仁二）	0093
モーさんのシベリア記（渡辺茂一）	1955
元独歩四一九大隊三原部隊野砲中隊（三原録郎）	1745

やがて五月に（武田好文）	1082
躍進のかてと（深林広吉）	1489
ヤゴダ会法要献句・献歌（ヤゴダ会）	2131
ヤゴダの祈り（池上弘）	0106
やさしい花火（上条さなえ）	0476
安らかなれ大興安嶺（山本六三郎）	1881
ヤブの夜は更けて（高橋惣衛）	1048
ヤブの夜は更けて（永冶正）	1280
ヤブノロワヤ挽歌（葭原多門）	1915
破れ軍靴（大内守成）	0286
ヤブロノイ（青木三郎）	0010
野暮の構造（鬼川太刀雄）	0517
山崎豊子の『盗用』事件（いまいげんじ）	1987
闇からの脱出（三橋辰雄）	1730〜1732
闇に向かって走れ（野老山作太郎）	1185
悠遠の譜（尾方成典）	0339
有害な風土（後藤公丸）	0645
有刺鉄線（本田晴光）	1613
有刺鉄線に包囲された青春（坂本伊右衛門）	0746
夕日と黒パン（中井三好）	1219
征きて還りし兵の記憶（高杉一郎）	2069
雪どけ（須崎嘉浩）	0923
雪に埋もれた青春（小野隆治）	0381
雪のシベリア脱走3万キロ（佐伯克介）	0730
雪のシベリア脱走3万キロ（中山光義）	1281
夢顔さんによろしく（西木正明）	1307〜1311

夢はウラルに消ゆ（田中鈞一）	1098	ラーゲリ（強制収容所）註解事典（麻田恭一）	1977
よくぞここまで生きてきた!!（金子一）	0460	ラーゲリ（強制収容所）註解事典（梶浦智吉）	1997
抑留（小板橋兵吉）	0623	ラーゲリ（強制収容所）註解事典（ロッシ）	2139
抑留（松本曛介）	1685	ラーゲリ歳時記（鬼山太刀雄）	0518
抑留幹部候補生の手記（井口朝生）	0099	ラーゲリ・二一七分所回想記（田中武雄）	1104
抑留記（井口朝生）	0100	ラーゲリ（収容所列島）の中の日本人たち（今立鉄雄）	0211
抑留記（河合睦雄）	0494	ラーゲリの人間超極限（福山甫山）	1504
抑留記（八木春雄）	1821	ラーゲリ物語（坂本義和）	0753
抑留記概要（滝田和人）	1061	ラーゲル（久保悟）	0592
抑留記 戦争三日捕虜千日（佐藤巳子男）	0806	ラーゲル（長島正光）	1244
抑留シベリアへの道（小沢勉）	0365	ラーゲルをこえて（佐藤利行）	0804
抑留死没日本人問題（清水徳松）	2047	ラーゲルを共にしたあの時のあなたに（ソ連における日本人捕虜の生活体験を記録する会）	1014
抑留生活十一年（木下秀明）	0553	ラーゲル二年（細川健児）	1589
抑留生活で体験したソ連（柴田武）	0836	ラーゲルの鐘（中野良彦）	1262
抑留生活の真相（在ソ同胞帰還促進会）	0704	ラーゲルの軍医（山川速水）	1833
抑留日本兵を管理した「日本新聞」にみるソ同盟社会主義の見分（野口英次）	2099	ラーゲルの証人（白倉清二）	0896
抑留の回想（中西重男）	1259	ラーゲルの性典（舟崎淳）	1533
抑留万里（西原明治）	1315	ラーゲルのなかで（土屋外生雄）	1149
抑留蒙古旅日記（各務柿平）	0401	ラーゲルの欲情（和田義雄）	1946
寄せ書きタヴリチャンカの記録（異国の丘友の会）	0117	ラーゲル流転（山科美里）	1855
ヨッポイマーチ（松井秀夫）	1652	拉古（難波武）	1294
呼びつづける声（小沼孝衞）	0659	流砂（柿原康男）	0409
ヨ・ポヨマーチ「糞野郎」（森下節）	1806	流亡三部曲（篠田欽次）	0831
齢七十、日々是好日（落合東朗）	0380	燎原の埋火（久保四郎）	0593
四十六年目の弔辞（ソ連における日本人捕虜の生活体験を記録する会）	2066	緑渓硯（貝塚徹）	0398
四十六年目の弔辞（高橋大造）	2070	虜囚（石本登也）	0141, 0142
		虜囚（大内健二）	0284
【ら行】		虜囚（久保忠）	0594
		虜囚（斉藤拓三）	0714
落日の満州抑留記（大津山直武）	0316	虜囚（田中精一）	1103
落日の門（安藤秀一）	0092	虜囚（丸山八郎）	1697
ラーゲリ（鹿角敏夫）	0434	虜愁（坂正一）	0733
収容所から来た遺書（辺見じゅん）	1575, 1576	虜愁（清水洋平）	0884
ラーゲリ（旧ソ連強制収容所）の妻（大下徳也）	0304	虜醜（尾竹親）	0372
		虜囚記（遠山茂）	1175
		虜愁記（藤野明）	1517

シベリア抑留関係基本書誌 313

虜囚そのいわれは（ビラカンセリホーズ戦友懇話会）	1457, 1458
虜囚となって（稲田宰功）	0179
虜囚日記（橋本楯三）	1357
虜囚日記（山宮正敬）	1871
虜囚のうた（茂木通）	1794
虜囚の詩（朝日勉）	0040
虜囚の賦（小熊均）	0359, 0360
虜囚之詠（田沢興麿）	1087
虜囚の詩（原田充雄）	1427～1429
虜囚の果てに（真弓一郎）	1690
虜情（鈴木敏夫）	0935, 0936
リラの花と戦争（戸泉米子）	1169
流転の旅路（佐々木芳勝）	0778
流転八十年（若山勲）	1937
流人のうた（金子喜信）	0462
ルポ三つの死亡日を持つ陸軍兵士（油井喜夫）	1883
留萌沖の悲劇（棒良二三）	0780
流浪の子羊たち（佐藤一子）	0787
歴史問題ハンドブック（東郷和彦）	2077
レクイエム・太平洋戦争（辺見じゅん）	1577, 1578
老後の思索の旅から（宮井盈夫）	1747
老兵のシベリア抑留記（石川寿）	0130
ロシア極東シベリア慰霊（山口笙堂）	1835
ロシア国籍日本人の記録（川越史郎）	0502
ロシア物語（究土彦）	0565

【 わ行 】

わが愛のすべてを（木屋隆安）	0564
我が想い出（ムヒナ戦友会）	1772
我が想い出のシベリア抑留記（鈴木亀蔵）	0925
わが来た道（阿波根朝宏）	0082
わが軍事検察の記（田上実）	1056
我が子よ（大木隆雄）	0290
わがシベリアの協奏曲（日高国雄）	1445
わが人生記（近藤三郎）	0695
わが人生の思い出（伊藤久雄）	0172
我が人生の四季（北出正雄）	0544
わが青春（玉木丈雄）	1122
我が青春（久木義一）	0570, 0571
わが青春と抑留と（杉村一幸）	0919
我が青春のあしあと（高橋兼城）	1045
我が青春の軌跡（平川秋義）	1455
わが青春の航跡（上河辺長）	0475
我が青春の中国・ソ聯を偲んで（歩兵231聯隊第3機関銃中隊）	1601
わが青春の追憶（五葉会）	0691
わが青春のメモリアル（高浜弘）	1053
わが敗戦（広田稔）	1486
我が敗戦の記（福井信吾）	1492
吾が俘虜記（藤井三郎）	1510
我が兵隊物語・抑留物語（米沢音松）	1921
わが北支転戦と地獄のシベリア抑留記（中枝武七郎）	1252
わが捕虜記（阿部九二三郎）	0061
わが抑留（森野勝五郎）	1812, 1813
わが虜囚記断片（手塚美義）	1158
忘れえぬ（浜田唯次郎）	1405
忘れ得ぬ鞍山・満洲（鞍山会）	0085
忘れ得ぬかの灰色の歳月（森本千秋）	1815
忘れ得ぬ記録（小原三郎）	0670
忘れ得ぬ満洲国（古海忠之）	1544
忘れられた朝鮮人皇軍兵士（林えいだい）	2107
わたしを語る（佐藤誠治）	0796, 0797
私たちの青春・満鉄（錦局機関区会）	0568
私たちの百年（貞刈惣一郎）	0784
私の歩んだ道（富岡秀義）	1191
私の歩んだ道（前野光好）	1632
私の歩んだ道（山田俊夫）	1865
わたしの香月泰男ノート（東義人）	0048
私のカラフト物語（恵原俊彦）	0267
私の軍記（多田秀雅）	1093
私の軍隊・シベリア体験記（楠裕次）	0582
わたしの杯（益田泉）	1637
私のシベリア（香月泰男）	0430
私のシベリア行路（脇本次）	1939
私のシベリア雑兵物語（丸岡暁風）	1693
私のシベリア日記（迫田喜一）	0765
わたしのシベリアノート（加藤信忠）	0446
私のシベリア物語（栗谷票束）	0610

私のシベリア物語（沢地久枝）	2042, 2043	私の抑留記（関川大治）	0951
私のシベリア物語（富樫良吉）	1176	私の虜囚記（植村伸夫）	0231
私のシベリア物語（中崎正夫）	1231	私の履歴書（小森保男）	0686, 0687
私のシベリア物語（山田歳男）	1864	私はシベリアの捕虜だった（高橋隆男）	1049
私のシベリア物語（渡辺安衛）	1970	私は同胞を殺していない（山崎崇弘）	1842
私のシベリア抑留記（稲本光義）	0183	我生還す（横尾肇）	1895
私のシベリア抑留記（谷口範之）	1115	われらかく生きたれど（西毅）	1299
私のシベリア抑留地獄の記録（今川順夫）	0209	我等が青春之証（尊互会）	1016
私のシベリア抑留生活（野中英二）	1339	われらソ連に生きて（ソ連帰還者同盟文化部）	1003, 1004
私のシベリア抑留生活十一年（木村政実）	0561	我等凍土にかく生けり（全国抑留者協議会）	0970
私のシベリア抑留・四年余（寺沢恒春）	1159	われロシアに旅す（恒松忠義）	1153
私のシベリヤ（香月泰男）	0431, 0432	我忘れ難き八年（杉岡一鉄）	0918
私のシベリヤ（古賀寅夫）	0639		
私のシベリヤ物語（小川護）	0349, 0350		
私のシベリヤ物語（渡辺幸三）	1952		

【 ABC 】

My journey to Siberia（角田和夫）	0946
Рассказ о Сибири（山下静夫）	1853

私のシベリヤ抑留絵・文日記（小岩道男）	0626
わたしの収容所群島（中野英高）	1261
私の昭和史（白石正義）	0893
私の昭和史（土屋正二）	1148
私の昭和史（和田耕作）	1943
私の人生と憲法九条（広部永一）	2111
私の青春と戦争（高樋作一）	1041
私の戦後（阿藤広）	0055
私の戦争体験（元関東軍司令部経理部友の会）	1795, 1796
私の戦争体験記（高知新聞社）	0631
私の戦争体験記（ソーゴー印刷出版部）	0993, 0994
私の戦争体験とシベリア抑留記（上村三喜雄）	0478
私の外蒙古抑留体験記（佐藤謙吉）	0792
私のなかのシベリア（後藤仁一）	0649
私の引き揚げ（舞鶴引揚記念館）	1615
私の捕虜日記（渡辺忠三郎）	1959
私の満州開拓とシベリア抑留記（本島元治）	1798, 1799
私の満州とシベリヤ生活（浦川武敏）	0255
私の満州物語（斎藤満男）	0719
私の見た収容所（香川重信）	0405

編者略歴

西来路 秀彦（さいらいじ・ひでひこ）
1944年生。早稲田大学第一文学部東洋史学科卒。
東京都立北・新宿高等学校時間講師の後、国立国会図書館に入り、大分県立図書館長、同先哲史料館長、同公文書館長、国立国会図書館国会分館長を経て、法政大学キャリアデザイン学部・十文字学園大学非常勤講師も務めた。

シベリア抑留関係基本書誌

2016年3月25日　第1刷発行

編　集／西来路秀彦
発行者／大高利夫
発　行／日外アソシエーツ株式会社
　〒143-8550 東京都大田区大森北1-23-8 第3下川ビル
　電話 (03)3763-5241(代表)　FAX(03)3764-0845
　URL http://www.nichigai.co.jp/

発売元／株式会社紀伊國屋書店
　〒163-8636 東京都新宿区新宿3-17-7
　電話 (03)3354-0131(代表)
　ホールセール部(営業)　電話 (03)6910-0519

©Hidehiko SAIRAIJI 2016
電算漢字処理／日外アソシエーツ株式会社
印刷・製本／光写真印刷株式会社

不許複製・禁無断転載　《中性紙三菱クリームエレガ使用》
＜落丁・乱丁本はお取り替えいたします＞
ISBN978-4-8169-2533-7　Printed in Japan, 2016

太平洋戦争図書目録1995-2004

A5・730頁　定価(本体24,000円+税)　2005.8刊

1995～2004年に国内で刊行された太平洋戦争に関する図書の目録。満州事変から終戦までの十五年戦争、戦後処理に加え、靖国神社参拝など今日的テーマの図書まで9,073点をテーマ別に掲載。戦記・戦史、伝記、戦争体験記・証言集など幅広い資料を収録。

日本議会政治史事典　トピックス1881-2015

A5・470頁　定価(本体14,200円+税)　2016.1刊

1881年から2015年まで、日本の議会政治に関するトピック4,690件を年月日順に掲載した記録事典。帝国議会・国会の召集、衆議院・参議院の選挙、法案の審議、政党の変遷、疑獄事件など幅広いテーマを収録。

新訂 政治家人名事典　明治～昭和

A5・750頁　定価(本体9,800円+税)　2013.10刊

明治維新による近代政治体制の導入以来、自由民権運動と国会開設、政党政治の展開と大正デモクラシー、女性参政権の実施と昭和の戦後改革など、日本政治史の節目において活躍した政治家の経歴とその事績を掲載。国会議員・閣僚、知事・市長、自由民権家など4,315人を収録。

日本の祭神事典　社寺に祀られた郷土ゆかりの人びと

A5・570頁　定価(本体13,800円+税)　2014.1刊

全国各地の神社・寺院・小祠・堂などで祭神として祀られた郷土ゆかりの人物を一覧できる。天皇・貴族・武将など歴史上の有名人をはじめ、産業・開拓の功労者、一揆を指導した義民など、地域に貢献した市井の人まで多彩に収録。都道府県ごとに人名のもと、その人物の概略と社寺の由緒や関連行事・史跡等も記述。

富士山を知る事典　富士学会 企画　渡邊定元・佐野充 編

A5・620頁　定価(本体8,381円+税)　2012.5刊

世界に知られる日本のシンボル・富士山を知る「読む事典」。火山、富士五湖、動植物、富士信仰、絵画、環境保全など100のテーマ別に、自然・文化両面から専門家が広く深く解説。桜の名所、地域グルメ、駅伝、全国の○○富士ほか身近な話題も紹介。

データベースカンパニー
日外アソシエーツ　〒143-8550　東京都大田区大森北1-23-8
TEL.(03)3763-5241　FAX.(03)3764-0845　http://www.nichigai.co.jp/